Gerhard Nagel

W0075308

Wagnis Führung

365 Tage aus dem Leben eines Change-Managers

Carl Hanser Verlag München Wien

Internet: http://www.hanser.de

Die Deutsche Bibliothek - CIP-Einheitsaufnahme

Nagel, Gerhard:
Wagnis Führung : 365 Tage aus dem Leben eines Change-
Managers / Gerhard Nagel - München ; Wien : Hanser, 1999
    ISBN 3-446-21150-0

© 1999 Carl Hanser Verlag München Wien
Umschlaggestaltung: Agentur Zero, München
Tagebuchlayout: Frank-Daniel Beilker, Nürnberg
Satz/Gestaltung: Hiltrud Nagel, Ebenhausen
Grafiken: DTP Consult Michaela Böhler, München
Druck und Bindung: Kösel GmbH & Co., Kempten
Printed in Germany

Inhaltsverzeichnis

Tagebuch

Methodik-Module

Über dieses Buch

Dieses Buch hat Mut gekostet. Meine Erfahrung aus knapp zwanzig Jahren Beratung und Coaching so zu komprimieren, daß ein authentisch wirkendes Tagebuch eines Managers entsteht, entpuppte sich als spannende Herausforderung. Nicht nur, weil ich dabei viele persönliche Erlebnisse und Geschichten verarbeiten konnte, sondern auch, weil ich mit Klinger Druck ein Unternehmen konstruierte, das im Laufe der 365 Tage immer mehr Persönlichkeit annahm und möglichst wirklichkeitsnah bis in die Zahlenstruktur aufgebaut sein mußte. Besonderer Dank gebührt hier meinen Kollegen von der GC Graphic-Consult GmbH für die vielen Anregungen in der gemeinsamen Beratungsarbeit und Roland Ort für seine wertvollen Hinweise in Controlling-Fragen.

Lange habe ich darüber nachgedacht, ob ich ein branchenneutrales Beispiel nehme oder ein Unternehmen der Publishing-und Printing-Branche konstruiere, in der ich intensiv als Berater tätig bin. Ich habe mich für letzteres entschieden, denn dadurch gewinnt das Fallbeispiel deutlich an Glaubwürdigkeit und Realitätsnähe. Doch egal, aus welchem Bereich Sie, lieber Leser, auch kommen – die Geschichte von Bernd Schwaiger und Klinger Druck enthält so viele grundlegende Management-Wahrheiten, daß Sie so oder so profitieren können.

An meiner Hauptfigur Bernd Schwaiger habe ich im Vorfeld natürlich intensiv gearbeitet, doch so richtig lebendig ist er erst beim Schreiben geworden. Er hat mich mit seinen Erlebnissen, seinen Stärken aber auch seinen offensichtlichen Fehlern massiv beschäftigt, manchmal auch genervt. Aber ich erkenne einen Menschen aus Fleisch und Blut, mit typischen Macher-Strukturen und – hinter den Kulissen – einer Menge Selbstzweifel. Viele seiner Züge habe ich bei Kunden und Coaching-Klienten erlebt, wenngleich auch er wie alle anderen Figuren keinerlei Bezug zu real vorkommenden Menschen haben. Die starke Einbeziehung seiner privaten Situation habe ich ganz bewußt vorgenommen, denn zum einen ist es der Mensch Bernd Schwaiger, der abends in sein Tagebuch schreibt, und dieser Mensch hat eben auch eine (ohnehin recht kleine) private Komponente. Zum anderen ist die Balance zwischen

Familie und Business für viele Manager, die ich kennenlernen durfte, ein zentrales Thema, das für mein Gefühl viel
zu oft tabuisiert oder verdrängt wird. Es ist mir ein deutliches Anliegen, mit dem Verlauf der Geschichte einen
Diskussionsbeitrag über die Schwierigkeit der Rollenverteilung zwischen Mann und Frau im Kontext von Karriere
und Familie zu leisten. Wann immer ich übrigens von „der
Mitarbeiter", „der Manager", „der Führungskraft" spreche,
meine ich selbstverständlich genauso die Frauen in diesen
Positionen. Wegen des Sprachflusses wollte ich die ständige
Doppelbezeichnung allerdings vermeiden.

Die „Gebrauchsanweisung" für das Buch ist einfach: Lesen
und genießen Sie die Geschichte, freuen Sie sich an all den
Problemen, die Sie nicht haben, und verwenden Sie den
Methodik-Teil als kurzen Abriß zentraler Fragestellungen
innerhalb des großen Bereichs „Führung". Jedes Methodik-
Modul stellt kompakt einige zentrale Berater-Erfahrungen
zum jeweiligen Thema vor, die abschließende Checklist
zeigt praxisorientierte, sofort umsetzbare Schritte.

Meinem Lektor, Herrn Martin Janik, der von Anfang an
an dieses Projekt geglaubt hat, danke ich für die vielen
konstruktiven Beiträge, und meiner Frau, die die gesamte
Gestaltung übernommen hat, für die besondere Liebe zu
diesem Buch. Ihnen, lieber Leser, wünsche ich jetzt viel
Vergnügen und viele kleine Aha-Erlebnisse. Bitte beachten
Sie, daß mögliche Namensgleichheiten von Personen und
Institutionen rein zufällig und nicht beabsichtigt sind.
Trotzdem, seien Sie versichert: Es ist eine verdammt wahre
Geschichte. Wenn Sie Zweifel haben, nehmen Sie doch
einfach Kontakt mit mir auf.

Sommer 1999/Schäftlarn b. München
Gerhard Nagel

Zweit-Geschäftsführer
Druckereibetrieb (100 Mitarbeiter) mit Option auf Unternehmernachfolge

Unser Mandant ist ein traditionsreicher Druckbetrieb mit Sitz in einer süddeutschen Großstadt. Mit moderner Technologie und höchster Qualität hat sich das vor 50 Jahren gegründete Unternehmen in seinem regionalen Markt hohes Ansehen und eine gute Kundenbasis geschaffen. Jetzt erfordert die dramatische Veränderung der Märkte und Technologien eine völlig neue Unternehmensausrichtung, für die wir den unternehmerisch denkenden und handelnden Motor suchen. Sie sollen als zweiter Geschäftsführer die Neuausrichtung gemeinsam mit den Mitarbeitern und der mittleren Führungsebene planen, konzipieren und umsetzen – eine einmalige Chance, sich als Nachfolger des derzeitigen Allein-Geschäftsführers zu positionieren, der das Unternehmen in etwa zwei Jahren verlassen wird.

Die Gesellschafter erwarten von dem neuen Geschäftsführer eine fundierte kaufmännische und vertriebliche Ausbildung, nachgewiesene Management- und Führungserfahrung und besondere Durchsetzungsstärke zur sensiblen, aber konsequenten Umsetzung der notwendigen Veränderungen. Technologische Kenntnisse im Bereich Druck- und Vorstufe sind hilfreich, persönliche Erfahrungen mit den neuen digitalen Medien aufgrund der Zukunftsstrategien aber absolute Voraussetzung.

Wenn Sie die Aufgabe reizt, ein erfolgreiches, aber eingefahrenes Unternehmen auf allen Ebenen aufzurütteln und auf die Zukunft einzustellen, wenn Sie sich als Veränderungs-Motor begreifen, der sowohl sensibel und hart sein kann, wenn Sie als Vorbild ihr Team zu Höchstleistungen motivieren können, dann sollten Sie sich heute noch bei unserem Personalberater Peter Hönig bewerben, der für absolute Vertraulichkeit und auf Wunsch auch für die Einhaltung von Sperrvermerken bürgt.

Peter Hönig • Personalberatung GmbH
Rathausplatz 2 • 34119 Kassel
Tel. 05 61 / 33 66 8-0 • Fax 33 66 8-20

Habe beschlossen, meine Erfahrungen mit der schrittweisen Übernahme und Veränderung von Klinger Druck in diesem Tagebuch festzuhalten. Ich bin mir sicher, daß täglich vieles auf mich einstürmen wird und habe mir vorgenommen, jeden Tag eine halbe Stunde Zeit für das Reflektieren und „Nachdenken" in diesem Buch zu verwenden.

Erster Arbeitstag bei Klinger Druck! – Nach nur zwei Vorgesprächen mit dem aalglatten Personalberater Hönig aus Kassel brauchte es nur ein langes Mittagessen mit Peter Klinger, und schon hatte ich den Job. Warum ging das so einfach? Klinger hat mir ziemlich schnell vertraut!

Bin eigentlich ganz positiv aufgenommen worden. Klingers Sekretärin, Petra Schaffner, ist scheinbar die gute Seele des Betriebs, sie hat immerhin einen Blumenstrauß auf meinen ansonsten sehr tristen Schreibtisch plaziert. Klinger selbst kam erst um zehn Uhr, so daß ich noch zwei Stunden Zeit hatte, meine Dinge zu ordnen. Schreckliches Büro, das sie mir gegeben haben. „Alles nur Übergang", sagte Klinger, aber wenn ich die Raumsituation des Betriebs so anschaue, weiß ich noch nicht, wo Besserung für mich herkommen soll. Er räumt sein großes Zimmer sicher erst bei seinem Abgang. Aber was soll's. Ich möchte sowieso stärker bei der Mannschaft draußen sein.

Jetzt beginnen die entscheidenden ersten 100 Tage → Methodik-Modul A

Die kurze Rede von Klinger zu meiner Vorstellung bei der Führungsgruppe war voll daneben. Warum sagt er seinen Leuten etwas völlig anderes als mir im Vorstellungsgespräch? Zwischen uns war im vertraulichen Gespräch schnell klar gewesen, daß die Druckerei völlig neu strukturiert werden muß und er und die Gesellschafter in mir den Motor für den Neuanfang sehen. Er will mich sauber einführen und selbst nur noch die technologischen Fragen bearbeiten. Ich soll für Verkauf und Marketing, vor allem aber für die Entwicklung des Zukunftskonzepts und seine Umsetzung zuständig sein. Ganz offensichtlich kam der Druck für diese Wende im Unternehmen aber eher von den Gesellschaftern. Und was sagt er seinen Leuten bei meiner Vorstellung? Kein Wort vom Neuanfang, noch nicht einmal eine Aussage zu seinem Abgang in zwei Jahren. Stattdessen ungefähr: „Herr Schwaiger wird ab sofort als zweiter Geschäftsführer den Bereich Marketing und Verkauf übernehmen. Wir müssen noch stärkere Signale

// Vorsicht: Einige wichtige Grundsatzfragen sind unklar!

11

am Markt setzen ..." Ich wollte ihn danach eigentlich zur Rede stellen, aber es war dann zu hektisch. Muß morgen unbedingt nachgeholt werden. Wenn die Mitarbeiter in mir den „Bewahrer" sehen, habe ich es für die notwendigen Veränderungen noch schwerer. Die Revolution wird auch so groß genug werden. Wenn die alle wüßten, wie radikal ich den Rhein-Verlag saniert habe. Aber halt, laß Dir Zeit. Erst einmal muß ich zuhören, zuhören, zuhören.

Aber ohne vorge- // faßte Meinung!

8 Donnerstag
Januar

Sitze in einem ganz schön tristen Hotelzimmer. Ist zwar nahe zum Unternehmen, aber viel zu weit weg, um auf die Schnelle noch etwas trinken zu gehen. So verbringe ich die Zeit eben mit Literatur- und Aktenstudium. Verdammt, das war ein schlechter Tag! Weiß noch gar nicht, wo mir der Kopf steht. Eigentlich wollte ich Klinger auf seine meiner Meinung nach mißglückte Rede vor den Führungskräften ansprechen. Der reagierte aber total sauer: „Das müssen Sie schon noch mir überlassen. Die sind doch noch gar nicht reif für eine Veränderung". Warum schützt er seine Leute, wo er mir doch im Vorgespräch klar den Auftrag für radikale Veränderungen gegeben hat? Vielleicht war das letztlich gar nicht sein Auftrag, sondern der der anderen Gesellschafter?! Das fängt ja gut an.

Erste Kultur- unterschiede werden deutlich.

Outfit-mäßig passe ich überhaupt nicht in dieses Unternehmen. Klinger läuft wie auch alle anderen sportlich locker im Pullover herum. Die Innendienstler haben sowieso nie eine Krawatte an, und die beiden ADs sind zwar im Anzug, aber dokumentieren durch die Nachlässigkeit ihrer Kleidung so richtig, daß sie „verkleidet" sind. Und da kommt von außen ein Neuer im Boss-Outfit, mit aktuellsten Krawatten und vor allem mit passenden Schuhen und Socken. Das ist einfach mein Stil ... Schon in der jungen Union nannten sie mich gemäß der damals bei IBM herrschenden Kleiderordnung immer „Blaumann".

9 Freitag
Januar

Ich hasse mein Büro und meinen Schreibtisch. Keinen Teppichboden, alte Eichenmöbel, ein Blick auf den Hinterhof und einfahrende Lieferanten, wenig Tageslicht – ganz schön trist und unfreundlich. Wie kann in einer solchen Umgebung Innovatives entstehen? Wird eine meiner Taten nach der Probezeit sein, bei Klinger Druck mal Geld in ein schönes Umfeld zu stecken. Aber erst, wenn der Laden deutlich besser läuft.

Ich war den ganzen Tag im Unternehmen unterwegs. Bin entsetzt, wie rückständig hier alles ist. Von Teamarbeit keine Spur, lauter kleine Fürstentümer, eine viel zu alte Mannschaft, wenig frisches Blut von außen, viel zu geringe Kundennähe ... nur die neueste Technik mußte offenbar immer sein! Der Drucksaal sieht wie ein Ausstellungsraum von Heidelberger* aus. Alles blitzblank und die Drucker tragen immer noch stolz die Overalls im Heidelberger Outfit. Habe in jeder Abteilung einige dumme Fragen gestellt und nur fragende, manchmal auch entsetzte Blicke erhalten. Die Mitarbeiter haben vielleicht gehofft, einen „Vorarbeiter" zu bekommen. Jetzt will der offensichtlich auch noch etwas verändern.

Paßt die Kultur zu den Plänen von Bernd Schwaiger (im nachfolgenden BS genannt)?
→ Methodik-Modul B

Ich hätte nicht gedacht, daß sich die Kultur einer Druckerei so stark von einem Verlag oder – ach, mein tolles amerikanisches Abenteuer! – von einem Medien-Unternehmen unterscheidet. Hier bei Klinger gibt es noch eine richtige „Handwerks-Kultur". Es herrscht nicht die souveräne Ruhe und der Traditionalismus eines Jahrhunderte alten Buchverlages, auch nicht die quirlige, jugendliche Atmosphäre eines dynamischen Hightech-Medienunternehmens – nein, bei Klinger geht es derb, hektisch und kumpelhaft zu. Nicht, daß hier geschlafen würde, alle sind hochaktiv, manchmal auch hektisch. Es ist ein Geschäft, das weitgehend auf Zuruf funktioniert. Keine standardisierten Prozesse, keine eingeschliffene Organisation, eine Fülle von unklar definierten Schnittstellen. Eigentlich ein heilloses Durcheinander. Wie die das überhaupt schaffen, ihre Aufträge einigermaßen durch dieses tägliche Chaos zu schleusen? Joachim, der ganz auf Peter Klinger ausgerichtete 48jährige Betriebsleiter, sagt, das sei der „normale Alltag" einer Druckerei. Ich bin da nicht so überzeugt ...

Typische, ganz auf den Chef fixierte „Handwerks-Kultur"

Mein Kontakt zu Peter Klinger fühlt sich nicht gut an. War ich zu voreilig mit meiner offenen Kritik an seiner Rede zu meiner Einführung? Seither begegnet er mir deutlich zurückhaltender und irgendwie auch mißtrauisch. Habe ihn

---

* Einer der weltgrößten Hersteller von Druckmaschinen

13

immer noch nicht ansprechen können. Der sitzt den ganzen Tag in technischen Meetings oder rast mit Joachim durch den Betrieb. Wenn er täglich auf diese Weise arbeitet, wundert es mich wirklich nicht, daß das Unternehmen einen massiven Veränderungsstau hat.

Habe gleich einen Top-Kontakt zu Klingers Sekretärin gefunden. Sie hat von sich aus angeboten, für mich zu schreiben, dann muß ich nicht zu den total überlasteten Sachbearbeiterinnen im Vertrieb gehen. Vielleicht kann ich von ihren Insider-Infos, die sie zweifellos hat, profitieren. Sollte mit ihr mal zum Essen gehen.

Bin mit dem Betriebsleiter Günther Joachim, der den klassischen Meister alten Schlags verkörpert, aber mit großer Einsatzbereitschaft und Dynamik zu Werke geht, kurz zusammengerasselt. Habe ihn nur gefragt, nach welchen Kriterien er die Aufträge auswählt, die über die neue, völlig überbelegte Sechsfarbenmaschine laufen. Da wollte er sich nicht in die Karten sehen lassen und sagte so etwas wie: „Mache ich schon seit Jahrzehnten im Sinne des Unternehmens, und der Chef war immer mit meiner Disposition zufrieden." Der wird sich noch wundern, wie seine Dispo in einigen Monaten aussehen wird, wenn wir im Vertrieb richtig Gas geben.

12 Montag
Januar

Konnte heute einen wichtigen Punkt bei den Vertriebsleuten machen. Bisher ist der Vertrieb so organisiert, daß es zwei reine Außendienstler gibt, nämlich Frank Wössner und Guido Aubach, die draußen am Markt agieren. Dazu gehören dann noch sechs Innendienstleute, die die Aufträge der ADs bearbeiten und „von innen" eigene Kunden betreuen, zuzüglich der beiden Sachbearbeiterinnen, die für alle gleichermaßen zur Verfügung stehen und völlig überlastet wirken. In Wirklichkeit sieht es aber so aus, daß die ADs die einzigen sind, die wirklich verkäuferisch unterwegs sind – und auch das sehr handgestrickt und mit wenig Professionalität. Die Innendienst-Mitarbeiter sind mit Auftragsabwicklung, „Feuerwehr"-Spielen und sonstigen internen Arbeiten so gefordert, daß sie zu einem wirklichen Verkaufen überhaupt nicht kommen. Klinger hat ihnen in der Vergangenheit oft auch das Gefühl gegeben,

Das Markt-potential kann so nicht im Ansatz genutzt werden. //

daß die saubere Auftragsbearbeitung mindestens so wichtig sei wie das Verkaufen. „Was wir hier Geld verlieren!" war einer von Klingers beliebten Aussprüchen, wenn einer der Aufträge mal wieder zäh durch den Betrieb lief. Die Nachkalkulationsergebnisse teilt er aber bis heute nicht den direkt Verantwortlichen mit! Kein Wunder, daß der Vertrieb im Unternehmen bisher eher als Nebensache gilt. Nur wenn Klinger mit Joachim von einem Maschinenkauf zurückkamen, hat er nach Erzählungen der Vertriebsleute immer großen Druck gemacht, daß sich „jetzt etwas regen muß". Von Strategie und Konzept keine Spur!

// Völlig falsche Info-Poltik

Mit diesem zehnköpfigen Team (ich habe sie zu ihrem Entsetzen als ein Team behandelt, also keinen Unterschied mehr zwischen „Innendienst" und „Außendienst" gemacht) habe ich heute eine kurze Potentialanalyse des Kundenstamms gemacht. Da sind locker weitere zwei Millionen Mark Umsatz drin, wenn die richtig offensiv bearbeitet werden. Gemäß meiner alten Strategie „mit gutem Beispiel voran" habe ich im Beisein der Vertriebsmitarbeiter fünf sogenannte „Alt-Kunden" angerufen, die seit Jahren keinen Auftrag mehr erteilt und Besuche scheinbar immer abgelehnt haben. Ergebnis: Drei fest verabredete Akquisetermine, von denen nach meiner Erfahrung mindestens einer zu einem Auftrag führen wird. Ich werde die Vertriebsleute begleiten. Aber den Abschluß sollten die selbst machen, damit sie vor mir etwas glänzen können.

// Guter Führungsgrundsatz gemäß dem Motto „Catch them doing right"

Klinger beschäftigt mich weiterhin. Was spielt er eigentlich für ein Spiel? Holt mich als seinen Nachfolger, ist in den Vorgesprächen sehr vertrauensselig, fast zu schnell persönlich und intim. Und dann beginne ich meinen Job und er läßt mich ins Leere laufen, hängt ständig in gar nicht so wichtigen Meetings und geht Gesprächen mit mir aus dem Weg. Peter Klinger, achtundfünfzig Jahre, gelernter Drucker, seit fünfundzwanzig Jahren Geschäftsführer, Betrieb vom Vater übernommen. Ist ganz der Techniker, lebt mit seinen Drucksachen und ist immer ganz besonders stolz, wenn sein Unternehmen Top-Qualität produziert. Peter Klinger hat das Kaufmännische so dazugelernt, wird aber oft erst von seinem Steuerberater auf wichtige Facts in den Zahlen gebracht. Er ist der typische Feuerwehr-Chef, gutmütig, väterlich, offen für die Menschen, positive Ausstrahlung, aber strategisch völlig unfähig. Nimmt jede

Störung und Rückdelegation dankbar entgegen, damit er vor seinen eigentlichen Aufgaben als Geschäftsführer fliehen kann. Vermutlich sieht er das aber ganz anders. Er braucht mich für sein Lebensziel „Ausstieg". Eigentlich bin ich seine wichtigste Ressource für die nächste Zeit.

Dieses schlimme Hotelzimmer! Und zu Hause sitzt Ingrid allein in unserem wunderschönen Haus in Koblenz. Gut, daß wir auch über E-Mail in Kontakt sind. Ingrid hat den Nutzen dieses Mediums bereits in meiner USA-Zeit kennengelernt, als wir in unserem Bekanntenkreis noch unter den ersten waren, die diese neue Technologie nutzten. So konnten wir uns in engem Kontakt fühlen, auch wenn der große Teich zwischen uns lag. Trotzdem, es ist schon ein hoher Preis, den ich für meine Karriere bezahle.

Überraschung am Morgen – Klinger stand schon um acht Uhr in meinem Büro. Es entstand ein zweistündiges intensives Gespräch zwischen uns, das ziemlich offen, eigentlich von seiner Seite ungewöhnlich offen geführt wurde. Jetzt ist also klar – er hat Probleme loszulassen, sieht in einem starken GF an seiner Seite eben doch einen Nebenbuhler. Warum kam ich nicht gleich darauf? Wahrscheinlich würde ich an seiner Stelle nicht viel anders empfinden nach fünfundzwanzig Jahren Alleinregierung im Unternehmen. Er hat mir seine Gefühle sehr direkt offenbart, war eigentlich ehrlicher als ich. Weiß auch nicht, aber es fällt mir noch recht schwer, Klinger als wirklichen Partner und nicht als „Auslaufmodell" zu sehen. Vielleicht ist ja was dran, wenn er sagt, er fühle, ich würde einfach über ihn hinweggehen. Darüber muß ich mal nachdenken, denn zumindest in den nächsten zwei Jahren sind wir noch aufeinander angewiesen. Interessant wäre zu wissen, wie sich die Stimmungslage im Gesellschafterkreis darstellt. Muß hier unbedingt die Fühler ausstrecken. Immerhin, die Fronten zwischen uns sind geklärt und ich werde unbeirrt weitergehen. Ab nächsten Monat in verschärftem Tempo.

Richtig! soviele Gespräche wie möglich mit der „Basis" führen.

Zweite Besonderheit heute war ein spontanes Gespräch im Flur mit Iris, einer Auszubildenden im zweiten Lehrjahr. Ziemlich aufgewecktes Mädchen und auch noch verdammt hübsch. Sie hat mir in wenigen Minuten mehr Insider-Infos über die Unternehmenskultur gebracht als stundenlange

Gespräche mit Klinger und Joachim. Das sieht alles nach einem stockkonservativem, ganz auf Sicherheit und Kontinuität orientierten Wertespektrum aus. Na ja, Klinger läßt grüßen, der hat Veränderungen im Unternehmen ja nur gemacht, wenn es gar nicht mehr anders ging. Und jetzt holen sie mit mir einen radikalen Veränderer. Ganz schön mutig, meine Herren! Der Ärger ist vorprogrammiert.

Die erste Woche ist geschafft. Bin irgendwie schon etwas deprimiert, wie rückständig dieses Unternehmen ist. Hätte die Vorgespräche doch noch etwas sorgfältiger führen müssen. Ob ich da wirklich hineinpasse? Ist schon gut, daß wir vereinbart haben, die Familie frühestens in einem Jahr nachzuholen!

Bin überzeugt, daß Klinger Druck die Jahrtausendwende nicht lange überlebt, wenn jetzt nicht einschneidende Veränderungen durchgesetzt werden. Klinger Druck erwirtschaftet heute gerade noch einen Cashflow von zehn Prozent des Rohertrags und die Personalkosten sind viel zu hoch. Wenn es damals von den externen Gesellschaftern keine Geldspritze (wieviel wohl?) gegeben hätte! Die Vergleichbarkeit von Klinger Druck am Markt ist massiv. Qualitativ drucken kann heute doch jeder, und die neuen digitalen Medien, auf die hier noch keiner wirklich eingestellt ist, kommen dramatisch schnell. Kaum zu fassen, aber noch keiner kam bei Klinger Druck auf die einfache Idee, das Gefährdungspotential des vorhandenen Umsatzes durch solche Substitutionen einmal pragmatisch zu ermitteln. So denken die einfach nicht. Die arbeiten und arbeiten, alles sehr solide und engagiert, aber letztlich doch völlig phantasielos und überhaupt nicht strategisch orientiert. Klinger Druck wäre ohne meine Hilfe genau eines der Unternehmen, die von den Marktveränderungen „völlig überrascht" werden.

Ist das Unternehmen überhaupt richtig eingestellt?
→ *Methodik-Modul C*

Doch die Mitarbeiter und zu allem Übel auch die mittlere Führungsebene sehen die Notwendigkeit für einen Wandel überhaupt noch nicht. Es ist, wie so oft – bequeme Ausreden lassen sich leicht finden: „Wir stehen doch noch ganz gut da", „da müßten sie erst mal einige Wettbewerber von uns sehen", „wir machen doch noch Gewinn" und so weiter. Ich habe das Gefühl, im Herzen denkt auch

Der Leidensdruck ist bei den Mitarbeitern noch nicht angekommen.

Das ist eindeutig
zu wenig.

Klinger selbst so. Es bleiben also nur die Gesellschafter als Legitimation für Veränderungen. Nach meinem Gespräch mit Peter Klinger (intern wird er meist nur „Chef" oder sogar etwas salopp „Schnauzer" genannt wegen seines auffallenden, eigentlich unmodischen Schnauzbartes) war klar, daß er sich bei Veränderungen nicht gegen mich stellen würde. Aber ist er auch wirklich dafür? Ich glaube nicht!

Bin jetzt gemäß meiner Funktion öfters mit Klinger in Repräsentations-Meetings. Klinger macht das ganz gut, bleibt sich mit seiner konservativen, bescheidenen, bodenständigen Art völlig treu und kommt durchaus an. Ich muß die Einfachheit und Klarheit dieses Mannes sogar ein wenig bewundern. Bei einem Verbandstreffen, zu dem ich ihn begleitete, als viele Unternehmerkollegen der Region mit ihren Renditen und Geschäften glänzen wollten, sagte Klinger einfach: „Wir sind zufrieden, aber mein neuer Partner meint, bei Klinger Druck wäre viel mehr drin". Dabei grinste er zu mir rüber, als wolle er sagen: „Ist schon gut so." Diese Szene hat mir irgendwie gefallen. Jedenfalls bin ich jetzt auch schon bei den Kollegenbetrieben und dem Verband eingeführt. Wir haben den Bilanzkennzahlen-Vergleich* angeschaut. Von allen Druckereien, die teilgenommen haben, schrieb ein Drittel im letzten Jahr Verluste. So gesehen, ging es Klinger mit seinen hunderttausend Mark Jahresüberschuß in '98 noch gut. Aber ich bleibe dabei: Die Hausaufgaben sind nicht gemacht und Klinger Druck geht sehr schweren Zeiten entgegen, wenn wir nicht sofort gegensteuern. Man muß sich mal vorstellen: Wir drehen

Warum erstellt
BS nicht einen
besseren Business-
Plan?
→ Methodik-
Modul C

eine Umsatzschraube von achtzehn Millionen, die ganze Mannschaft arbeitet bis zum Anschlag und am Schluß der Übung bleiben gerade mal hunderttausend Mark Reingewinn – das ist doch ein Witz!

Meine Einschätzung hat bei der Rückfahrt vom Verbandstreffen noch zu einer äußerst gereizten Diskussion zwischen uns geführt. Natürlich muß er meine Äußerung als Kritik an seiner unternehmerischen Führung empfinden. Aber soll ich denn die Gefahren, die ich für das Unternehmen sehe, für mich behalten?

---

* Jährlich vom Verband herausgegebener Betriebsvergleich mit den wichtigsten Controlling-Benchmarks.

Dieses Hotel mit seinen kleinen Zimmern und dem alten Mobiliar wird sicher nicht mein Daueraufenthaltsort hier in Stuttgart bleiben. Es spricht nicht gerade für Peter Klinger, daß er dieses Haus ausgewählt hat. Ich muß mir unbedingt etwas Besseres suchen, sonst werde ich noch schwermütig. Aber der Entschluß, die ersten Wochen hier in Stuttgart zu verbringen und mich ganz in die neue Aufgabe zu verbeißen, paßt schon.

Strategische Vorgehensweise in den nächsten Monaten:

sehr gut! BS definiert hier seinen Weg und setzt meßbare Ziele.

1. Klarheit in der Zielvorgabe durch Peter Klinger und die Gesellschafter erhöhen. Ich muß genau wissen, woran meine Leistung von den anderen gemessen wird.
2. Gesellschafter wirklich für mich gewinnen.
3. Mit jedem meiner Mitarbeiter ein Gespräch führen.
4. Mit jedem Kundenberater mindestens einen Tag an der Verkaufsfront verbringen.
5. Eine Arbeitsgruppe gründen für die Neuausrichtung des Unternehmens.
6. Nach einem Monat eine Ansprache vor allen meinen Mitarbeitern halten mit den ersten Erkenntnissen und Schlußfolgerungen. Leidensdruck aufbauen, Bereitschaft zur Veränderung wecken.
7. Verdeckte Speerspitze von wenigen Gefolgsleuten aufbauen.
8. Gezielte Informationen über Markt und Wettbewerber aufbauen.
9. Radikales Veränderungskonzept entwerfen und mit Klinger und Gesellschaftern absprechen.
10. Rückhalt durch Speerspitze suchen, danach „Bombe" zünden. *// Das ist nur eine der möglichen Strategien.*

```
E-Mail
Thema: Startprobleme
von:   Bernd_Schwaiger@inet.com
an:    Ingrid_Schwaiger@dnet.de
Datum: 17.01.98 11:38:02
```

Liebe Ingrid,
jetzt habe ich die erste Woche bei Klinger Druck geschafft. Vielleicht hattest Du recht, daß das meine bisher schwierigste Aufgabe wird. Der Anfang gestaltete sich jedenfalls als emotionell recht kompliziert. Bin nur ganz schwer mit Peter Klinger auf eine gemeinsame Schiene gekommen.

Er verhielt sich vom ersten Augenblick an völlig anders als in den Vorgesprächen. Erinnerst Du Dich noch an das Treffen beim Italiener in der Stuttgarter Altstadt, bei dem Du ihn kennengelernt hast? Wie hat er da getönt, jetzt wäre die „Zeit der Veränderungen" bei Klinger Druck. Und in Wirklichkeit verkörpert er in persona die Stagnation und Verkrustung im Unternehmen. Ehrlich gesagt, damit hatte ich nicht gerechnet. Mir war klar, daß ich für den Umbau des Unternehmens von allen anderen erst einmal keinen Beifall zu erwarten habe. Aber daß ich jetzt auch noch mit meinem GF-Partner zu ringen habe, ist schon heftig.

Aber was soll's, wir beide haben lange um diesen Schritt gerungen, jetzt bin ich drin und ziehe es durch. Ich habe das Gefühl, dieser Laden fordert mich weniger fachlich. Bezogen auf Marketing und Vertrieb ist Klinger Druck das reinste Entwicklungsland, dagegen war sogar noch der Rhein-Verlag hochprofessionell. Aber gerade deshalb glaube ich, daß hier schnelle, für die Gesellschafter sichtbare Erfolge möglich sind. Doch die wirkliche Herausforderung liegt auf dem Führungssektor. Es ist kaum vorstellbar, wie wenig konsequent, strategisch und konzeptionell hier gearbeitet wird. Die kaufen auf der DRUPA* eine neue Maschine für vier Millionen und haben keinerlei Konzept, das diese Investition schlüssig macht. Und wenn ich da reingehe, diese Dinge hinterfrage, bin ich in kürzester Zeit bei Peter Klinger. Er ist es, der als erster umdenken müßte, der den Betriebsleiter zu einer Marionette gemacht hat. Ständig kommt der zu Klinger, der stöhnt dann, wie schwer es ist, gerade jetzt zu helfen, aber er macht es. Und eigentlich will er es so. Nichts hat Klinger lieber, als in die Technik zu gehen und Störungen zu beheben. Und jetzt komme ich mit meinem Team-Führungsstil und meinen Leistungsansprüchen in eine Kultur, in der nie wirklich abgefordert wurde. Das muß natürlich zu Konflikten mit Klinger führen.

Vielleicht muß ich mit ihm doch über seinen vorzeitigen Ausstieg reden — aber das wird ihm nicht schmecken.

---

* Weltgrößte Messe für Printtechnologie, die alle fünf Jahre die entscheidenden Maßstäbe in der Branche setzt.

Wie geht es Dir und Melanie? Sicher leidet auch Ihr unter der langen Abwesenheit. Aber so gigantisch, wie meine Aufgabe bei Klinger Druck aussieht, wäre es wirklich absolut unvernünftig, Euch zu früh nach Stuttgart zu holen. Wer weiß, welche Konflikte ich in diesem Laden noch auslöse. Doch auf der anderen Seite, wenn es mir wirklich gelingt, dieses gewachsene, bisher ganz auf Peter Klinger fixierte Unternehmen neu auszurichten, dann habe ich für uns eine Basis für die nächsten Jahrzehnte geschaffen. Und dann werdet Ihr sehen: Stuttgart ist ganz prima, da wird es auch Melanie gefallen. Aber warten wir ab, wie es mir hier in den nächsten Monaten so geht.

Viele liebe Grüße. Dein Bernd

Verdammt, zwei Tage keine Eintragung mehr gemacht. Komme jeden Abend erst gegen zehn Uhr ins Hotel. Sehr anstrengende Phase. Eine Menge Mitarbeitergespräche, völlig unterschiedliche Erlebnisse und Eindrücke, große Offenheit, ja geradezu Sehnsucht nach Veränderungen, aber auch totale Barrieren und ganz offen geäußerter Widerstand. Bin müde und muß nachdenken.

Ist es zu fassen: Bei Klinger Druck gibt es nur einen einzigen Mitarbeiter, der nach meiner Recherche ein wenig Ahnung von den neuen Medien hat und der auch schon mal im Internet unterwegs war. Markus Tanner, ein junger DTP -Spezialist aus der Vorstufe. Als ich – suchend nach internem Multimedia-Know-how – nach längerem Durchfragen endlich bei Tanner gelandet war, gab er ganz cool seine Einschätzung rüber: „In diesem Haus kümmert sich überhaupt niemand um innovative Produkte und noch viel weniger um Multimedia, vor allem nicht der Chef selbst." Diese Offenheit hat mir gefallen. Ich stärkte ihm sogleich den Rücken und deutete an, daß auf diesem Gebiet in Zukunft wesentlich mehr im Unternehmen passieren wird. Jürgen Steurer, der Leiter der Vorstufe, hat die Szene mit mißtrauischem Blick von seinem Glaskasten aus verfolgt, so als wolle er sagen: „Das ist nicht dein Bereich, halt dich da raus."

Gut! BS sucht gezielt seine zukünftigen Key-Player.

---

* Desktop Publishing – Publizieren vom Schreibtisch aus auf elektronischer Grundlage.

21 Mittwoch
Januar

BS macht hier // zuviel Druck. Sollte den Mitarbeiter stärker kommen lassen.

Shit, habe dicken Fehler gemacht heute. Verstehe nicht, wie mir Mitarbeitern gegenüber so etwas passieren kann. Hatte mit van Rosen vom Innendienst eine Auseinandersetzung. Es ging mal wieder um offensivere Kundenbetreuung, das Reizthema zwischen mir und meinen Leuten, und er mauerte, als ich ein klares Commitment einfordern wollte, wie viele Neukontakte er nächste Woche anzurufen gedenkt. Da sagte er mir in seiner schnoddrigen Berliner Art: „Wissen'se, sorgen Sie erst mal für 'ne vernünftige Bezahlung hier im Haus, dann reden wir über Zusatzleistungen." Das hat mich so geärgert, daß ich mich hinreißen ließ zu: „Ist es das, was Peter Klinger hier im Haus unter Leistungskultur versteht?" Van Rosen schaute mich im ersten Augenblick verdutzt an, hatte wohl selbst nicht mit einer solchen Entgleisung von mir gerechnet, grinste dann aber und ging ohne ein weiteres Wort aus dem Raum. Der Rest war klar. Am Nachmittag bat mich Klinger bereits zu sich und stellte mich zur Rede. Nun saß ich plötzlich auf der Anklagebank und nicht mehr der rotzfreche van Rosen, der natürlich auch noch von Klinger gedeckt wird. Aber bin selber schuld. Das hat den sowieso schon angespannten Kontakt zu Klinger sicher nicht verbessert. Den van Rosen kaufe ich mir noch, der nächste Punkt geht an mich!

Warum bin ich nur so reizbar und unbeherrscht? Ich mache zuviel Druck. Werde mich jetzt noch etwas an den Rechner setzen und surfen. Mal sehen, was meine Freunde bei AMCO so machen. Vielleicht komme ich sogar noch auf den Server ...

22 Donnerstag
Januar

Hatte heute eine interessante Auseinandersetzung mit dem Betriebsleiter Joachim und seinem Abteilungsleiter für die Vorstufe*, Jürgen Steurer. Es ging nochmals um mein Gespräch mit dem Markus Tanner, das mich noch beschäftigt hatte. In irgendeinem Zusammenhang hatte ich beim Mittagessen Joachim ein Lob meinerseits für den Mann und seine „versteckten Fähigkeiten" ausgedrückt, worauf er ziemlich ärgerlich wurde und mein „nicht abgestimmtes" Gespräch mit einem „seiner Leute" brandmarkte. Ich kann eine solche Einstellung einfach nicht verstehen. Soll ich als

---

* Dem Druck vorgelagerte Abteilung

GF Gespräche mit Mitarbeitern vorher beim Betriebsleiter anmelden? Was soll überhaupt dieses Bestehen auf Einflußsphären? Klinger Druck ist ein kleines Unternehmen, in dem jeder für den ganzen Betrieb mitdenken sollte.

Hinzukommt, daß Joachim und letztlich auch der direkte Vorgesetzte Steurer sich bis heute einen Teufel um die Fähigkeiten von Tanner geschert haben. Die glauben immer noch, Klinger könnte in den nächsten Jahren als klassischer Druckbetrieb überleben und sehen die neuen Medien nur als Spielwiese für ein paar verrückte Techno-Freaks. Ich habe Joachim deutlich gemacht, daß ich mich weder schuldig fühle noch „Grenzüberschreitungen" dieser Art in Zukunft unterlassen werde. Das hat ihm überhaupt nicht gefallen. Der rennt jetzt sicher wieder zu Klinger.

Bin jetzt mit allen dreizehn Mitarbeiter-Gesprächen durch. Das war ganz offensichtlich totales Neuland für alle, denn Klinger hat früher nie solche Gespräche geführt. Mein offener, lockerer, aber auch unbequemer Stil war für meine Mitarbeiter offensichtlich neu, ich habe aber durchaus auch einige ermutigende Signale bekommen. Frank Wössner zum Beispiel oder Gabi Brenner, zwei hochqualifizierte Kräfte, hoffen auf Veränderungen, damit sie ihre Fähigkeiten endlich beweisen dürfen. Mir scheint, die haben noch erhebliches Potential. Aber auch Endres, Müller und Aubach sind auf den ersten Blick Positiv-Faktoren.

Aber die Bilanz hat auch eine Negativ-Seite: Van Rosen haßt mich aus irgendeinem Grund und hat natürlich nach meinem Fehltritt Blut geleckt. Peter Stempfer machte mit seinem Gejammer und mit Schuldzuweisungen an alle möglichen Kollegen eine ziemlich schlechte Figur und die drei Mitarbeiterinnen in der Buchhaltung, die auch zu meinem Ressort gehören, scheinen allesamt reine Beamten zu sein mit keinerlei Interesse an einer Tempo- oder gar Effizienzsteigerung. Unglaublich, aber diese Mitarbeiterinnen sind bisher quasi nicht geführt worden, weil Klinger, wie er selbst zugibt, nichts von Zahlen versteht. Susanne Zimmermann, eine verhärmte, 43jährige „Beamtin" mit negativer Ausstrahlung, die seit Jahren in den Betriebsrat will, wegen ihres Wesens aber bei keinem Mitarbeiter ankommt, ist in Ermangelung so etwas wie eine Vorarbeiterin,

BS sollte stärker versuchen, Joachim für seine Ideen zu gewinnen. Nicht nur auf GF-Ebene bleiben.

BS verurteilt die Mitarbeiter zu schnell! Er sollte jedem eine echte Chance geben.

die ihre Kolleginnen traktiert. Die haben zum Teil direkt an den Steuerberater berichtet, der aus der Ferne ein wenig auf die Entwicklung der Kennzahlen aufpaßt. Als ich sie ein wenig kritisch zu ihrer Arbeit hinterfragt habe, wurde sie gleich bissig: „Unsere Arbeit wurde vom Chef bis heute immer anerkannt", war ihre zentrale Aussage. Da fällt mir nicht mehr viel ein. Die werde ich in den nächsten Monaten alle kräftig durchschütteln. Um diese Frau Zimmermann kümmere ich mich nach Ablauf meiner Probezeit, wenn ich auch die disziplinarische Verantwortung für diesen Bereich übernehme. Kann mir nicht vorstellen, mit dieser Frau ein modernes Controlling aufzubauen. Mal sehen.

Und die anderen siebenundachtzig Leute, die derzeit noch von Klinger und Joachim geführt werden? Die bekommen derzeit nicht das „Vergnügen" von Mitarbeitergesprächen. Ich kann ja Klinger und Joachim wohl nicht dazu bewegen, so zu arbeiten. Das bedeutet, wir haben faktisch bereits jetzt zwei unterschiedliche Führungsstile bei Klinger Druck. Das kann heiter werden. Am Montag werde ich Klinger über meine bisherigen Gespräche und Erkenntnisse berichten.

26 Montag
Januar

Hatte Gespräch mit Klinger über die Mitarbeitergespräche. Warum geht er immer sofort in Rechtfertigung, wenn ich Mißstände im Unternehmen anprangere? Er hat doch einen „Veränderungsmotor" gesucht und ich mache nur meinen Job. Ich spüre, daß sich in mir langsam Zorn gegenüber Klinger aufbaut.

30 Freitag
Januar

Durchbruch im Lifestyle – endlich ein schönes Appartement in kleiner Wohnanlage am Killesberg gefunden, hell und freundlich und sogar mit Designer-Möbeln bestückt. Das ist doch gleich ein ganz neues Lebensgefühl! Jetzt kann ich auch mal jemanden zu mir nach Hause einladen.

Die dritte Arbeitswoche liegt hinter mir. Jetzt habe ich eine Visitenkarte mit dem Titel darauf, auf den ich solange hingearbeitet habe: Geschäftsführer Vertrieb/Marketing.

Aber so richtig freuen kann ich mich gar nicht, denn der Reformstau bei Klinger ist so gewaltig, daß es Momente gibt, wo ich ausrasten könnte. Sicher – erste Akzente habe ich in meinem Bereich gesetzt. Und noch habe ich bei allen

Typische Blockade. Hier hilft oft spontanes, absolut offenes Feedback.
➜ Methodik D

BS braucht mehr Mitstreiter, die das verändern wollen.

Schonfrist. Aber die berühmten ersten hundert Tage ticken. Werde nächste Woche das Tempo anziehen und erste eigene Aktivitäten starten.

Habe endlich Klarheit in den Beteiligungsverhältnissen bekommen. Klinger hat erst ein wenig herumgedruckst, dann aber die Fakten auf den Tisch gelegt. Er hält achtundvierzig Prozent der GmbH und zweiundfünfzig Prozent teilen sich ein Carsten Ederer und Peter Altmann, die Stimmbindung vereinbart haben und wenn es hart auf hart geht, mit ihrer Mehrheit viele Entscheidungen beeinflussen können. Sei aber noch nie vorgekommen, sagt Klinger. Die Gesellschafterversammlungen verliefen bisher immer in absoluter Einigkeit, die beiden Externen würden sich nie einmischen und seien einfach mit einer guten Kapitalverzinsung durch Gewinnausschüttungen zufrieden. Auf meine Frage, warum ein inhabergeführtes Unternehmen zwei beherrschende externe Gesellschafter hat, reagierte Klinger ganz empfindlich, machte emotionell total zu und sagte nur was von einer „schwierigen Situation vor vier Jahren", bei der die beiden ihm von früher bekannten Unternehmer geholfen hätten. Mehr war im Augenblick darüber nicht zu erfahren. Aber da liegt eine dicke Leiche im Keller, das war klar spürbar. Werde mit Ederer und Altmann bei nächster Gelegenheit Kontakt aufnehmen. Aber Vorsicht: Klinger darf das entweder nicht erfahren oder ich muß ihn vorher so einweihen, daß er ein gutes Gefühl hat. Wenn ich das jetzt schreibe, merke ich, daß ich es am liebsten an Klinger vorbei machen würde!

Peter Klinger (PK) hat keine Mehrheit in seinem eigenen Unternehmen!

Warum hat BS nicht schon bei den Vorgesprächen nach den Gesellschaftsverhältnissen gefragt?

Heute ging es wieder rund in der Druckerei. Einer unserer Großkunden, ein Software-Unternehmen, hat den Druck einer Riesenauflage von Image-Broschüren gestoppt, als Filme und Platten* bereits komplett fertig waren und die Sechsfarbenmaschine** gerade hochgerüstet wurde. Als neuer Vertriebschef hatte ich die Ehre, mit dem zuständigen Marketingleiter zu reden. Der wollte nichts von der Druckfreigabe vor zwei Tagen gewußt haben, von der mir aber Joachim erzählt hatte. Das alles war mal wieder „auf dem kleinen Dienstweg" telefonisch gelaufen – und jetzt

---

* Dienen zur Druckformenherstellung für den Offsetdruck
** Hochwertige Offsetdruckmaschine mit Veredelungsmöglichkeiten

steht Aussage gegen Aussage. Was sollen wir tun, der Auftrag bringt eine viertel Million, und da kann Joachim noch so brüllen, wir bleiben dem Kunden gegenüber freundlich und führen die gewünschten Änderungen aus. Statt sich so über den Kunden zu ärgern, sollte Joachim lieber klarere Prozesse definieren und die Druckfreigabe schriftlich einkassieren.

3 Dienstag

Februar

Langes Telefongespräch mit Ingrid. Wenn es um den Austausch von Gefühlen geht, macht die Kommunikation über E-Mails wenig Sinn, irgendwie wird da alles runtergekocht und versachlicht. Habe deshalb heute bewußt angerufen und wir haben fast eine Stunde miteinander geredet. Irgendwie empfinde ich die Situation zwischen uns stark belastet. Ingrid erscheint mir gespalten: Vom Kopf her wünscht sie sich, daß ich hier bei Klinger Erfolg habe und einen wichtigen Schritt auf der Karriereleiter machen kann, vom Bauch her würde sie mich lieber heute als morgen gescheitert und geläutert wieder in unserem zu Hause in Koblenz aufnehmen, damit sie dort bleiben kann und ihr und Melanie ein belastender Umzug erspart bleiben. Vielleicht war ihre damalige Entscheidung, ihre Juristen-Laufbahn zugunsten des Familienlebens aufzugeben, falsch und verhängnisvoll. Manche zynische Kommentare von ihr bezüglich „meiner" Erfolge, „meines" Lebens, „meiner" Chancen machen mich schon unruhig. Aber nun ist Melanie da und ich bin beruflich eben voll dabei. Warum immer diese Ängste?

Geschäftlich geht es ganz gut voran. Aber Klinger bleibt auf Distanz.

5 Donnerstag

Februar

Jetzt geht es so richtig los. Habe heute die erste massive Intervention gesetzt. Nach Rücksprache mit Peter Klinger („grünes Licht, prima Idee") habe ich eine „Zukunfts-AG" ins Leben gerufen. Mit diesem Team will ich die notwendigen Veränderungsprozesse vorantreiben. Habe in der Vergangenheit gute Erfahrungen mit solchen Gruppen gemacht, wenn auch natürlich die eigentlichen Innovationen und Revolutionen meist nicht aus der Gruppe kamen, sondern von mir lanciert wurden. Trotzdem hat die zeitaufwendige Gruppenarbeit einen großen Vorteil, nämlich daß es von Anfang an Multiplikatoren gibt, die neben mir in der

Kommunikation und Umsetzung wirksam werden. Habe vor, aus der zusammengewürfelten Gruppe erst einmal ein Team zu formen, dann die derzeitige Lage zu analysieren, zukünftige Marktentwicklungen zu überlegen und die notwendigen Schritte in die Zukunft zu planen. Bei AMCO in Philadelphia hatte ich mit dieser Speerspitzen-Strategie großen Erfolg. Hoffe, daß ich einige Erfahrungen von dort auf Klinger Druck transferieren kann. Aber vermutlich brauchen die Mitarbeiter bei Klinger Druck (und vor allem ihr Chef) erst das Leiden, um offen zu werden für Veränderungen. Aber wenn sie heute das Leiden noch nicht stark genug haben ... dann muß ich Ihnen das zukünftige Leiden „künstlich" vorwegnehmen. Vielleicht ist das ein entscheidender Ansatz für mein Vorgehen in der neuen Arbeitsgruppe.

// Es gibt drei Auslöser für Veränderungen:
- Leidensdruck
- Visionärer Aufbruch
- Feind von außen

Um deren Zusammensetzung gab es ein längeres Ringen mit Klinger. Zuerst wollte er selbst mit drin sitzen, das war klar zu spüren. Letztlich hat er sich von meinen Argumenten aber doch überzeugen lassen und war zufrieden, daß mit dem Betriebsleiter Joachim einer „vom alten Schlag" mit dabei ist („damit ihr nicht ganz abhebt"). Aber den hätte ich so oder so reingenommen, damit wir die Möglichkeiten und Sichtweisen der Technik nicht vernachlässigen, wenn wir über Zukunftsoptionen nachdenken. Doch wen vom Vertrieb alles mit hineinnehmen? Eher die Aufgeschlossenen oder bewußt die vermuteten Blockierer? Habe mich für eine Mischung entschieden und vor allem die Mitarbeiter berücksichtigt, die sich positiv oder negativ besonders hervorgetan haben. Der erste Termin steht: Samstag, 21. Februar. Über den Wochenendtermin waren die acht Leute zwar zuerst alles andere als erfreut, letztlich haben sie es aber doch als Ehre empfunden. Außerdem wollten sie wohl die Chance nutzen, auf diese Weise „den Neuen" etwas besser kennenzulernen.

Das ist der richtige Weg, um Mitarbeiter zu Multiplikatoren zu gewinnen
→ Methodik-Modul E

Irgendwie war das kein gutes Wochenende. Bin mit meinen Gedanken dauernd in der Firma. War gestern sogar abends am Schreibtisch gesessen, ohne aber tatsächlich etwas zu bearbeiten. Habe so ein komisches Gefühl, als ob irgendwas jetzt schon jetzt aus dem Ruder läuft. Aber was? Bei AMCO war mein Vorgehen als Manager eingebettet in

Sonntag **8**
Februar

ein unternehmensweites Konzept. Ich habe mich zwar in meiner Truppe recht innovativ ausgetobt, war aber letztlich doch innerhalb des dort definierten Rahmens tätig. Beim Rhein-Verlag war die Situation anders. Dort gab es bei meinem Eintritt eine existentielle Unternehmenskrise, die mir quasi jede Erlaubnis für Veränderungen gab.

Und bei Klinger? Hier gibt es weder eine Krise, aus der die allgemein akzeptierte Notwendigkeit radikaler Veränderungen resultieren könnte, noch gibt es eine unternehmerische Kultur der Veränderung wie bei AMCO, wo das permanente Lernen der Organisation gelebt wurde und bei einer neuen Führungskraft schon nach wenigen Monaten wie selbstverständlich gefragt wurde: „Was hat er bereits verändert?" Woran also soll ich mich festhalten?

Wo ist die Vision von BS? //

9 Montag

Februar

War heute auf Kundentour mit Guido Aubach, einem der Außendienst-Mitarbeiter. Es war schwer für mich, nicht direkt einzugreifen, aber das wäre für ihn ein Gesichtsverlust gewesen. Habe immer im Anschluß an die Gespräche und später dann beim Mittagessen Manöverkritik gehalten. Das war für den knapp 50Jährigen eine völlig neue Erfahrung. Ich war eigentlich ganz angetan, wie er das Feedback aufgenommen hat, er schien mir fast dankbar. Er ist seit über fünfzehn Jahren Verkäufer bei Klinger Druck, aber in der ganzen Zeit war noch nie sein Chef mit ihm unterwegs, um mit ihm an seinem Verkaufsstil zu feilen.

Überhaupt ist Peter Klinger ein Chef, der nie wirklich abgefordert hat. Diese Unverbindlichkeit, dieses „Leben und leben lassen", zieht sich durch den ganzen Betrieb. Kein Mitarbeiter hat mit Konsequenzen zu rechnen, wenn er seine Aufgaben nicht oder nicht termingerecht erfüllt, wenn er Zusagen nicht einhält, notwendige Leistung nicht erbringt. Die gute Stimmung und Harmonie darf doch nicht durch Konflikte oder zuviel Leistungsstreß gestört werden ... aber vielleicht bin ich jetzt zu zynisch.

Hier fehlt eindeutig eine Commitment-Kultur
→ Methodik-Modul M //

Was wirklich gut ankommt, ist, daß ich mit den Leuten nicht nur von meinem Schreibtisch aus rede, sondern mich wirklich detailliert für deren Arbeit interessiere. Ich glaube, in meinem Bereich werde ich so in den nächsten Monaten eine ganz gute Basis schaffen. Aber wie kann das Ganze dann in den restlichen Betrieb transferiert werden? Was

28

Klingers Sekretärin, Petra Schaffner, wohl mit der Bemerkung gemeint hat: „Ist zwischen Ihnen und dem Chef eigentlich alles O.K.?"

Langsam kommt die Klausurtagung näher, und schon gab es den ersten Krach. Van Rosen – schon wieder der – war bei Peter Klinger, um sich über den Samstagstermin zu beschweren. Er formulierte wohl im Sinne von: „Noch nie ist bei uns am Samstag eine Tagung abgehalten worden. Der Schwaiger will völlig neue Regeln einführen." Doch zum Glück hat Peter Klinger Flagge gezeigt und van Rosen eingenordet. Das war für mich massiv wichtig. Bin, als ich das erfahren habe, gleich zu ihm gegangen und habe mich bedankt. Das war ein wichtiger Vertrauensbeweis.

Meine Liste über Mißstände bei Klinger wird immer länger. Kleine Anregungen von mir für Sofortverbesserungen werden meist ignoriert:

*   Die Post nicht von der Sekretärin öffnen lassen, sondern direkt auf den Tisch der Verantwortlichen („wo kommen wir hin").
*   Eine kleine Kalkulation als AD selbst machen und nicht fünf Tage auf einen freien Sachbearbeiter warten („keine Zeit").
*   Jeden Tag eine bestimmte Anzahl Stammkunden gezielt nachtelefonieren („bringt doch nichts, wenn die Kunden ein Problem haben, melden die sich schon bei uns").

Aber gut, wenn sie wollen, bekommen sie eben die gesamte Reorganisation auf einmal. Vielleicht ist das große Konzept in sich dann doch überzeugender als eine Fülle von Einzelmaßnahmen. Aber trotzdem fühle ich Zorn und absolutes Unverständnis über soviel Ignoranz!

Vorsicht: Erste kleine Erfolge sind für die Mitarbeiter extrem wichtig!

Meine Strategie ist noch unklar: Sofort-Maßnahmen werden boykottiert, die große Reorganisation braucht noch Zeit und wirkt aus Sicht der Beteiligten durch die Unternehmenssituation nicht gerade zwingend. Verlange ich zuviel? Bin ich zu ungeduldig oder sehe ich die Mißstände einfach klarer, weil ich von außen komme? Klinger hat den Verkauf nie an die Leine genommen, war froh, wenn er sich in Ruhe um die Technik kümmern konnte. Und irgendwie haben die Umsätze ja gestimmt. Die Umsätze ja, aber nicht die Gewinne!

Werde morgen van Rosen nochmal zu mir holen. Der wird einige deutliche Worte zu hören bekommen. Leider muß ich Mitarbeitergespräche noch auf unbestimmte Zeit im Besprechungsraum und nicht in meinem Büro führen. Wie mich das nervt!

11 Mittwoch
Februar

Erstes wirklich ernsthaftes Konfliktgespräch bei Klinger Druck. Van Rosen war nicht, wie eigentlich von mir erwartet, reumütig, sondern ging sofort zum Gegenangriff über. Wollte mich rhetorisch unterbügeln. Ich war vielleicht etwas zu scharf, als ich sagte, ich hätte von Anfang an gespürt, daß er sich gegen jede Veränderung stemmt. Prompt verbat er sich diese Unterstellung und sagte im Umkehrschluß, er hätte sofort gemerkt, daß ich ihn auf „der Liste" gehabt hätte. Meine Vermutung: van Rosen hatte Ambitionen auf den Job des Verkaufsleiters und ist nun eifersüchtig auf mich. Irgendetwas an ihm macht mich aggressiv. Wenn er so dasitzt, sein unangenehmes Äußeres, die Hände in der Tasche geballt und die ganze Körpersprache auf Angriff, die kleinen listigen Augen blitzend auf mich gerichtet, dann habe ich das Gefühl, er will mir sagen: „Du bist gerade ein paar Wochen da, hast mindestens zehn Jahre weniger Erfahrung als ich, Du hast keinen so guten Draht zum Chef wie ich, hast dir in diesem Betrieb noch keinerlei Anerkennung verdient, und DU willst mir sagen, was ich zu tun habe ...?"

→ Methodik-Modul E

Ich war nach dem Gespräch nicht so zufrieden mit mir. Offenheit war zwar da, aber der Sieger nach Punkten – da bin ich mir nicht sicher. Könnte mir gut vorstellen, daß van Rosen jetzt überall herumerzählt, wie er bei mir geglänzt hat. Fest steht, der ist ein klarer Feind von mir. Werde mich bei dem Workshop am Wochenende vorsehen müssen, damit dieses Konfliktfeld nicht zu stark in den Vordergrund kommt. Denn meine Strategie ist erst einmal, die Mitarbeiter zum Reden zu bringen und sie nur nicht zu schnell durch Reorganisations-Ideen verängstigen.

23.00 Uhr: Das letzte Glas Glenmorangie, ein herrlicher Malt-Whisky, steht vor mir, und ich beschließe diesen Tag mit klassischer Musik. Ich bin viel allein. Nicht nur hier, sondern auch bei Klinger Druck. Manchmal meine ich sogar, auch in meiner Familie bin ich letztlich allein.

Es ist kurz vor Mitternacht. Komme gerade von einem Abendessen mit Carsten Ederer, einem der Gesellschafter, zurück. Hatte ihn mittags aus einer plötzlichen Intuition heraus angerufen und der hat sofort reagiert. Er wolle auch ein persönliches Gespräch mit dem „zukünftigen GF" führen und schon war der Abendtermin vereinbart. Habe den ganzen Nachmittag gegrübelt, ob ich Klinger einweihen soll oder lieber nicht. Ederer hatte von „persönlichem Gespräch" gesprochen. Was genau hat er wohl gemeint? Sicherlich nicht, daß Klinger dabei ist. Oder vielleicht weiß Klinger doch davon? Aber ich habe es nicht übers Herz gebracht, ihn zu informieren. Hoffentlich wird sich das nicht irgendwann einmal gegen mich richten! Doch wenn ich auf der anderen Seite jetzt den Gesprächsverlauf mit Ederer zurückverfolge, war es vielleicht doch genau richtig, das Meeting geheimzuhalten.

Vorsicht vor Intrigen auf der Gesellschafterebene

Ederer, ganz der sportlich-dynamische Unternehmer, Lackschuhe, Golfer-Outfit, Cartier-Uhr, Siegelring, ein Riese mit fast zwei Meter Länge, dem schönen Leben wohlgesonnen, wie mir scheint. Wir haben heute abend zu zweit für fast vierhundert Mark in der Wielandshöhe geschlemmt. Er ist Importeur von italienischen Möbeln, Weinen und sonstigen Edelgütern. Scheint sehr vermögend und erfolgreich zu sein. Aber sein Engagement für einen einfachen Druckereibetrieb paßt so gar nicht in seine Vita. Eigentlich mag ich diese gelackten Typen nicht!

Ederer war sensationell offen, bekannte ganz klar, daß die Gesellschafter in großer Sorge um Klinger Druck sind und sich die Hoffnungen auf mich richten. Und jetzt: Er hat durchblicken lassen, daß Klinger eigentlich gegen die Entscheidung zu meinen Gunsten war und lieber einen konservativeren GF als Nachfolger haben wollte. Die beiden externen Gesellschafter haben ihn aber überstimmt. Nun habe ich endlich die Antwort auf meine Beobachtungen und Schwierigkeiten mit Klinger. Und Ederer? Der versucht gegen den noch im Amt agierenden GF bei dessen Nachfolger zu intervenieren. Verdammt kitzlige Situation! Sein Anliegen verstehe ich nur allzu gut: schnellere Veränderungen, grundlegende Neuausrichtung, auch gegen Widerstände, Blockierer radikal raussetzen. Aber: Das Ziel sind nicht kurzfristige Gewinne, sondern eine langfristige Unternehmenssicherung mit schnell erkennbaren Wirkungen.

Was ist hier der saubere Weg?

31

Kurz – das Unternehmen innerhalb eines Jahres auf Erfolgskurs trimmen. Danach sei mir der GF-Posten sicher, betonte er. Das ist eine klare Intrige gegen den derzeitigen GF, denn Klinger geht von zwei Jahren aus! Die wollen mit meiner Hilfe Klinger vor seiner Pensionierung absetzen. Verdammt – sieht so aus, als ob ich bald Flagge zeigen muß, sonst sitze ich am Schluß noch zwischen den Stühlen.

13 Freitag
Februar

solche kurzen Arbeitsbilanzen sind äußerst hilfreich.

Blitzlicht: Wo stehe ich bei Klinger Druck nach sechs Wochen?

- Bei meinen Mitarbeitern im Vertrieb als Veränderer und Antreiber eingeführt.
- Bei Peter Klinger eher unbeliebt und fast als Gefahr angesehen.
- Bei einem der Gesellschafter als „Retter" hochangesehen.
- Noch nicht klar, welche Veränderungen ich in welcher Reihenfolge initiieren will.
- . Mit meinen bisherigen Impulsen und Aktionen persönlich eher noch unzufrieden (bei AMCO war ich um diese Zeit besser und weiter).
- Sitze noch nicht wirklich fest im Sattel.
- Brauche schnelle erste Erfolge, aber die Mitarbeiter blockieren jede innovative Idee.
- „Feind" van Rosen – eher zu vernachlässigen
- Unterstützung durch Klingers Sekretärin nicht hoch genug einzuschätzen
- Schlüsselfrage: Wie gehe ich mit Peter Klinger um?

Mein Fazit: Der Point of no return ist noch bei weitem nicht erreicht!

Morgen fahre ich nach eineinhalb Monaten und einigen eher schwierigen Telefonaten und E-Mails endlich mal wieder nach Hause. Irgendwie liegt Streit in der Luft. Ich sehne mich so sehr nach Ingrid und nach Melanie, aber ich spüre auch Entfremdung.

Was will ich eigentlich? Aus meiner Zeit in USA weiß ich noch, daß die sehnsüchtigen Erwartungen an den anderen immer auch die Gefahr der Enttäuschung enthält.

```
E-Mail
Thema: Wochenende
von:   Bernd_Schwaiger@inet.com
an:    Ingrid_Schwaiger@dnet.de
Datum: 15.02.98 23:15:10
```

Liebe Ingrid,

danke, das Wochenende hat mir sehr gutgetan. Bin ganz beschwingt zurückgefahren und sitze jetzt noch bei einem schönen Absacker, um über die Tage mit Euch beiden nachzudenken. Ich habe das Gefühl, Ihr beide seid bei mir und ich werde morgen wieder kraftvoll loslegen. Ich bin sehr gespannt, wie es bei Klinger Druck weitergeht.

Liebe Grüße. Dein Bernd

War am Samstag mittag in Koblenz angekommen. Ingrid macht sich Sorgen um mich und meint, ich will zuviel in zu kurzer Zeit. „Warum mußt du unbedingt mehr Gas geben, als Klinger selbst es will? Das ist doch unnötiger Kraftaufwand. Laß Dir mehr Zeit, auch die Mitarbeiter brauchen vielleicht ein langsameres Tempo. Stuttgart ist nicht mit Philadelphia zu vergleichen." Vielleicht hat sie mit ihren Interventionen ja recht. Aber auf der anderen Seite ist da auch das Gespräch mit Ederer. Und die Zahlen sprechen ebenfalls eine deutliche Sprache. Nachdenklich hat mich das Gespräch mit Ingrid aber doch gemacht. Unser eher schwieriges Thema ist die gemeinsame Familien- und Lebensplanung für den Fall, daß Klinger Druck wirklich meine Heimat für die nächsten Jahrzehnte werden sollte. Ingrid ist nach wie vor skeptisch, überhaupt irgendwann nach Stuttgart zu ziehen. Sie hat sich nach ihrem Entschluß, aus dem Beruf auszusteigen, gut in Koblenz eingewöhnt und will nicht „jedes Opfer" für meine Karriere bringen.

Es schält sich immer stärker ein kleines Team heraus, das zu mir steht und meine noch unausgesprochenen Ziele unterstützt. Zu diesem Team gehören Petra Schaffner (wir sind seit letzter Woche per Du), Gabi Brenner vom Innendienst, Guido Aubach als Außendienstler und Uschi Lang, die Team-Assistentin. Ich hatte eigentlich nicht vor, gerade mit diesen Mitarbeitern, von Petra abgesehen, ein engeres Vertrauensverhältnis einzugehen, aber es hat sich einfach

BS versucht die „Speerspitzen"- Strategie.

ergeben. Manchmal gehen wir gemeinsam außer Haus essen oder wir bleiben abends noch etwas länger zusammen sitzen. Jedenfalls kann ich mich auf die vier verlassen – glaube ich zumindest. Verblüffenderweise scheint Petra keinerlei Loyalitätsprobleme mit ihrem Chef und meinen immer wieder aufflackernden Konflikten mit ihm zu haben. Sie weiß aus vielen Gesprächen, daß ich ihn kritisch sehe und trotzdem solidarisiert sich fast mit mir. Warum? Ist sie nur raffiniert und hängt sich deshalb an den Nachfolger? Oder hat sie selbst einfach die Nase voll von Klingers väterlicher, schwerfälliger Art? Ist es überhaupt richtig, schnelle Vertraulichkeit mit diesen Mitarbeitern zuzulassen? Mir tut es gut, aber ist es auch taktisch klug?

Im operationalen Bereich tut sich inzwischen durch meinen beständigen Druck eine ganze Menge. Wir haben, vermutlich erstmals in der Geschichte von Klinger Druck, in einer Woche mehr als zwanzig Anfragen generiert, qualifizierte Anfragen, versteht sich. Habe im zentralen Vertriebsbüro eine große Tafel aufgehängt, an der wir die wöchentliche Zahl der Anfragen, der rausgegangenen Angebote und der eingegangenen Aufträge vermerken. Diese Maßnahme hat die Stimmung unter den Vertriebsmitarbeitern ungemein polarisiert. Das Meinungsbild reichte von „endlich kommt Konsequenz in den Vertrieb" bis zu „das sind ganz subtile neue Kontrollmechanismen, die schärfstens zu bekämpfen sind". Genau diese Emotionalisierung habe ich gewollt. Hoffe, mit dieser Mischung aus Konsequenz und Symbolik läßt sich bei Klinger einiges bewegen.

Aber damit nicht genug: Ich habe heute noch zwei weitere symbolische Zeichen gesetzt. Zum einen habe ich die Tür zu meinem sowieso viel zu kleinen Kämmerchen ausgehängt und in meinem Büro die eine freie Wand in einer kurzen Handwerksaktion farbig neu gestrichen, das sieht jetzt etwas peppig aus. Auf jeden Fall hat es aber bei den Mitarbeitern unglaublich gewirkt. Die Leute haben zuerst gewitzelt, dann aber ihre Anerkennung für diesen praktizierten offenen Stil geäußert. Die Symbolik der „offenen Tür" kam wohl voll rüber, und daß ich mir es schon in meinem Zimmer gemütlich mache, bevor meine Probezeit abgelaufen ist, das wurde deutlich wahrgenommen. Mutmachende Signale – wie sehr die Menschen doch danach hungern!

Hervorragend: Visualisierung von Aktivitäten und Erfolgen!

Symbole und Rituale sind mächtige Werkzeuge der Kulturveränderung.
➔ Methodik-Modul B

34

Noch zwei Tage bis zur Klausur-Tagung. Und langsam wird Nervosität spürbar: bei mir, bei den Teammitgliedern und verblüffenderweise auch bei Peter Klinger. Er hatte heute nachmittag nochmals das Gespräch mit mir gesucht. Wollte wohl herausfinden, wie ich jetzt vorgehe und was genau passiert bei einer solchen „Klausur". Klinger dehnt dieses Wort immer künstlich in die Länge, wohl um auszudrücken, wie eigenartig für ihn mein Vorhaben ist.

Habe Klinger überrascht, als ich ihn fragte, welches seine Ziele für eine solche Klausur wären, wenn er in meiner Lage als zukünftiger GF wäre, der frischen Wind reintragen will. Erst mal war er sprachlos, dann bat er kurze Bedenkzeit und kam dann mit verblüffend einfühlsamen Statements.

// Gutes Vorgehen

An alle Mitarbeiter

Klinger
Druck GmbH

Zukunfts-AG   5.2.98

Liebe Mitarbeiter,

unter diesem ungewöhnlichen Titel wollen wir zwei Tage in Klausur über unser Unternehmen, unsere Kunden, die Marktentwicklung – kurz – über unsere Zukunft nachdenken. Vieles verändert sich zur Zeit in unserer Branche und auch bei Klinger Druck wird sich einiges verändern müssen, wenn wir auch in Zukunft Erfolg haben wollen. Mit Bernd Schwaiger haben wir den idealen Motor für diese Neuausrichtung und natürlich auch für die Arbeitsgruppe gefunden. Für seine derzeitigen Überlegungen und Konzepte zur Neuausrichtung des Unternehmens sind die Erkenntnisse und Ergebnisse der Arbeitsgruppe von großer Bedeutung.

Da wir nicht alle miteinander zusammensitzen können, was natürlich das Beste wäre, habe ich gemeinsam mit Bernd Schwaiger die Mitglieder der Arbeitsgruppe ausgewählt. Die jetzt folgenden acht Mitarbeiter stehen stellvertretend für Sie alle, wir haben versucht, bewußt auch einige "kritische Geister" einzubeziehen. Allen nicht berücksichtigten Mitarbeitern versprechen wir, daß sie so schnell wie möglich über die Ergebnisse und Konsequenzen des Arbeitskreises informiert werden. Herr Schwaiger ist der Meinung, daß die Arbeitsgruppe bei gutem Start regelmäßig tagen soll, um alle notwendigen Veränderungen zu planen und zu begleiten.

    1. Meeting der Arbeitsgruppe Zukunfts-**AG**
    am: 21.2.98, 9.00 - 18.00 Uhr
    Ort: Waldhotel Degerloch
    Leitung: Bernd Schwaiger
    Teilnehmer: G. Aubach/AD   D. van Rosen/ID
              G. Joachim/BL   P. Schaffner/GF-Sekr.
              W. Martin/Dispo   P. Stempfer/ID
              U. Michel/Ltr Druck J. Steurer/BR-Vors.

Für die Geschäftsführung und unser gesamtes Unternehmen ist die Arbeit dieser Gruppe von großer Wichtigkeit. Bitte nehmen Sie konstruktiv, positiv und kreativ an den Gesprächen teil.

Geschäftsleitung
Peter Klinger

Die Einladung zu einem solchen Workshop bildet zu einem wesentlichen Teil den Kontext – jedes Wort ist hier wichtig und muß sitzen.

Habe es mir ziemlich genau gemerkt, was Klinger gesagt hat, könnte noch wichtig werden: „Also, wenn ich Bernd Schwaiger wäre (dabei hat er körpersprachlich deutlich sein Unwohlsein ausgedrückt), dann ..." Und er brachte die Sache mit drei Prioritäten auf den Punkt:

1. Die Mitarbeiter für mich gewinnen.
2. Die wirkliche Sichtweise der Leute erfahren.
3. Die Mitarbeiter bereits meinem Stil spüren lassen.

Wenn er recht hat, hat er recht. Seine Zielsetzungen für mich unterscheiden sich kaum von meinen. Das heißt, er kann sich verdammt gut in mich hineinfühlen. Fazit: Ich darf Peter Klinger auf keinen Fall unterschätzen. Der alte Fuchs hört mit seiner Erfahrung und Intuition wirklich das Gras wachsen.

21 Samstag
Februar

BS tut sich schwer, mit Mißerfolg umzugehen.

23.00 Uhr: Andere waren heute abend vielleicht in der Oper oder bei einem schönen Abendessen. Ich sitze allein und völlig deprimiert in meinem Appartement und zermartere mir das Gehirn, was schiefgelaufen ist. Fiasko! Ja, Fiasko ist das einzig passende Wort zu dem, was da heute gelaufen ist. Keines, aber auch keines der mit Klinger abgesprochenen Ziele habe ich erreicht. Stattdessen ist die ganze Mannschaft zwei Stunden vor der geplanten Zeit frustriert nach Hause gegangen. Und ich habe gerade jetzt am Anfang meiner Karriere bei Klinger Druck eine deutliche Schlappe hinnehmen müssen. An den Montag mag ich noch gar nicht denken. Heute fällt mir nichts mehr ein. Zu viel Whisky, zu viele Probleme. Scheiß-Tag! Der Bossanova im Hintergrund (immer wieder Astrudo Gilberto) tut gut und vor mir steht ein Glas Glenfiddich (nach meiner Meinung inzwischen mehr ein Sauf-Whisky, nachdem ich Stück für Stück die wirklich guten Malts kennengelernt habe). Auch wenn es schon spät ist, heute ist in mir so viel passiert, das muß ich erst mal verarbeiten.

22 Sonntag
Februar

War heute spontan zu einem Kurzbesuch nach Koblenz gefahren, immerhin dreihundert Kilometer einfach, aber ich hielt es nach meinem Mißerfolg allein im Appartement einfach nicht mehr aus. Ingrid empfing mich eher verkrampft und überrascht mit einem: „Du hier?"

Dann saßen wir in unserer Wohnküche und ich erzählte ihr alles bis ins kleinste Detail. Über den furiosen Anfang des Workshops, mein dynamisches Eröffnungsstatement, daß ich mich feurig geredet hatte über meine AMCO-Erfahrungen, meine Zukunftspläne und Visionen für Klinger Druck, über neue Ansätze der Teamarbeit und dabei hatte ich die Warnsignale von Petra ignoriert, die bemerkte, daß van Rosen und Joachim bereits zum Angriff rüsteten. Sie war die einzige gewesen, die noch geblieben war, als alle anderen nur noch weg wollten, und hat mir dann vor Augen geführt, wie ich an den Leuten total vorbeigeredet habe. Es kam, was kommen mußte: In einer Atempause bremste mich van Rosen mit einem ganz simplen rhetorischen Trick aus. Er fragte mich voller Aggression in Sprache und Körperhaltung, ob ich mich in den letzten sechs Wochen auch nur einmal wirklich mit Klinger Druck und nicht nur mit der Übertragung völlig unpassender Management-Ideen aus Amerika befaßt hätte. Joachim sekundierte ihm sofort, daß es mit derlei Patentrezepten ja nun wirklich nicht ginge, daß ich mich vielmehr erst einmal mit der Problematik einer Jahrzehnte gewachsenen Druckerei auseinandersetzen sollte. Und als er schließlich Mutmaßungen anstellte, ich hätte bereits ein fertiges Konzept und diese Runde diene nur als Feigenblatt, schien die ganze Gruppe bis auf Petra auf seiner Seite zu sein. Aber warum mich dann auch noch der Teufel ritt und ich auf die Aggression van Rosens einging und mich vor der Gruppe in einen offenen Streit mit ihm hineinziehen ließ – mir wird jetzt noch schlecht. Jedenfalls war ich inzwischen durch den Konflikt mit van Rosen so emotionalisiert und ausgepokert, daß ich in keiner Weise mehr Einfluß auf das Geschehen nehmen konnte.

BS müßte den Konflikt entweder in die Gruppe geben oder bilateral lösen.

Aubach hat dann nach einer kurzen Pause, in der ich mich endgültig mit van Rosen überwarf, die Führung übernommen und ließ die Gruppe eine Analyse der Firmensituation machen. Ich ließ ihn gewähren, was sich als wahrscheinlich einzige richtige Entscheidung dieses Tages herausgestellt hat. Wenigstens habe ich mich bei der Gruppe – nicht bei van Rosen – für meine Entgleisung entschuldigt. Der Tag endete früher als geplant und wir gingen um 16.00 Uhr auseinander, immerhin mit dem Ziel, am 21. März wieder zusammenzukommen, um in „besserem Geist", wie Steurer sagte, die Arbeit fortzusetzen.

Gruppendynamik: In einem Führungs-Vakuum findet die Gruppe oft ganz von selbst einen geeigneten Leiter.

Ich versuchte noch, durch einige Schluß-Statements der Situation die Schärfe zu nehmen. Aber dazu war es an dem Tag zu spät. Die Gruppe ging fast grußlos auseinander. Und ich stand vor einem Scherbenhaufen.

Wälze mich seit Stunden schlaflos im Bett und habe nun beschlossen aufzustehen. Eine Tasse Tee dampft vor mir, eine Kerze brennt. Eigentlich ganz gemütlich, wenn ich mich nicht so elend und ausgepumpt fühlen würde, vor lauter Ärger über mich selbst. Lasse mich von van Rosen vorführen wie ein Schuljunge und bin dann, als ob es nicht schon schlimm genug wäre, auch nicht in der Lage, den Konflikt sauber abzuarbeiten, gebe die Führung des Tages dankbar an Aubach ab (wenn der nicht dagewesen wäre!) und verliere nachmittags die Gruppe. Ist es das Ende? Hat meine Karriere bei Klinger Druck am Samstag den entscheidenden Knick bekommen? Was wird Klinger sagen, wenn er heute von allen möglichen Seiten informiert wird? Wie mache ich mit van Rosen weiter, zwischen uns sind seit Samstag eigentlich alle Brücken abgebrochen! Wie geht es mit der Arbeitsgruppe weiter, deren sachliche Ergebnisse vom Samstag aufgrund der emotionalen Störungen wirklich daneben sind? Fragen, viele Fragen und wenig Zeit. Aber in einem Punkt bin ich mir sicher: Ich muß heute die entscheidenden Zeichen setzen. Weitere Fehler kann ich mir nicht mehr leisten, sonst kann ich meinen Koffer gleich packen. Nein, die Aufarbeitung der von mir angerichteten Problematik muß absolut überzeugend sein:

Der eigene Perfektionismus-Anspruch ist zu hoch.

1. Gleich am Morgen, möglichst als erster, zu Peter Klinger und „Hosen runter".
2. Abteilungsversammlung Vertrieb für den Nachmittag einberufen.
3. Gespräch mit van Rosen, um Klarheit über die weitere Zusammenarbeit zu schaffen.
4. Mittagessen mit Petra, um weiteres Feedback für meine Abteilungsversammlung zu holen.
5. Abteilungsversammlung durchführen mit absoluter Offenheit über meine Fehler vom Samstag.

Ja, so müßte es gehen. Auch wenn ich eigentlich hundemüde bin, überkommt mich jetzt doch der Kampfesgeist. So schnell gibt Bernd Schwaiger nicht auf!

Montag abend: Das ist eine Achterbahnfahrt für mich bei Klinger Druck. Gestern noch stand ich am Abgrund, heute abend scheine ich gefestigter denn je. Wie soll man diese Wendungen so schnell verkraften? Komme gerade von einem spontanen Abendessen mit Peter Klinger. Mit Klinger! Der war bisher noch nicht einmal mittags zum Essen mit mir zusammen und lädt mich nach dem ganzen Wahnsinn heute spontan zu sich nach Hause ein. Aber langsam – erst einmal den Tag Revue passieren lassen.

Vielleicht wird BS für PK menschlicher, wenn ihm Fehler unterlaufen?

War heute morgen deutlich früher als sonst im Büro, kurz nach sieben. Es war noch keiner da, da erst bemerkte ich, daß heute ja Rosenmontag war. „Van Rosen-Montag", wie sich herausstellen sollte. Ich konnte also erst in Ruhe die wichtigste Post durchgehen. Hatte mich dabei wohl doch etwas aufgehalten, denn als ich dann zu Peter Klinger rüberging, war es schon kurz nach acht Uhr. Klinger kommt seit Jahrzehnten punkt acht in seine Firma, Mitarbeiter sagen immer, nach ihm könne man den Wecker stellen. Doch heute war er fünf nach acht noch nicht da. Doch wen treffe ich im Vorzimmer, wartend auf seinen Chef? Van Rosen natürlich. Der wollte anscheinend als erster die frohe Kunde loswerden, wie ich mich am Samstag blamiert habe. Aber den habe ich mir sofort zur Brust genommen. Habe Petra einen späteren Termin bei Klinger freischaufeln lassen und bin mit van Rosen in ein spontanes Konfliktgespräch gegangen. Zwei Stunden später war die Trennung besiegelt.

Ich war maximal offen zu ihm, habe ihm meine Beobachtungen und Gefühle geschildert und ihn ganz klar gefragt, ob ich mich von jetzt an auf seine Loyalität verlassen könne. Als er anfing, rumzueiern und diplomatische Schleifen zu drehen, habe ich ihm spontan und ohne die Konsequenzen zu überlegen, eine sofortige Trennung „im gegenseitigen Einvernehmen" nahegelegt. Als er keine Anstalten machte, darauf freiwillig einzugehen, habe ich ihn mit sofortiger Wirkung freigestellt. Van Rosen war von der Wendung der Ereignisse völlig perplex, er hatte so etwas wohl weder vermutet noch jemals erlebt. Petra hat dann später für mich die Rechtslage recherchiert, denn mir ist klar, daß mit der Freistellung rechtlich noch nichts gewonnen ist. Sieht scheinbar gar nicht so übel aus, denn van Rosen ist gerade mal fünf Jahre im Betrieb. Ich weiß, daß ich zu einer fristlosen Kündigung trotz der Vorfälle kein

Recht hatte, aber mit van Rosen kann ich keinen Tag länger arbeiten. Und das Wunder: Peter Klinger stärkte mir in unserem späteren Gespräch den Rücken und sagte, van Rosen sei ihm schon öfter als Intrigant aufgefallen, der sich schon mit vielen guten Mitarbeitern angelegt hätte. Aber es hätte ihm bis heute ein wirklich stichhaltiger Grund für eine Freisetzung gefehlt. „Ihre Entscheidung war hart, aber in Ordnung. Ich trage das mit." Damit ging es bergauf, van Rosen packte seine Sachen, weg war er und die Mitarbeiter im Vertrieb waren sprachlos und schon ein wenig respektvoll, wie schnell und konsequent ich nun reagiert habe. Der Spaß kostet uns vermutlich weniger als fünfzigtausend Mark, wenn es vors Gericht geht.

Wichtiges Signal // der Partnerschaft

Nach diesem wichtigen Punkt kam ich dann trotzdem noch ziemlich nervös zu Peter Klinger ins Büro. Er war ganz der joviale, freundliche, väterliche Typ und zeigte sich durch seine Sekretärin (Danke, Petra!) schon gut vorinformiert. „Herr Schwaiger, nehmen Sie sich das doch nicht gleich so zu Herzen." So begann er und war ganz in dem Programm, mich zu trösten und wieder aufzubauen. Keinerlei Vorwurf, aber vielleicht doch Munition für später? Der einzig kritische Punkt von Klinger war der Hinweis, ich solle geduldiger und langsamer vorgehen. „Woher der Zeitdruck, Herr Schwaiger? Seien Sie doch nicht päpstlicher als der Papst. Sie nehmen das alles viel zu ernst. Meine Mitarbeiter verzeihen schon mal einen Fehler." Seine Strategie scheint klar zu sein: Er will mich nicht über „eine solche Kleinigkeit" stolpern lassen. „Konzentrieren Sie ihre Kräfte auf den Vertrieb, da ist soviel zu tun", sagte er zum Schluß.

Van Rosens Abgang sprach sich wie ein Lauffeuer im ganzen Betrieb herum. Mein Ansehen hat jetzt gleichzeitig einen Knacks und einen Stern bekommen. Mal sehen, was daraus noch wird. Später war ich dann mit Petra beim Mittagessen. Gerade jetzt in meiner Not zeigt sie sich absolut als Freundin, nicht nur als Kollegin. Wir konnten ganz offen miteinander reden. Sie hat mir nochmals kritische Feedbacks zu meinem Verhalten am Samstag gegeben. Aus ihrer Sicht war ich so mit meinen Gedanken zur Lage des Unternehmens beschäftigt, daß ich für eine professionelle Moderation der Gruppe überhaupt nicht frei war. Ihr Fazit war: Ich hätte viel mehr zulassen und zuhören sollen und den Konflikt mit van Rosen auf keinen Fall vor der Gruppe austragen dürfen.

BS konnte überhaupt nicht neutral moderieren.
→ Methodik-Modul N

Der nächste Knaller: In der Abteilungsversammlung am Nachmittag habe ich ganz offen meine Fehler vom Samstag eingestanden, die sofortige Freistellung von van Rosen argumentiert (Staunen bei der Truppe über den offenen Stil, das gab es wohl noch nie) und die Mitarbeiter gebeten, trotz des schlechten Starts weiterhin zu mir und zu meiner Idee der Zukunfts-AG zu stehen. Und – siehe da – kein einziger Mitarbeiter hat sich nochmals für van Rosen stark gemacht. Habe dann spontan den menschlich von allen geschätzten Außendienstmann Aubach, mit dem ich ja schon mal einen Tag unterwegs war, zum Moderator der nächsten Sitzung ernannt. So kann ich meine Rolle in der Gruppe markanter und provokanter spielen, wenn ich nicht gleichzeitig auch noch selbst moderieren muß. Warum bin ich nicht gleich darauf gekommen? Schluß-Feedback: eindeutig positiv. Sogar der Betriebsrat Jürgen Steurer klopfte mir mit einem begütigenden: „Gut gemacht, und jetzt Kopf hoch!" auf die Schulter. Er fügte aber noch an: „Aber eines sollten Sie sich merken: Wenn Sie das nächste Mal jemanden an die Luft setzen, kommen Sie vorher zu mir. An die Mitbestimmungsrechte im BVG brauche ich Sie sicher nicht zu erinnern." Verdammt, das war der nächste Fehler! Aber weder Klinger noch ich haben im ganzen Trubel heute daran gedacht, Steurer bei der Personalentscheidung mit ins Boot zu holen. Wenn Steurer gewollt hätte, er hätte mich heute nochmals vorführen können.

Und jetzt komme ich vom Abendessen mit Peter Klinger. Er hat wohl meine Nervosität und die Bedeutung, die dieser Tag für mich hatte gespürt. Wir saßen dann aber doch ziemlich relaxed bei einem guten Wein. Seine Frau, eine Hobby-Malerin, esoterisch angehaucht, unterhielt uns wunderbar, so daß wir eigentlich ganz wenig über die Firma sprachen. Nur ein Satz von Klinger ist mir in Erinnerung geblieben: „Für die Mitarbeiter bin ich eigentlich nicht der Chef oder gar der Geschäftsführer. Ich bin ihr Vater. Diese Rolle scheint mir auf den Leib geschneidert." Wir sind gegen dreiundzwanzig Uhr in bestem Verständnis auseinandergegangen. Er sagte am Schluß: „Mir war klar, daß Sie nicht so billig untergehen. Wenn Sie nicht Format hätten, wären sie nicht durch die Gesellschafter ausgewählt worden. Ihr Krisenmanagement hat das heute gezeigt. Kompliment!" Nun sitze ich da und kann es kaum fassen, wie gut alles gelaufen ist.

// Offensive Vorgehensweise ist in dieser Lage genau richtig.

Vorsicht: Es wird schwer für BS, diese Rolle später auszufüllen!

24 Dienstag
Februar

Endlich mal wieder ein normaler Tag. Aber immer noch schauen Vertriebsmitarbeiter zu mir rein, um mit mir über die Ereignisse vom Samstag und von gestern zu reden. Sie kommen von selbst, das ist eigentlich ein gutes Zeichen. Ist so gesehen der Samstag wirklich mißlungen?

27 Freitag
Februar

Intensive Beschäftigung mit der Finanzsituation von Klinger Druck. So etwas wie Business-Pläne gibt es hier noch nicht! Ich konnte es erst nicht fassen, aber die planen wirklich weder Kosten noch Erträge, somit gibt es auch keinerlei Budgets für die Bereiche. Es wurde einfach Geld verdient und wieder ausgegeben. Und mit etwas Glück blieb am Jahresende etwas übrig. Verblüffenderweise blieb sogar immer etwas übrig, aber mit deutlich absteigender Tendenz, obwohl die Abschreibungen annähernd auf gleichem Niveau geblieben sind. Wie ich beim Studium der Jahresabschlüsse (hat Klinger nur widerstrebend herausgegeben) festgestellt habe, hat das Unternehmen in '97 gerade noch einen Gewinn von hunderttausend Mark ausgewiesen! War wohl letztlich der Grund dafür, daß ich geholt wurde:

Das sind erste Anzeichen einer Krise.
➜ Methodik-Modul 1

Ergebnis '95: 85 Mitarbeiter, 17,5 Millionen DM Umsatz, 250.000 DM Reingewinn;
Ergebnis '96: 88 Mitarbeiter, 18 Millionen DM Umsatz, 120.000 DM Reingewinn;
Ergebnis '97: 92 Mitarbeiter, 18,5 Millionen DM Umsatz, 100.000 DM Reingewinn;
Ergebnis '98: 100 Mitarbeiter, Umsatz? Gewinn?
Fakt ist, die Ertragstendenz geht klar nach unten. Dieser Prozeß muß gestoppt werden!

Klinger hat eindeutig zu erkennen gegeben, daß ich nach meiner Probezeit neben Verkauf und Marketing für das gesamte Controlling und Finanzwesen verantwortlich sein soll. Dies wird im Juli sein, bis dahin soll das „Klinger-bewährte System" (O-Ton) aus minimalem Controlling und Nicht-Planung durch den Steuerberater beibehalten werden. Das heißt im Klartext, meine Aufgabe liegt im Augenblick nicht darin, die Kosten runterzudrücken, sondern vielmehr den Umsatz oder besser den Deckungsbeitrag hochzuziehen. Nicht Verkauf um jeden Preis, sondern exzellentes Verkaufen muß die Devise sein. Und was für meine Truppe ganz neu ist: Ich werde mir natürlich selbst das sportlichste

Umsatzziel verordnen. Muß untersuchen, ob es bei Klinger überhaupt eine funktionierende Deckungsbeitragsrechnung gibt. Das Problem ist, daß wir noch keine Zukunftsvision, keine strategische Planung, keinen Business-Plan und keine Bereichsziele haben. Aber ich bin der einzige, den das wirklich ernsthaft stört! So gesehen muß ich mit dem Vertrieb und Marketing noch Monate im Nebel operieren. Da gibt es nur eines: Ich konzentriere mich operational auf schnelle Erfolge im Verkauf und entwickle parallel die strategische Planung. Werde für Montag, 9.3. eine Vertriebsplanungs-Konferenz einberufen und dann konzipieren wir zusammen einen Umsatzplan für das restliche Geschäftsjahr. Mal sehen, wie das ankommt.

// Genau das muß anders werden.

```
E-Mail
Thema: Dein Besuch
von:    Ingrid_Schwaiger@dnet.de
an:     Bernd_Schwaiger@inet.com
Datum: 02.03.98 7:23:57
```
Hallo Bernd,
Dein spontaner Besuch nach Deiner mißglückten Klausur beschäftigt mich immer noch. Ich mache mir Sorgen um Dich. Nicht geschäftlich, da setze ich auf Deine Erfahrung und Power. Du wirst bei Klinger letztlich gewinnen, davon bin ich überzeugt. Aber Sorgen mache ich mir um Dein Seelenleben, Deine Gesundheit und auch um unser Familienleben. Du legst die Latte seit Jahren immer ein Stück höher und setzt Dich wahnsinnig unter Druck. Wo bleibt der Spaß und Lebensgenuß, dem du ja durchaus etwas abgewinnen kannst? Und wo bleibt die Familie? Wir brauchen Dich und nicht nur das Abziehbild eines Managers! Ingrid

Kam heute abend ziemlich früh nach Hause, wollte noch ein paar Akten in Ruhe studieren und finde beim Routineblick in den Rechner dieses E-Mail von Ingrid. Verdammt, dieser Blick ins Innerste tut weh. Das macht mich ganz unruhig. Sicher hat Ingrid irgendwo recht, wenn sie sagt, ich schraube meine Karriereziele immer höher. Aber bin ich nicht einfach deshalb im Augenblick etwas zweifelnd, weil es gerade im Job nicht so richtig läuft? Hätte ich im Augenblick den vollen Erfolg bei Klinger, würde ich ihre bohrenden Fragen einfach vom Tisch wischen.

Wichtiges Feedback von der Partnerin. Diese Offenheit findet BS nicht im Unternehmen!

5 Donnerstag

März

*Der Leidensdruck
steigt. Das muß
die Führung
nutzen.*

➜ *Methodik-
Modul 1*

*Strategie wäre
besser als Hektik.*

Gleich am Morgen eine Bombe: Hiltensberger Haustechnik – mit Abstand unser größter Kunde – vergibt erstmals nicht mehr Einzelaufträge, sondern in Zusammenarbeit mit einer neuen Agentur einen kompletten Jahresetat. Und der geht nicht an uns, sondern an Geiger-Media, einen im Hause wohlgelittenen Wettbewerber. Das hat eingeschlagen wie eine Bombe: Erstens verlieren wir auf einen Schlag fast acht Prozent unseres Jahresumsatzes und auch noch einen Kunden, der in der Nachkalkulation immer im grünen Bereich war. Das sind nicht weniger als 1,5 Millionen Mark, mit denen alle fest gerechnet haben. Fest gerechnet – wenn ich das schon höre! Die haben sogar diesen Kunden nur „verwaltet" und waren sich aufgrund der langjährigen Zusammenarbeit absolut sicher, daß der auch in diesem Jahr wiederkommt. Erst durch mein Nachfragen beim Geschäftsführer von Hiltensberger haben wir die Hintergründe erfahren. Die Haustechnik-Firma wechselt nicht, weil sie mit Qualität oder Service von Klinger unzufrieden war, ja nicht einmal, weil Geiger-Media fünf Prozent unter unserem Preisniveau liegt, sondern einfach deshalb, weil unser Wettbewerber nicht nur druckt (die haben ihre Hausaufgaben offensichtlich früher schon gemacht), sondern dieselben Text- und Bilddaten auch ins Internet bringt und für Hiltensberger eine CD-Rom vorbereitet, in der die Häuslebauer ihr Traumhaus am Bildschirm Schritt für Schritt zusammenbauen können.

Dieser Daten-Mehrfachnutzung haben wir derzeit nichts, aber auch gar nichts entgegenzusetzen. Nun sind plötzlich alle super-nervös und machen die Kiste mit den üblichen Krisenwerkzeugen auf: Sofortmaßnahmen im Vertrieb, ja sogar Telefonmarketing, von dem bei Klinger wirklich noch keiner was gehört hat, sollen jetzt anlaufen. Und alle schauen zu mir, manche durchaus auch hämisch im Sinne von „Jetzt kann er zeigen, was er drauf hat". Als ob ich von heute auf morgen einen neuen Großkunden dieser Dimension herbeizaubern könnte. Nein, meine Herren, da hängt Ihr alle mit drin!

Trotzdem – eigentlich hätte es nicht besser laufen können. Jetzt haben wir jedenfalls Leidensdruck, und das paßt genau in unser Meeting am Montag, wo wir jetzt eine noch sportlichere Vertriebsplanung vorlegen müssen, um allein schon den Verlust der 1,5 Millionen auszugleichen,

44

geschweige meine Pläne eines deutlichen Umsatzzuwach-
ses zu erreichen. Ich bin trotzdem irgendwie beschwingt
und fühle, langsam bekomme ich Wind unter die Flügel.
Die brauchen mich, gerade jetzt!

Ruhiges Wochenende in Stuttgart. Habe mich dann aber
gestern vormittag irgendwie ziemlich alleine gefühlt und
spontan Petra Schaffner privat angerufen. Die hat sich
riesig über meinen Anruf gefreut und wir sind spontan in
die Cannstatter Thermen zum Wellness-Programm gegangen. Irgendwie hatte ich schon ein eigenartiges Gefühl
Ingrid gegenüber.

Die Vertriebskonferenz heute war reines Kabarett. Wenn es
eines Beweises bedurft hätte, fehlende Marktausrichtung
und Professionalität von Klinger Druck zu dokumentieren,
dann war der heutige Tag beispielhaft. Aber immerhin,
heute war ich der Treiber und nicht wie an jenem denk-
würdigen Samstag der Getriebene. Schon die Szenerie war
filmreif: Großer Besprechungsraum bei Klinger Druck, von
draußen dröhnte das Stampfen der Druckmaschinen beruhigend in den Raum, als ob sie dokumentieren wollten:
„Was wollt ihr denn, der Laden läuft doch." Drinnen eine
große Runde mit Ledersesseln. Vorne am „Präsidiumstisch"
der neugebackene Geschäftsführer Vertrieb/Marketing, der
seiner Vertriebstruppe die Schwere der Lage klarmachen
will. Die meisten Gesichter abweisend bis unbeteiligt, nach
dem Motto: „Was will er jetzt wieder von uns. Und wo ist
eigentlich das Problem?" Ja, wo ist eigentlich das Problem,
liebe Vertriebsleute? Wir haben zwar soeben den größten
Kunden mit 1,5 Millionen Jahresauftragssumme verloren,
wir setzen zwar auf konventionellen Druck, wo die halbe
Branche bereits in digitale Medien aufbricht, wir sind stolz
auf unsere Qualität, wo uns jeder zweite Wettbewerber in
der Schnelligkeit schlägt, aber uns geht es doch noch gut.
Die Maschinen sind ausgelastet, wir sind ausgelastet, die
anderen sind auch nicht besser und überhaupt, wer bitte
verdient mit digitalen Medien denn heute schon Geld? Ach,
wie ich diese Ignoranz hasse!

Doch dieses Mal ging ich überlegter vor, wurde weder
aggressiv noch abgehoben visionär, sondern packte das

*Hier könnte jetzt
offenes Feedback
von BS an die
Gruppe helfen.
→ Methodik-
Modul D*

45

Gute Idee, bei den Mitarbeitern unternehmerisches Denken zu fördern.

ganz didaktisch an. Als ich jeden einfach Unternehmer spielen ließ, der entscheiden mußte, sein persönliches Kapital in die Firma Klinger Druck zu stecken oder nicht, wurde auf einmal aus dem Spiel ernst und viele aus der Gruppe sagten, im Zweifelsfalle würden sie ihr Kapital lieber auf die Bank legen, als es in einer „solch unsicheren Branche wie der Druckindustrie" anzulegen. Aber damit waren natürlich noch keine Umsatzverantwortungen definiert. Nein, jetzt ging erst einmal die Arie los, daß jeder beteuern mußte, wie groß sein persönlicher Einsatz auch bisher schon gewesen sei, daß eigentlich eine darüber hinausgehende Mehrleistung „kaum mehr vorstellbar ist". Da bin ich dann aber doch hart und deutlich geworden und habe der Mannschaft klar gesagt, was ich jetzt von jedem erwarte und wie ich selbst mit gutem Vorbild vorangehen will. Mit gesenkten Köpfen saßen sie da. Sie spürten, jetzt lasse ich sie nicht mehr aus.

Am Ende der lebhaften, trotz kontroverser Diskussion letztlich aber guten und lehrreichen Debatte, kam ein für alle völlig neues Procedere: ein Verkaufsziel-Commitment von jedem einzelnen vor der Gruppe. Verbindlich geäußerte Vertriebsziele gab es bis heute nicht bei Klinger Druck. Und sogenannte Commitments schon gar nicht. Dabei ist das eines meiner großen Ziele, was ich letzte Woche auch schon Peter Klinger gesagt habe: Ich möchte eine Commitment-Kultur bei Klinger Druck schaffen, was für mich bedeutet, daß jeder, der eine solche Selbstverpflichtung eingeht, wirklich für deren Erfüllung geradesteht. Alle anderen können sich dann stillschweigend darauf verlassen, daß diese Zielvorgabe vom jeweiligen Mitarbeiter auch erreicht wird, außer ... er sagt vorher, aus welchen Gründen er sie nicht erreichen kann.

BS führt neues Kulturmerkmal ein.
➜ Methodik-Modul L

Für die Mitarbeiter war es schon etwas Besonderes, daß sich als erster ihr neuer Chef vor die Gruppe stellte und ein Umsatz-Commitment abgab. Gut, ich hatte natürlich im Gegensatz zu den anderen die Gelegenheit, mir meine eigene Zielsetzung lange genug zu überlegen, trotzdem – eine Führungskraft, die sich freiwillig verpflichtet, als Newcomer im Geschäft innerhalb von zehn Monaten einen Umsatz von vier Millionen zu holen, war eine Revolution bei Klinger Druck. Trotz dieses bewußt inszenierten Vorbilds zierten sich die anderen Mitarbeiter lange, sehr lange

... zu lange, ihre eigene Verpflichtung zu definieren. Die beiden Außendienstleute verpflichteten sich auf insgesamt sechs Millionen und die sechs Innendienstler konnte ich auf insgesamt zehn Millionen festklopfen, was zusammen die von mir angepeilte Jahreszielsetzung von zwanzig Millionen bei derzeit hundert Beschäftigten ergibt. Leider konnten wir nur Umsatz- und keine Deckungsbeitrags-Ziele formulieren, weil an der notwendigen Controlling-Konzeption für eine durchgehende Teilkostenrechnung noch gearbeitet wird. Nach meiner Probezeit wird das ein weiteres Betätigungsfeld für mich werden.

// Wichtiger Durchbruch zu mehr Eigenverantwortung.

Heute mußte ich eine Fülle von Nachgesprächen mit Vertriebsmitarbeitern führen. Meine Commitment-Runde hatte offensichtlich zu erheblichen Nachwehen geführt, die ohne mein Wissen in einer Pils-Kneipe bearbeitet worden waren. Immerhin gab es eine solche Runde nach Feierabend bis jetzt noch nie, was beweist, ich bewege etwas. Trotzdem waren die Nachgespräche heute teilweise extrem schwierig. Eigentlich sind es richtige Zielvereinbarungsgespräche geworden und bei zwei Vertriebsleuten (bezeichnenderweise aus dem Innendienst) gab es noch keine Einigung. Sie argumentierten, die gestrige Sitzung hätte ihnen Ziele aufgezwungen, die sie eigentlich gar nicht halten könnten und waren auch im Gespräch nicht zu erweichen, Umsatzziele abzugeben. Hier ist ganz klar das alte Sachbearbeiter-Selbstverständnis zu spüren, das die Vertriebsaufgabe bei den Außendienstlern und nirgendwo anders sieht. Werde mit den beiden in paar Tagen nochmals reden müssen. Vielleicht arbeitet ja die Gruppendynamik bis dahin schon für mich.

Zielvereinbarungsgespräche sind zentraler Baustein eines modernen kooperativen Führungsstils.
→ Methodik-Modul D

Hatte im Zusammenhang mit meiner Vertriebsplanung einen kurzen, aber wichtigen Disput mit Klinger. Es ging um die Veröffentlichung von kurzfristigem, aktuellem Zahlenmaterial, vor allem um die monatlichen Umsatz- und Ergebniszahlen. Die liegen durchaus vor, aber sie liegen bei Klinger in der Schublade und nicht bei meinen Verkäufern auf dem Tisch. Dies sei „absolut unüblich", drückte er sich etwas pikiert aus. Ich argumentierte, wie wichtig für die Motivation der Verkäufer aktuelle Zahlen wären und daß wir die Mitarbeiter schon informieren müßten, wenn wir mehr Leistung und Mitdenken von ihnen wollten.

Wichtige Intervention! Mitarbeiter werden nur durch offene Information zu Mit-Unternehmern.

Am Ende gab sich Klinger geschlagen und willigte ein. Meine Vertriebsmitarbeiter werden also ab nächster Woche die monatlichen Umsatzzahlen erhalten. Ich möchte damit ganz offen umgehen und sie sogar, etwas grafisch unterstützt, an unserer Anschlagwand veröffentlichen. Mit den Einzelumsätzen der Mitarbeiter, versteht sich. Wettbewerb belebt das Geschäft!

13 Freitag
März

Keine Lust, etwas zu schreiben. Unmotivierter Tag im Unternehmen, langweiliger Abend, zu viel Whisky. Verdammt, ich trinke in letzter Zeit zuviel. Was mache ich nur das ganze Wochenende allein?

17 Dienstag
März

Keiner außer Ingrid hat an meinen Geburtstag gedacht. Heute morgen kam per Boten ein wunderschöner Blumenstrauß ins Büro. Habe ihn demonstrativ in die Mitte meines Schreibtisches gestellt und bis nachmittags nicht auf Fragen nach dem Sinn der Blumen geantwortet. Gegen 17.00 Uhr öffnete ich eine Flasche Champagner und lud meine Leute ein. Aus der einen Flasche wurden dann drei und es entwickelte sich eine wirklich lustige, spontane Runde bis in den Abend hinein. Der harte Kern, das waren wieder Petra (wie sie mich oft anstrahlt), Guido Aubach, Uschi Lang und später auch Peter Klinger. Hatte heute das erste Mal das Gefühl, in die Kultur von Klinger Druck etwas aufgenommen worden zu sein. Klinger witzelte, er würde jetzt morgens sogar anfangen zu überlegen, wie er sich fürs Büro anzieht und daß seine Frau das als „guten Einfluß des Herrn Schwaiger" anerkennen würde. Es gab sogar recht respektvolle Witzchen über meine Aufarbeitung des Workshop-Desasters, was ich als gutes Zeichen werte.

Vielleicht gilt in der Klinger-Kultur nicht derjenige viel, der viel leistet, sondern derjenige, der ein menschliches Vorbild ist. Wichtiger Ansatz – muß ich bedenken.

20 Freitag
März

Saß heute zwei Stunden mit Guido Aubach zusammen, um den morgigen Tag vorzubereiten: die nächste Sitzung der Zukunfts-AG. Nach dem letzten Desaster ist dieses Meeting für mich existentiell wichtig geworden. Meine Ziele für morgen:

- Die Teilnehmer beginnen endlich, sich als Gruppe zu begreifen.
- Meine neue Rolle des Leiters und Visionärs, nicht des Moderators wird deutlich
- Aubach wird als neuer Moderator akzeptiert und setzt die richtigen Signale.
- Sachziel: die ungeschminkte Analyse der Unternehmenssituation, auf der wir in den weiteren Meetings aufbauen können.
- Klare Definition von Zielsetzungen für die Zukunfts-AG.

Ich nehme mir vor, die Gruppe vor allem durch provokante Fragen und Quergedanken voranzutreiben. Wird das Fehlen des Querulanten van Rosen das Gruppenklima verändern? Irgendwie scheint Aubach mächtig stolz zu sein, für mich morgen die Kartoffeln aus dem Feuer holen zu dürfen. Der blüht durch die langsam wachsende Vertrauensstellung zu mir richtig auf.

Schade, daß Ingrid gerade an diesem Sonntag zu einem wichtigen Treffen ihrer Familie fahren muß. Wäre schöner, wir könnten morgen meinen Geburtstag nachfeiern.

Je klarer die Ziele definiert sind, desto klarer wird der Weg.

Sonntag 22

März

Sitze beim Frühstück. Draußen ist ein klarer, sonniger Tagesanbruch, hier drin habe ich mir ein opulentes Frühstück bereitet, um mich selbst ein wenig zu belohnen für den gestrigen Super-Tag. Will endlich einen Brief an Gunter, meinen Freund aus der Düsseldorfer Zeit, schreiben. Er arbeitet seit Jahren als Psychologe und Management-Coach. Früher, vor mehr als zehn Jahren, als wir gemeinsam Sport getrieben haben, konnte ich über die „Psychos", wie ich sie damals vielleicht etwas herablassend nannte, nur lachen. Durch meine Erlebnisse bei Klinger Druck erkenne ich aber langsam, daß es berufliche und private Phasen gibt, in denen man selbst aus eigener Kraft nicht so recht weiterkommt. Ein Management-Trainer sagte einmal in einem Seminar, an dem ich teilgenommen hatte: „Du sitzt in einem Käfig und willst raus, aber die Beschreibung des Ausgangs steht außen drauf und die siehst du erst, wenn du herausgekommen bist." So ungefähr fühle ich mich gerade. Also, mein Freund muß her. Vielleicht kann er mir helfen, mich selbst zu finden ...

Coaching ist eine hervorragende Ressource für alle Manager.
→ Methodik-Modul H

Wenn der Chef selbst Sachbeiträge einbringt, darf er nie selbst moderieren.

→ Methodik-Modul N

Endlich: Die Zukunfts-AG ist im zweiten Anlauf richtig gut in Fahrt gekommen. Guido Aubach hat seine Moderationsrolle hervorragend gespielt, und ich konnte als Provokateur und Querdenker agieren. Eigenartigerweise war die gesamte Stimmung von der ersten Minute an anders. Ob das nur daran lag, daß van Rosen nicht mehr dabei war oder ob die Gruppe bereits mit der intuitiven Voreinstellung gekommen war, diesen Tag wirklich zu nutzen, weiß ich nicht genau. Jedenfalls hat sich die Tandem-Leitung der Runde durch uns beide voll bewährt. Alle Teilnehmer waren von Beginn an voll gefordert und eingebunden. Und zwischen Aubach und mir ist durch das gemeinsame Agieren in der Ernstsituation verblüffend viel Nähe entstanden. Aber wo stehen wir im Analyse-Prozeß?

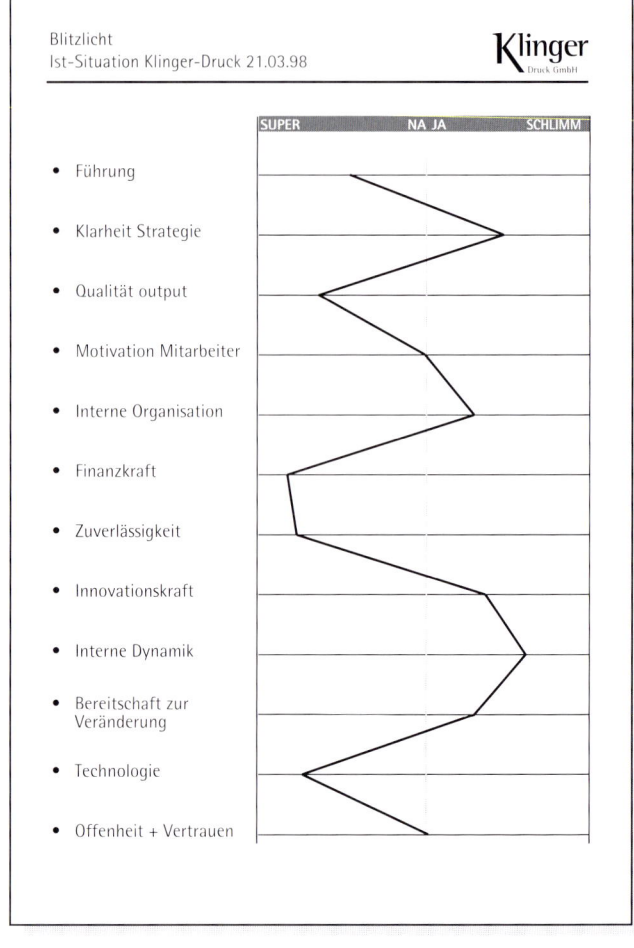

50

Wir haben in der Gruppe zuerst eine Blitzlicht-Analyse der Ist-Situation gemacht und intensiv über die Kundenbedürfnisse in fünf Jahren diskutiert. Und es wurde deutlich, daß „digitale Kompetenz" und „Schnelligkeit" ganz entscheidende Erfolgsfaktoren sein werden. Hier wurde sogar Joachim ziemlich nachdenklich. Auf jeden Fall haben wir jetzt schon mal ein Stärken/Schwächen-Profil, über das intensiv zu diskutieren ist.

Wichtiges Modul des Kurz-Check-up
→ *Methodik-Modul C*

Natürlich meldeten sich an diesem Punkt die Skeptiker zu Wort, die von „zwar interessanten, aber für Klinger völlig theoretischen Diskussionen und Ergebnissen" sprachen. Klinger Druck sei nun mal eine Druckerei, so argumentierten sie, und „nicht Bertelsmann". Man könne die Wurzeln des Unternehmens doch nicht einfach herausreißen, und Druckereien würde es ja wohl auch noch im nächsten Jahrtausend geben. Aber das macht mich nicht bange. Wichtig ist, der erste Schritt ist getan und acht Schlüsselpersonen des Unternehmen haben gemeinsam einen Denkprozeß begonnen, der unweigerlich zu Veränderungen bei Klinger Druck führen wird, ob die Skeptiker wollen oder nicht!

Will morgen früh gleich mit Peter Klinger über Verlauf und Ergebnis des Workshops reden. Möchte ihn, gerade weil er nicht im Arbeitskreis sitzt und damit deutlich Vertrauen in mich und die Teilnehmer signalisiert, um so genauer und sauberer informieren. Wie er die teilweise sehr kritischen Gedanken von Samstag wohl aufnehmen wird? Hoffentlich interpretiert er die Analyse nicht zu schnell als Kritik an seiner Person oder seiner Führungsfähigkeit!

Montag **23**

März

Bin heute bester Laune und sehr beschwingt in den Betrieb gekommen. Endlich bewegen sich die Dinge und ich fühle mich als Treiber. Die von mir vor einigen Wochen initiierte Montagsrunde mit dem kompletten Vertriebsteam (war zuerst ganz schön schwierig, alle von der Notwendigkeit einer solchen Abstimmung zu überzeugen) informierte ich nur ganz grob über die Ergebnisse und den Verlauf der Samstags-Klausur, da die Gruppe in der Schlußrunde übereingekommen war, zwar offensiv und auch offen über die Veranstaltung zu berichten, die Details der Gedanken und Diskussionen aber im Kreis vertraulich zu halten.

Das Gespräch mit PK am späten Vormittag (Abkürzung von Petra für ihren Chef) über das Treffen der Zukunfts-AG vom Samstag entwickelte sich sehr intensiv und wurde im Verlauf immer tiefer und nachdenklicher. Klinger begrüßte mich im Büro sehr freundlich: „Habe schon gehört, wie es am Samstag gelaufen ist. Wissen Sie, hier bei Klinger Druck sprechen sich auch gute Nachrichten schnell herum." Dabei grinste Klinger schelmisch und bot mir einen Cognac aus seiner versteckten Eichenschrank-Bar an. Petra sagte mir später, daß er das ganz selten und nur in für ihn wichtigen Momenten macht. Dann berichtete ich ihm im Detail über den Verlauf des Workshops. Interessant ist die Erkenntnis, daß Klinger nicht im Elfenbeinturm sitzt, sondern hervorragend von den Mitarbeitern informiert wird. Und: Die Infos muß er nicht holen, die werden ihm gebracht!

Das zeigt wie stark Klinger die Fäden in der Hand hält.

Wirklich ins Gespräch kamen wir, als es um die Analyse der Unternehmenssituation ging. Entgegen meiner ersten Befürchtung schmetterte er die kritische Analyse nicht gleich ab, sondern nahm die Sorgen und Gedanken sehr ruhig und bedächtig an. Er nippte dabei genußvoll an seinem Cognac, als wolle er die für ihn neuen Sichtweisen damit noch intensiver in sich aufnehmen. Klinger brachte die von der Gruppe erarbeiteten Defizite in einen Zusammenhang mit dem Verlust des Großkunden Hiltensberger und sagte: „Vielleicht habe ich die Geschwindigkeit der Entwicklung unterschätzt. Ich dachte immer, daß ich es noch aussitzen kann, daß, solange ich noch im Geschäft bin, der klassische Druck schon bestehen wird. Aber vielleicht haben Sie ja recht und es geht alles viel schneller." Wir sind dann ohne große konzeptionellen Ideen, aber mit einem sehr warmen Abschied auseinandergegangen. Habe den Eindruck, langsam entwickelt sich etwas zwischen uns beiden.

26 Donnerstag

März

Die Quervergleiche helfen wenig. Die Klinger-Kultur ist eben anders.

Grabe mich im Augenblick ganz in die Entwicklung der Vertriebsstrukturen ein, da ich ein firmenübergreifendes Konzept noch nicht bauen kann. Kaum zu glauben, woran es in diesem Unternehmen alles fehlt! Meine amerikanischen Freunde bei AMCO würden sich totlachen über so viel Unprofessionalität. Das beginnt bereits bei der Kunden-Datenbank. Hier bei Klinger Druck muß ich schon froh sein, wenn ich aus der DV den richtigen Vor- und Zunamen der wichtigsten Entscheidungspartner bekomme. Ganz zu schweigen von einer kleinen Kunden-Historie, die mir aufzeigen würde, welche Aufträge im letzten Jahr gelaufen sind, wie die Quote der zu Auftrag gewordenen Angebote ist, welche Hobbies die Entscheider haben und so weiter und so weiter. Jede meiner Anregungen in dieser Richtung wird von der Mannschaft durchaus positiv aufgenommen („Ja, stimmt eigentlich, das könnte ganz sinnvoll sein"), aber wirklich vermißt hat diese selbstverständlichen Database-Werkzeuge bisher keiner – und Peter Klinger am allerwenigsten. Daß ich soviel Basisarbeit leisten muß, hätte ich nicht gedacht. Das ist wirkliche Grundlagenarbeit, die eigentlich keine schnellen Erfolge bringt. Würde ich meine Zeit ganz in Akquise-Touren stecken, hätte ich in kürzester Zeit nachweisbare Erfolge.

Hier entstehen die unerläßlichen Strukturen für eine professionelle Vertriebssteuerung
→ Methodik-Modul G

Anekdote am Rande: Heute sind meine neuen Büromöbel gekommen, auf die ich mich schon seit Wochen wie verrückt freue. Große Spannung in den Gesichtern meiner Leute. Zuerst einmal überhaupt die Tatsache, daß ich mich neu einrichte, dann daß ich mich jetzt bereits einrichte und zuletzt, wie ich mich einrichte – das muß die Mitarbeiter wirklich beschäftigt haben. Abends sagte Klinger beim Vorbeischauen: „Man kann sehen, ein neuer Stil kehrt bei Klinger Druck ein. Das kann spannend werden mit unserem Schwaiger." Er klopfte mir dabei väterlich anerkennend auf die Schultern. Irgendwie ist der Typ echt in Ordnung.

Freitag **27**

März

```
E-Mail
Thema: Coaching
von:    Bernd_Schwaiger@inet.com
an:     Günter_Schwab@blueline.de
Datum: 27.03.98 10:23:17
```

Toll, Günter, daß du auch schon virtuell erreichbar bist. Du wirst es kaum glauben, aber ich bin meinem Ziel, Allein-Geschäftsführer eines mittelständischen Unternehmens zu werden, schon sehr nahe gekommen. Bin seit drei Monaten bei Klinger Druck in Stuttgart, um in etwa zwei Jahren den noch vorhandenen Gründer-GF zu beerben. Aber ich würde Dir heute nicht schreiben, wenn alles für mich glatt ginge. Habe in den letzten Wochen mir selbst absolut unverständliche Fehler gemacht und bekomme auch immer deutlichere Sorgensignale von

Ingrid. Früher war ich mega-klar, heute schreibe ich mir abends den Frust und die Zweifel von der Seele in ein Tagebuch. Tut gut, löst aber nichts. Langer Rede, kurzer Sinn — ich glaube, jetzt brauche ich Dich! Sage mir bitte, wann und wo wir uns sehen können. Wenn es nicht anders geht, komme ich natürlich auch zu Dir nach Düsseldorf. Bernd

31 Dienstag

März

Das ist typisch für eine Handwerkskultur: An den Verkauf denken die Mitarbeiter erst, wenn die Aufträge fehlen.

Wir haben massive Probleme am Markt. Wenn wir so weitermachen wie letzten Monat, werden wir unsere Vertriebsziele nicht im Ansatz erreichen. Habe heute langes Gespräch mit meinen ADs darüber geführt. Die sind gleich morgens miteinander in meinem Büro aufgetaucht, um ihre Sorgen los zu werden. Klinger und Joachim haben sie in den letzten Tagen mehrfach direkt angesprochen und auf die „Löcher" in der Maschinenauslastung hingewiesen. Irgendwo verstehe ich sie. Wir sind derzeit nur einschichtig unterwegs und die Auftragsdecke beträgt gerade mal knapp zwei Wochen. Nach dem dramatischen Kundenverlust im Februar sind nun alle höchst sensibel und fürchten weitere Tiefschläge, die der Betrieb nicht mehr einfach wegstecken könnte.

Ich mag Klinger und Joachim nicht vorwerfen, daß sie meine Leute direkt ansprechen und unter Druck setzen. Ich habe mir dasselbe Recht ja auch bei Joachims Mitarbeitern vorbehalten. Was mir aber total gegen den Strich geht, ist das Vertriebs- und Marketingverständnis, das dahintersteckt. Wann endlich begreifen die denn, daß nicht die Maschinen der Nabel der Welt sind, sondern Lösungen für die Kundenbedürfnisse? Wann nehmen sie endlich wahr, daß nicht der Technologiebesitz, sondern der Marktbesitz der Schlüssel für unser Überleben ist? Natürlich werden wir dafür sorgen müssen, daß mehr Aufträge reinkommen. Aber mit diesen Feuerwehr-Aktionen ist dem Betrieb mittel- bis langfristig nicht zu helfen.

BS sollte sich nicht ärgern, sondern Schulungsprogramme aufsetzen.

Ganz offensichtlich – und das spüre auch ich in meinen Telefonaten mit Kunden – werden von unseren Wettbewerbern am Markt zur Zeit haarsträubende Preise gemacht. Wir haben einige uns bekannte Wettbewerbangebote nachkalkuliert – die lagen zum Teil unter den Materialpreisen. Wenn wir auf diese Dumping-Preise eingehen, lasten wir zwar unsere Produktion aus, machen aber massive Verluste.

Deshalb haben wir klar beschlossen, lieber in Kurzarbeit zu gehen, als auf diesen Wahnsinn einzugehen. Stattdessen wollen wir mit kreativen Zusatzleistungen in die Offensive gehen. Nachdem einige unserer Schlüssel-Kunden in den nächsten Monaten wichtige Messen haben, wollen wir einen besonderen „Klinger-Messeservice" aus der Taufe heben, der einen Rund-um-die-Uhr-Service, einen Anlieferungsservice direkt auf den Messestand und noch einige weitere innovative Serviceleistungen umfaßt. Für dieses Spezialangebot werden wir eine kleine kreative Broschüre erstellen. Die ADs waren begeistert, fragten aber gleich, ob wir denn wohl von PK das Budget für die Werbeaktion genehmigt bekämen. Na, das werde ich ja wohl noch allein entscheiden können.

Mein Unbehagen wird von Woche zu Woche größer. Mir wird immer klarer, ich muß das Tempo der Veränderungen deutlich beschleunigen. Wenn wir in der jetzigen Logik mit der Zukunfts-AG weitermachen, sind wir frühestens im September bei konkreten Konzepten und erste Maßnahmen könnten dann erst im Spätherbst laufen, die große Reorganisation wird in dieser Logik aber realistisch gesehen erst im nächsten Jahr kommen. Gibt uns der Markt so lange Zeit? Geben mir die Gesellschafter so lange Zeit? Kann ich den Spannungsbogen bei den Mitarbeitern so lange halten? Fragen über Fragen, aber jetzt kommt erst einmal das Wochenende. Warte schon ganz ungeduldig auf die Antwort von meinem Freund Günter.

Die Schlüsselfrage: Wieviel Dosis an Veränderung braucht Klinger Druck?

Bin schon ganz begierig, morgen in den Betrieb zu gehen. Habe heute einige Entscheidungen gefällt, die das Tempo in dem Veränderungsprozeß betreffen. Werde morgen früh mit Klinger ganz offen über meine Sorgen und Identifikationsprobleme reden. Möchte die Empfehlung aussprechen, parallel zur Arbeit der Zukunfts-AG bereits ein neues Unternehmen für digitale Dienstleistungen zu gründen. Warum bis Herbst darauf warten, bis dann die Zukunfts-AG auf genau diese Idee kommt und wertvolle Zeit verschenken? Wir müssen viel schneller handeln, das ist mir an diesem Wochenende nochmals klar geworden. Ein neues Unternehmen deshalb, weil mir die Beharrungskräfte in diesem konservativen Laden einfach zu groß und die Kulturveränderung, die nötig wäre, zu riskant erscheint. Da ist es doch viel eleganter, gleich ein hochspezialisiertes kleines Unternehmen zu gründen und aus den vorhandenen Personalressourcen die geeignetsten Mitarbeiter (vielleicht auch den einen oder anderen Neuen) auszusuchen. Angenehmer Nebeneffekt: Vielleicht kann ich Klinger dazu bringen, mir gleich von Anfang an die alleinige Leitung dieses Unternehmens zu geben. Er hat zu dem digitalen Geschäft ohnehin keinen Zugang und das gibt er ja auch zu.

Langes Telefonat mit Günter: War locker wie immer, wenn wir miteinander reden – eine Mischung aus gegenseitigem Respekt mit gleichzeitiger ständiger Frotzelei und Provokation. Gefällt mir gut, wie Günter mit meinen Sorgen umgeht. Er ist völlig ausgebucht, sein Geschäft scheint super zu laufen, will mich aber trotzdem nicht hängenlassen. Sein Vorschlag: eine intensive Wochenendklausur zusammen mit Ingrid! Er möchte aus der Not, daß er mich zur Zeit nicht klassisch, also in kleinen, eher häufigen Sitzungen coachen kann, eine Tugend machen und an einem Wochenende für mich beruflich und persönlich eine neue Plattform schaffen. Ich war zuerst stark ablehnend, denke im Augenblick aber schon etwas positiver darüber. Günter schlägt das zweite Mai-Wochenende vor. Habe ihm versprochen, in spätestens einer Woche Bescheid zu geben. Warum aber unbedingt mit Ingrid? Diese Kiste will ich eigentlich nicht jetzt aufmachen. Fühle ich mich zu schwach dafür? Ich weiche einer wirklichen Aussprache mit Ingrid schon seit Wochen aus.

7 Dienstag

April

Habe wieder mal eine Whisky-Tour hinter mir, nachdem ich in Stuttgart einen Pub entdeckt habe, in dem es nicht nur Super-Musik, sondern auch besten Malt gibt. Sehr gefährlich. Gut, daß ich mit öffentlichen Verkehrsmitteln unterwegs war. Verdammt, immer wieder greife ich zum Whisky, leider nicht nur zum Genuß, sondern immer öfter auch, wenn es nicht so läuft, wie ich will. Jetzt ist es nach Mitternacht, und ich sinniere immer noch über das lange Gespräch mit PK.

Abgelehnt, er hat meinen Vorschlag „Digital-Unternehmen" einfach abgeschmettert! „Also, lieber Herr Schwaiger, ich weiß die Aufrichtigkeit Ihrer Sorgen schon zu würdigen, aber da schießen wir doch zu schnell aus der Hüfte. So ein Schritt muß genau überlegt sein ..." und so weiter. Klinger war wieder auf der väterlichen Tour, überaus freundlich zu mir, aber letztlich unerbittlich in seiner Ablehnung. Vielleicht hat er auch meinen Hintergedanken der Allein-führung dieses neuen Unternehmens durchschaut. Mit seinem Hauptargument, daß die Zukunfts-AG eine solche parallele Entscheidung als absolute Brüskierung empfinden könnte, war er natürlich genau auf dem Punkt. Aber auf der anderen Seite sieht es – rein taktisch gesehen – auch wieder gar nicht so schlecht für mich aus. Sollte jetzt der Markt noch mehr einbrechen und Klinger Druck in ernst-hafte Schwierigkeiten geraten, kann ich immer auf meinen damaligen Vorstoß, neue Leistungsbereiche zu schaffen, verweisen. Und Klinger hat dann klar den Schwarzen Peter. Trotzdem, zufrieden bin ich jetzt nicht. Ich bin kein echter Taktiker. Ich möchte etwas bewegen und bin wieder mal ausgebremst worden. Vielleicht kann ich in dem Laden gar nicht erfolgreich sein. Vielleicht sind die Beharrungskräfte zu groß. Ach, am liebsten würde ich alles hinschmeißen!

B.S. steht am entscheidenden Punkt: Durchbruch oder Abbruch?

Donnerstag **9**

April

Bin heute schon am frühen Nachmittag nach Hause gegan-gen, weil ich rasende Kopfschmerzen hatte und mich etwas hinlegen wollte. Will aber noch kurz die wichtigsten Neu-heiten niederschreiben. PK wäre nicht PK, wenn er seinen GF-Partner einfach ausbremsen würde, ohne ihm eine faire Chance zu geben sein Gesicht zu wahren. Unglaublich, wie konsequent und sensibel dieser Mann seinen Weg geht. Kommt heute morgen in mein Büro und sagt, unser Gespräch hätte ihn noch den ganzen Abend verfolgt. Auch wenn er meinen Vorschlag abgelehnt hätte, wäre viel Gutes an meinen Gedanken. Und dann schlug er vor, daß wir einen externen Technologie-Spezialisten zu Klinger Druck reinholen sollten, um eine Studie über Stand und Möglich-keiten des Unternehmens auf dem digitalen Gebiet zu machen. Damit hat er entweder absolut raffiniert den Schwarzen Peter wieder weitergeschoben oder einfach intuitiv so gehandelt, daß keiner von uns beiden wirklich Verlierer ist. Peter Klinger hat Win/Win-Denken wirklich drauf, obwohl der sicher noch kein Verhandlungs-Training besucht hat.

"O.K.-Positionen" → Methodik-Modul F

Ich konnte natürlich nicht nein zu diesem Angebot sagen, und so wird ein Berater ins Haus kommen, der Wochen, vielleicht sogar Monate brauchen wird, um dann das zu bestätigen, was ich bereits heute weiß: Klinger hat keine Chance, am massiven Einstieg in die Digitaltechnik vorbeizukommen. Aber wer weiß, bis dahin ist dann auch die Zukunfts-AG soweit – und so fügt sich, gemäß Klinger-Philosophie, wieder alles harmonisch zusammen. Der Typ hat echt die Ruhe weg. Punktgewinn für Dich, Peter Klinger.

Morgen geht es nach Hause. Ostern ist angesagt, und ich habe mir die die ganze nächste Woche freigenommen. Das Leben mit der Familie wird mir guttun und hoffentlich neue Klarheit bringen. Habe aber auch Angst vor der offenen Aussprache mit Ingrid.

20 Montag
April

E-Mail
Thema: Coaching
von: Bernd_Schwaiger@inet.com
an: Günter_Schwab@blueline.de
Datum: 20.04.98 20:17:10

Lieber Günter,

ich habe inzwischen intensiv über Deinen Vorschlag eines Coaching-Wochenendes im Mai mit mir
und Ingrid nachgedacht. War jetzt über Ostern zu
Hause und habe eine sehr explosive Situation vor-
gefunden. Irgendwie steht Ingrid nicht mehr zu
ihrem Commitment, meinen neuen Job und die zeitweise Trennung durch die beiden Standorte Stuttgart und Koblenz mitzutragen.

Auch Melanie erlebe ich mir gegenüber sehr reserviert, fast ängstlich - mich zu verlieren? Ich
habe große Sorge, daß ein Familien-Coaching hier
im Augenblick mehr Gräben aufreißt als schließt.
Kann das bei meiner derzeitigen Anspannung nicht
ertragen.

Bitte also nicht böse sein, das Wochenende ist
gecancelt. Lieber möchte ich Dich in den nächsten
Wochen einfach mal spontan treffen. Bin gerne
bereit, abends zu Dir nach Düsseldorf zu fliegen.
Ich brauche Deine Hilfe. Bitte antworte mir, so
schnell es geht.

Alles Gute aus Stuttgart.
Bernd

Riesen-Erfolg für Aubach. Der hat durch seine Vertriebs-offensive und ein bißchen Glück heute einen Auftrag für fast eine Million ins Haus geholt. Wie habe ich mich für ihn gefreut. Seine Augen haben gestrahlt, als er direkt in mein Büro gerannt kam. Wir haben sofort die ganze Mannschaft zusammengetrommelt und Champagner ausgegeben. Solche Erlebnisse braucht das Team. Klinger war völlig euphorisch, sagte etwas vom „größten Einzelauftrag in der Geschichte des Hauses".

super: Erfolge müssen gefeiert werden. Viel zu oft nimmt die Kommunikation über Mißerfolge den größten Raum ein.

Und obwohl es klar Aubachs Erfolg ist, bleibt natürlich auch an mir ein Stück Ruhm hängen. Klinger sagte am Abend beim Rausgehen: „Ich freue mich, daß Ihr Wirken so schnell Erfolg zeigt." Und er drückte mir die Hände mit einer fast intim freundschaftlichen Geste, so als wenn wir mit diesem Auftrag am Ziel unserer Arbeit bei Klinger Druck wären. Peter Klinger ist der reine Gefühlsmensch. Wir brauchen nicht nur eine Million, sondern zwanzig! Wenn man diesen Vertriebserfolg so einfach hochrechnen könnte …

Aber Aubachs Auftrag kam völlig unerwartet, wenn auch durch Telefon-Akquise vorbereitet. Es geht um die europa-weite Promotion eines Süßwaren-Markenartiklers, die wir als Komplettauftrag erhalten haben. Salesfolder, Gewinn-spiele, Rubbelkarten in zigfachen Sprachversionen, alles, was das Herz des Druckers erfreut. Der Preis für den Mam-mut-Auftrag war zwar nicht besonders gut, aber ich hoffe, es bleibt am Schluß doch einiges für Klinger Druck hängen.

Ich freue mich vor allem für Aubach. Der bekommt durch diesen Knaller sicher so richtig Freude am Verkaufen. Der Nachteil ist: Der Leidensdruck in der Organisation sinkt durch solche Erfolge rapide, so nach dem Motto: „Wozu große Veränderungen, wir müssen nur richtig verkaufen." Ingrid würde mir jetzt aber sicherlich sagen, ich sei ja nie zufrieden.

Vielleicht sollte ich ihr mal Blumen nach Hause schicken? So ein Zeichen kann sicher nicht schaden.

Ich habe erst heute bemerkt, daß ja an Ostern meine ersten hundert Tage bei Klinger Druck vorbei waren. Ich muß mich wirklich fragen, was habe eigentlich definitiv erreicht? Bin ich überhaupt auf dem richtigen Weg? Wie sieht meine Bilanz aus?

Das ständige Reflektieren über das eigene Füh-rungsverhalten hilft, wirklich ver-antwortungsvoll zu handeln.

solch eine Bilanz
schärft den Blick
fürs Wesentliche.

100 Tage-Bilanz Marketing/Vertrieb

Erreicht:	Nicht erreicht:
• Persönliches Standing im Team durch erste Markterfolge	• Wirkliches offensives Verkaufen
• Team-Spirit wird langsam aufgebaut	• Überwindung der "Sachbearbeiter-Mentalität" bei den Innendienstlern
• Klare Ziele '98 mit jedem Mitarbeiter vereinbart	• Verkäufer steuern sich selbst über Verkaufszahlung und Controlling
• Leistungs- und Commitment-Kultur initiiert	• Point of no return in meinem Bereich: Wenn ich morgen ginge, wäre die Eigendynamik noch nicht groß genug
• Kunden werden deutlich intensiver als bisher bearbeitet	• Vertriebsziel mit 20 Mio. scheint nach Kunden- und AD-Verlust eher fraglich
• Vertriebskennzahlen werden ständig offengelegt und visualisiert	• Deutlich zu wenig Neukunden akquiriert
• Abgang von van Rosen bis jetzt gut verkraftet	• Noch keine klare Marktstrategie, Marktpositionierung, Marketingplanung
• Aubach wird guter ADler	• Noch viel zu wenig Innovation und Kreativität in der Beratung und im Service
	• Noch keine wirklich gute Rollenverteilung mit Klinger gefunden

FAZIT: DIE POSITIV-SEITE IST ZU DÜNN!

DIESE BILANZ IST ERSCHRECKEND!

23 Donnerstag

April

Beim heutigen Teammeeting mit allen Vertriebsmitarbeitern gab's wieder mal richtig Zoff. Ich hatte aufgrund der nach wie vor schwierigen Marktlage schon vor dem tollen Auftragsgewinn ein Sondertreffen anberaumt. Dabei wollte ich einfach mit den Leuten über den Stand der derzeitigen Aktivitäten, vor allem natürlich über die Zieleinhaltung, sprechen. Außerdem wollte ich alle Mitarbeiter nochmals zu noch höheren Anstrengungen am Markt, zu mehr Biss und Aggressivität motivieren. Aber es kam ganz anders. Peter Stempfer ging in die Offensive und mokierte sich über die durch mich eingekehrte „Kultur des Drucks und der Kontrolle." Früher sei es wesentlich entspannter und menschlicher zugegangen. Er bekam – für mich absolut unerwartet - massive Unterstützung durch Frank Wössner,

60

der als AD im Vergleich zu Aubach schon seit Wochen eher glücklos umherdümpelt. Beide wollten das Klima gegen mich und meinen Managementstil aufheizen. Da hieß es Farbe bekennen.

Habe die Herausforderung eigentlich ganz gut angenommen und mit meinen Mitarbeitern nochmals ganz offen über die derzeitige Situation, unsere Planungen und mögliche Alternativen gesprochen. Hat gut gewirkt. Auch Wössner und Stempfer mußten zugeben, daß wir zwar einen Großkunden mit einer Million Umsatz gewonnen, vor vier Wochen aber 1,5 Millionen verloren haben. Und – das war mir das Wichtigste – ich habe dem Team nochmals transparent gemacht, daß wir Hiltensberger nicht aufgrund schlechter Preise verloren haben, sondern weil wir, im Gegensatz zu wichtigen Wettbewerbern, im Leistungsangebot nicht mithalten konnten.

Ich habe die Mitarbeiter auch über die geplante Aktion „Messeservice" informiert, an der ich inzwischen mit Aubach arbeite. Verblüffung und verhaltene Zustimmung bei den meisten, aber auch die Frage, wer in unserem Unternehmen dann diesen Service leisten soll. „Haben Sie das schon mit dem Betriebsrat abgestimmt?" fragte Stempfer und ich ärgerte mich darüber, denn das hatte ich wirklich noch nicht. Übrigens: Zur Häme meiner Leute sind meine eigenen Vertriebsbemühungen ebenfalls nicht allzu befriedigend. Immerhin habe ich das größte Umsatzziel von allen Verkäufern ...

BS sollte sich mehr bemühen, den Betriebsrat als Partner zu gewinnen.

Kurz vor Mitternacht: Kam etwas angeheitert aus meinem Pub zurück und fand eine Nachricht vor, ich solle Ingrid unbedingt noch heute anrufen. Habe ich auch gemacht und stolpere völlig unvorbereitet in einen saftigen Ehekonflikt hinein. Sie hat die Blumen bekommen, aber statt sich zu freuen, war sie stinksauer. Ob ich denn glaube, sie und Melanie könnten durch Blumen befriedigt werden. Ob ich meinen würde, ich könnte dadurch ausgleichen, was ich durch mangelnde Kommunikation falsch mache. Und überhaupt wäre ich nur noch auf meinen Job fixiert und sie würde sich manchmal fragen, ob dieses Leben überhaupt noch ein Zusammenleben sei, und so weiter. War weder in der Laune noch in der Lage, heute abend noch zu kämpfen, und so steckte ich die Schläge einfach ein.

24 Freitag
April

Der fehlende private Konsens zieht BS zuviel Energie ab!

Schon wieder ist eine Woche vorbei. Ich war heute den ganzen Tag wie gelähmt nach dem Telefonat mit Ingrid. Da läuft etwas gewaltig aus dem Ruder, das spüre ich. Ich weiß nicht, ob ich diese Spannung zwischen uns noch lange aushalte. Aber ich will die Sache hier in Stuttgart mit aller Kraft voranziehen. Es muß doch möglich sein, mich dieses halbe Jahr aus der Familie auszuklinken, ohne daß etwas anbrennt. Das ist die Chance für mich, endlich an eine Alleingeschäftsführung in einem Unternehmen mit akzeptabler Grundsubstanz ranzukommen. Sollte vielleicht spontan nach Koblenz fahren.

Fast hätte ich es vergessen: Das dritte Meeting der Zukunfts-AG mußte wegen zu vieler Krankheitsfälle in den Mai verschoben werden. Keine Ahnung, ob das ein gutes oder schlechtes Omen ist ...

27 Montag
April

Ab 1. Mai ist Klinger für zwei Wochen im Urlaub. Erste Gelegenheit für mich, allein bei Klinger Druck zu agieren. Warte schon ganz ungeduldig auf dieses Gefühl. Bin am Wochenende doch nicht nach Koblenz gefahren. Irgendwie gehe ich im Augenblick der Auseinandersetzung mit Ingrid aus dem Weg, da hat sie völlig recht. Sehe im Augenblick auch keine Lösung des Dilemmas. Ich kann und will meinen Job hier nicht abbrechen, ich kann die Familie aber auch noch nicht nach Stuttgart holen, da ich letztlich hier noch nicht wirklich im Sattel sitze und meine Probezeit erst im Sommer abläuft. Also, was soll's, liebe Ingrid, wir müssen da eben durch. Werde ihr ein E-Mail senden.

Die brüske Ablehnung meiner Idee eines Digital-Unternehmens läßt mir keine Ruhe. Eine Vielzahl von Gesprächen draußen am Markt macht mich absolut sicher, daß für uns als Akzidenzdruckerei[*] im oberen Qualitäts- und Preissegment kein anderer Weg möglich ist, als mit digitalen Dienstleistungen neue Marktfelder zu erschließen. Immer mehr Kunden kommen heute schon mit dem Wunsch, nicht nur drucken zu lassen, sondern die Text- und Bilddaten wirklich zu managen. Klinger Druck bietet zwar in der Vorstufe die Möglichkeit von Datenkonvertierung[**] an, aber

---

[*] Druckunternehmen, das auf die Erstellung von Geschäftspapieren und Prospekten spezialisiert ist.
[**] Anpassung und Vereinheitlichung von digitalen Datenformaten

62

alle unsere Prozesse sind am Druck orientiert und das ist in Zukunft nicht mehr haltbar. Verdammt, ich möchte in einem Unternehmen Geschäftsführer sein, das zukunftsfähig und zukunftssicher ist. Wenn wir noch zwei Jahre mit dem Umstieg in die neuen Technologien warten, haben wir es mit einer ganzen Karawane von Wettbewerbern zu tun und dann ist es schon wieder schwerer, sich eigenständig zu positionieren. Wie überzeuge ich Klinger? Wie nehme ich ihm die Scheu vor den neuen Medien?

Nehmen wir an, der Schlüssel für seine Ablehnung ist Angst. Wovor? Vielleicht Angst davor, daß er sich im digitalen Bereich nicht sicher fühlt und von anderen Spezialisten abhängig ist. Irgendwie hat er das Programm im Kopf, die Neuorientierung des Unternehmens so lange noch zu verhindern, bis er wirklich raus ist. Aber wir können damit auf keinen Fall noch so lange warten. Zur Not muß ich die harte Tour gehen und die externen Gesellschafter direkt ansprechen. Wenn PK nicht menschlich so toll wäre, hätte ich es vielleicht schon getan. Aber die gemeine Tour gegen diesen feinen Mann? Ich glaube, ich würde mich wie ein Schwein fühlen, gerade bei ihm. Also was dann? Vielleicht müßte ich mal die wichtigsten Schlüssel-Kunden zu einem Round-Table zu uns einladen, um in Anwesenheit von PK über die Zukunftstrends zu diskutieren. Wenn er mir's nicht glaubt, vielleicht glaubt er es wenigstens seinen Kunden. Guter Ansatz! Ich werde das sofort morgen in die Wege leiten und PK nach seinem Urlaub überraschen.

BS sollte tiefer mit PK über dessen Sorgen reden.

```
E-Mail
Thema: Unser Telefonat
von:    Bernd_Schwaiger@inet.com
an:     Ingrid_Schwaiger@dnet.de
Datum:  28.04.98 6:50:27
```

Liebe Ingrid,
denke die ganze Zeit über unser ungutes Telefongespräch vom Donnerstag nach. Ich wollte Dir mit den Blumen einfach ein Freude machen, aber Du hast schon recht, ich gehe Dir im Augenblick eher aus dem Weg. Aber verstehst Du denn nicht mein Dilemma: Deine bohrenden Fragen, ob ich nicht zuviel Druck mache, ob ich denn wirklich glücklich mit diesen ständigen Karrieresprüngen bin, Deine Sorge, ich könnte kaputtgehen oder zumindest für die Familie

untauglich werden — alle diese Sorgen mögen berechtigt sein, helfen mir aber in meiner Situation nicht weiter. Im Gegenteil, solche Auseinandersetzungen schwächen mich in der entscheidenden Phase bei meiner Übernahme von Klinger Druck. Im nächsten Vierteljahr fällt so oder so die Entscheidung. Entweder ich kann die hochgesteckten Vertriebsziele erreichen und die Weichen für eine strategische Kurskorrektur dieses Unternehmens stellen oder Du siehst mich schneller in Koblenz wieder, als Du vielleicht annimmst.

Bitte gib mir dieses Vierteljahr noch Zeit und stärke mir den Rücken, statt mich zu verunsichern. Ich weiß, daß ich für Dich und Melanie zur Zeit völlig ausfalle. Ich weiß, daß das nicht gerade das ist, was wir beide Partnerschaft nennen. Aber stell Dir doch mal vor, ich schaffe das Ziel und in drei Monaten glückt mir der Umbau dieser Firma, dann könnt Ihr vertrauensvoll nach Stuttgart ziehen, wir haben dann die Sicherheit meiner Top-Stellung bei Klinger Druck und können hier nochmals neu miteinander Wurzeln schlagen. Bitte geh diesen Weg mit mir. Du wirst es nicht bereuen.

Dein Bernd

---

4   Montag

Mai

Gute Chance für BS, endlich auch mal in der Produktion Punkte zu machen.

Meine Alleingeschäftsführung in Klingers Urlaub begann heute punktgenau mit einem totalen Technik-Crash. Einem der Drucker ist bei laufender Maschine ein kleines Werkzeug in einen Druckzylinder gefallen – Maschinenschaden mit Totalausfall. Dauert nach Meinung der sofort von uns angerufenen Heidelberger-Monteure mindestens drei Tage, bis alles wieder sitzt. Total-Ausfall auf der neuen Sechsfarben, gerade auf dieser Maschine sind wir natürlich im Augenblick hervorragend ausgelastet, da unsere ganzen Vertriebsbemühungen in diese Richtung gingen.

Habe mit Joachim, der mir die Nachricht so sachte wie möglich servierte, sofort ein Krisen-Meeting abgehalten. Der war völlig platt, als ich überhaupt nicht wissen wollte, wer der „Schuldige" war. Joachim hatte sich – offensichtlich ohne jede Kenntnis meines Umgangs mit solchen Fällen – bereits auf eine härtere Strafaktion eingestellt. Mir war die Rettung der Kundentermine viel wichtiger.

Zweite wichtige Aktion heute war die Organisation des Kunden-Round-Tables zu den neuen Medien, mit dem ich PK überraschen will, wenn er in zwei Wochen zurückkommt. Habe bereits die Zusage von vier Stammkunden, einen schönen Seminarraum in einem nahegelegenen Hotel gebucht und den 20. Mai als Termin festgelegt. Ich muß in den nächsten Tagen noch eine Menge Telefonate führen, um weitere Kunden für die Veranstaltung zu gewinnen. Mein Ziel wären acht bis zwölf Kunden, zu denen dann noch wir GFs und unsere Verkäufer hinzukommen. Habe noch niemand von meiner Idee erzählt. Das gibt eine Schwaiger'sche Überraschungsaktion. Wollen doch sehen, ob wir nicht noch Dampf in diesen Laden bringen ...

Bin die letzten Tage erst spät am Abend aus dem Betrieb gekommen und hatte dann nicht einmal mehr genügend Drive fürs Tagebuchschreiben. Aber heute ist es dafür umso nötiger, muß über einige Ereignisse nachdenken.

Donnerstag 7 Mai

Erstens: Petra drängt sich in Abwesenheit von PK fast auf, sie sucht ganz offensichtlich auch das Gespräch über ihren Chef. Irgendetwas daran macht mich unruhig, denn auf der einen Seite verteidigt sie ihn, wenn ich zu stark in Opposition gehe. Auf der anderen Seite bringt gerade sie mich auf Vorkommnisse, die nicht gerade für ihn sprechen. So kam sie gestern zu mir mit der neuesten betriebswirtschaftlichen Auswertung vom Steuerberater. Sie nahm mich verschwörerisch mit ins Vorzimmer, schloß die Tür und zeigte auf den neuesten Liquiditätsstatus, auf Daten, die ich bisher überhaupt noch nicht gesehen hatte. Von der Kreditlinie in Höhe von 1,5 Millionen sind bereits 1,35 Millionen ausgeschöpft, verfügbar sind also nur noch 150.000 Mark. „So wenig Spielraum hatten wir die letzten Jahre noch nie", fügte sie hinzu. Ich war entsetzt, auf welch tönernen Beinen das Unternehmen stand. Wir holten gleich Susanne Zimmermann von der Buchhaltung dazu, um sie zu bitten, schnell die aktuellen Außenstände zu ermitteln. Petra sagte kopfschüttelnd zu mir: „Und der Chef geht einfach so in Urlaub. Wird Zeit, daß Du den Bereich übernimmst."

// Ist es richtig, wenn ein GF diese heißen Themen ohne seinen Partner bespricht?

Was spielt sie eigentlich für ein Spiel? Sie hat viel mehr Hintergrundwissen, als ich bisher glaubte.

Zweitens: Joachim läßt keinen Tag vergehen, an dem er nicht wegen irgendwelcher Kleinigkeiten zu mir kommt, um Entscheidungen abzufordern. Bin bisher darauf eingegangen, weil ich mich vielleicht auch etwas geehrt und von ihm im technischen Bereich angenommen gefühlt habe. Langsam kommt in mir aber der Verdacht, daß Joachim damit eine ganz gerissene Rückdelegation versucht. Werde ihn mir beim nächsten Versuch zur Brust nehmen. Habe außerdem über Petra mitbekommen, daß Joachim eine Aktennotiz über meine Entscheidung verfaßt hat, die drei Großaufträge, die zum Zeitpunkt des Maschinenschadens auf der Sechsfarbenmaschine eingeplant waren, an Kollegenbetriebe zu vergeben. Das Papier lag einfach auf dem Urlaubsstapel von Klinger, von wo es Petra direkt in meine Hände befördert hat. „Da braut sich etwas zusammen gegen Dich. Du weißt sicher, daß Joachim und PK befreundet sind. Er ist Taufpate bei Joachims jüngstem Sohn." Das wußte ich bis jetzt nicht und ich weiß auch nicht, ob ich diese Sorte Internas überhaupt wissen will. Ich stehe zu meiner Entscheidung: Wir werden die Aufträge pünktlich ausliefern und nicht, wie in ähnlichen Fällen in der Vergangenheit, die Kunden mit wilden Stories über unsere technischen Probleme nerven. Ich bin überzeugt, damit letztlich mehr für Klinger Druck zu bewirken, und dazu stehe ich.

Drittens: Bin nach wie vor in Sorge, ob wir unsere Ziele im Vertrieb schaffen. Es geht alles viel zu zäh. Die Aufträge tröpfeln so rein, die Akquise läuft nicht rund und unsere Messeaktion, von der ich mir endlich etwas Belebung erhoffe, hängt immer noch bei der Agentur. Und das Schlimmste: Ich scheine der Einzige zu sein, der sich wirklich Sorgen macht.

Viertens: Habe noch keinen Drive, die Zukunfts-AG neu zu beleben. Irgendwie habe ich das Gefühl, daß auf der Top-Ebene zuerst einige Dinge geklärt werden müssen, bevor wir in der Gruppe weitermachen.

8 Freitag

Mai

Im Augenblick überschlagen sich die Ereignisse. Nicht genug, daß wir in der Fertigung massive Probleme haben, weil der Maschinenschaden immer noch nicht behoben ist. Nicht genug, daß ich mit den beiden Hausbanken um die Kreditlinie ringen muß. Nein, heute hat auch noch Frank

Hier werden bereits die Kämpfe um die Rollenverteilung nach Klingers Zeit ausgefochten.

Richtig. Die Gruppe sollte nicht // als Feigenblatt für fehlende GF-Klarheit mißbraucht werden.

Wössner, der Außendienstmann, gekündigt. Ja, einfach so gekündigt. Damit hatte keiner gerechnet. Sicher, Wössner war in den letzten Wochen im Schatten des immer deutlicher auflebenden Aubach gestanden. Und Wössner war in der Kritikrunde beim letzten Teammeeting gegen mich in Stellung gegangen. Aber das alles ist doch kein Grund, in der heutigen Zeit freiwillig seine lukrative Stellung als AD aufzugeben. Bin besonders enttäuscht, daß Wössner nicht einmal den Weg zu mir gefunden hat, sondern Petra die Kündigung in die Hand drückte mit der Bitte, durch den Eingangsstempel das Abgabedatum sicherzustellen und sie Klinger gleich nach dessen Urlaub auszuhändigen. Natürlich kam Petra damit gleich zu mir. Ich mußte erst mal tief durchatmen, nicht etwa, weil ich Wössner so gerne mag oder für unentbehrlich halte, sondern ganz einfach aus dem Grund, weil nun in meiner Jahresplanung nicht weniger als drei Millionen fehlen werden. Um es nochmals zu verdeutlichen: Nach dem Kundenverlust von 1,5 Millionen nun der Ausfall von vielleicht nochmals drei Millionen, verringert um den Kundengewinn von einer Million, macht ein saldiertes Minus von 3,5 Millionen Mark! Das ist langsam richtig beängstigend. Fast ein Fünftel unserer Jahresplanung ist fraglich geworden. Aber die Fixkosten laufen natürlich weiter. Es sieht so aus, als ob wir jetzt wirklich in die Krise marschieren. Ich hole PK aber jetzt nicht aus dem Urlaub zurück. Will ihm unbedingt beweisen, daß es auch ohne ihn geht.

Das sind wichtige Krisen-Indikatoren. Jetzt müßte schnell gehandelt werden.
→ Methodik-Modul 1

Wollte dann heute nachmittag natürlich mit Wössner reden, um ihn nochmals zum Überlegen zu bringen, aber der hatte sich kurzfristig krankgemeldet. Das sind die Angestellten-Tricks, die ich so liebe. Bleibt mir nichts anderes übrig, als alle Mitglieder des Vertriebs zusammenzurufen, um in einer Art Sonderaktion die wichtigsten Wössner-Kunden zu sichern.

Die Finanzsituation macht mir ernsthafte Sorgen. Bekam heute von Frau Zimmermann die Liste der Außenstände. Es sind leider deutlich weniger, als ich gehofft hatte. Wir haben also ein klares Kostenproblem, denn die Umsätze waren zumindest bis jetzt ganz gut im Plan. Habe mit ihr ein sehr intensives Gespräch über die Finanzlage geführt. Sie weiß durchaus, was läuft. „Der Chef interessiert sich doch nicht für die Zahlen, er verläßt sich ganz auf seinen

Freund Wondratschek. Warum der ihm vom Kauf der neuen Maschine in der derzeitigen Situation nicht abgeraten hat, verstehe ich wirklich nicht."

Marcel Wondratschek ist Steuerberater, hat hier im Unternehmen aber eine umfassendere Funktion. Habe ihn einmal beim Mittagessen mit Klinger kennengelernt und mich damals schon über das fast naive Vertrauen gewundert, das Klinger zu ihm hatte. Der ist durch sein eigenes Unwissen im kaufmännischen Bereich auf Gedeih und Verderben von diesem Mann abhängig.

Sieht nach Sturm aus. Mit Ingrid herrscht Funkstille. Und an Melanie darf ich gar nicht denken. Das zerreißt mich!

9 Samstag
Mai

BS sollte sich lieber mit PK kurz-schließen.

13.00 Uhr: Soeben hat Petra bei mir angerufen. Sie spürt natürlich, wie sich die Lage zuspitzt. Ob ich Lust zum Reden hätte, fragte sie ganz harmlos. Dabei spürt sie genau, daß ich mich nach nichts anderem sehne als nach reden. Mit Ingrid ist die Kommunikation durch ihre Unzufriedenheit mit meiner Abwesenheit im Augenblick äußerst schwierig, außerdem ist sie bei weitem nicht so nahe an der Ereignissen dran wie Petra. Habe also zugesagt, mich mit ihr zu treffen.

10 Sonntag
Mai

Ein Uhr morgens. Treffe soeben völlig verwirrt und erschöpft in meinem Appartement ein. Jetzt brauche ich erst mal einen Whisky. Worauf habe ich mich bei Klinger Druck nur eingelassen? Das sah doch zu Beginn alles ganz harmlos aus. Traditionsdruckerei sucht Nachfolger, nichts Außergewöhnliches. Und wenn man dann hinter die Fassade schaut, läuft Krimi vom Feinsten. Petra war nämlich nicht allein, als ich mit einem kleinen, bewußt unverbindlich ausgewählten Blumenstrauß bei ihr ankam. Da saß niemand anderes als Carsten Ederer bei ihr im Wohnzimmer. Ederer, der Gesellschafter, der bei mir im Februar versuchte, gegen Klinger aufzurüsten. Er muß wohl mein Entsetzen (ja, es war nicht Überraschung sondern Entsetzen, mir schwante sofort, daß hier irgend etwas Unsauberes lief) gemerkt haben. „Hallo, Herr Schwaiger", sagte er mit einer besonderen Betonung in der Stimme, „das hätten Sie nicht gedacht, daß wir uns auf diese Weise wiedertreffen."

Ich kann es bis jetzt noch nicht fassen. Petra und Ederer sind liiert! Jetzt ist mir vieles klar. So hat Ederer natürlich die besten Informationen aus dem Unternehmen, sicher auch über mich. Kein Mensch im Unternehmen weiß davon etwas, da bin ich mir sicher. Und Klinger? Ist das alles ein großes Komplott, um mit meiner Hilfe Klinger fertig zu machen? Dieses Treffen, ausgerechnet in Klingers Urlaub! Das alles stinkt doch zum Himmel. Meine Gedanken rasten in alle mögliche Richtungen, auch wenn ich erst mal schweigend dasaß. Doch dann griff Ederer ein und wollte sich auf unser Gespräch im Februar beziehen. Völlig im Bann der ungewöhnlichen Situation unterbrach ich ihn und fragte wohl etwas scharf, ob Klinger etwas vom Verhältnis der beiden wußte. Ederer wurde sofort abweisend und stellte klar: „Was denken Sie denn, Herr Schwaiger, natürlich weiß Klinger von unserer Beziehung. Er hat mich doch damals, als es ihm so dreckig ging, über Petra kennengelernt." Ich kam mir vor wie ein dummer Junge, aber warum hat mir keiner etwas davon erzählt?

Fühle mich total beschissen. Verdammt, plötzlich stecke ich in einem raffinierten Spiel und weiß überhaupt noch nicht, wie ich mich verhalten soll.

BS reagiert nur noch. ER müßte jetzt handeln.

```
E-Mail
Thema: Wochenende
von:   Bernd_Schwaiger@inet.com
an:    Günter_Schwab@blueline.de
Datum: 10.05.98 21:23:56
```

Lieber Günter,
seit unserem Telefonat spitzen sich die Dinge hier in Stuttgart unglaublich zu. Die Chefsekretärin, Petra Schaffner, mit der mich ein enger, recht vertrauensvoller Kontakt verbindet, hat mich gestern zu sich nach Hause eingeladen. Dort empfing mich auch einer der beiden externen Gesellschafter, Carsten Ederer, von dessen Liaison mit ihr ich dadurch erst erfahren habe. Und damit nicht genug: Beide versuchen mich gegen Klinger aufzustacheln. Ederer hält mit einem weiteren Externen seit einer früheren Liquiditätskrise die Mehrheitsanteile in der GmbH und war die treibende Kraft für meine Einstellung die treibende Kraft. Scheinbar traut er Klinger nicht zu, die nächsten zwei Jahre mit

mir gemeinsam die richtigen Entscheidungen zu treffen. Oder anders gesagt: Er traut mir nicht zu, im Duo mit Klinger die Durchschlagskraft zu entwickeln, die jetzt notwendig ist, um das Unternehmen neu auszurichten. So stecke ich im Dilemma, entweder zum menschlich wertvollen Klinger zu halten und damit Ederer zu enttäuschen (Folgen?) oder auf seine Seite zu wechseln und meine sofortige Chance auf eine Alleingeschäftsführung zu nutzen, mich menschlich aber schmutzig zu machen.

Ich brauche schnell ein Gespräch mit Dir. Bitte rufe mich an. Bernd

11 Montag

Mai

Merke langsam, daß ich nervlich am Anschlag bin. Habe die ganze Nacht nach dem Knaller mit Petra und Ederer halbwach im Bett gelegen und war heute maximal angespannt in den Tag gestartet, wohlwissend, was für ein Programm ich vor mir hatte. Gott sei Dank konnte Uschi Lang alle meine Kundentermine für diese Woche umbiegen. So bin ich zwar noch weiter von meiner eigenen Vertriebsaufgabe weg, habe aber Raum, alle anstehenden Unternehmensthemen sauber zu bearbeiten. Immerhin, beide Hausbanken signalisieren Entwarnung. Sie halten zu uns und helfen uns, über die Liquiditätssituation zu kommen. Gleichzeitig mahnen die Banker aber immer deutlicher ein grundlegendes Unternehmenskonzept an. Das kann mir im Ringen mit Klinger nur helfen.

Das Meeting mit dem Steuerberater Wondratschek war deprimierend. Weiß nicht, was Klinger an dem so toll findet. Der hat sich mit dem Laissez-faire von PK schon völlig arrangiert. Wir haben kaum flüssige Mittel, um die Gehälter zu zahlen, der Firmengründer ist in Urlaub gefahren und der verantwortliche Steuerberater sieht alles ganz relaxed und hat die Ruhe weg. Langsam fange ich doch an, den Ederer zu verstehen.

Eine gute Nachricht kam aus dem Maschinensaal. Joachim konnte endlich wieder eine voll einsatzfähige Fertigung melden. Der hat sich die letzten Tage wirklich reingehängt, um zu retten, was zu retten war. Muß ihm meine Anerkennung nochmals besonders zeigen. Trotzdem hatten wir natürlich massive Ausfälle, mußten teuere Kollegenhilfe in Anspruch nehmen und sind jetzt sicher noch für zwei

Sehr wichtig! Viele Unternehmer denken erst an die Banken, wenn die Krise da ist!

70

Wochen terminlich am Anschlag, um alles nachzuarbeiten, was sich aufgestaut hat. Die Reparatur kostet außerdem auch noch eine Menge Geld, es war ja schließlich unser eigenes Verschulden!

Gerade hatte Günter aus Düsseldorf angerufen. War sehr besorgt um mich in meinem Dilemma. Schlug Treffen auf dem Düsseldorfer Flughafen für morgen abend vor. War sofort einverstanden. Es ist zwar eigentlich verrückt, wegen einiger Stunden extra nach Düsseldorf zu jetten, aber das Gespräch mit einem Coach ist für mich in dieser Situation unbezahlbar.

Habe keinerlei Zeit oder Raum für Gedanken an Ingrid und Melanie. Ich weiß aber, daß ich hier in ein Mega-Problem laufe. Wir reden kaum mehr miteinander.

Die Schere zwischen Kosten und Umsätzen geht immer weiter auseinander.

Bin erst heute morgen mit der Frühmaschine aus Düsseldorf zurückgeflogen und dann gleich ins Unternehmen gegangen. So rast das Leben an mir vorbei. Aber das Treffen mit Günter hat sich sehr gelohnt. Ich bin so nachdenklich wie noch nie, was immer das letztlich heißen mag. Wir haben von sieben Uhr abends fast bis Mitternacht miteinander geredet. Habe noch nie wirklich mit einem Coach gearbeitet und war deshalb überrascht, wie wenig Günter letztlich selbst eingegriffen hat.

// Coaching bedeutet „Hilfe zur Selbsthilfe". Ein guter Coach führt durch Fragen.
→ Methodik-Modul H

Er hat mich erst einmal über eine Stunde reden lassen und ich habe mir alles von der Seele geredet, was mich zur Zeit so beschäftigt. Hatte dann fast Sorge um ihn, weil ich so viele unterschiedliche „Baustellen" gleichzeitig aufmachen mußte. Aber meine Situation ist eben im Augenblick komplex. Günter hat sich das alles sehr lange und sehr gelassen angehört und dann einfach gefragt: „Vergiß mal alle Deine Sachzwänge. Was wäre denn der Zustand, den Du Dir in Deinem Leben am meisten wünschst?" Ich erinnere mich an den Wortlaut noch ganz genau. Diese scheinbar so einfache Frage brachte mich ganz aus der Fassung. Ich wußte darauf keine spontane Antwort – und auch nicht nach einigen Minuten Bedenkzeit. Günter hat mit mir diese zentrale Unklarheit in meinem Leben und Zielsystem analysiert. Hier fließt bei mir täglich massiv Energie ab. Und genau an diesem Punkt bin ich auch für meine Familie unklar und nicht einzuschätzen. Günter ging auch tiefer auf mein Verhältnis zu Melanie ein. Er meint, ich ginge aus Flucht und schlechtem Gewissen ganz aus dem Kontakt mit ihr raus, anstatt dem Kind das und auch gerne zu geben, was ich in meiner Situation eben geben könnte. Habe die „Hausaufgabe", mich in den nächsten Wochen hierzu genauer zu erforschen und so schnell wie möglich auch wieder das direkte Gespräch mit Ingrid aufzunehmen.

Dann war die zweite „Baustelle" dran, mein Dilemma, das durch den samstäglichen Besuch bei Petra entstanden war. Bereits beim Erzählen machte mich die Unsauberkeit der Intrige zornig. Warum konfrontiert er als Gesellschafter Klinger nicht direkt? Viele Argumente von Ederer sind absolut stichhaltig: Klinger zögert zu lange mit dem Einstieg in neue Märkte. Stimmt! Klinger läßt das Controlling schleifen und forstet das Unternehmen kostenmäßig zu wenig durch. Stimmt! Klinger kümmert sich permanent um die Fertigung und überhaupt nicht um die Unternehmensstrategie. Stimmt! Klinger fordert von den Mitarbeitern zu wenig ab. Stimmt! Und doch: Klinger stiftet durch seine souveräne Persönlichkeit auch einen deutlichen Nutzen im Unternehmen, gibt den Menschen Halt und Geborgenheit, leitet das Unternehmen mit einer Ruhe und Übersicht, die ich ganz eindeutig noch nicht ausstrahle. Und zum Schluß mein Hauptargument: Klinger hat im Augenblick keinerlei Chance, sich zu rechtfertigen. Ederers Strategie ist mir klar. Er sucht nach Gründen, um mit Hilfe von Altmann und ihrer Mehrheit von 52 Prozent in einer außerordentlichen Gesellschafterversammlung Klinger zum Rücktritt aufzufordern. Zu dumm von Klinger, daß er im Gesellschaftervertrag keine 2/3-Mehrheit für die Ablösung eines GFs verankert hat! Kronzeuge für dessen „Verfehlungen" soll ich sein, der nach Klingers Ausscheiden dann als der harte Krisenmanager durchgreift.

Welche Alternativen habe ich in diesem „Spiel", wie Günter es nennt:

1. Das Unternehmen verlassen, d.h. ganz aus dem Spiel herausgehen.
2. Auf Ederers Angebot eingehen und Klinger entmachten.
3. Mich mit Klinger gegen Ederer verbünden.

Keine der Varianten gefielen mir oder Günter so richtig. Während ich unter der Last der in den nächsten Tagen zu fällenden Entscheidungen richtig leide, scheint Günter meine Situation allerdings spannend zu finden. – Es gäbe noch viel zu notieren, aber ich muß ein wenig nachschlafen. Die letzten Tage gingen an die Substanz. Ich merke es auch am Alkoholkonsum. Auch so ein Thema, das ich mit Günter irgendwann einmal bereden muß ...

Heute kam Wössner aus dem „Krankenstand" wieder zurück in den Betrieb. Inzwischen hat sich seine Kündigung in meiner Truppe herumgesprochen und meine Leute ließen ihn gnadenlos abblitzen. Mich hat diese Gruppendynamik, dieses „der verläßt unser Team" sehr gefreut. Da ist – trotz der Auseinandersetzungen, die ich mit den Mitarbeitern ab und zu habe – doch schon eine Menge Teamgeist entstanden. Habe Wössner dann ins Besprechungszimmer mitgenommen und ihn erst einmal mit meinem Ärger und Frust konfrontiert. Meine Strategie war klar, ich hatte nichts zu verlieren. Wössner ist mit größter Wahrscheinlichkeit von einem Wettbewerber oder Headhunter abgeworben worden. Konfrontation war also angesagt: Ich gab ihm klare „Ich-Botschaften", sagte Wössner also deutlich, was mich persönlich an seinem Verhalten geärgert bzw. verletzt hat. Darauf war er nun überhaupt nicht gefaßt. Der 52jährige, eher gemütlich-listig wirkende Stuttgarter zuckte bei meinem Angriff richtig zusammen. Langsam und eher gepreßt brachte er seine Argumente. Er habe den Druck nicht mehr ausgehalten, der durch mich in den Betrieb gekommen sei. Er hätte früher mit Klinger so locker und harmonisch zusammengearbeitet, jetzt ginge es nur noch um Leistung und Umsatz und überhaupt, im Gegensatz zu Aubach würden seine Bemühungen ja nicht genügend gewürdigt, und so weiter.

Wichtiges Führungstool. Durch „Ich-Botschaften" werden Gefühle sauber kommuniziert.
→ Methodik-Modul D

Am Schluß kam der Knaller: Als Wössner erkannte, daß ich ihn nicht zurückhalten würde, meinte er, was die drei an ihm persönlich hängenden Schlüsselkunden beträfe, könne man doch sicher Lösungen finden. Mit einer entsprechenden Abfindung würde er die Lust am „Wildern" im Revier verlieren. Da platzte mir aber der Kragen. Habe ihm kurzerhand seine sofortige Freisetzung mitgeteilt und ihn noch seinen Schreibtisch leerräumen lassen, an dem er die letzten Monate viel zu lange kleben geblieben war – und irgendwie fühlte ich mich wahnsinnig erleichtert.

Danach gab es Krisen-Meetings, zuerst (diesmal habe ich drangedacht!) mit Jürgen Steurer, dem Betriebsratsvorsitzenden. Der hatte Sorge um die Auswirkungen auf das Unternehmen und die Arbeitsplätze, aber er zeigte auch Verständnis für die harte Tour, als ich ihm das von Wössners Abfindungsvorschlag erzählte.

Anschließend Sitzung mit dem gesamten Team. Ich wollte mich für die Loyalität der Leute revanchieren und habe absolut offen über das Gespräch und Wössners „Abfindungsvorschlag" berichtet, was viele Mitarbeiter mißbilligten. Ihre Unterstützung tat richtig gut. Wössners Abgang schweißt mein Team stärker zusammen als alle Meetings und Aktivitäten bisher. Die sind alle ganz begierig, Wössner die Suppe zu versalzen. Aubach und ich wollen die drei Schlüssel-Kunden kurzfristig persönlich besuchen, um zu retten, was zu retten ist. Und die „Innendienstler" haben sich freiwillig bereit erklärt, alle kleineren Wössner-Kunden anzurufen, um sie auf unsere Seite zu ziehen.

Richtig: Ein „Feind von außen" schweißt Gruppen zusammen! //

Weiß noch gar nicht, wie ich morgen alles stemmen soll, was so ansteht. Nächsten Montag kommt Klinger aus dem Urlaub zurück. Ich muß Wössners Kunden bearbeiten, das Kunden-Round-table vorantreiben (wir haben schon acht Anmeldungen) und ich muß vor allem Klarheit über meine Strategie in Sachen Ederer/Klinger finden. Mein Kontakt zu Petra ist seit dem letzten Samstag völlig verändert. Ich gehe ihr aus dem Weg, so gut ich kann. Ich kann es beim besten Willen nicht fassen, daß sie an diesem unsauberen Ding mitdreht.

Noch etwas: Habe heute das Meeting der Zukunfts-AG auf den 13. Juni verschoben. Wir alle haben mit der Wössner-Aktion soviel um die Ohren. Und außerdem brauche ich den Samstag unbedingt zum Nachdenken über meine eigene künftige Strategie.

15 Freitag

Mai

3.00 Uhr morgens: Liege schon wieder Stunden wach im Bett, mein Kopf kommt einfach nicht zur Ruhe. Tausend Gedanken über Probleme und auch neue Ideen. Und dann das wahnsinnige Bedürfnis nach einem Whisky.

```
E-Mail
Thema: Wochenende
von:   Bernd_Schwaiger@inet.com
an:    Ingrid_Schwaiger@dnet.de
Datum: 15.05.98 4:15:47
```

Liebe Ingrid,

wenn du auf die Uhrzeit dieses E-Mails schaust, weißt Du, wie es mir im Augenblick geht. Kann kaum mehr schlafen, stehe vor einem Berg von Herausforderungen. In diesen zwei Wochen, in denen Klinger auf Mallorca ist, hat sich hier so viel ereignet, die Dinge haben sich zugespitzt, so daß ich jetzt am Wochenende ganz wichtige Entscheidungen fällen muß. Mehr möchte ich jetzt nicht sagen, denn das Ganze ist kompliziert.

Ich brauche Dich aber in dieser Situation, das kann ich nicht alleine stemmen. Außerdem: Habe mich entschieden, mich von Günter Schwab (der vom Volleyball aus der Düsseldorfer Zeit) coachen zu lassen und ihn spontan auch schon einmal getroffen. Und, du wirst nicht überrascht sein, unsere Kiste mit der Balance Beruf/Privat stand natürlich im Mittelpunkt. Ich leide sehr darunter, daß ich die letzten Wochen mit Dir hierüber nicht mehr gut reden konnte. Für Melanie habe ich auch kaum noch Gedanken. Das alles muß besser werden. Aber wer durchschlägt den Knoten? Vielleicht wir drei zusammen.

Bitte besucht mich an diesem Wochenende. Ich brauche Euch.
Alles Liebe. Bernd

21.00 Uhr. Heute habe ich eine Menge bewegt. Habe endlich Zeit gefunden, in Sachen Marketing voranzukommen. Die Agentur hat die komplette Promotion-Konzeption für den neuen Messeservice präsentiert. Das wird eine tolles Ding, auch wenn es nur aktional ist und unsere Zukunftsstrategie natürlich nicht ersetzt. Aber immerhin können wir mit diesem Leistungspaket endlich einmal offensiv am Markt akquirieren. Eine Hürde war allerdings noch zu überwinden: Ich brauchte auch noch vom Betriebsrat grünes Licht für die zum Teil erheblichen internen Konsequenzen bezüglich der Arbeitszeiten. So einfach ist es dann doch nicht in unserer Wirtschaft, einen 24-Stunden-Service auf die Beine zu stellen.

Wichtig: Den Betriebsrat als Partner mit uns Boot holen!

Es ging um die korrekte Einhaltung der gesetzlichen Bestimmungen, um Fragen der Bezahlung und ähnliches. Ich glaube aber, wir haben das alles ganz gut gelöst. Aubach bemerkte nach der Präsentation, daß das aber eine kleine Revolution für Klinger Druck sei. Ein schönes Kompliment!

Dann gab es ein intensives Gespräch mit Petra. Als ich mit ihr das Programm für PKs Arbeitsanfang am Montag durchgehen wollte, schloß Petra die Tür und setzte sich mir konfrontativ nah gegenüber. „Du nimmst mir übel, daß ich bei dem – wie du es nennst – Spiel gegen Klinger mitmache." Da war sehr viel Aggression in Stimme und Körpersprache. „Ich spüre doch, daß du mir ausweichst." Aber irgendwie wollte ich mit ihr nicht in das Thema reingehen und versuchte abzuwiegeln. Da wurde sie zornig und schrie mich fast an: „Was glaubst Du, wie mir zumute ist? Menschlich gesehen mag ich Klinger wirklich gern, aber das ist schon lange kein Spiel mehr. Du weißt selbst am besten, wie es um das Unternehmen steht." Und sie fügte hinzu, erst durch mich hätte sie erfahren, wie man Klinger Druck auch führen könne. Ihr Freund Ederer hätte keine langfristige Intrige geplant, im Gegenteil, er hätte bis heute gegen besseres Wissen zu Klinger gehalten. Als er allerdings hörte, wie stark Klinger mich blockiert, da sei ihm der Kragen geplatzt. Ausschlag habe die Ablehnung meines Vorschlags gegeben, ein neues Multimedia-Unternehmen zu gründen. „Wärst du auf die Idee gekommen, die Gesellschafter hierzu zu befragen, hätte der Chef eine massive Schlappe einstecken müssen", sagte Petra mit einem leichten Vorwurf in der Stimme. Auf diese Idee war ich überhaupt nicht gekommen. Stimmt ja, die Gründung eines neuen Unternehmens mit tangierenden Leistungsfeldern muß bei Klinger Druck von der Gesellschafterversammlung beschlossen werden, und PK hat hier nicht die Mehrheit.

Ich frage mich, war das schon wieder eine versteckte Handlungsanweisung von Ederer? Für mich sieht es ganz danach aus. Das ist aber schon eine tolle Trumpfkarte, die sie mir hier zuspielen. Und Petra spielt die Unschuldige, macht aber keinen allzu glücklichen Eindruck auf mich. Der Loyalitätskonflikt zwischen ihrem Freund und ihrem Chef scheint sie zu zerreißen. Aus meiner Sicht ist sie weniger Täter als Opfer. Ich verstehe nicht so ganz, wie sie sich in eine so verrückte Zwangslage hatte bringen können.

Hier muß die Führungskraft Konfliktmanagement beherrschen.

Und zuletzt: Das Kunden-Round-table, mit dem ich PK weichkochen will, steht. Mußte es aber verschieben, weil ich nicht alle Kunden terminlich zusammen bekommen hatte.

Musterbrief
Einladung zum 1. Kunden-Round-table von Klinger Druck

Sehr geehrte/er ...,

als Druckerei mit hohem Qualitätsanspruch und innovativem technologischen Anspruch arbeiten wir seit vielen Jahren mit Ihnen als Kunden zusammen. Wie Sie sicher auch, so beobachten wir intensiv und fasziniert die aktuelle technologische Entwicklung – vor allem im Bereich der Digital-Technologien. Wir sehen bereits heute eine Vielzahl technologischer Einsatzmöglichkeiten von multimedialen Produkten, aber werden diese Produkte oder Dienstleistungen von unseren Kunden auch wirklich nachgefragt und benötigt?

Um diese und viel anderen Fragen zum Thema "Multimedia" zu besprechen, möchten wir mit unseren wichtigsten Kunden in einen offenen, möglichst intensiven und, wo sinnvoll, auch kontroversen Dialog treten und laden Sie deshalb ein zum

1. Klinger Kunden-Round-table
20. Mai 1998, 14.00 - 18.00 Uhr
Hotel Interconti, Stuttgart

Wir würden uns sehr freuen, wenn Sie an diesem Nachmittag und am anschließenden Abendessen unser Gast wären. Sicherlich können auch Sie von dem Meinungs- und Ideenaustausch unter den Teilnehmern profitieren. Und wir als Ihr Dienstleistungspartner erhalten wichtige Informationen, um unsere Produktpolitik auf Ihre Bedürfnisse einzustellen.

Bitte sagen Sie kurz Bescheid, ob Sie kommen.

Mit freundlichen Grüßen

Klinger Druck
Geschäftsführung Vertrieb + Marketing

Bernd Schwaiger

23.00 Uhr: Hatte gerade ein sehr langes und schönes Gespräch mit Ingrid. Sie war wohl schon betroffen und gerührt und will wirklich morgen zusammen mit Melanie zu mir nach Stuttgart kommen. Die Dinge bewegen sich. Günter dürfte zufrieden sein.

Wichtig: Hier muß eine Lösung gefunden werden.

16 Samstag

Mai

War schon früh auf den Beinen, und bin eigentlich ganz guter Dinge. Habe das Gefühl, daß heute und morgen wichtige Entscheidungen fallen. Ich muß unbedingt mit Ingrid klarkommen und eine für uns beide akzeptable Plattform für die nächsten Monate finden.

17 Sonntag

Mai

Nun also sind Ingrid und Melanie wieder Richtung Koblenz abgefahren. Was waren das für bewegte Stunden. Fühle mich innerlich wie durch den Wolf gedreht. Wer bereitet einen Manager auf solche Achterbahnfahrten vor? Wenn ich daran denke, daß ich mal geglaubt hatte, mit meiner guten betriebswirtschaftlichen Ausbildung das Rüstzeug für meine Karriere zu bekommen ... Betriebswirtschaft, daß ich nicht lache! Psychologie hätte ich studieren sollen, um den ganzen Wahnsinn zu begreifen, der sich zwischen uns Menschen abspielt. Wo fange ich an? Vielleicht beim Ergebnis der beiden Tage.

Ingrid und ich sind wieder versöhnt. Melanie hat ihren Vater seit Monaten mal wieder nah erlebt, hat ihn weinen, leiden, freuen und lachen sehen. Ederers Angebot ist für mich gestorben, der Traum von einer schnellen, aggressiven Karriere ausgeträumt, der Preis wäre zu hoch. Und die Total-Überraschung: Ich brauche PK morgen früh nicht mehr ins Boot holen, denn der saß den ganzen Samstagabend mit mir und Ingrid zusammen. Und wir sind dabei fast schon Freunde geworden. Ein bißchen viel auf einmal, diese letzten Stunden. Ingrid zeigte sich sehr besorgt von meinem „Hilferuf", sie meinte das E-Mail, das diese Begegnung ausgelöst hatte. Ich wollte sogleich etwas abwiegeln, aber Ingrid ließ nicht locker. „Dir wachsen die Dinge in diesem Unternehmen über den Kopf. Du führst doch kein Leben mehr. Dieser Druck, immer dieser Druck! Wie lange willst Du das noch so weitermachen. Wie lange willst du uns das noch zumuten?" Es entwickelte sich ein intensiver Disput zwischen uns, so daß wir Melanie rausnehmen und unter die Kopfhörer vor den Fernseher setzen mußten. Unser Streit war nicht für ihre Ohren bestimmt. Aber es war trotz aller Schmerzen ein wirklich gutes Gespräch. Verdammt, Ingrid hat schon irgendwo recht. Ich habe mich verbissen in eine Retter-Rolle, die bei Klinger Druck nur legitimiert ist durch Ederer. Und jetzt, eigentlich am Ziel

Viele Manager arbeiten mit diesem inneren Druck – solange der Körper durchhält.

78

meiner Wünsche, der Möglichkeit einer schnellen Übernahme des Betriebes, bekomme ich Skrupel. Ingrid war entsetzt, als ich ihr die Hintergründe der Intrige gegen Klinger
erzählte. „Bernd, da machst du doch nicht mit, oder?"
Allein der Blick in ihren Augen ließ mich schaudern. In dieser Sekunde wurde mir klar: Letztlich würde ich nicht nur
meine Selbstachtung verlieren, wenn wir einen fairen Partner auf diese Weise kaltstellen, ich würde ich auch die Ach-
tung meiner Frau verlieren. Wenn ich auf Ederers Angebot
einginge, wäre ich in der Logik des coolen und toughen
Managers gefangen und müßte dann auch mir und Ederer
schnell beweisen, daß ich es nun wirklich besser mache.
Damit wäre ein Kreislauf in Gang gesetzt, der zu immer // *Logische Schluß-*
höheren Leistungsanforderungen, zu immer höherem Zeit- *folgerung.*
einsatz führen würde.

Also endlich Klarheit! Klarheit, daß mein Weg im Management nicht so verläuft. Ich kann gar nicht beschreiben, wie
groß meine Erleichterung dann war. Aber diese Glücksmo-
mente gehen vorbei und dann kommen die Fragen: Wie
geht es ab Montag weiter? Soll ich jetzt den Druck aus den
Entwicklungen im Unternehmen rausnehmen, wo die Mitarbeiter gerade anfangen, sich daran gewöhnen? Aber wie
sage ich es Ederer? Wie sage ich es Klinger? Was wird aus
meinem Kontakt zu Petra? Überlebt Petra überhaupt dieses
„Spiel" im Unternehmen?

Wir ließen das dann erst einmal so stehen, da auch Melanie nun unsere Aufmerksamkeit forderte. Wir entschlossen
uns, mit ihr kurzerhand in den Zoo zu gehen, wo wir dann
auch viel Spaß miteinander hatten. Und so kamen wir erst
gegen sechs wieder ins Appartement zurück. Gerade recht-
zeitig, um einen dringenden Anruf von Klinger (!) mitzu-
bekommen, der soeben von Mallorca zurückgekommen und
bereits durch Joachim informiert worden war. Wollte mich
zum Abendessen einladen. Als er erfuhr, daß zufällig die
ganze Schwaiger-Familie beisammen war, lud er uns alle
zu sich ein. Das war vielleicht die Schlüsselszene der letzten Monate, denn an diesem langen Abend entstand eine
völlig neue Qualität zwischen mir und diesem Menschen,
der so große menschliche Stärken hat und so viele geschäft-
liche Fehler macht. Jetzt sind wir Verbündete und Ederer // *Hier entsteht ein*
wird sich vorsehen müssen. Schluß für heute. Morgen früh *völlig neuer Kon-*
geht das Spiel in eine neue Runde. *text.*

6.15 Uhr: Der heutige Montag wird für mich ein denkwürdiger Tag werden, denn seit Samstagabend gibt es zwischen mir und meinem Partner Peter eine völlig neue Situation. Nach dem Abendessen und den üblichen Tischgesprächen hatte er mich in sein Arbeitszimmer mitgenommen. Mir schlug das Herz bis über beide Ohren – mir war völlig bewußt, daß nach diesem Gespräch für mich bei Klinger Druck nichts mehr so sein würde wie vorher. Ich sprang ins kalte Wasser, informierte ihn völlig offen über das Gespräch mit Ederer und Petra. Klinger konnte es kaum glauben, was er über Ederer hörte, nahm aber interessanterweise Petra sofort in Schutz. Ist sie wirklich so unschuldig? Ich bin mir da gar nicht mehr so sicher.

Nach meinem Bericht, in dem ich ihm auch erzählte, wie zerrissen ich mich in den letzten Tagen gefühlt habe und daß die Entscheidung für ihn und gegen Ederer gemeinsam mit Ingrid gefallen war, ging Klinger minutenlang schweigend im Raum hin und her. Die Spannung, die sich in ihm aufbaute, war mit Händen greifbar. Er hatte Ederer offensichtlich als Freund und Partner gesehen, der ihm in der früheren Krise mit einer nicht unerheblichen Finanzspritze das Unternehmen gerettet hatte, freilich um den Preis, daß Klinger Firmenanteile an Ederer und seinen Partner abgeben mußte. Und jetzt, nach Jahren scheinbar lockeren Kontakts auf Gesellschafterebene, muß Klinger erfahren, daß der frühere Retter ihn nun ausbooten will. Und seine absolute Vertrauensperson, Petra Schaffner, hat auch noch die Finger mit im Spiel. Nach einigen Minuten Hin- und Herwanderns – ich hatte die Stille seines Nachdenkens nicht gestört – schenkte Klinger aus seiner Bar zwei Cognac ein, kam auf mich zu, nahm mich in den Arm (!) und sagte: „Nun sind wir Partner. Bernd, das werde ich Dir nie vergessen." Dann tranken wir unseren Cognac, jeder in seine Gedanken über die jetzt anstehenden Konsequenzen versunken, bis uns die Frauen baten, doch wieder zu ihnen zu kommen und unsere Gedanken mit ihnen zu teilen.

Heute nachmittag wollen Klinger und ich frühzeitig aus dem Unternehmen raus und in Klausur gehen, um uns noch klarer zu werden. Fest steht, wir beide werden ab sofort in einer völlig neuen Art zusammenarbeiten. Die Schlüsselfrage ist doch: Schaffen wir es beide, unseren „Pakt" bis zur endgültigen Klarheit unserer Vorgehensweise vor Petra

PK hat massiv die Problematik der Mehrheiten unterschätzt.

geheimzuhalten? Welch eigenartige Situation: Wir müssen uns vor unserer eigenen Sekretärin vorsehen. Petra darf eigentlich nicht im Unternehmen bleiben!

22.00 Uhr: Was für ein Tag! Wenn zwei Geschäftsführer wirklich an einem Strang ziehen, dann bewegt sich was. Das spüren die Mitarbeiter. Ich bemühte mich, um acht Uhr da zu sein, Peter war mir aber eineinhalb Stunden zuvorgekommen und arbeitete bereits seinen Urlaubsstapel durch. Ich versuchte, so locker und unverkrampft wie möglich zu wirken und schnell durch das Vorzimmer an Petra vorbeizukommen, sie sandte mir vieldeutige Blicke zu, deren genaue Bedeutung ich nur ahnen konnte. War mir dann aber auch egal, denn anders als Peter sehe ich sie heute in einem anderen Licht.

Als ich in Peters Büro kam, empfing mich der gleiche warme Blick wie beim Abschied am Samstagabend. Das war also nicht nur eine Weinlaune gewesen. Fast freundschaftlich holte er mich schon an der Tür ab und schottete sich dann für die nächsten vier Stunden mit mir völlig ab. Er begann mir nochmals darzulegen, wie beeindruckt er von meiner klaren Stellungnahme für ihn am Samstagabend war. Glaubhaft, dieser Mann wirkt wirklich emotionell unglaublich stark. Aber diese Emotionsdusche ist auch gefährlich. Man kommt in eine ausgeprägte „Friede-Freude-Eierkuchen-Stimmung", in der keine Konflikte mehr ausgetragen werden können. Das darf auf keinen Fall Basis unserer Beziehung sein. Nachdem auch ich ihm nochmals gespiegelt hatte, wie schön und wertvoll unsere neue gemeinsame Plattform für mich ist, ging ich bewußt in eine distanziertere, provokante Haltung. Ich hatte ihn aber vorgewarnt: „Nun laß uns nicht nur nett sein, sondern miteinander um den richtigen Weg für Klinger Druck ringen. Ich habe durchaus auch Kritik an Dir loszuwerden, hoffe aber sehr, Du trägst mir meine Offenheit nicht nach."

Peter versuchte wirklich, gut mit meinen Feedbacks umzugehen. Am meisten hatte er mit der neuerlichen Liquiditätsproblematik zu kämpfen. Er konnte einfach nicht glauben, daß erstens dieses Problem überhaupt zu diesem Zeitpunkt entstanden war, daß er zweitens deshalb nicht aus dem Urlaub zurückgerufen worden war und daß drittens ausgerechnet sein Nachfolger das auszutragen hatte. Fast mußte

81

ich ihn trösten, so zerknirscht war er. Ich gab ihm aber gleichzeitig die Rückmeldung, daß ich Wondratschek völlig daneben erlebt hätte. Seine schlichte Antwort: „Dann such Dir einen anderen Steuerberater. Du weißt, ich mache mir wenig aus Zahlen."

So gingen wir dann Thema für Thema durch. Auch das Kunden-Event wird steigen und Peter Klinger wird natürlich dabei sein.

Am Ende bat ich um sein Feedback über meine Interventionen während seines Urlaubs. Peter zeigte sich beeindruckt und begeistert über meine Entscheidungsfreudigkeit. Kritik seinerseits gab es an der Kollegen-Aktion während des Maschinenschadens. Das hätte er anders und für Klinger Druck billiger gelöst, meinte er. Wössners Abgang schmerzt ihn besonders. Anders als bei van Rosen hatte er zu Wössner einen engeren Kontakt und diesen Mann sehr geschätzt. Aber letztlich beugte er sich meinen Argumenten, und die Gespräche mit den direkt betroffenen Mitarbeitern, mit denen er später noch redete, um es wirklich glauben zu können, bestätigten ihm, daß meine Vorgehensweise richtig gewesen ist.

Erst gegen 17.00 Uhr kamen wir aus dem Betrieb heraus und fuhren in ein kleines Waldlokal in der Nähe des Fernsehturms. Ich versuchte gleich zu Beginn, meinen neuen Partner für eine wirklich strategische, also längerfristige Sichtweise zu öffnen und empfahl ihm, nicht primär über Ederer, sondern über die globale Unternehmenssituation zu sprechen. Denn letztlich entspringt Ederers Vorstoß, so mies er im Stil auch ist, einer unternehmerischen Sorge, die ich teile.

Peter gefiel diese Öffnung der Diskussion überhaupt nicht, das war ihm alles zu kompliziert und natürlich auch zu unangenehm. Ich erkenne, Peter Klinger sucht in Fällen, wo sich strategische Entscheidungen überhaupt nicht mehr vermeiden lassen, immer nach einer schnellen, möglichst gut zu realisierenden Lösung, die er dann mit harter Hand in wenigen Tagen durchzieht, um sich dann wieder dem widmen zu können, was ihm mehr Spaß macht: der Drucktechnik. Er ist kein Manager, sondern ein Drucker aus Leidenschaft – das wurde mir an diesem Abend wieder klar. Von daher nimmt er alle derzeitigen Entwicklungen im

Digital Publishing zwar zur Kenntnis, hat aber keinerlei inneren Bezug dazu. Aber ich ließ dann nicht locker und fuhr noch härtere Geschütze auf, indem ich Peter massiv konfrontierte, obwohl ich damit das Risiko einging, die gerade erst neu entstandene Partnerschaft schon wieder zu zerstören. Aber ich brauchte jetzt die Klarheit, ob ich mit Klinger gemeinsam den Umbau voranbringen konnte, der meiner Meinung nach nötig ist, oder ob ich das Unternehmen verlassen muß. Als ich diese beide Optionen aussprach, wurde mir selbst nochmals bewußt, daß an diesem Abend meine beruflichen Weichen wieder neu gestellt wurden. Ich brachte meine ganzen Sorgen nochmals auf den Punkt: die massive Liquiditätskrise, viel zu geringe Ertragskraft, die Fehlpositionierung des Unternehmens auf dem Markt und die dahinter liegende Frage, ob das Unternehmen überhaupt richtig eingestellt ist.

// Völlig richtiges Vorgehen. Jetzt die Weichen richtig stellen.

Als ich dies gnadenlos aufzeigte und mich dabei in Rage geredet hatte, wurde Peter immer leiser, bis er letztlich nur noch zuhörte. Ich bekam Sorge, daß ich vielleicht zu weit gegangen war. Dann kam ganz leise von Klinger die Frage: „Wenn Du das alles so siehst, warum willst Du in diesem rückständigen, gefährdeten Unternehmen bleiben?" Und ich antwortete voller Überzeugung: „Weil ich daran glaube, Peter, mit Dir zusammen den Betrieb neu ausrichten zu können." Da strahlte er wieder, der alte Kämpfer, und ich machte ihm deutlich, daß mir klargeworden ist, daß ich diesen Weg nicht im Alleingang gehen kann und ihn dazu brauche. Denn das war mir an diesem Abend so bewußt wie noch nie: Wir können nicht noch zwei Jahre warten, bis er ausscheidet. Wir müssen jetzt handeln. Und genau dieses Mitgestalten der Veränderung war das, was er unter allen Umständen vermeiden und aussitzen wollte. So war es an ihm, den Schritt zu tun. Und er ist ihn tatsächlich gegangen.

Jetzt ist es kurz vor Mitternacht und ich sitze hier in meinem Appartement und weiß, daß Peter morgen seiner Sekreätrin die Einladung zu einer außerordentlichen Gesellschafterversammlung diktieren wird – ein Signal, das Petra und Ederer noch beschäftigen wird ...

Wow, das war viel zu schreiben, aber es bringt mir nochmals Klarheit.

```
E-Mail
Thema: Familientreffen
von:   Ingrid_Schwaiger@dnet.de
an:    Bernd_Schwaiger@inet.com
Datum: 18.05.98 8:22:04
```

Hallo Bernd,

ich kann dir gar nicht sagen, wie erleichtert ich von unserem Treffen in Stuttgart nach Hause gefahren bin. Endlich habe ich das Gefühl, Licht am Ende des Tunnels zu sehen. Die Klingers sind wirklich sympathische Leute. Ich glaube, ich hätte Dir nie verzeihen können, diesen Mann einfach abzuschießen. Und jetzt ist er Dir verpflichtet und gewogen, da läßt sich doch etwas daraus machen. Wenn es Dir wirklich gelingt, mit Peter Klinger eine „Doppelspitze" zu bilden, wie Ihr es in Eurer Euphorie von Samstagabend genannt habt, dann tut Ihr Euch beide doch viel leichter und dann sehe ich auch mehr Chancen, gemeinsam mit Dir noch ein wenig Familienleben führen zu können.

Bitte bleibe an der Sache dran. Auch Melanie spürt, daß sich die Dinge zwischen uns wieder bewegen. Es ist so wichtig.

Deine Ingrid

19 Dienstag

Mai

Manchmal wichtig: Management by Walking around.

Heute ist der erste Tag seit bald zwei Wochen, an dem ich mich mal wieder um die Arbeit in meinem Bereich kümmern konnte. Auch meine Leute hatten in dieser Zeit gespürt, daß ich in einer Art Ausnahmezustand war und deshalb offensichtlich Fragen und Probleme zurückgestellt. Als ich heute morgen aber mit deutlich sichtbarem Gesprächsangebot in jedes Büro schlenderte, wurde ich geradezu bedrängt mit Fragen zur Unternehmenssituation. Da mir in den meisten Punkten die Hände gebunden waren, weil ich mit Peter „top secret" vereinbart hatte, mußte ich mich aufs Umschreiben und Beschwichtigen beschränken.

Aber nicht nur bei mir gab es eine positive Wendung. Durch Wössners Abgang muß ein wundersamer Ruck durch die ganze Mannschaft gegangen sein. Denn als ich das Anschlagboard mit den offenen Angeboten und neuen Aufträgen routinemäßig abhaken wollte, traute ich meinen Augen nicht. Mehr als dreißig alte Wössner-Kunden waren angerufen worden. Diese Aktion, die eigentlich „nur" dazu dienen sollte, das plötzliche Ausscheiden des Kundenbetreuers zu erklären und die Kunden bei der Stange zu halten, hatte bereits acht konkrete Aufträge in erheblicher Umsatzhöhe gebracht. Fünf weitere Angebote sind rausgegangen und kein einziger Kunde hatte signalisiert, mit Wössner abwandern zu wollen. Ein Super-Erfolg, den ich Peter gleich weitermeldete.

Morgen ist das Kunden-Round-table. Die organisatorischen Vorbereitungen halten sich in Grenzen, denn wir wollen ja noch nichts selbst vorstellen, sondern einfach mit den Kunden über die Zukunft plaudern. Daß das Ganze vor allem eine intern-didaktische Motivation hat, habe ich natürlich keinem gesagt. Mir ist jetzt sowieso schon klar, was rauskommen wird: eine kalte Dusche für alle, die meinen, es geht mit dem Drucken in den nächsten Jahren so weiter wie in den letzten Jahrzehnten.

// *Hervorragendes Tool, um Trends zu erfassen.*

Nachmittags kam Petra zu mir und versuchte, aus mir Infos herauszulocken, was es mit der außerordentlichen Gesellschafterversammlung auf sich hätte. Außerdem wollte sie nochmals wissen, ob und wie ich mich entschieden hätte. Sie macht sich tatsächlich zum Sprachrohr von Ederer, aber warum? Gemäß meiner Vereinbarung mit Peter sagte ich zu der Gesellschafterversammlung gar nichts und zu der anderen Frage nur, daß ich immer noch am Nachdenken sei. Sie zog schmollend ab. Zwischen ihr und mir baut sich zusehends Aggression auf. Das geht nicht mehr lange gut.

Das war also der Tag des Kunden-Round-tables. Gut, daß ich den Großteil meiner Vertriebstruppe überreden konnte, als Beobachter teilzunehmen. So habe ich mir ein gutes Stück Argumentationsarbeit erspart, und wenn sie selbst erleben, wie wichtige Kunden die Zukunft sehen, ist der Eindruck am nachhaltigsten. Am Ergebnis des Round-tables kommt bei Klinger Druck keiner mehr vorbei:

Mittwoch 20

Mai

1. Die überwiegende Mehrheit der Kunden glaubt nicht daran, daß klassische Druckbetriebe in den nächsten Jahren noch Erträge erwirtschaften können, wenn sie sich nur aufs Drucken konzentrieren.

2. Die Marktmechanismen im Kommunikationsmarkt (früher hieß das „Druckindustrie") verändern sich radikal. Drucken wird zu einem von vielen Ausgabemöglichkeiten, das

Diese Ergebnisse sind wichtig, aber nicht repräsentativ. Nur auf Einzelmeinungen darf noch keine Strategie gebaut werden.

Datenhandling wird zum eigentlichen Kerngeschäft. „Wer die Daten hat, hat die Macht", das war eine typische Aussage.

3. Die Kunden erwarten maßgeschneiderte Service-Konzepte für ihr eigenes Publishing[*], denn auch in deren Betrieben gibt es auf diesem neuen Gebiet massive Unsicherheiten.

4. Die Agenturen unter unseren Kunden reklamieren den Publishing-Markt für sich und warnen uns vor einem neuen „Wettbewerb".

5. Unsere Industriekunden wiederum ermutigen uns, schnellstens in das digitale Geschäft einzusteigen. Warum wir bis heute noch nicht einmal Digitaldruck anbieten, wird nicht verstanden.

6. Die Kunden sehen Klinger Druck als Top-Quality-Unternehmen, warnten uns aber deutlich davor, uns auf diesem Etikett auszuruhen. Im Gegenteil, die Erwartung an Qualität in Zeiten des digitalem Outputs würden eher geringer.

Das also war der Tag – und er ließ einen sehr nachdenklichen, fast depressiven Peter Klinger zurück. Ich versagte mir jeden Triumph und versuchte eher, ihn wieder aufzubauen. „Daß das Votum so eindeutig in Deine Richtung geht, hätte ich nicht gedacht. Das muß ich erst verarbeiten", so waren seine Worte am Parkplatz, bevor wir auseinandergingen. Morgen ist Feiertag, und am Freitag ruht der Betrieb aufgrund einer Betriebsvereinbarung (Brückentag). Gut, daß wir Zeit zum Nachdenken haben.

25 Montag
Mai

Am Wochenende hat Günter angerufen. Er hatte in der Zwischenzeit Kontakt mit Ingrid, die wiederum von sich aus nach unserem Treffen in Stuttgart mit ihm telefoniert hat. Er zeigte sich ganz beeindruckt von der „Dynamik der Entwicklung", wie sich mein „Coach" ausdrückte. Zu unserem heißen Plan, die externen Gesellschafter mit dem spontanen Antrag einer Aufnahme von mir als zusätzlichem Gesellschafter zu überrumpeln, fragte er allerdings nach, ob ich überhaupt genügend liquide Mittel dafür hätte. Das hängt natürlich davon ab, wie hoch der Wert des Unternehmens taxiert wird. Aber zehn Prozent von Klinger Druck werde ich schon finanzieren können.

---

[*] Erstellung und Ausgabe von Info-Mitteln und -Medien am Computer

Der Trick dabei ist, daß die beiden externen Gesellschafter gemäß einem Passus im Gesellschaftsvertrag verpflichtet sind, auch von ihren Anteilen einen Teil an mich abzutreten, wenn ich als Gesellschafter aufgenommen werde. Damit würden sich die Mehrheitsverhältnisse wieder zu unseren Gunsten wenden und Peter und ich könnten als GFs freier agieren. Doch ob die Externen für meine Aufnahme als Gesellschafter stimmen, wenn sie wissen, daß sie dadurch ihre Mehrheit verlieren, ist natürlich ungewiß. Ederer könnte natürlich darauf reagieren, indem er seinerseits alle seine Anteile verkauft, was uns dann beim Rückkauf in große Finanzierungsprobleme bringen würde. Aber das sind Spekulationen. Ach, die Reaktionen der Beteiligten sind so schwer vorherzusagen. Wir müssen einfach hineinspringen und situativ handeln. So oder so – am 26. Juni wissen wir mehr.

Komme gerade von einem Abendessen mit Peter zurück. Unglaublich, wie eng wir jetzt auf einmal zusammenarbeiten. Habe ihn heute morgen bewußt in Ruhe gelassen und mich intensiv um meinen Bereich gekümmert. Denn eines ist klar: Den Führungsanspruch im Gesamtunternehmen kann ich nur glaubhaft darstellen, wenn mir in meinem direkten Bereich der Durchbruch gelingt. Wie ist eigentlich der Durchbruch zu definieren? Erreichung des Umsatzplanes? Überschreitung des Umsatzplanes? Aufbau von Marketingstrukturen? Wenn mich Peter Klinger nur auch mal fordern würde!

Hier wünscht sich B5, selbst noch geführt zu werden.

Habe Peter heute abend meine 100-Tage-Bilanz gezeigt. Der war platt, wie ich überhaupt auf eine solche Idee komme. Mein ganzer Ehrgeiz, Ziele zu definieren, zu kontrollieren, überhaupt meinen Bereich nach vorne zu pushen ist ihm völlig fremd. Er zeigte sich sogar sehr beeindruckt von meinen Positiv-Punkten und meinte, das sei in drei Monaten doch hervorragend. Das ist schon richtig, aber was mich stört, ist, daß die Hauptergebnisse im mentalen Bereich liegen und nicht meßbar sind. Vieles davon ist wirklich meiner Energie und Konsequenz zuzuschreiben, aber manches war auch Zufall. Wössners Abgang zum Beispiel hat die Teamkultur über Nacht auf eine neue Qualität gehoben. Das habe nicht ich erreicht. Aber wie sagte früher schon Adenauer, ein bißchen Fortune gehört auch dazu.

Von der Ankündigung einer neuen Strategie zur Gesell-schafterversammlung geht auf Peter eine stark disziplinie-rende Wirkung aus. Jetzt muß auch er über Strategien und Konzepte für Klinger Druck nachdenken. Im übrigen hat auch Wondratzek Alarm geschlagen – vermutlich aktiviert durch mein Gespräch mit ihm, schaut er jetzt penibler auf die Zahlen und nach wie vor sieht die Finanzlage äußerst angespannt aus.

29 Freitag
Mai

Habe heute mit der Zimmermann die Fakturierung wesent-lich beschleunigt. Dauerte es bis vor kurzem oft vier bis sechs Wochen, bis die Rechnungen rausgingen, so sind wir jetzt bei zwei Wochen – und auch das ist mir noch zu lang. Natürlich gab es erst Theater, die Zimmermann rannte gleich zu Peter, aber der hielt zu mir, und so geht es jetzt eben doch. Allerdings mußten wir dazu den gesamten Arbeitsablauf zwischen Fertigung und Verwaltung unter-suchen und vor allem die Infos auf den Auftragstaschen deutlich verbessern.

Das Selbstverstän-dnis der beiden zur GF-Rolle ist völlig unterschied-lich. //

Peter und ich machen jetzt wirkliche GF-Arbeit. Bis zur KW 25, also eine Woche vor der Gesellschafterversamm-lung, will jeder seine Gedanken zu Papier bringen. Für den 22.6. haben wir die nächste Klausur geplant, um alles vor-anzutreiben. Das Thema „Berater für Digital-Technologie" haben wir heute abend gekippt. Peter hatte zwar schon jemanden ausgesucht, nach dem fast eindeutigen Votum des Kunden-Round-Tables braucht er diese Sicherheit aber nicht mehr. Von daher ist klar, daß wir in diesem Bereich einsteigen werden, die Frage ist nur wie.

Habe heute abend lange mit Ingrid telefoniert. Ich werde morgen nach Koblenz fahren und ich freue mich darauf.

1 Montag
Juni

Komme müde aber positiv aus Koblenz zurück, wenn auch der Feiertagsverkehr Nerven gekostet hat. Aber es hat sich gelohnt, das Pfingstwochenende mit der Familie zu ver-bringen. Zwischen mir und Ingrid ist wieder Vertrauen gewachsen. Ich glaube, sie war schon kurz vor dem Sprung aus unserer Ehe! Ist es möglich, daß wir kurz vor der Tren-nung standen – und ich habe es nicht einmal gemerkt? Sie war viel weiter in diesem Prozeß als ich.

Woruber ich in diesen ruhigen Pfingsttagen auch viel nachgedacht habe, ist, wie es mit Petra weitergeht. Zwischen ihr und mir herrscht seit den ganzen Ereignissen ein kühler Business-Ton. Wahrscheinlich sind wir beide jeweils vom anderen enttäuscht. Aber wie auch immer ich es zu Petras Gunsten auch drehe und wende: Es ist etwas Unsauberes an ihrem Verhalten – vor allem Peter Klinger gegenüber, und genau der schützt sie auch noch. Ich an seiner Stelle hätte sie sofort rausgesetzt. Aber das muß Peter entscheiden, sie ist seine Sekretärin, und er will über dieses Thema im Augenblick überhaupt nicht mit mir reden. Nun, wir werden sehen.

// Vermeidet BS hier den Konflikt?

Morgen gibt es endlich mal wieder einen Vertriebstag. Bin mit Aubach bei einer großen Stuttgarter Agentur, wirklich bedeutendes Unternehmen, in Deutschland unter den Top Fifty. Es geht um ein großes Druckprojekt für Daimler-Benz, wäre natürlich für uns ein toller Auftrag und ein super Referenz. Die Chancen stehen laut Aubach, der den Kontakt gemacht hat, gar nicht so übel.

Dienstag 2
Juni

Das war kein guter Anfang nach Pfingsten. Wenn ich denke, in welchem Hochgefühl ich letzte Woche rausgegangen bin und was ich heute erlebt habe: nur Ärger und Konflikte!

Mit Petra gab es einen ganz kurzen, aber bösen Wortwechsel in einer ungestörten Minute am Kopierer. Sie warf mir vor, jetzt wo PK wieder da sei, mein Fähnchen nach dem Wind zu hängen. Ich hätte sie die ganzen Wochen aufgestachelt und da habe sie im besten Glauben helfen wollen, und jetzt lasse ich sie fallen und zeige ihr ganz offen meine Verachtung. Das tat mir weh und es verwirrt mich auch!

Mit Joachim gab es Zoff wegen der Prioritäten in der Auftragsdisposition. Wir mußten einen wichtigen Auftrag kurz vor Anlauf der Maschine stoppen, weil beim Kunden in letzter Sekunde unabdingbare Änderungen aufgetreten waren. Joachim weigerte sich zuerst und wollte sich auf die bereits erteilte Druckfreigabe berufen. Ich mußte mit allem Nachdruck das Interesse des Kunden durchsetzen.

Die Konflikte zwischen Verkauf und Technik sind // wichtig und müssen ausgetragen werden.

→ Methodik-Modul K

Mit Aubach gab es auch Mißstimmung. Bei allem Respekt, aber er war heute bei der Agentur-Akquise ganz schlecht drauf und stellte Klinger Druck wirklich nicht professionell und kompetent genug dar. Zurück im Auto mußte ich dann doch meinem Ärger Luft verschaffen, so daß Aubach völlig zerknirscht und deprimiert mit mir zurückfuhr. Er ist trotzdem mein bester Mann. Muß aufpassen, daß er mir jetzt nicht abschmiert.

Immer wieder: Auf die Dosis kommt es an! //

Auch mit unserer Agentur gab es Ärger, weil die klar besprochenen letzten Änderungen im Messe-Folder-Layout nicht korrekt ausgeführt wurden. Wir können immer noch nicht drucken. Habe beim Abschied von Peter meinem Frust freien Lauf gelassen. Hat prima reagiert und einfach Verständnis gezeigt. Ein toller Partner.

Werde immer öfter von Teilnehmern der Zukunfts-AG angesprochen, die langsam ungeduldig werden und in der Gruppe weiterarbeiten wollen. Aber irgendwie paßt diese Schiene nicht mehr so richtig zur Eigendynamik von mir und Peter. Dieser Arbeitskreis stört und beengt mich im Augenblick mehr, als daß er mir nützt. Aber wir können das Meeting auf keinen Fall wieder absagen, sonst gibt es bei den Teilnehmern den Total-Frust.

4 Donnerstag
Juni

Habe gleich heute morgen Aubach zu mir geholt und mit ihm ein ausführliches Nachgespräch geführt. Aubach ist überhaupt ein interessanter Mensch, den ich erst langsam etwas besser kennenlerne. Er ist eher der introvertierte Typ, geboren in Göppingen, einer schwäbischen Kleinstadt, ist hochaufgeschossen, wirkt mit seinen grauen aber noch üppigen Haaren und den immer etwas der aktuellen Mode hinterherhinkenden Krawatten wie der seriöse Vater des Vertriebs. Er ist sehr belesen, vor allem im Bereich von Philosophie und Weltreligionen sehr bewandert, wie ich auf einer unserer vielen Autofahrten mitbekommen habe.

Wichtig: Das Gespür, wann braucht welcher Mitarbeiter das Gespräch. //

Wollte ihm zeigen, daß ich ihn wegen der schwachen Vorstellung bei der Agentur nicht fallen lasse und ihm helfen werde, daraus zu lernen. Am Anfang war er recht widerborstig, aber als er im Lauf des Gesprächs meine ehrliche Absicht erkannte, war er doch sehr dankbar und gab zu, daß ihn auch Probleme mit seinen Schwiegereltern belasten. Mit der Präsentation bei der Agentur war er selbst am wenigsten zufrieden. Immerhin ist er absolut lernbereit, was bei Vertriebsleuten in seinem Alter (er wird ja bald fünfzig und ist schon ein „gestandener Hase", wie man so schön sagt) durchaus nicht selbstverständlich ist. Wir beide waren am Schluß ganz zufrieden mit dem Gespräch und hatten dann wieder die nötige Nähe zueinander, so daß wir am Ende noch die nächste Sitzung der Zukunfts-AG vorbereiten konnten. Aubach vertrat den Standpunkt, daß wir nach der langen Pause, den Terminverschiebungen und der Kündigung von Wössner zuerst einmal die Stimmung analysieren und die Teilnehmer für die strategische Arbeit wieder ins Boot bekommen sollten. War eigentlich nicht meine Absicht, aber ich vertraue darauf, daß Aubach die Stimmung unter den Mitarbeitern etwas besser erfühlen kann als ich und lasse ihn gewähren. Habe aber klare Order gegeben, daß nicht mehr als ein bis zwei Stunden des wertvollen Tages für Nabelschau verwendet werden dürfen.

// Falsch! Hier beengt BS schon wieder den Raum für wichtige Prozesse.

Fazit des Gesprächs: Aubach erstellt nun ein Design für den Workshops, das stimmt er dann noch mit mir ab. Wenn ich allerdings hochrechne, dann wird es wirklich Herbst, bis wir in der Gruppe an dem Punkt angekommen sind, an dem ich mit PK schon in zwei Wochen sein will.

Montag **8**
Juni

Bin wieder mal viel zu früh wach, habe bereits gefrühstückt und jetzt ist noch Zeit, über die kommende Woche nachzudenken. Diese Woche muß für mich den Durchbruch bei meinem eigenen Vertriebsprogramm bringen. Habe mich gestern nach einem langen Waldspaziergang hoch über Stuttgart entschlossen, eine persönliche Verkaufsoffensive zu starten, um zum einen meine eigenen Vertriebsziele besser zu erreichen und zum anderen auch der Mannschaft nochmals ein Vorbild und Beispiel zu setzen. Werde mich heute vormittag durch Telefonmarketing für die Woche bei wichtigen Schlüsselkunden durchtakten und dann wieder mal verschärfte Akquisition ausprobieren.

21.00 Uhr: Verdammt, wieder mal so ein Tag, an dem die eigenen Prioritäten und Pläne völlig absaufen. Ich saß heute morgen noch nicht mal richtig im Büro, als schon Petra vor mir stand – mit bebender Stimme. Sie wollte Erklärungen erzwingen, die ich ihr bisher bewußt verweigert hatte. Als ihre Vorwürfe und ihr Ton lauter wurden, blieb mir aufgrund der fehlenden Tür zu meinem Büro nicht anderes übrig, als sofort mit ihr ins Besprechungszimmer zu gehen. Das war aber belegt, und wir beide standen mit mühsam

Typisches Beispiel,
daß zwei
Konfliktpartner
zu tief im
Problem stecken.
Sie bräuchten
einen neutralen
Dritten.

→ Methodik-
Modul H

unterdrückter Aggression einige Sekunden ratlos im Flur, bis ich spontan einen Spaziergang im Freien vorschlug. Aufgrund des unglaublich emotionellen Gespräches habe ich zeitweise überhaupt nicht mitbekommen, wo wir eigentlich gerade gingen. Schlecht war sicher, daß sie mich in einem ganz ungünstigen Moment erwischt hatte und auf diese Weise eindeutig in der Offensive war. Ich konnte in dieser taktischen Ausgangsposition eigentlich nur eines tun – ich ließ sie reden und reden. Sie nutzte wiederum geschickt ihre Insider-Kenntnisse, um ein Schreckensszenario der Unternehmenssituation aufzubauen, das völlig überzeichnet war, aber an mein Verantwortungsgefühl als Manager appellieren sollte, der als einziger eine Gefahr kommen sieht und dann auch handeln muß. Als sie schließlich bemerkte, daß ich sie nicht an mich heranließ, fuhr sie mich ganz giftig an: „.... aber an Deiner Reaktion sehe ich sowieso, daß das alles keinen Sinn hat. Klinger hat Dich also auch schon mit seiner Liebenswürdigkeit eingelullt. Hätte nicht gedacht, Bernd Schwaiger, daß er es bei Dir so schnell schafft."

Das saß! In das „bei Dir" hatte Petra soviel Emotion, soviel gleichzeitige Anerkennung und Verachtung hineingelegt, daß ich schlucken mußte, so hart empfand ich Ihren Angriff. Ob sie es gemerkt hat, weiß ich nicht, aber meine Reaktion war dann genau so hart. Ich machte ihr deutlich, daß ich mich keinesfalls an einer so schmutzigen Intrige gegen meinen GF-Kollegen beteilige, gleichgültig, welches Fehlverhalten der sich in der Geschäftsführung auch immer vorwerfen lassen muß. In meinem Ärger war ich dann aber so dumm und unbeherrscht, ihr zu sagen, daß sich Ederer bei der Gesellschafterversammlung ganz schön in acht nehmen muß. Damit war die Katze aus dem Sack und meine Allianz mit Peter aufgedeckt. Verdammt, warum konnte ich nicht cooler bleiben?

Leider war Peter den ganzen Vormittag bei Lieferanten-Besuchen außer Haus, so daß ich meinen Wunsch nach sofortiger Freistellung von Petra erst nach dessen Eintreffen am Nachmittag loswerden konnte. Da hatte er aber bereits ihr Kündigungsschreiben in der Hand. In Peters Blick lag der schlimmste Vorwurf, sein Gesicht war aschfahl als er mich in sein Büro bat. Ich hatte das Gefühl, er wäre in wenigen Minuten um Jahre gealtert. „Das hast du ja gut hingekriegt, Bernd!" sagte er mit belegter Stimme und feuchten Augen.

So emotionalisiert hatte ich ihn noch nie gesehen. „Petra war das Beste, was ich hier in den letzten Jahren hatte. Diese Kette von Kündigungen muß ein Ende haben!" Und dabei blickte er mich so vorwurfsvoll an, als wolle er mich gleich auch noch aus dem Unternehmen raussetzen. Nun kochte es auch bei mir hoch, denn ich hatte ja von Anfang an nichts anderes im Sinn als genau für diesen Menschen einzustehen, der mir jetzt so gram war.

Mitarbeiter erzählten mir später, daß unsere Stimmen bei geschlossenen Türen noch im Flur zu hören waren. Es war für uns beide im Augenblick einfach zuviel und die Anspannung der Tage und Wochen entlud sich in einem heftigen Streit, in dem ich innerlich bereits meine eigene Kündigung vorbereitete. Doch irgendwann in unserem Disput unterbrach sich Peter mitten im Satz und sagte: „So machen wir alles kaputt, Bernd, was? Das kann's doch wohl nicht sein?" und er fuhr sich dabei mit einer fahrigen Bewegung durch seine Haare.

// Endlich! solche Konflikte müssen sein und reinigen die Luft. Aber dabei fair und partnerschaftlich zu bleiben, ist die Kunst.

Wieder muß ich ihn bewundern, er – nicht ich – hatte den Overlook in dieser Situation behalten. Er setzte das entscheidende Zeichen und baute mir wieder die Brücke. Ich ging dankbar darauf ein und schlug vor, daß wir gemeinsam an die frische Luft gehen, um etwas Abstand zu bekommen.

Eine Stunde später saßen wir in einem Ausflugslokal am Neckar. Inzwischen waren die Emotionen auf beiden Seiten raus und wir konnten nochmal etwas überlegter über den Fall Petra reden. PK machte mir deutlich, wie wertvoll sie für ihn in den ganzen Jahren war, ja daß durch sie auch bei ihm ein neuer Schwung eingekehrt sei. Ihre besondere Art, ihre Fröhlichkeit und Zuverlässigkeit machten sie zu seiner wichtigsten Vertrauten und aus seiner Sicht hatte sie auch auf die Mitarbeiter unglaublich positiv gewirkt. Von ihrem Verhältnis zu Ederer hatte er natürlich gewußt, aber er hatte ihr vertraut. Er hat keinen Augenblick daran gedacht, daß sie unsauber agieren könnte.

Ich habe nochmals versucht, Peter meine Enttäuschung über ihr Verhalten zu vermitteln und machte auch deutlich, daß Petra so oder so nicht mehr im Unternehmen bleiben konnte. Daß sie nun von selbst kündigt, erleichtert die Sache erheblich, denn sie war doch Jahre im Unternehmen und verzichtet damit freiwillig auf eine Abfindung. Da zeigt sie Format. Rein rational war damit alles klar, aber die emotionelle Wunde bei Peter geht verdammt tief. Er war trotz unseres dann wirklich guten Gesprächs nicht in der Verfassung, zurück in den Betrieb zu gehen, und bat mich, mit Petra selbst alles klar zu machen. Wieder zurück, beendete ich das Arbeitsverhältnis mit Petra mit sofortiger Wirkung. Sie war überhaupt nicht interessiert, auch nur einen Satz über Geld zu feilschen. Kann ein Mitarbeiter so selbstlos sein? Wird sie von Ederer so gut unterstützt, daß Geld ihr egal sein kann? Wie auch immer, habe ihr freiwillig drei Monatsgehälter als Kompensation der sofortigen Freistellung zugestanden. Sie nahm es wortlos an, räumte ihren Schreibtisch (ich stand daneben und paßte auf) und verließ ohne einen Gruß und ohne irgendeine Verabschiedung von Kollegen mit Tränen in den Augen das Unternehmen.

Ich saß völlig geplättet von der Eigendynamik der Entwicklung und diesem unwürdigen Abschied im Vorzimmer von Peter. Ich konnte nicht anders, irgendein Impuls trieb mich raus, hinter ihr her zum Parkplatz. Ich erwischte sie gerade, als sie mit Schwung die Hofeinfahrt rausfahren wollte. Sie hielt an, kurbelte das Fenster runter und fragte kühl: „Ist noch was, Herr Schwaiger?" Und ich brachte nur ein: „Petra, es tut mir leid. Verdammt, es ist so schade, daß es so kommen mußte ..." heraus. Innerlich fühlte ich mich zerrissen. Sie tat mir leid und ich hätte sie am liebsten in den Arm genommen und getröstet, statt den coolen Chef zu spielen. Sie fuhr mit deutlich zuviel Gas aus der Einfahrt und brauste los.

Nun sitze ich vor meinem Whisky und zermartere mir das Gehirn, wie das Ganze eigentlich gekommen ist, wo ich möglicherweise Fehler gemacht habe und welche Folgen das alles für Klinger Druck hat. Ederer wird durch Petras Ausscheiden sicher nicht besser auf Peter und mich zu sprechen sein, wir laufen hier voll in eine Konfrontation hinein, und unser Überraschungsmoment für die Gesellschafterversammlung ist auch bereits zum großen Teil dahin. Ederer weiß nun ganz genau, auf welcher Seite ich stehe. Doch wie sicher stehe ich dort?

Habe große Sorge, daß die Trennung von Petra doch einen Keil zwischen Peter und mich treibt. Das ist eine Scheiß-Situation!

94

Habe im Augenblick jeden Schwung verloren und arbeite unmotiviert vor mich hin. Bin irgendwie seit dem heftigen Streit mit Peter und der Entlassung von Petra völlig aus dem Gleichgewicht. Auch die Vertriebsoffensive habe ich liegenlassen. Muß mich erst wieder finden.

Spätnachmittags: Draußen ist regnerisches Wetter, aber meine Stimmung ist gut, viel besser als in den letzten Tagen, denn wieder hat sich etwas Ungewöhnliches ereignet. Aubach rief mich heute morgen privat an – das gab es noch nie. Er war auch etwas schüchtern und fragte vorsichtig, ob ich Zeit und Lust hätte, mit ihm heute, am Feiertag, zu reden.

Ganz offensichtlich war nicht nur ihm, sondern dem ganzen Vertriebsteam aufgefallen, daß hinter den Kulissen irgendetwas brodelt. Habe mich riesig gefreut, daß die Mannschaft so etwas spürt und besorgt ist. Heute abend wollen wir uns in einer Kneipe treffen, um ein wenig zu plaudern und nebenbei auch die nächste Zukunfts-AG vorzubereiten. Er will auch bereits konkrete Ideen mitbringen. Aubach entwickelt sich immer mehr zu meinem Vertrauten im Team.

// Super. An solchen Signalen spürt man den Team-geist.

Kurz vor Mitternacht: War mit Guido Aubach den ganzen Abend zusammen. Er hat mir erzählt, daß sich alle im Team Sorgen machen, weil mein Schwung, den ich in den ersten Monaten reingebracht habe, verflogen scheint. Die Leute sehen mich kaum noch, bemerken, daß ständig irgendwelche Klausur-Meetings im GF-Kreis laufen und es herrscht Verunsicherung und Sorge. Und auch der abrupte Abgang von Petra hat hinter den Kulissen für erheblichen Wirbel gesorgt. Das hat keiner verstanden.

Beschluß: Werde Peter gleich morgen vorschlagen, kurzfristig eine Abteilungsversammlung im gesamten kaufmännischen Bereich abzuhalten, um den Gerüchten in Sachen Petra die Spitze zu nehmen – und auch, um die Wogen im Vertrieb wieder zu glätten. Aubachs Rat ging auch in diese Richtung.

// Richtig! Offensive Information nimmt Gerüchten die Spitze.

Für die dritte Klausur der Zukunfts-AG haben wir uns auch abgestimmt, auch wenn meine Motivation für dieses Projekt im Augenblick relativ gering ist.

Das sind verdammt hektische Zeiten, die wir alle bei Klinger Druck durchleben. Wenn Ingrid und Melanie hier bei mir in Stuttgart wären, gäbe es wirklich Probleme. Aber der Reihe nach:

Am Freitag morgen gab es spontan eine Abteilungsversammlung mit außergewöhnlichen Paukenschlägen. Peter war zuerst gar nicht begeistert von meiner Idee, ein Meeting zum Thema Petra abzuhalten. Er wirkte niedergeschlagen, und unser Kontakt scheint angeknackst zu sein. Aber dann ließ er sich doch von meinen Argumenten überzeugen und wir haben die Mitarbeiter zusammengerufen. Peter ließ es sich nicht nehmen, selbst die Statements zum Ausscheiden seiner Sekretärin zu geben, sie war ja immerhin seine engste Mitarbeitern gewesen. Als er sich noch mit einer möglichst diplomatischen Formulierung wie „Trennung wegen unterschiedlicher Auffassungen bezüglich der Entwicklung des Unternehmens" quälte (bei einer Chefsekretärin recht ungewöhnlich), geschah etwas Eigenartiges: Mitarbeiter berichteten von ungewöhnlichen Aktivitäten Petras in den letzten Wochen. Gabi Brenner mußte für sie eine Fülle von Vertriebsstatistiken anfertigen und Frau Zimmermann erzählte von früher nicht gezeigtem Interesse Petras an Zahlen aus der Betriebsabrechnung. Petra hatte offensichtlich immer argumentiert, daß sie im Auftrag der Geschäftsleitung eine Studie zum aktuellen Unternehmensstand machen würde. Aber weder Peter noch ich wußten etwas davon. Peter ließ sich seine Irritation vor der Gruppe nicht anmerken und wir führten in Ruhe die Versammlung zu Ende. Danach gingen alle mäßig befriedigt auseinander und Peter und ich trafen uns in seinem Büro, um Petras Verhalten zu diskutieren.

PK hat seiner Sekretärin zuviel Macht gegeben.

Im Klartext: Sie hatte hinter unserem Rücken Daten und Fakten gesammelt – wofür, ist keine Frage. Nachdem weder Peter noch ich etwas damit zu tun hatten und sie über ihren Auftrag sogar gezielt die Unwahrheit gesagt hat, kann das Material nur für Ederer bestimmt gewesen sein. Nun ist auch für Peter klargeworden, daß Petra in den letzten Wochen falsch gespielt hat. Fast erleichtert wirkt er nun auf mich, weil er jetzt zur Kündigung stehen kann und selbst einsehen mußte, daß sich seine einstige Vertraute in eine ungute Sache hineinmanövriert hatte. Jetzt bin ich auch mit meiner Härte Petra gegenüber rehabilitiert, das ist für unseren Kontakt sehr wertvoll. Wie groß muß seine menschliche Enttäuschung sein!

Ja, und dann war am Samstag noch die 3. Zukunfts-AG, die von Aubach wieder souverän geleitet wurde. Er findet immer stärker in die Rolle des Moderators und Vordenkers im Team und wird von der Gruppe auch anerkannt. Meine eigenen Beiträge waren mir nachträglich deutlich zu schwach, ich war oft zu weit weg mit meinen Gedanken und ließ die Gruppe ziemlich in eigener Regie arbeiten. Ein wenig mühsam war zu Beginn, daß wir die vier Teilnehmer aus der Technik erst in Sachen Petra auf den Punkt bringen mußten. Diese waren anfangs gar nicht bereit, die strategische Arbeit zu beginnen, bevor die aktuellen Vorfälle nicht besprochen waren – hier war die Vorahnung von Aubach also genau richtig. Er hat sich über eine Stunde Zeit zur Aufarbeitung der aktuellen Situation genommen.

// BS könnte Aubach durch besondere Schulung hier noch mehr fördern und motivieren.

Danach gab es eine gute Arbeitsphase, in der die Gruppe eine Wettbewerbs- und Zielgruppen-Analyse erstellte. Ich hatte mit Aubach vorbesprochen, daß wir uns dieses Mal ganz auf diese beiden Themen konzentrieren, da das für die strategische Ausrichtung entscheidende Mosaiksteine sind. Die Ergebnisse waren teils ernüchternd, teils hochspannend. Ernüchternd, weil spätestens jetzt alle Teilnehmer erkannt hatten, wie erschreckend wenig wir wirklich von unseren Wettbewerbern wissen. Spannend, weil wir in der Zielgruppen Analyse erkannt haben, daß wir mit etwa zwanzig Prozent unserer Kunden fünfundachtzig Prozent des Umsatzes machen. Und die Aufträge dieser Großkunden wiederum schneiden in der Nachkalkulation allesamt schlecht ab (wenn sie überhaupt noch angeschaut werden). Hier haben wir bereits eine erste Erklärung für unsere schlechten Geschäftsabschlüsse.

Die strategischen Folgerungen dürften klar sein. Entweder strukturieren wir das Unternehmen so um, daß wir für diese Großkunden mit Gewinn fertigen können, oder wir müssen das Kundenportfolio radikal verändern. Die Gruppe war beeindruckt von diesen Schlußfolgerungen und ging eigentlich ganz positiv nach Hause, wobei am Ende von einigen aber noch vermerkt wurde, wie langsam so ein strategischer Prozeß doch geht.

// Gibt es auch noch andere strategische Varianten? Entweder / oder ist immer etwas wenig.

Die sprechen mir wirklich aus dem Herzen!

Gestern war nichts Berichtenswertes, so daß ich einen „tage-
buchfreien" Abend gestalten konnte. Aber heute gab es ein
sehr interessantes und nachdenklich machendes Gespräch
mit Joachim! Allein schon, daß er mich überhaupt um ein
Gespräch bat, war ungewöhnlich. Sonst regelt er immer alles
direkt mit Peter, wogegen ich bisher auch nichts einzuwen-
den hatte, denn das ist die Logik der derzeitigen Absprache
zwischen uns beiden GFs. Da er als Betriebsleiter für mich
wichtig ist, nahm ich mir vorher einige Minuten Zeit, um
mir selbst klar zu werden, wie ich zu ihm stehe und wo ich
seine Stärken und Schwächen sehe:

*Durch eine solche
kurze Vorbereitung
gewinnen Füh-
rungsgespräche
erheblich an
Substanz.*

BILANZ Joachim	
Stärken:	Schwächen:
• Zuverlässigkeit • hohe Fachkompetenz • Dynamik und Aktivität • gute Übersicht • hohes Qualitätsdenken • Top-loyal zum Unternehmen	• zu wenig Delegation • zu wenig Interesse für neue Medien, zu festgelegt auf klassischen Druck • zu wenig Interesse für allgemeines Management und Betriebswirtschaft

Nach dieser Einstimmung holte ich ihn persönlich in seinem Büro in der Technik ab. Ob er dieses von mir bewußt
gesetzte Signal der Wertschätzung verstanden hat? Wir
setzten uns zu einer Tasse Kaffee ins Besprechungszimmer.
Joachim redete nicht lange um den heißen Brei herum. Das
gefällt mir an ihm. Er ist der typische Betriebsleiter, der aus
der alten Meister-Schule kommt und ganz auf seine technische Erfahrung und Menschenkenntnis setzt. Joachim
fragte geradeheraus, was eigentlich meine Pläne mit dem
Unternehmen wären und welche Zukunft der klassische
Druckbereich und die daran hängenden circa fünfzig
Arbeitsplätze hätten. Er hatte offensichtlich durch diverse
Signale von mir den Eindruck gewonnen, ich plante eine
radikale Veränderung bei Klinger Druck. Er wollte nun einfach Klarheit bekommen. Respekt – ich finde es super, daß
er nicht im Hintergrund blockiert oder gegen mich Stimmung macht, sondern offen fragt. Das beweist auch von
seiner Seite durchaus ein gewisses Maß an Akzeptanz und
Anerkennung meiner Person.

Er sagte während des Gesprachs auch verblüffend offen, daß er mir gegenüber anfangs recht skeptisch gewesen sei, da ich auf ihn den Eindruck gemacht hätte, schon im voraus zu wissen, was für Klinger Druck gut wäre, bevor ich überhaupt den Betrieb angeschaut habe. Im Laufe der Zeit habe er aber doch erkannt, daß ich es ernst meine und aufrichtig bemüht sei, den Betrieb weiterzubringen. Er fügte noch hinzu: „Und sie haben Mut, auch unbequeme Wege zu gehen. Das respektiere ich."

Wer so kommuniziert, hat die Distanz bereits überbrückt.

Auf die Frage nach der Zukunft für die Druckerei stellte ich Joachim zuerst die zentrale Gegenfrage: „Wenn Sie in unserer konkreten Situation die alleinige unternehmerische Verantwortung hätten, was würden Sie dann tun? Würden Sie sich darauf verlassen, daß es in Zukunft schon genügend Arbeit und Aufträge für klassische Drucker geben wird?" Zugegeben, das war schon etwas rhetorisch. Aber ich glaube, der kleine Kniff hat mir letzlich Punkte gebracht, denn Joachim mußte sich ganz schön um die Antwort winden.

Danach habe ich ihm meine strategische Matrix der von mir vermuteten Branchenentwicklung vorgelegt, die bei ihm viele Denkprozesse ausgelöst und unsere Diskussion wesentlich befruchtet hat.

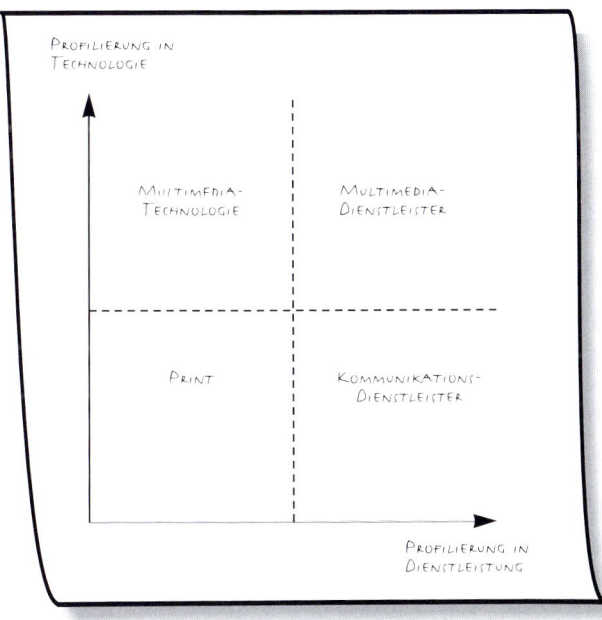

Solche Modelle sind äußerst wertvoll, denn sie fokussieren die Gedanken und Diskussionen.

Letztlich wurde in der darauffolgenden Diskussion klar, daß auch er empfiehlt, sich den neuen Entwicklungen zu stellen und wo immer möglich neue Wege zu gehen. Aber er hat Sorge, daß die vielen Mitarbeiter in der Technik Opfer einer radikalen Lösung bei Klinger werden könnten. Hier habe ich versucht, ihn zu beruhigen, und darauf hingewiesen, daß er durch seine Mitarbeit bei der Zukunfts-AG ja durchaus Einfluß auf die zukünftigen Veränderungen haben wird. Aber der alte Fuchs hat natürlich auch gespannt, daß ich mich im Arbeitskreis zunehmend zurückhalte und dafür umso mehr mit dem Chef (so sagt er auch in meiner Anwesenheit ungerührt) in Klausur gehe. Trotz dieser Sorge, die ich letztlich nicht entkräften konnte, sind wir sehr positiv und mit mehr Verständnis für die jeweils andere Sichtweise auseinandergegangen. Joachim ist ein guter Typ. Solange in diesem Unternehmen irgendwo klassisch produziert wird, habe ich hier einen super Betriebsleiter.

Hier ist vermutlich Eifersucht im Spiel.

17 Mittwoch
Juni

Komme gerade von einem wirklich positiven Erlebnis an der Verkaufsfront zurück. Habe heute morgen endlich (mit mehr als einwöchiger Verspätung) meine Vertriebsoffensive „Klinger-Messeservice" gestartet. Nachdem die Verhandlungen mit dem Betriebsrat abgeschlossen sind, die eine Standby-Sondermannschaft für den Nachtdienst mit ganz besonderen Zuschlägen und Zahlungsmodalitäten erbracht haben, können wir dieses „Produkt" nun wirklich anbieten. Gut, daß Peter schon vor Jahren aus dem Arbeitgeberverband ausgetreten ist. Nur so sind wir überhaupt in der Lage, Sondervereinbarungen dieser Art zu treffen. Hoffentlich bleibt uns Steurer als Betriebsratsvorsitzender noch lange erhalten.

Habe kurz meine ganze Truppe zusammengerufen, um mitzuteilen, wie meine persönlichen Schwerpunkte für die nächsten vier Wochen sind: Jede Woche die Hälfte meiner Arbeitszeit an der Verkaufsfront, der andere Teil gehört meinen Führungsaufgaben im Unternehmen. Hatte bewußt darauf verzichtet, die Vertriebsleute aufzufordern, jetzt auch nochmals Gas zu geben. Ich hoffe auf die Wirkung des Vorbilds. Der Lohn des Schweißes nach mehr als vierzig Telefonaten: fünf Gesprächstermine und einen konkreten Auftrag! Das war ein reiner Zufall, denn das von mir

Gute Vorbildfunktion von BS.

akquirierte Unternehmen steht vor einer großen Messe und braucht dringend eine Neuauflage seiner Image-Broschüren. Bis übermorgen früh müssen wir zwanzigtausend Exemplare fünffarbig drucken. Mehrere Kollegenbetriebe hatten bereits abgewunken, und Klinger Druck erhält nun den Auftrag. Und das natürlich mit einem Sonderaufschlag für die 24-Stunden-Arbeit. Habe ich es mir nicht nehmen lassen, Joachim gleich persönlich Bescheid zu sagen, daß er sein Standby-Team gleich heute nacht zusammenrufen kann. Der wollte es erst nicht glauben, war aber dann auch beeindruckt, wie schnell wir aus einer Marketing-Idee den ersten Auftrag gemacht haben. Das hat sich natürlich sofort im Betrieb herumgesprochen, so nach dem Motto: „Wenn der Schwaiger rausgeht, kommt er immer mit einem dicken Auftrag zurück." Wie mich das freut!

Ich habe immer stärkere Bauchschmerzen vor der Gesellschafterversammlung. Am Montag arbeite ich mit Peter ganztags an unserer Strategie für den 26. Juni, am Freitag davor will ich mich selbst einen halben Tag vorbereiten. Nächste Woche werden die Würfel so oder so neu verteilt. Was wohl Petra macht?

Es ist mitten am Nachmittag. Sitze mit meinem Tagebuch auf der Liegewiese im Leuze-Bad. Brütende Hitze hängt heute im Kessel von Stuttgart und ich bin erst vor einer Stunde aus dem Betrieb herausgekommen, um hier in einem „kreativen" Umfeld über meine Strategie für die Gesellschafterversammlung nachzudenken. Meine Vertriebsaktion läuft echt gut, auch wenn sehr viel Zeit für die Telefonate draufgeht. Immerhin habe ich inzwischen bereits mehr als zehn Gesprächstermine vereinbart. Aus der Fertigung kommt allerdings deutlich hörbares Murren über die Nachtarbeit. Die hatten wohl gehofft, das bleibt wieder so eine verrückte „Schwaiger-Idee".

Aber das Allerbeste an der ganzen Aktion ist der Nachahmungseffekt bei meinen Leuten. Als sich herumgesprochen hat, wie sich mein Nachdruck im Vertrieb letztlich auszahlt, sind Aubach und auch zwei Innendienstler von sich aus auf den Zug aufgesprungen und haben eigene Kontingente aus der Kundenliste übernommen, an denen sie jetzt arbeiten.

Gute Idee. Manchmal muß man sich auch räumlich entfernen, um klarer zu sehen.

Meine Gedankenskizzen:

- Habe immer noch keine Klarheit, ob ich nach Wössners Ausscheiden nun einen neuen AD einstellen oder die Kosten sparen soll. Wenn ich den Erfolg dieser Messeaktion sehe, würde ich mir einen weiteren AD sehr wünschen.
- Wie schön es doch ist, aktional zu arbeiten. Aber ich darf mich nicht in „Aktiönchen" verlieren. Damit ist Klinger Druck nicht zu retten. Nur der große strategische Generalansatz hilft dem Unternehmen letztlich.
- Mache mir nach wie vor Sorgen um die Liquidität. Habe eine Vorahnung, als wenn wir in den nächsten Wochen in ein Problem laufen. Lasse Frau Zimmermann gerade den neuesten Status erstellen. Wenn ich nur grob überschlage: die Verkaufszahlen, die Makulaturquote, die Personalkosten, die Abschreibungen durch die neue Maschine, das Saisonloch, das vor uns liegt ... Wenn das nur gutgeht!
- Welche Strategie verfolgt Ederer mit den Recherchen von Petra Schaffner?

Worauf wartet BS noch? Die Warnsignale sind deutlich.

Erkenntnis: Wir sollten ein fix und fertig ausgearbeitetes strategisches Konzept haben. Das wäre der sicherste Weg, Ederer von vornherein den Wind aus den Segeln zu nehmen! Verdammt, aber ein solches Konzept zaubern Peter und ich nicht bis nächsten Freitag aus der Tasche. Und wenn ich das Timing der Zukunfts-AG sehe, dann wird das Herbst, bis wir mit der Gruppe soweit sind! Aber nur mit einigen dürren Statements und dem Antrag, mich als Gesellschafter aufzunehmen, sind wir angesichts der beschissenen Lage mit Sicherheit zu dünn unterwegs. Wir müssen einen besseren Weg finden!

20 Samstag

Juni

7.00 Uhr morgens: Jetzt ist Action angesagt! Gestern abend bin ich nach der Erkenntnis, wieviel Vorarbeit wir noch vor nächsten Freitag zu leisten haben, kurzerhand zu Peter nach Hause gefahren. Der war noch gar nicht zurück und ich überraschte seine Frau Margit bei den Vorbereitungen fürs Abendessen, zu dem sie mich spontan einlud. Gegen halb sieben kam Peter nach Hause und war völlig perplex, als er mich mit einem Glas in der Hand in seinem Garten sitzen sah. Als ich ihn fragte, ob er an einem heißen Freitag abend noch für eine Herausforderung offen sei, hat er zuerst eher müde reagiert. Aber ich war schon in Schwung und führte ihn in meine Gedanken ein.

Es stellte sich heraus, daß er sich zwar große Sorgen um die aktuelle Finanzlage macht, weiterführende Gedanken bisher aber verdrängt hat. Ich blieb hartnäckig und brachte ihn schließlich doch soweit, meinem eigentlich verrückten Plan zuzustimmen: Wir versuchen bis nächsten Freitag ein großes strategisches Zukunftskonzept für Klinger Druck zu entwickeln und präsentieren es in der Gesellschafterversammlung. Damit müßten wir Ederer eigentlich ausspielen, denn dessen Informationen sind eindeutig so, daß wir zur Zeit noch in der Phase der Analyse und Ideenfindung sind und die Strategie im dafür gebildeten Arbeitskreis bis zum Herbst steht. Ederer erwartet also alles, nur nicht eine komplette Konzeption von uns.

// Richtig ist, in einer solchen Situation die Offensive an sich zu reißen.

So weit, so gut. Doch wie wird die Zukunft-AG darauf reagieren, daß wir ihr die gesamte zukünftige Arbeit aus der Hand nehmen? Bauen wir nicht einen gewaltigen Frust bei wichtigen Schlüsselpersonen auf? Die einzige Lösung ist, wir beziehen für diese Aufgabe Aubach und Joachim mit ein. Die beiden sind nach dem Ausscheiden von Petra, van Rosen und Wössner (interessanterweise betrafen alle drei Kündigungen Mitglieder der Arbeitsgruppe) die bestimmenden Mitarbeiter und Meinungsführer des Arbeitskreises. Mit den anderen meinen wir klarzukommen.

Als dann kurz nach neun Uhr noch Frau Zimmermann anrief, um mitzuteilen, daß der Mai-Abschluß einen Verlust von rund hundertfünfzigtausend Mark ausweist, war die Entscheidung klar. Letzter Akt des Abends: Wir trommelten Aubach und Joachim für ein Meeting am Wochenende zusammen, was sich als recht schwierig erwies. Den einen erreichten wir gerade noch, als er mit seiner Frau im Aufbruch zu einem Grillfest war, auf den anderen mußten wir bis elf Uhr warten. Beide fielen aus allen Wolken. Aber sie sind dabei. Wir schließen uns das ganze Wochenende und vermutlich auch noch Montag und Dienstag ein und entwickeln gemeinsam das Konzept für Klinger Druck. Endlich sind wir auf dem Punkt und arbeiten wirklich am Wesentlichen. Und ich kann denen zeigen, was ich konzeptionell und strategisch draufhabe.

Solch eine kompakte Aktion bringt oft mehr als monatelange Sitzungen.

Muß gleich noch Ingrid anrufen, um ihr diese Neuigkeit zu erzählen. In zwei Stunden geht es los. Keine Ahnung, ob ich in den nächsten Tagen zum Tagebuchschreiben komme.

E-Mail
Thema: Neues aus Stuttgart
von: Bernd_Schwaiger@inet.com
an: Ingrid_Schwaiger@dnet.de
Datum: 22.06.98 19:25:12

Liebe Ingrid,
da ich Dich heute abend telefonisch nicht erreichen konnte, muß ich Dir unbedingt auf diesem Weg
den Stand der Dinge berichten. Du wirst es nicht
glauben, aber unsere Arbeitsgruppe hat in einer
super Athmosphäre und Stimmung gearbeitet, auch
wenn uns natürlich die akute Liquiditätskrise und
der katastrophale Mai-Abschluß belasten. Trotzdem
haben wir es geschafft, ein von Selbstbewußtsein
und positivem Denken geprägtes Konzept zu entwickeln. Wir haben Samstag, Sonntag und heute noch
den ganzen Tag in Klingers Haus verbracht, dort
auch übernachtet und Unmengen Wasser, Bier und
Wein verbraucht. Seine Frau hat uns die ganze Zeit
liebevoll versorgt. Ich weiß nicht genau, aber
sicher haben wir mehr als vierzig Stunden geredet,
geplant, gearbeitet und auch gestritten. Weder
Aubach noch Joachim haben auch nur einmal gefragt,
ob und wie diese Arbeit bezahlt wird! Wir GFs
müssen hier sicherlich eine angemessene Belohnung
für diese Mitarbeiter finden. Diese spontane
Aktion, die „Ghetto-Atmosphäre", hat aus unserer
kleinen Gruppe eine verschworene Gemeinschaft
gemacht. Und ich konnte den anderen zeigen, was
ich strategisch draufhabe.

Während der Arbeit hat sich immer stärker eine
Zweiteilung der Gruppe ergeben: Aubach und ich
waren die Denker, Strategen und Visionäre, Peter
und Joachim die „Bewahrer", die Pragmatiker und
auch irgendwie die Kontrolleure unserer Ideen. Mit
Joachim gab es um die Restrukturierung in der
Produktion, wo wir beide bisherigen Abteilungsleiterstellen abschaffen wollen, Konflikte, aber
letztlich wird er sich fügen.

Jetzt steht ein komplettes Szenario für den
Zukunftsweg des Unternehmens. Die Planung ist
schon ziemlich weit gediehen, aber noch nicht ganz
fertig. Wir alle sind nach drei Tagen und zwei
Nächten Arbeit so kaputt, daß wir nun ein wenig
Abstand zu unserem Werk brauchen. Morgen wollen
wir erst mal wieder in den Betrieb gehen, dort
etwas Normalität spielen. Die Zeit läuft, Freitag

kommt immer näher und Ederer wird sich wundern.
Ich bin stolz, durch meine Eingebung am Freitag
das alles in Gang gesetzt zu haben. Wenn wir jetzt
die Hausaufgaben richtig machen, werden auch für
unser Familienleben bessere Zeiten kommen.
Dein :-) Bernd

Fühle mich völlig ausgebrannt und spüre, wie hart und intensiv wir bis gestern abend gearbeitet haben. Wir alle haben wahrscheinlich heute im Betrieb nicht allzuviel bewegt, außer vielleicht „Spione" abzuwehren. Wir waren für die Mitarbeiter erkennbar ja nur gestern in Klausur gewesen – und schon spricht der ganze Laden davon und das Gerücht einer „Krisensitzung" steht im Raum. Peter hat mir empfohlen, schon heute bewußt mit dem Betriebsrats-vorsitzenden zu sprechen. Das habe ich auch gemacht und fühlte mich irgendwo beschissen bei dem Drahtseilakt, reden zu müssen, ohne etwas sagen zu dürfen. Steurer war trotzdem dankbar zu erfahren, erstens, wie es um das Unternehmen finanziell steht, und zweitens, daß wir dabei sind, ein tragfähiges Konzept für die Unternehmenszukunft entwickeln und dieses am Freitag bereits im Gesellschafter-Kreis besprechen. Ich mußte natürlich zusagen, ihn sofort nach der Gesellschafterversammlung zu informieren, denn er vermutet richtigerweise, daß in unserem Konzept Maß-nahmen enthalten sein könnten, für die die formale Zustimmung des Betriebsrats erforderlich ist. Bis dahin will Steurer die Sache aber vertraulich behandeln und auch seine drei BR-Kollegen noch nicht informieren.

Diese Gerüchte-Kultur zeigt, es wird generell zu wenig informiert.

Am Nachmittag ist dann noch ein Einschreibebrief von van Rosens Anwalt eingetroffen. Jetzt geht diese Geschichte also los. Wir werden natürlich versuchen, ohne Prozeß zu einer Einigung im „gegenseitigen Einvernehmen" zu kommen. Ist meistens nur eine Frage des Preises.

Mitternacht vor einem Glas Glenmorangie: Die Dinge bewe-gen sich in einem unheimlichen Tempo. Heute nachmittag haben wir vier uns wieder zusammengesetzt, dieses Mal in meinem Appartement am Killesberg. Wir sind die gesamte Planung nochmals durchgegangen, haben Risiken und Chancen abgewogen und alle haben nochmals JA gesagt. Der Weg, den wir für Klinger Druck formuliert haben, ist hart, schmerzhaft, aber eben nicht nur von einem Krisen-ansatz, sondern von einer positiven Zukunftsvision getragen. Trotzdem wird es in den nächsten Monaten unbequeme, schmerzhafte Veränderungen bei Klinger Druck geben – wenn, ja wenn es im Gesellschafter-Kreis darüber Einigkeit gibt. Natürlich können viele Teile des Konzepts ohne die Gesellschafter nur durch die Geschäftsführung beschlossen werden. Die Gründung neuer Gesellschaften ist aber eindeutig eine Sache der Gesellschafterversammlung, sofern Klinger-Gesellschafter beteiligt sind. Außerdem wollen wir mit der Präsentation einer möglichen Mißtrauenserklärung Ederers zuvorkommen. Die schmerzhaften Einschnitte hätten wir so oder so, wenn wir die Fakten und Zahlen nüchtern betrachten. Es ist nur noch eine Frage der Zeit, bis die Hausbank bei uns klingelt – und dann läuft ein Prozeß ab, den ich allen Beteiligten bei Klinger Druck gerne ersparen würde. Habe das damals beim Rhein-Verlag schon zur Genüge ausgekostet.

Wichtig: Peter versucht noch vor Freitag, ein Gespräch mit dem hinter Ederer stehenden Gesellschafter Altmann zu führen. Vielleicht läßt der etwas von den Plänen Ederers raus. Ist aber eher unwahrscheinlich.

25 Donnerstag
Juni

Die Vertriebsmaschine läuft durch die neue Messeaktion wie geschmiert. Die ersten Aufträge sind schon im Haus, die Fertigung muß nun zeigen, was sie kann. Aber liquiditätsmäßig läuft uns die Zeit trotzdem davon.

Bin mit Peter und den anderen beiden in den letzten Zügen der Vorbereitungen für morgen. Die gemeinsame Arbeit am Konzept hat erheblich zusammengeschweißt. Auch Aubach und Joachim stehen nach dieser Arbeit anders zum Unternehmen als vorher. Gerade beim Betriebsleiter ist das äußerst wichtig, weil sich ja gerade in dessen Bereich einiges verändern wird.

Bin nachher noch mit einem externen Multimedia-Dienstleister zusammen, der mir für die Präsentation ein paar besondere Grafik-Charts basteln soll. Dürfte ja klar sein, daß ich für die Vorstellung unseres Strategiekonzepts auf einer Laptop-Präsentation bestanden habe. Peter hätte einfach einige Folien und Handouts mitgebracht! Außer mir hat in diesem Unternehmen noch keiner bisher überhaupt

ist diese Vision klar genug? //

Wichtiges kleines Zeichen. //

106

mit Laptop präsentiert. Bis heute kämpfe ich darum, daß gerade auch im Verkauf vor Ort mehr mit DV-Unterstützung gearbeitet wird. Noch aber sträubt man sich dagegen. Wie auch immer, man hat mich gewähren lassen, was nichts anderes bedeutet, als daß ich auch noch alleine die gesamte Computer-Präsentation ausarbeiten durfte. Das gibt heute sicher noch eine lange Nacht, wenn ich an das Finish gehe.

Habe im übrigen den Positiv-Schwung unserer augenblicklichen Beziehung genutzt, um Peter meinen mit Ingrid schon länger geplanten vierwöchigen USA-Urlaub schmackhaft zu machen. Peter war hier wirklich sehr freundschaftlich und sagte nur: „Wenn Du's brauchst, dann nimm's Dir einfach. Du hast Dich die letzten Monate so reingehängt, Du hast es Dir wirklich verdient." Dann flunkerte er noch, daß er aber hoffe, ich komme auch wieder zurück.

1.00 Uhr morgens: Wieviel Whisky verträgt ein Mensch? Ich habe sicher zuviel davon getrunken und sollte eigentlich noch etwas Schlaf abbekommen, um morgen früh frisch zu sein. Aber ich schaue immer wieder meine Präsentation für morgen durch, überlege Gesprächsverläufe, entkräfte mögliche Einwände. Kurz, ich bin verdammt nervös!

Wenn wir nur wüßten, was Ederer vorhat. Die ganze Sache mit Petra hätte einfach nicht passieren dürfen. So sind wir zwar gut gerüstet, aber wir haben von der ersten Minute an vermutlich keine positive Stimmung, sondern eher Feindseligkeit. Und dann wollen wir ein weitreichendes Firmen-Konzept verkaufen, das gerade auch von den Gesellschaftern viel Mut abverlangt. Aber was machen wir, wenn Ederer aussteigt und seine Anteile verkauft? Gottseidank herrscht bald Klarheit, so oder so!

Die derzeitigen Gesellschafter-struktur limitiert die Führung des Unternehmens.

Habe heute abend noch zwei schöne Telefongespräche geführt. Eines mit Peter, der mich angerufen hat, um sich mit mir nochmals Mut für morgen zu machen. Unsere Rollen sind klar abgesprochen und wir sind eigentlich gut vorbereitet. Er sagte mir nur kurz, daß er ohne mich und meine Management-Erfahrung nie einen solchen Weg gewagt hätte, lieber hätte er dichtgemacht. Bin ich dieses Vertrauen wert? Das zweite Gespräch war ein Anruf von Ingrid, die mir auch nochmal den Rücken stärken wollte. Auch sie ist in Gedanken bei mir. I love you so much, Ingrid.

Klinger
Druck GmbH

Verteiler: Peter Altmann / Carsten Ederer
               cc: Bernd Schwaiger

Einladung
zu einer außerordentlichen Gesellschafterversammlung
am 26.06.98, 16.00 Uhr

Liebe Gesellschafter von Klinger Druck,

in den letzten Wochen haben sich die Anzeichen gehäuft, daß unser Unternehmen einer deutlichen Veränderung unterzogen werden muß, um in Zukunft weiterhin erfolgreich zu sein. Einige dieser Veränderungen sind durch die Gesellschafterversammlung zu beschließen.

Ich möchte gemeinsam mit meinem GF-Kollegen Bernd Schwaiger, den ich als Gast einlade, auch wenn er kein Gesellschafter ist, einen Bericht zur Lage des Unternehmens und zu den Zukunftsplänen der Geschäftsführer abgeben. Das ist für dieses Treffen der einzige Punkt der Tagesordnung. Bitte machen Sie Ihr Erscheinen für diesen wichtigen Termin auf jeden Fall möglich.

Klinger Druck

Peter Klinger

STRATEGIE PK/BS:

1. VON DER ERSTEN MINUTE AN IN DIE INITIATIVE GEHEN, EDERER + ALTMANN KEINE CHANCE FÜR EIGENE TAKTIK GEBEN.

2. PROBLEME OFFEN UND KRITISCH ANSPRECHEN.

3. NEUE AUFTEILUNG UND ZUSAMMENARBEIT DER GF BEKANNTGEBEN, INSBESONDERE ZUKUNFTSPLÄNE PK.

4. ANTRAG AUF AUFNAHME VON BS ALS GESELLSCHAFTER STELLEN, VERWEIS AUF ART. 5 DER SATZUNG „VORKAUFSRECHT VON GESELLSCHAFTSANTEILEN FÜR GF"

5. NOTARTERMIN FÜR ANTEILSÜBERNAHME VEREINBAREN

28 Sonntag

Juni

22.00 Uhr: Bin total geschafft. So leer habe ich mich schon lange nicht mehr gefühlt. Komme soeben aus Koblenz zurück. War Freitag abend nach der ganzen Show spontan ins Auto gestiegen und in der Nacht noch nach Hause gefahren. Erst gegen ein Uhr morgens hat Ingrid dann einen völlig erschöpften, aufgekratzten Mann in die Arme nehmen können. Jetzt sitze ich wieder in meinem Appartement auf dem Killesberg und lasse die letzten turbulenten Tage Revue passieren.

Ingrid hat mich in der Nacht wirklich liebevoll empfangen, nachdem ich sie via Handy von unterwegs vorgewarnt und schon angedeutet hatte, daß ich erst mal nur schlafen wollte. Der Samstagmorgen ging vor allem für die Bericht-erstattung drauf, nachmittags war Melanie dran. War mir mal ein Bedürfnis, ein paar Stunden mit ihr zu verbringen. Wir gingen ins Kino und vertilgten gemeinsam einen ganzen Berg Popcorn – war auch für mich wirklich ent-spannend und hat dem Vater/Tochter-Kontakt sicher gut getan, auch wenn ich mir hier nichts vormache: Unsere Beziehung leidet zur Zeit massiv.

Die eigentliche Spannung mit Ingrid begann am Samstag-abend. Mir schien, als wäre sie letztlich enttäuscht darüber, daß wir den Total-Crash in der Gesellschafterversammlung verhindern konnten. Irgendwann wurde ich dann ziemlich aggressiv. Ich glaube, ich sagte so etwas wie: „Was glaubst Du, wofür ich bei Klinger Druck zur Zeit Tag und Nacht kämpfe? Glaubst Du, ich wäre erleichtert, wenn das ganze Projekt jetzt noch mißlingen würde? Der Punkt ist schon lange überschritten. Das müßtest Du doch wissen. Sicher werden wir in Stuttgart leben, so wie die Dinge inzwischen laufen ..." Und anstelle der von mir so sehr ersehnten Harmonie und Nähe saßen wir uns mit großer innerer Distanz gegenüber. Warum, verdammt noch mal, kann ich diesen kleinen Erfolg nicht genießen, sondern muß mit ihr wieder die endlose Debatte um Umzug oder nicht führen! Ich glaube, sie hat völlig irrational bis jetzt gehofft, es werde schon irgendwie so laufen, daß ihr und Melanie ein Wechsel nach Stuttgart erspart bleiben. Das ärgert mich!

Die ungeklärten privaten Fragen holen BS immer wieder ein.

Aber vielleicht sollte ich nochmal der Reihe nach rekapitu-lieren. Wir waren am Freitag pünktlich um neun beim Hotel in Feuerbach eingetroffen, wo die Sitzungen schon seit Jahren stattfinden. Erste Überraschung gleich bei der Begrüßung am Parkplatz: Ederer stieg gemeinsam mit Petra Schaffner (!) aus seinem Auto. Peter und ich wechselten einen ungläubigen Blick, und Ederer sagte finster, er habe sie mitgebracht, weil sie wichtige Information über die aktuelle Firmensituation beitragen könne. Er würde drinnen gleich den Antrag stellen, sie als Gast zeitweilig zuzulassen. Süffisant bemerkte er mit einem verächtlichen Blick in meine Richtung, Peter hätte ja schließlich auch einen Gast dabei. Als ich ihm ins Wort fallen wollte und etwas sagte von „Kabarett-Vorstellung, eine soeben gekündigte Chefsekretärin zu einer Gesellschafterversammlung zuzulassen", unterbrach Peter mich barsch und forderte mich auf, konstruktiv zu beginnen. Ganz eindeutig ging Peter an diesem Morgen in Führung, so kannte ich ihn gar nicht! So hieß es also, meinen Ärger über Petras Auftritt runterzuschlucken und als Gast schweigend den Beginn der Versammlung zu „genießen". Peter begann geschäftsmäßig, berief sich auf die Satzung, klärte die Vollzähligkeit der Teilnehmer – auch Altmann war inzwischen angekommen – und hatte sich schweigend zu Ederer und Petra gesetzt. Diese vermied jeden Blickkontakt zu mir. Sie wirkte äußerst angespannt und vom ganzen Setting unangenehm berührt. Peter stellte unser Sonderthema „GF-Vorschlag für eine neue Firmenstrategie" ans Ende der Tagesordnung. Verblüffung und ein alarmierter Blick von Ederer zu Petra. Ederer muffelte nur noch hilflos zurück, daß er dies gerne vorher gewußt hätte, um seine Zeitplanung darauf einzustellen. Mit Stirnrunzeln hat er dann noch zur Kenntnis genommen, daß ich bisher in dieser Runde nicht bekanntes technisches Equipment aufbaute: Laptop und Beamer.

Das erste Routinethema war die endgültige Feststellung des 97er Abschlusses und die Verwendung des Gewinns. Hier habe ich ganz spontan und nicht mit Peter abgestimmt interveniert und empfohlen, die hunderttausend Mark nicht auszuschütten, sondern aufgrund der problematischen Geschäftslage im Unternehmen zu belassen und den Betrag als Rückstellung zu verbuchen. Hier erntete ich einen erst verärgerten, aber gleich darauf anerkennenden Blick von Peter, auch Ederer mußte kurz nachdenken, konnte aber sein Gesicht dann nicht verlieren und stimmte vorbehaltlich der späteren Infos über die Lage des Unternehmens zu.

Ja, und dann hätte Ederers und Petras Stunde kommen sollen. Sie wollten beim Thema aktuelle Situation einen Großangriff gegen uns GFs starten und Petra versuchte, ihre mühsam recherchierten Fakten zu bringen. Wir waren darauf vorbereitet und hatten die Strategie, die beiden erst mal loslegen und ihr Pulver verschießen zu lassen. Ederer und seine Partnerin waren schlechter aufeinander eingespielt, als ich gedacht hatte (die hatten sich bestimmt nicht soviel Zeit genommen wie wir), und so wirkte alles etwas gestöpselt und holprig. Ederer sprach oft recht gekünstelt in

Richtung Altmann, so als wolle er nur ihn noch überzeugen, Petra wiederum erhob schwere Vorwürfe – überraschenderweise primär gegen mich. Als die beiden erst mal Luft holten und ihre Forderung nach Kurzfristmaßnahmen gestellt hatten, als Ederer verkündete, er würde gemeinsam mit dem Gesellschafterkollegen Altmann endlich Handlungen von der Geschäftsführung erwarten, sonst sehe er sich als Mehrheitsgesellschafter zu drastischen Schritten gezwungen, gab ich kurz und trocken zu Protokoll, daß wir beiden GFs den meisten gemachten Aussagen über die Unternehmenslage nur zustimmen könnten, daß sich im Gegenteil die Situation in den letzten Wochen sogar noch verschärft hätte (wieder ein beunruhigter Blick diesmal von Petra zu Ederer) und daß wir deshalb der Meinung wären, daß kurzfristige Maßnahmen nicht mehr ausreichten, sondern stattdessen ein grundlegendes strategisches Konzept für das Unternehmen verabschiedet werden müsse.

Nun kam der Knaller. An diesem Punkt meines Statements meinte Ederer, das sei ja alles schön und gut, aber die hierfür gegründete Zukunfts-AG sei ja offensichtlich noch ganz am Anfang und niemand wisse so genau (unterstützendes Nicken von Petra), ob man noch in diesem Jahr mit einem greifbaren Ergebnis der Arbeitsgruppe rechnen könne. Oh, wie tat es mir gut, jetzt ganz cool kontern zu können, daß die Geschäftsführung bereits eine komplette Konzeption für das Unternehmen ausgearbeitet hätte, die wir heute präsentieren und zum Beschluß vorlegen wollten.

Erst herrschte betretenes Schweigen, dann polterte Petra zornig: „Sie haben an der Arbeitsgruppe vorbei ...", wurde aber sofort von Peter gebremst mit dem Argument, daß die Geschäftsleitung in dieser Lage handeln mußte. Ederer hatte sich inzwischen wohl alle seine noch möglichen Schachzüge durchgerechnet, schob entschlossen seinen Stuhl zurück, verschränkte die Arme und sagte mit aufgesetzter Arroganz: „Also gut, meine Herren, wir Mehrheitsgesellschafter können nur zufrieden sein, wenn Sie sich an Ihre Aufgaben und Verantwortung in dieser Situation erinnern." Petra wollte nochmals protestieren, wurde aber von Ederer unwirsch zurückgepfiffen. Immer wieder während der anschließenden Präsentation tuschelte sie erregt mit ihm, sie schien außer sich und konnte diese Wendung und meine neue Innigkeit mit Peter offensichtlich nicht fassen.

Jetzt sind die GFs endlich in der Offensive.

Und dann kam mein Part. Peter und ich hatten die Rollen so verteilt, daß ich präsentieren sollte, er sich on top einschaltet und mir bei Rückfragen oder Sticheleien den Rücken freihält. Es sollte trotzdem aber für die anderen völlig klarwerden, daß dies nicht mein Konzept, sondern das Konzept der Geschäftsleitung ist. Ich führte die Teilnehmer mit meiner Laptop-Präsentation Schritt für Schritt durch den Denkprozeß, den wir im Viererkreis in vielen Stunden vollzogen hatten:

GLIEDERUNG PRÄSENTATION:
- AUSGANGSLAGE KLINGER DRUCK
- AKTUELLE GESCHÄFTSSITUATION
- STÄRKEN/SCHWÄCHEN-PROFIL
- HEUTIGE KERNKOMPETENZEN
- ZIELGRUPPEN UND WETTBEWERBS-KURZANALYSE
- ZUKÜNFTIGE MARKTENTWICKLUNG/TRENDS
- MÖGLICHE STRATEGISCHE ALTERNATIVEN
- EMPFEHLUNG DER GESCHÄFTSFÜHRUNG
- KONSEQUENZEN DIESER EMPFEHLUNG
- CHANCEN/RISIKEN-ABWÄGUNG
- DIE WICHTIGSTEN MEILENSTEINE BEI DER UMSETZUNG
- FINANZIERUNGSBEDARF/PROJEKTPLANUNG

Als ich mit diesem gewaltigen Programm durch war, knurrte allen schon der Magen und wir verschoben die Diskussion auf die Zeit nach der Mittagspause. Am Mittagstisch setzten sich Petra und ich demonstrativ weit auseinander, ich bekam auf diese Weise die Gelegenheit, Peter Altmann näher kennenzulernen. Er ist ein ruhiger, zurückhaltender Mensch, der sich während des ganzen Essens mit mir viel lieber über das Bergsteigen als über die Lage von Klinger Druck unterhielt. Er fungiert als reiner Geldgeber und hat von unserem Metier wenig Ahnung. Mit Ederer schient er ein reines Zweckbündnis zu haben. So führten wir Smalltalk und ich konnte dabei meine Gedanken ordnen.

Das taten offensichtlich auch Ederer und Petra, die sich sogar noch zu einem kurzen „Verdauungsspaziergang" zurückzogen. Daß die beiden einiges zu verdauen hatten, war klar, nachdem ihre Rechnung ja nicht aufgegangen ist. Unser Konzept hat außerdem massive Konsequenzen für das Unternehmen und seine Mitarbeiter:

Alles richtig, aber vielleicht zuviel für das konservative Unternehmen.

Überraschenderweise war Petra nach dem Mittagessen nicht mehr dabei. Vielleicht hatte Ederer sie nach Hause geschickt, nachdem seine Trumpfkarte nicht gestochen hatte, oder sie wollte unseren Triumph nicht miterleben.

Auf der anderen Seite wird mein Unbehagen, daß wir mit unserem Plan zuviel auf einmal vorhaben, immer größer. Muß unbedingt nochmal mit Peter darüber reden. (So schnell wird man vom Initiator zum Bremser!) Zumindest müssen wir die einzelnen Module auf der Zeitachse so anordnen, daß der Weg für das Unternehmen auch machbar ist. Eigenartigerweise kennt Peter jetzt, wo er für den großen Wurf Feuer gefangen hat, keine Grenzen und meint offensichtlich, daß wir jetzt plötzlich bei Klinger Druck die Welt auf den Kopf stellen können.

Der Rest dieses Schicksalstages ist schnell erzählt. Wir haben kraft Beschluß grünes Licht für die Sofort-Maßnahmen und den ganzen Reorganisations-Teil. In Sachen Digital-Unternehmen wollte Ederer die Hinzuziehung eines Beraters (kommt mir irgendwie bekannt vor ...), der bis zur nächsten Gesellschafterversammlung im September ein Exposé mit einer Empfehlung verfassen soll. Alle meine Versuche, mein Werben, mein Drohen halfen nichts, dieser Plan ist erst mal aufgeschoben. Ederer argumentierte, wenn er und Altmann als bestimmende Gesellschafter ein neues Unternehmen mitgründen sollten, müsse er schon genau wissen, ob sich das rechnet. Und wenn die neue Company nur von Klinger und mir gegründet würde, so wäre trotzdem zu klären, ob dies langfristig die Ertragsaussichten des Stammhauses tangiere. So oder so seien die Interessen der Gesellschafter betroffen.

Im Klartext heißt das: Die Schmutzarbeit dürfen wir machen, der Spaß-Faktor ist jedoch verschoben!

Ganz am Schluß ließ Peter unsere letzte Trumpfkarte aus dem Ärmel, zu der ich dann gar keine große Lust mehr hatte: Er präsentierte mich als Anwärter eines neuen Gesellschafters und die Idee einer Kapitalerhöhung, um die zukünftigen Investitionen seriös abzuwickeln. Immerhin war ich so geistesgegenwärtig, mein finanzielles Engagement in Bezug zur noch ausstehenden Entscheidung für das Digital-Unternehmen zu bringen. Ederer hat sich hier noch Bedenkzeit ausbedungen, er will im kleinen Kreis klären, in welcher Form, also vor allem von wem für mich Anteile freigemacht und wie sie bewertet werden. Aber es sieht so aus, als ob das über die Bühne gehen wird und ich mit meinem gesamten angesparten Kapital bei Klinger Druck einsteige. Ingrid weiß auch noch gar nichts davon ...

Die Sitzung ging dann sogar ziemlich gelöst und positiv zu Ende. Der 25. September wurde als neuer Termin für die nächste Versammlung vereinbart. Abends begossen wir unseren Erfolg mit Champagner und riefen auch noch die beiden Mitgestalter unseres Konzepts, Aubach und Joachim, an. Nun also wissen wir alle, was auf uns zukommt. Ziemlich aufgewühlt bin ich schließlich nach Hause gefahren.

Muß mich nun unbedingt flachlegen. Mir brummt der Schädel und die Finger tun vom Schreiben weh.

Liege mit hohem Fieber flach und fühle mich ziemlich mies. So hatte ich mir die Lage nach dem Erfolg in der Gesellschafterversammlung nicht vorgestellt. Vielleicht war die ganze Anstrengung im Vorfeld ein bißchen zuviel.

Bin immer noch elend beieinander und bleibe besser im Bett. Habe aber schöne, aufmunternde Signale aus dem Betrieb bekommen. Peter rief schon mehrmals an, er will mit offizellen Verlautbarungen im Unternehmen auf jeden Fall warten, bis ich zurück bin. Aubach meldet sich auch mehrmals täglich. Und auch Ingrid hat angerufen, aber es ist deutlich, da ist die Luft noch nicht bereinigt. Habe bis jetzt noch nicht gewagt, ihr von meinem geplanten Kapitaltransfer zu Klinger Druck zu erzählen. Muß ich aber bald, es ist ja zum Teil auch ihr Geld ...

```
E-Mail
Thema: Wie geht es mit uns weiter?
von:   Ingrid_Schwaiger@dnet.de
an:    Bernd_Schwaiger@inet.com
Datum: 30.06.98 18:40:45
```

Lieber Bernd,

ich hoffe, Dir geht es mit Deiner Erkältung besser und Du kannst Dein Krankenbett wieder verlassen. Ich wollte Dir sagen, ich habe viel über unser letztes Treffen und unsere Schwierigkeiten nachgedacht. Du hast schon recht, daß ich irgenwie gespalten bin. Auf der einen Seite bewundere ich Deine Kraft, die Sache in Stuttgart nochmals herumzureißen und für Dich und das Unternehmen zum Erfolg zu machen. Auf der anderen Seite fühle ich mich irgendwo als der ewige „Verlierer". Bitte versteh mich nicht falsch, aber DU bestimmst, wo es langgeht, DU kannst dich beruflich beweisen, DU wählst nach DEINER Karriereplanung den Ort, an dem WIR dann leben sollen. Ich weiß einfach nicht, ob ich so auf Dauer leben will. Das ist nicht gegen Dich, sondern nur für mich gedacht.

Sorry, wenn ich es Dir da schwer mache, wo Du jetzt bei Klinger Druck gerade vor dem Durchbruch stehst. Ich weiß auch noch nicht, wie wir das alles für uns lösen sollen.

Deine Ingrid

Das sind klare Signale. BS muß sich bald entscheiden.

2 Donnerstag
Juli

Denke den ganzen Tag über das E-mail von Ingrid nach. Wir beide sind hier in einer echten Zerreißprobe. Irgendwie verstehe ich sie auch. Aber wie sollen wir jetzt konkret zusammenfinden. Das macht mich ganz verrückt und ich spüre auch, daß es mir massiv Energie abzieht.

3 Freitag
Juli

Gut, daß der Körper manchmal für den Kopf mitdenkt ...

Eine ganze Woche Krankenbett! Aber der Arzt ließ mir bei der eitrigen Angina keine andere Wahl als strenge Bettruhe. Trotzdem muß ich heute nachmittag in den Betrieb gehen. Peter hat das Meeting mit dem Betriebsrat nicht länger aufschieben können, nachdem Steurer ja wußte, daß auf der Gesellschafterversammlung wichtige Entscheidungen getroffen worden sind. Danach wollen wir uns im Viererkreis besprechen, wie wir alle notwendigen Schritte anpacken. Hoffentlich bin ich fit genug, das wird sicher wieder bis spät in den Abend gehen.

4 Samstag
Juli

Das sind ganz schön revolutionäre Pläne für Klinger Druck.

Das war gestern gleich wieder Action pur. Noch etwas angeschlagen stolperte ich mit Peter nachmittags um drei in das Meeting mit Jürgen Steurer, dem BR-Vorsitzenden. Toll, wie sich der Kontakt zu Peter durch die ganzen Erlebnisse entwickelt hat. Im Augenblick sind wir ein Herz und eine Seele, er hat durch die ganze Zukunftsplanung nochmals richtig Schwung bekommen und wir beide denken im Augenblick überhaupt nicht daran, daß er rausgeht und ich übernehme. Wir sind echte Partner geworden!

Steurer war hochgespannt auf unsere Neuigkeiten, wenngleich er selbst auch sehr gestreßt wirkte. Natürlich, als Leiter der Vorstufe muß er den Vertriebserfolg der Messeaktion mit ausbaden und mit seinen Leuten den Nachtschichtbetrieb unterstützen. Das gab es bisher in der Vorstufe noch nie. Wenn ich bedenke, daß wir in unserem Konzept unter anderem die Streichung der Abteilungsleiter-Stellen in der Technik und die Zusammenlegung von einem Teil der Vorstufe mit dem Vertrieb vorsehen, also eine massive Veränderung gerade für Steurer und seinen Kollegen Michel (den völlig von Joachim dominierten Druckereileiter) planen, dann wird es mir ganz eng ums Herz. Wenn wir jedoch um alle heißen Themen einen Bogen machen, hier einem Kompromiß und dort einem Kompromiß zustimmen, dann können wir die neue Strategie gleich vergessen.

Die derzeitige hierarchische Organisation in der Technik ist Schnee von gestern, das haben sowohl Joachim als auch Peter immerhin zugegeben. Hinzu kommt, daß die Schnittstelle zwischen Vertrieb und Vorstufe mit zunehmender Digitalisierung immer problematischer wird. Wir brauchen das Wissen der Vorstufe bei uns im Verkauf. Mit diesen Gedanken und der gemeinsamen Marschlinie, das für Steurer persönlich heiße Thema zuerst noch auszublenden, gingen wir in das Gespräch. Wir nahmen ihn zuerst in die Geheimhaltungspflicht, indem wir ihm ankündigten, rückhaltlos offen über die Lage zu sprechen, unabhängig davon, ob das gemäß BVG bereits angebracht wäre oder nicht. In der Firmengeschichte gab es noch nie einen wirklichen Dissens zwischen dem Betriebsrat und der Geschäftsführung, so daß eine konfrontativ strenge Auslegung des Gesetzes bei Klinger Druck auch keine Kultur hat. (Was ich bei Rhein-Druck hier erlebt habe ...)

Richtig! Zuerst immer versuchen, den Betriebsrat zum Partner zu machen.
→ Methodik-Modul 1

Wir entwickelten im Gespräch mit Steurer ganz offen drei Szenarien:

- Szenario I: Wir machen bei Klinger Druck weiter wie bisher. Folge: weiter zurückgehende Erträge, keine Zukunftsbasis, keine Wettbewerbsfähigkeit in veränderten Märkten. Wenn wir nichts verändern, verschwinden wir irgendwann vom Markt.
- Szenario II: Wir setzen auf kleine Veränderungen wie beispielsweise die Schaffung eines neuen Produkts oder eine etwas andere interne Organisation, belassen aber den Kern des Unternehmens so, wie er ist. Folge: Unsicherheit, ob dadurch die Ertragslage nachhaltig verbessert wird, letztlich aber keinerlei gravierende Verbesserung unserer Marktattraktivität.
- Szenario III: Grundlegende Veränderung der Struktur des Unternehmens, radikal andere Ausrichtung des Unternehmens am Markt. Folge: schmerzhafte interne Prozesse, große Veränderung, aber hohe Chance auf eine attraktive Marktstellung.

Natürlich war das ein wenig schwarz-weiß gemalt, aber es erfüllte seinen Zweck. Steurer wurde es offenkundig mulmig. Ich vermute, er bekam einfach Angst, denn noch nie mußte er als Betriebsrat wirklich unbequeme Geschäftsleitungs-Beschlüsse vertreten – und er spürte, es wird auch für ihn unbequem.

Die Doppelfunktion Führungskraft/ Betriebsrat ist problematisch für alle Seiten.

Wir haben ihm dann den Gesellschafterbeschluß und die grobe Richtung der Aktivitäten, also interne Reorganisation, stärkere Teamarbeit und Sofortmaßnahmen für bessere Liquidität verdeutlicht. Natürlich mußte er beim letzten Punkt einhaken, denn die Aussetzung von Zuschlägen und anderen Sparmaßnahmen gingen ihm verständlicherweise erst einmal zu weit. Uns blieb hier keine andere Wahl als gnadenlos darzustellen, daß die Existenz der Firma bedroht ist, wenn nicht beide Seiten, Mitarbeiter und Geschäftsleitung, Opfer bringen. Er sagte, er brauche Zeit, das alles zu verdauen. Was er noch nicht wußte, war die Streichung der Abteilungsleiter-Stellen und die für Herbst geplante Gründung einer Tochterfirma.

Gut! Aber er wird ein Problem mit seinen beiden Rollen (Betriebsrat und Führungskraft) bekommen.

Spontan zugesagt hat Steurer seine Mitarbeit in der neu zu gründenden Reorga-Gruppe, die alle notwendigen Maßnahmen entwickeln und beschließen soll. Diese Arbeitsgruppe soll die derzeitige Zukunfts-AG ersetzen und für die Organisationsaufgabe auch anders zusammengesetzt sein. Am Ende haben wir den jetzt natürlich notwendig gewordenen Termin für eine außerordentliche Betriebsversammlung vereinbart, bei der alle Mitarbeiter über die Lage informiert werden sollen: Es wird der 17. Juli sein, eine Woche vor meinem Urlaub. Bis dahin soll nochmals ein Gespräch mit dem gesamten BR-Gremium erfolgen, damit die heißen Punkte bereits abgestimmt sind und verkündet werden können. Ich finde, insgesamt ist Steurer wirklich kooperativ drangegangen. Und so liegt es an uns, auch etwas darauf zu achten, daß Steurers Autorität als BR-Vorsitzender bei der ganzen Sache gewahrt bleibt und auch er ein Stück Verhandlungserfolg präsentieren kann.

Eine weitere Verstärkung der „Vater/Sohn"-Rolle wäre problematisch für beide Seiten.

Positiv beschwingt von diesem Gespräch, trafen wir uns mit Aubach und Joachim zum Essen. Es wurde nochmals ausgiebig auf den „Teilerfolg" in der Gesellschafterrunde angestoßen und Peter konnte es sich nicht verkneifen, meine zentrale Rolle bei der ganzen Aktion deutlich hervorzuheben. Der „Vater" ist eben schon sehr stolz auf den „Sohn". Wir haben dann begonnen aufzulisten, was als Folge der ganzen Beschlüsse zu tun ist und uns allen ist mulmig geworden. Die große Gefahr ist, daß wir zuviel auf einmal anpacken. Wie zu erwarten, hat Joachim nochmals seine Sorge bezüglich der Veränderungen in der Technik bekundet. Aber er wird kritisch mitwirken.

Was ganz schlecht ist: Mein Urlaub blockiert einen ganzen Monat lang alle Veränderungen. Peter hat nur einmal ganz vorsichtig nachgefragt, aber ich kann vor dem Hintergrund meiner Familien- und Partnerschaftssituation den Urlaub auf keinen Fall canceln. Will ich auch gar nicht, denn damit würde ich Ingrid und Melanie endgültig dokumentieren, wie wenig wichtig sie mir sind und wie klar ich die Prioritäten im Business setze. Diese Variante scheidet also aus. So wird die Reorga-Gruppe eben erst Ende August gegründet. Als es dann um die Detailthemen ging, haben wir uns total verheddert. Wir tun uns noch gewaltig schwer, die richtige Dosis an Veränderung zu finden. Als Problem stellt sich auch dar, daß wir kaum Mitstreiter haben, an die wir konkret Maßnahmen delegieren können. Erkenntnis: Peter und ich sind die größten Engpaß-Faktoren. Gegen zehn Uhr abends waren wir alle erschöpft und etwas unzufrieden aufgrund fehlender Effizienz und Klarheit auseinandergegangen. Jetzt stecken wir mittendrin. Ich muß aufpassen, daß wir unsere begrenzten Ressourcen optimal einsetzen!

Manches klärt sich mit Abstand. Habe den ganzen Samstag nur in Freizeit gemacht. Dabei sind mir einige zentrale Klarheiten gekommen:

Sonntag   **5**

Juli

Erstens zieht mir der schwelende Konflikt um die zukünftige Lebensplanung mit meiner Familie massiv Energie ab. Hier muß schnellstens eine Lösung gefunden werden. Ich werde Ingrid heute noch anrufen, um ein gemeinsames Coaching mit Günter vorzuschlagen. Zweitens fühle ich mich mit der Vielzahl der Aufgaben total überlastet. An mir hängen:

- Der Vertrieb: Hier muß ich mit einer um zwei Mitarbeiter verkleinerten Mannschaft den Jahresforecast von zwanzig Millionen schaffen. Und das vor dem Hintergrund der massiven Auftragsverluste, die zusätzlich noch auszugleichen sind.
- Die Finanzen: Diesen Bereich soll ich ab Juli zusätzlich zu meinen bisherigen GF-Feldern übernehmen.
- Das Krisenmanagement: In den nächsten Wochen sind eine Fülle von Gesprächen mit Banken, Betriebsrat und Mitarbeitern zu führen.

Solche Reflexionen der eigenen Situation sind äußerst wertvoll.

- Die Reorga: Die Arbeitsgruppe kann nicht nur neutral moderiert werden, hier muß auch der Leiter Sachbeiträge bringen und Druck machen, damit „Undenkbares" denkbar wird.
- Die neue Führungskultur: Hier muß ich deutliche Signale der Veränderung setzen, viele Mitarbeiter-Gesprächen führen und Präsenz – auch in der Technik – zeigen.
- Klinger-Digital: Hier muß ich einen Consultant finden, briefen und steuern und bis September ein Grundkonzept für die Firmengründung entwickeln.

Wichtige Erkenntnis!

// Fazit: Dieses Pensum ist nicht zu schaffen! Keine Chance! Werde gleich morgen früh mit Peter darüber sprechen.

Empfinde einen Tag anstrengender als den anderen. Ich komme zur Zeit überhaupt nicht mehr dazu, außerhalb des Jobs noch zu leben und mache mir auch Sorgen, weil ich mich sportlich vernachlässige, keinerlei Sozialkontakte außerhalb des Business-Kontextes mehr pflege und - was am schlimmsten ist - die Familie völlig außen vor lasse. Immerhin, zum schlechtem Gewissen reicht's noch!

6 Montag

Juli

Im Augenblick passiert jeden Tag soviel, daß das Tagebuchschreiben richtig anstrengend wird. Habe heute morgen ein intensives Gespräch mit Peter geführt. Der war über meine Sorgen nicht überrascht. Als ich ihm meine Liste von gestern zeigte, war er entsetzt. In dieser Deutlichkeit hatte er sich die notwendigen Aktivitäten noch nicht klargemacht. Wir haben die Punkte lange hin und hergewälzt und dann beschlossen, daß vor meinem Urlaub folgende Aktivitäten laufen sollen:

Das ist eine ganz gute Rollenverteilung.

- durch mich: 1. Nach wie vor Forcierung des Vertriebs, damit während meines Urlaubs das August-Loch nicht so dramatisch wird. 2. Vorbereitung des Reorga-Projekts für den Start nach meinem Urlaub. 3. Aufsetzen des Digital-Projekts mit dem externen Consultant, damit dieser während meines Urlaubs gezielt arbeiten kann
- gemeinsam mit PK: Verabschiedung des Krisenkonzepts
- durch Peter: 1. das gesamte Krisen-Finanzkonzept, also Gespräche mit Banken, Betriebsrat und Steuerberater. 2. Entgegen dem ursprünglichen Konzept verbleibt die Leitung des Finanzbereichs solange noch bei Peter, bis meine Sonderprojekte erfolgreich abgeschlossen sind.

Ich bin zufrieden und fühle mich durch diese Vereinbarung befreit. So kann ich meine Kraft ganz in die Zukunftsprojekte stecken, während Peter den aktuellen Status sichert. Toll, wie wir die Themen gemeinsam bearbeiten! Er gestand mir am Ende unseres Gesprächs, daß er sich nicht hätte vorstellen können, das Unternehmen zu zweit so partnerschaftlich zu führen. Zusätzlich haben wir auch noch besprochen, daß Aubach gehaltlich angehoben und zu meinem Stellvertreter ernannt wird. Werde es ihm morgen sagen. Der darf gleich während meines Urlaubs ausprobieren, wie das funktioniert. Und: Peter kümmert sich um den Fall „van Rosen", damit ich auch davon befreit werde. Er war heute nachmittag zu Gesprächen bei beiden Hausbanken, um offensiv über unsere Lage zu sprechen und unser Grobkonzept vorzustellen. Eigentlich wollte er gar nicht so recht und meinte, die kämen doch von allein, wenn es eng wird. Aber ich habe ihn gedrängt, endlich in die Offensive zu gehen.

Gute Idee!

Dienstag 7

Juli

Gleich am Morgen hat mich Peter in sein Büro geholt, um mir über die Gespräche mit den Banken zu berichten. Er war immer noch aufgeregt, denn bei beiden Hausbanken (die sich selbstverständlich quergeschlossen hatten) fand er eine eisige Stimmung vor. Die dachten bereits darüber nach, uns die Kontokorrentkredite zu sperren, was soviel heißt wie - es wird langsam eng! Zum Glück war Peter auf sie zugekommen (er zeigte sich sehr dankbar, daß ich ihn gedrängt hatte). Aber er konnte von mir als neuem Manager und Geldgeber berichten. Das hat Eindruck gemacht und sie haben eine dreimonatige Stillhaltepause angeboten, wollen allerdings einen neuen, realistischen Business-Plan sehen, der klare Wege aufzeigt, wie in '99 schwarze Zahlen geschrieben werden können. Das wird nach unserer Absprache Peters Part sein. Der denkt nach meinem vernichtenden Urteil über Wondratschek tatsächlich darüber nach, diese wichtige Aufgabe als Anlaß zum Wechsels seines Steuerberaters zu machen. Bravo, Peter!

// Ist das realistisch? BS hat wesentlich mehr Zahlen-Gespür als PK.

Fazit: Wir haben für unser Gespräch mit dem Betriebsrat nochmals Munition bekommen. Wir müssen sparen, die Banken haben uns bereits im Visier! Und ich als Vertriebsverantwortlicher muß kämpfen, kämpfen, kämpfen!

Hatte soeben ein langes Telefonat mit Ingrid. Es wird immer schwieriger, unsere beiden Welten zusammenzubringen. Sie begreift einfach nicht, in welcher Extremsituation ich bin. Sie lebt in einem völlig anderen, von Kindererziehung und Mütter-Kontakten bestimmten Kosmos. Der Prozeß der Entfremdung beschleunigt sich rapide. Ingrid ist immer weniger bereit, ihr Leben in Koblenz, mit dem sie sich inzwischen arrangiert hat, für Stuttgart einzutauschen, wo sie auch viel allein wäre und mit sozialen Kontakten wieder bei Null anfangen müßte. Irgendwie kann ich sie ja verstehen.

8 Mittwoch

Juli

Kam erst heute dazu, Aubach die frohe Nachricht seiner Beförderung zu überbringen. Habe ihn zum Mittagessen eingeladen und ein etwas ausführlicheres Führungsgespräch daraus gemacht. Aubach hat eine so enorme Entwicklung gezeigt, ich wollte ihm einfach mein Feedback geben, er war total begeistert. Die Ernennung zum stellvertretenden Vertriebsleiter hat ihn völlig überrascht, die gehaltliche Anpassung hat er dagegen erwartet. Auch er gab mir ein sehr schönes Lob: „Herr Schwaiger, mit Ihnen hat dieses Haus zum ersten Mal einen wirklichen Vertriebsprofi. Wir Verkäufer sind von Ihnen aus dem Dornröschenschlaf geweckt worden." Bei diesem Feedback bekomme ich wieder richtig Lust und Kraft.

Wir haben dann noch intensiv über die derzeitigen Vertriebsaktivitäten gesprochen. Die Messeaktion läuft gut, über eine Million Mark haben wir damit allein in den letzten drei Wochen akquiriert. Aber der Preis dafür ist eine massive Zunahme der internen Hektik, denn wir müssen diese Aufträge praktisch alle über Nacht fertigen. Joachims Truppe ist deshalb schon ziemlich sauer. Wenn wir denen jetzt noch sagen, daß sie keine Zuschläge mehr bekommen, bricht sicherlich die Motivation für das neue Produkt ein. Aubach riet mir, nicht an dieser für uns im Vertrieb so wichtigen Stelle zu sparen. Muß ich noch drüber nachdenken.

Sicher wird es im Urlaubsmonat August für alle etwas ruhiger, leider auch auf der Umsatzseite. Wir haben im ersten Halbjahr nur etwa acht Millionen Mark erreicht. Das ist bereits eine tolle Leistung, wenn man den Kundenverlust von drei Millionen und das Ausscheiden von zwei ADs berücksichtigt. Aber ich muß Aubach leider zustimmen, die geplanten zwanzig Millionen werden immer unwahrscheinlicher, und vielleicht wäre es besser, einen realistischeren Plan für das zweite Halbjahr zu machen, damit wir von der Situation nicht überrascht werden.

// Wichtig: Damit die Planung ernst genommen wird, muß sie in einem solchen Fall unbedingt aktualisiert werden!

Am Nachmittag gab es ein kurzes Meeting mit den Rest-Mitgliedern der Zukunfts-AG. Gemeinsam mit Joachim, den ich bewußt als Autorität für die technischen Mitarbeiter dazugenommen habe, mußte ich die sofortige Auflösung der Arbeitsgruppe bekanntgeben. Zuerst gab es Proteste, was ja eigentlich ein gutes Zeichen für das Commitment der Gruppe ist. Als ich dann aber ausführte, wie schlecht es um das Unternehmen derzeit bestellt ist und die GFs den Gesellschaftern schnell ein überzeugendes Konzept vorlegen mußten, kam Verständnis auf. Mehr durften wir natürlich nicht verraten, sondern mußten auf die Betriebsversammlung nächste Woche verweisen. Mit langen Gesichtern und einem gewissen Frust löste sich die Gruppe auf und ging an ihre Arbeitsplätze zurück.

Ist schon blöd gelaufen, gerade jetzt, wo Feuer in der Gruppe entstanden war und Ideen reiften, hat die Führung macho-mäßig alles in die eigene Hand genommen. So steht es wirklich nicht im Lehrbuch moderner Führung.

Donnerstag 9
Juli

Habe heute ganz gut gearbeitet. Heute morgen gab es erst mal eine Abteilungsversammlung im Vertrieb, dann spendierte ich Sekt und Brötchen als Dank für die gute Mitarbeit und erste Erfolge der Messeaktion und – das war der eigentliche Anlaß – die Info über die neue Funktion von Guido Aubach. Der bekam großen Beifall von seinen Kollegen und in fröhlicher Stimmung gingen wir wieder auseinander an die Arbeit. Wie stark solche kurzen Rituale doch prägen und motivieren!

Solche Rituale sind ein extrem wichtiges Führungswerkzeug.

War den ganzen Tag auf Suche nach einem geeigneten Consultant für die Erstellung der Digital-Analyse. Wie findet man einen guten Berater? Bin mir da noch unklar. Treffe mich später am Abend noch mit Peter zur Vorbereitung der morgigen Betriebsratssitzung. Wir müssen uns klar werden, wie wir einsteigen, was unsere Minimal-Forderung ist und wo wir der anderen Seite ein Bonbon geben können. Wird nicht einfach werden.

10 Freitag

Juli

```
E-Mail
Thema: It's time for Coaching
von:    Bernd_Schwaiger@inet.com
an:     Günter_Schwab@blueline.de
Datum: 10.07.98 6:45:12
```

Lieber Günter,

bin heute nacht wieder mal beim Whisky versackt.
Du weißt, daß mich das Thema schon länger beschäftigt, ich glaube, bisher hat es noch keiner sonst
bemerkt. Aber langsam bekomme ich Sorge. Ich
spüre, daß meine Leistung tagsüber beeinträchtigt
wird, und sportlich mache ich auch nichts mehr.
Bisher meinte ich immer,ich wäre ein reiner
Genußtrinker, aber inzwischen reizt mich der Stoff
immer bei Streß oder Ärger. Und dann kommen solche
Nächte wie diese, wo ich fast einen Blackout habe
und danach wie ein Häufchen Elend herumhänge und
mir das Hirn zermartere, warum ich mir das antue,
warum ich nicht einfach stärker sein kann. Bitte
hilf mir dabei, herauszufinden, was eigentlich mit
mir los ist.

Im Job geht es wahnsinnig turbulent zu. Ich sitze
mit Peter Klinger — wir sind in der Dynamik der
Entwicklung echte Partner geworden — in einer
Achterbahn aus Erlebnissen und Empfindungen. Echt
heiße Nummer, die da abgeht. Aber mit Ingrid gibt
es Zoff. Wir verstehen uns immer weniger, ich habe
Sorge, wir leben uns völlig auseinander. Jetzt, wo
ich mit gewaltigem Einsatz kurz vor dem Durchbruch
in Stuttgart stehe, wird ihr langsam klar, daß sie
in Koblenz bleiben will! Ich brauche Deine Hilfe.

Alles Gute aus Stuttgart. Bernd

11 Samstag

Juli

Peter hat mich gestern abend nach Hause gefahren. Mir war
nach dem BR-Meeting schwarz vor Augen geworden, mein
Kreislauf hat nicht mehr mitgespielt. War dann aber gleich
wieder auf den Beinen. Das seien Warnzeichen, meinte
Peter besorgt. Das weiß ich auch. Verdammt, mir entgleiten die Dinge.

Habe mich gleich heute morgen entschlossen, mich intensiv durchchecken zu lassen, bin schon sehr beunruhigt, was
eigentlich los ist. In der Ambulanz haben sie zwar heraus-
gefunden, daß meine Blutwerte nicht besonders gut sind,
Herz und Kreislauf sich heute morgen aber stabil zeigen,

wenngleich es mir beim Belastungs-EKG nicht gut ging. Es kratzte schon an meinem Ego, als der Arzt witzelte, ich sollte mich im Augenblick besser nicht als Leistungssportler bewerben. Klar, zuviel Alkohol, Streß, die Arbeitsbelastung, wenig Freizeit, kein Sport – ich weiß, daß ich im Augenblick von meinen Reserven zehre. Bis jetzt hat mein Körper immer alles brav mitgemacht. Ich konnte powern, wie ich wollte und fühlte mich grenzenlos leistungsfähig. Warum klappe ich aber nach einem ganz normalen Tag zusammen? Es war ja nichts Besonderes vorgefallen. Natürlich war das Gespräch mit dem Betriebsrat hart gewesen, aber wir haben es ganz gut hinbekommen, jede Seite hat ein paar Abstriche gemacht. Das also kann es nicht gewesen sein. Eher schon, meine ich, ist es der Dauerkonflikt mit Ingrid. Der zehrt an meinen Nerven. Habe mir für das restliche Wochenende ein Wellness-Programm verschrieben. Werde mal etwas für meinen Körper tun!

Oft gehen Manager mit den Ressourcen des Unternehmens viel pfleglicher um als mit den eigenen.

Montag 13

Juli

6.00 Uhr: Heute morgen geht es mir viel besser. Habe die letzten zwei Tage keinen Tropfen Alkohol getrunken, war viel an der frischen Lust, habe bei Schwimmen, Sauna und Massage ein richtiges Fitness-Programm gemacht. Ich spüre, das bringt's, muß ich öfters machen.

Weiteres positives Erlebnis war das Telefongespräch gestern abend mit Ingrid. Sie stimmt einem Coaching mit Günter zu. Er ist über unseren dringenden Wunsch nach einem Wochenendtermin gar nicht begeistert, hat mir aber aus Freundschaft dann doch den 18.7. zugesagt. Uns beiden ist es ungemein wichtig, vor unserem gemeinsamen Urlaub ein Stück weiterzukommen. Schrecklicher Gedanke, daß die herbeigesehnten Urlaubstage permanent von unseren Problemen überschattet sein könnten. Das dürfen wir uns und vor allem auch unserem Kind nicht antun.

23.00 Uhr: Das war ein wirklich guter Tag. Bin gleich am Morgen von einem besorgten Peter, von Aubach und dem ganzen Team mit Blumen und einem extra für mich vorbereiteten Fitneß-Drink empfangen worden. Wirklich rührend, diese Wertschätzung! Habe dann mit Peter nochmals die Ergebnisse der BR-Sitzung aufgearbeitet. Wir haben natürlich nicht alles erreicht, was wir wollten. Aber es ist ein erster Schritt für ein Sparprogramm. Die Streichung der

Überstunden-Zuschläge mußten wir opfern, wobei mir im Zusammenhang mit unserer Messeaktion in diesem Punkt ohnehin mulmig war. Außerdem hatte der Betriebsrat das schlagende Argument gebracht, bei dieser extremen Maßnahme käme unweigerlich die Gewerkschaft ins Spiel, und das wollten wir alle nicht. Stattdessen haben wir vereinbart, daß uns der Betriebsrat bei bis zu zwei geplanten Kündigungen freie Hand läßt, sofern sie sozial ausgewogen verlaufen. Ferner konnten wir eine zwanzigprozentige Reduzierung des Urlaubsgeldes durchsetzen, sowie eine auf ein Jahr begrenzte 38-Stunden-Woche ohne Lohnausgleich. Um diese beiden Positionen haben wir Stunden gekämpft. Nur das Argument, daß wir ansonsten alle Arbeitsplätze in existentielle Gefahr bringen und auch die Banken konkrete Zeichen sehen wollen, hat uns letztlich geholfen.

Gut gekontert. Diese Drohung wirkt auf GFs immer.

//

Jürgen Steurer ist offiziell als Abgesandter des Betriebsrats in die neue Arbeitsgruppe berufen worden, in der ich wirklich „alte Zöpfe" abschneiden will. Ich wage gar nicht daran zu denken, wie schwierig die Verhandlungen als Mitglied im Arbeitgeberverband und mit den Gewerkschaften gewesen wären ...

Was mich heute abend noch beschäftigt: Bei mir hat sich ein junger Multimedia-Spezialist beworben. Die Vita klingt sehr vielversprechend. Stefan Schütz ist knapp dreißig, hat an der FH Druck und dann Internet-Publishing und Web-Design on top studiert, in England und USA praktiziert und sucht nun eine Herausforderung für den Aufbau eines eigenen Business. Dabei ist er aber noch in der Denkphase, ob er das als eigenständiger Unternehmer oder mit einem Unternehmen wie uns machen will. Das sind genau die Leute, die wir in Zukunft brauchen! Werde mit ihm reden.

15 Mittwoch

Juli

Klares Defizit in der Marktpositionierung

→ Methodik-Modul G

Hatte heute Akquisegespräche bei zwei großen Agenturen in Hamburg. Ich präsentierte unser Unternehmen und positionierte Klinger Druck im Bereich High-Quality und Service. Klare Rückmeldung von meinen Gesprächspartnern: Das sei kalter Kaffee, es stünden allein im Hamburger Raum an die zwanzig vergleichbare Druckereien auf der Matte, alle auch sehr gut in Qualität und Service und mit modernstem Maschinenpark. „Warum sollen wir da bis nach Stuttgart gehen?" Genau diese Situation macht mir Sorge.

Die Agenturen wunschen sich Partner, die nicht mehr nur in „Print" denken, sondern eine globale digitale Plattform im Auge haben, also in großen Zusammenhängen denken können, um digitale Daten so aufzubereiten, daß sie mehrfach genutzt werden können.

Ständig dachte ich dabei an diesen Stefan Schütz, den ich für befähigt halte, dieses Business aufzubauen. Vielleicht wäre es möglich, zwei Fliegen mit einer Klappe zu schlagen und ihn zuerst als Consultant mit klarem Auftrag für das Gesellschafter-Exposé einzukaufen und ihn dann später als Leiter des neuen Bereichs einzustellen? Ist zwar ein fauler Trick, könnte bei der fehlenden Fachkenntnis von Ederer und Altmann aber durchaus funktionieren!

Hier wird eindeutig zu viel taktiert. Das rächt sich oft ...

Heute waren weitere Meetings mit unseren beiden Hausbanken, dieses Mal war ich auf deren Wunsch dabei. Sie wollten ihren künftigen Gesprächspartner kennenlernen und sehen, welche Akzente ich setze. Na ja, den ersten Akzent haben sie schon mal gemerkt, denn noch nie in den letzten Jahren gab es so einschneidende Krisenprogramme bei Klinger Druck. Wir konnten sie mit den neuesten BR-Vereinbarungen ganz schön beeindrucken. Zumindest haben sie uns attestiert, daß wir schnell gehandelt haben. Die Banken mahnten aber nochmals einen realistischen Business-Plan für '99 an, wobei das Wort „realistisch" absolut betont wurde. Einer der Gesprächspartner der Banken merkte noch an, daß Klinger-Druck viele Jahrzehnte treuer Kunde wäre und daß man das in der derzeitigen Krise natürlich berücksichtige, aber wir müßten verstehen ...

Wie ich dieses Banker-Gerede hasse! Die sind ganz cool auf ihre Sicherheiten aus und lassen uns fallen wie nichts, wenn für sie die Rechnung nicht mehr stimmt!

Habe mit Peter über meine Erfahrungen bei den Hamburger Agenturen gesprochen. Hat ihn schon nochmal ganz schön nachdenklich gemacht. Er fragte zu recht nach, ob denn die Gründung eines neuen Unternehmens wirklich der richtige Ansatz sei oder ob nicht Klinger Druck selbst das Label für die neuen Digital-Leistungen werden sollte. Er hat Angst, daß das Stammunternehmen auf längere Sicht geopfert werden könnte ...

Auf der anderen Seite läßt sich ein neues Unternehmen schneller und klarer positionieren.

127

Dann klärte ich noch einen Konflikt zwischen Gabi Brenner und Peter Stempfer. Gabi ist eine top-zuverlässige und hochqualifizierte Kraft. Stempfer muß aber immer wieder den Macho spielen, legt ihr in rüdem Ton stapelweise seine Kalkulationen und Angebote auf den Tisch. Heute ist ihr der Kragen geplatzt und sie hat sich bei mir über ihn beschwert. Habe ihn sofort dazugeholt und ein Konfliktgespräch mit beiden geführt, also jeden direkten Gesprächskontakt zwischen den Kontrahenten unterbunden und bin selbst ganz restiktiv in Führung gegangen. Am Ende gab es zwar einen für beide Seiten einigermaßen akzeptablen Kompromiß, aber das Klima zwischen den beiden ist gestört. Hätte gute Lust, Stempfer rauszusetzen und die Brenner zu einer echten Kundenberaterin aufzubauen. Sie hätte das Zeug dazu.

Bin seit meinem kleinen Blackout am letzten Freitag trocken! Aber das Bedürfnis nach einem Drink quält mich immer stärker. Es kostete vorher endlos Kraft, die Flasche nicht anzurühren. Es gäbe in diesem Job jeden Tag einen Grund.

19 Sonntag
Juli

Oh, wie peinlich verlief der gestrige Tag. Ich war nach der längeren cleanen Phase am Freitag doch noch richtig versackt mit dem guten Glenmorangie und habe den Wecker um sieben überhaupt nicht realisiert. Erst gegen halb neun wurde ich wach und habe noch Minuten gebraucht, bis ich gecheckt habe, daß ich schon lange auf der Autobahn sein müßte. Ohne Frühstück und in hastig zusammengesuchten Klamotten bin ich zum Auto gerast und losgefahren. Handy macht's möglich, und so wußten Ingrid und Günter, daß „etwas dazwischen gekommen war", sie wollten schon mal beginnen. Erst kurz nach elf traf ich ein und ich muß so schlimm ausgesehen haben, daß Ingrid sich eine Bemerkung, die gleichzeitig Ärger und Sorge ausdrückte, nicht verkneifen konnte. Auch Günter zeigte sich besorgt über meine schlechte „Ausstrahlung". Mann, ich war einfach fertig von der harten Woche und hatte einen Kater!

Verdammt, warum habe ich wieder zur Flasche gegriffen? Wäre an diesem Morgen lieber allein gewesen als unter den prüfenden Blicken meiner Frau und meines Coachs. Ich hielt es dann auch gar nicht mit den beiden aus und ging erst mal frühstücken. Die Blicke der beiden sprachen Bände.

Zwanzig Minuten später kam Ingrid ins Restaurant und setzte sich zu mir an den Tisch. „Bernd, so geht's doch nicht weiter. Du machst dich fertig", sagte sie voller Mitgefühl. Ich erwiderte ärgerlich: „Nicht ich mach mich fertig, unsere Probleme machen mich fertig." Damit war das ruhige Frühstück zu Ende. Nach einigem Hin und Her mußte ich Ingrid eingestehen, daß ich inzwischen ein Alkoholproblem habe. Sie war entsetzt, faßte sich dann aber schnell und meinte, dann sei es ja gerade gut, Günter dabei zu haben. Und so passierte das, was ich genau nicht wollte: Mein Alkoholproblem war Gegenstand unseres gemeinsamen Coachings. Meine Schuld! Diese Vorlage habe ich selbst geliefert. Aber vielleicht müssen die Dinge eben so laufen – und wer weiß wofür es gut war?

Jedenfalls haben wir drei dann erst mal meine Situation bearbeitet – diese Mischung aus beruflicher Überforderung, körperlicher Überanstrengung und privatem Druck. Günter ging auf die tiefer liegenden Lebensmuster ein, führte mich behutsam, aber bestimmt über Fragen an die entscheidenden Punkte. Ich erkenne jetzt dieses Muster, immer der Beste, immer Vorbild, immer dynamisch und voller Energie sein zu wollen. Es geht weit in meine Kindheit zurück. Mein Vater war ja auch sehr stark und dominierte die Familie. Ich glaube, ich wollte ihm beweisen, daß ich auch soviel Kraft habe wie er. Er ist früh gestorben, als ich siebzehn war, als ich ihn noch gebraucht hätte. Danach bin ich – das sehe ich heute mit Erschrecken – voll in seine Fußstapfen getreten und in meinem Leben durchgestartet wie eine Rakete. Ich rannte von Erfolg zu Erfolg bis zu meinem heutigen Punkt. Günter meint, es mache keinen Sinn, das jetzt abzuwerten. Viele meiner Stärken und Fähigkeiten seien ja gut. Aber es ginge um die richtige Balance, die bei mir nicht mehr stimmt. Und hier greift der Mechanismus des Trinkens, mit dem ich mir eine zweifelhafte Entspannung aufbaue, die auch nachts nach einem extrem stressigen Tag noch funktioniert.

BS ist auf dem Weg, seine prägenden Grundmuster aufzuarbeiten.
→ Methodik-Modul F

Könnte schon sein, aber was sind die Folgerungen? Günter meint, ein Entzug sei noch nicht das Thema. Er rät mir, den gezähmten Weg zu versuchen und am Abend bewußt „ein Genuß-Glas" zu zelebrieren. Grinsend ergänzte er: „Du hast im Job soviel Kraft, ich traue Dir locker zu, daß Du dem Alkohol wieder den früheren Stellenwert geben kannst."

Ich bin sehr dankbar für die große Hilfe und Unterstützung durch Ingrid und Günter. Ich muß aufpassen! Habe mich wirklich übernommen in den letzten Monaten, immer nach der Devise: „Das ist nur jetzt am Anfang so stressig, es wird bald weniger." Es wird nie weniger, das erkenne ich jetzt. Jede Woche kommen im Job neue Anforderungen, im Herbst werde ich voll zu tun haben, die Digital-Schiene aufzusetzen, in '99 kommt das nächste Thema, irgendwann geht Peter ganz raus, und so geht es Jahr für Jahr weiter. Ist das zu schwarz gesehen?

Es war schon Spätnachmittag, als wir endlich auf unser Familienthema zu sprechen kamen. Günter ließ sich zuerst von uns beiden unser Ziel für dieses Gespräch nennen. Hier lagen Ingrid und ich mal zur Abwechslung auf einer Welle, denn wir wollten beide einfach Klarheit über unser zukünftiges Leben, also über die Frage, ob und wo wir künftig zusammenleben. Ingrid machte dann noch ein Statement, daß wir es auch Melanie schuldig wären, zusammenzufinden. Also ob sie mir das noch extra sagen muß! Günter ließ sich von beiden Seiten ausführlich die Sichtweise und die Sorgen schildern. Der andere hatte dabei Sendepause, durfte also nur zuhören, aber nichts sagen.

Ingrids Situationsbeschreibung hatte für mich keinen Neuheitsgrad. Sie brachte alle die Argumente, die ich schon seit Wochen zu hören bekomme. Günter hinterfragte dann meine Beteuerungen, ich würde mehr Zeit freischaufeln, wenn Ingrid und Melanie vor Ort wären. Das ist sicher der Knackpunkt, Ingrid hat vermutlich recht. Offen gestanden wüßte ich nicht, wo ich bei meiner derzeitigen betrieblichen Situation die Abstriche machen sollte. Ich müßte dasselbe Arbeitspensum bewältigen – nur mit deutlich mehr schlechtem Gewissen und mit Konflikten, wenn ich abends oder gar erst nachts nach Hause komme. Mir wurde im Laufe der Diskussion immer klarer, daß es nur eine sinnvolle Lösung gibt: Wir bleiben dauerhaft bei den beiden Standorten und führen – anders, konsequenter, schöner als bisher – eine Wochenendehe. Ich werde grundsätzlich am Freitagabend nach Koblenz fahren und ab und zu sollen mich Ingrid und Melanie auch in Stuttgart besuchen. Bei diesem Vorschlag, der mir als spontane Eingebung gekommen war, strahlte Ingrid unwillkürlich. Günter hinterfragte das Ganze nochmal, aber so machen wir es. Jeder behält vorläufig sein

Lebensumfeld. Das ist kein großer Durchbruch, aber das Beste, was unter diesen Umständen zu erreichen war. Und – auch ich fühle mich befreit, mein Leben in der Firma vorläufig so weiterführen zu können. Wer weiß, wenn wir uns die Wochenenden wirklich regelmäßig gönnen, was wir die ganze Zeit ja nicht getan haben, wachsen wir vielleicht auch wieder mehr zusammen. Fühlt sich gut an, was wir da geplant haben. Jetzt freue ich mich auf unseren gemeinsamen USA-Urlaub!

Nun sitze ich wieder in meinem Appartement und lasse nochmals die Betriebsversammlung Revue passieren. Morgen wird großer Bedarf an Mitarbeitergesprächen sein. Wir hatten in maximaler Offenheit informiert, Peter und ich hatten uns die Rollen geteilt und fast wie zwei TV-Moderatoren zusammengewirkt. Dabei gab es zum ersten Mal überhaupt eine Visualisierung – über Laptop und Video-Beamer. Wieder ein kleines Signal der Veränderung!

Als wir die Finanzlage unverblümt darstellten und den Druck der Banken erläuterten, wurde es mucksmäuschenstill im Drucksaal, den wir für die Veranstaltung teilweise freigemacht hatten. Ich habe noch eins draufgesetzt und meine Einschätzung eingebracht, daß Klinger Druck in der heutigen Form keine Zukunftschance hat. Einzelne Pfiffe, ansonsten nur leises Raunen. Dann, nachdem wir den Kelch des Leidens gefüllt hatten, führten wir die Mitarbeiter Stück für Stück wieder heraus und stellten unsere Vision des digitalen Unternehmens vor, in dem der heutige Print-Teil und die neuen Leistungsfelder Hand in Hand zusammenwirken. Wir haben das natürlich deutlich positiver dargestellt, als wir die Entwicklung vermuten. Ob es in einigen Jahren bei Klinger Druck noch eine solch dominante Offsetfertigung gibt, bezweifle ich sehr stark. Aber es wäre unklug gewesen, die Mitarbeiter noch mehr zu beunruhigen. Zum Schluß kamen dann die unangenehmen Wahrheiten. Steurer schlug sich tapfer in seiner bittersten BR-Stunde, er mußte einräumen, daß es eine Kürzung des Urlaubsgeldes und einige weitere unangenehme Maßnahmen geben würde. Nach lautstarken Protesten mußten wir intensiver diskutieren. Am Ende blieb es bei einigen bösen Bemerkungen von wenigen, während die meisten einsahen, daß die jetzt beschlossenen Einschränkungen immer noch besser sind als ein totaler Lohnverzicht im Falle von Kündigungen oder gar die

Betriebsversammlung in der Krise – ein zentrales Kommunikationsmittel.

Schließung des Betriebs. Peter hat die Stimmung am Ende durch ein spontanes, ganz hervorragendes Statement doch noch herumgerissen. Er machte mit Tränen in den Augen und zitternder Stimme – aber gerade darum besonders glaubhaft – deutlich, daß er sich „persönlich Tag und Nacht für die Sicherung und Sanierung des Unternehmens reinhängen wird" und strich besonders seine enge Partnerschaft mit mir, der „so hervorragende Arbeit in dieser schwierigen Zeit" leiste, heraus. Das war's dann und wir alle gingen auseinander.

super! PK wagt es, echte Gefühle zu zeigen. Das holt die Menschen ab!

20 Montag
Juli

Mißerfolge im Vertrieb. Habe heute viel telefoniert und nichts erreicht. Dafür ist Aubach umso erfolgreicher. Hatte erst heute das Gespräch mit dem Digital-Spezialisten. Ein wirklich tougher Bursche, dieser Schütz. Paßt von der Kultur überhaupt nicht zu Klinger Druck, aber er könnte tatsächlich der Joker für das neue Unternehmen sein. Großer Vorteil: Er ist nicht nur ein „Multimedia-Spinner", sondern kennt auch die klassische Drucktechnik hervorragend und kann wirklich einen verzahnten Workflow* konzipieren. Bin gegen Ende unseres Gesprächs spontan mit ihm zu Peter gegangen. Er zeigte sich dann auch beeindruckt. Nur von meinem Trick mit dem Consulting-Auftrag hielt er zuerst nichts, er ist für solche Winkelzüge einfach zu geradlinig. Als wir dann aber eine korrekte Vorgehensweise und deren zeitliche Probleme nochmals gründlich diskutiert haben, kam auch er letztlich zum dem Schluß, das Risiko eingehen zu müssen. Aber gerne macht er es nicht.

21 Dienstag
Juli

Gleich heute morgen Anruf bei Stefan Schütz – er war ganz aus dem Häuschen, daß wir so schnell reagieren und kam nachmittags zum zweiten Gespräch. Ich war schon etwas nervös, mußte ich ihm doch unsere etwas eigenartige Vorgehensweise schmackhaft machen. Er hatte noch nie als Consultant gearbeitet und reagierte erst einmal irritiert, ein Exposé verfassen zu müssen. Das Bonbon für ihn war klar – wenn sein Exposé überzeugt, werden wir GFs von den Gesellschaftern grünes Licht für die Gründung bekommen, und er wird dann unser Mann sein. Um die Dinge nicht auf die Spitze zu treiben, haben wir natürlich noch keinen

---

* Durchgehender digitaler Arbeitsprozeß durch alle Abteilungen

Arbeitsvertrag gemacht. Der Consulting-Auftrag muß erst mal reichen. So lernen wir uns alle auch erst noch besser kennen. Wenn Ederer den Braten riecht, wird es Zoff geben. Von „neutraler" Beratung kann hier keine Rede sein, aber ich bin absolut überzeugt, was wir zu Papier bringen, wird richtig sein und steht nicht im Widerspruch zu dem, was andere fachkundige Consultants sagen würden. Trotzdem, ein wenig flau ist Peter und mir schon. Können wir uns auf die Vertraulichkeit von Stefan Schütz verlassen? Wie auch immer, am Donnerstag kommt er den ganzen Tag zu mir zum Briefing. Bis ich aus dem Urlaub zurückkomme, muß schließlich das Gesamtgerippe des Konzepts stehen.

Ob sich das Management mit diesem vorgedachten Consulting-Ergebnis einen Gefallen tut?

Bin meinem Vorsatz treu geblieben. Abends, wenn die Last des Tages von mir abfällt, meist dann, wenn ich hier schreibe, genehmige ich mir ein schönes Glas Whisky und wenn Lust auf mehr kommt, tröste ich mich damit, daß ich bei einem richtigen Entzug gar nichts mehr hätte. Hat bis jetzt ganz gut funktioniert.

Bin mit den Vorbereitungen für meine lange Abwesenheit in den letzten Zügen. Die Aktionspläne mit meinen Leuten stehen, wir fahren in den nächsten Wochen einen Mix aus verstärkter Stammkunden-Pflege und ganz starkem Nachchecken bei den Angeboten. Die Messeaktion können wir im August vergessen, denn da gibt es durch die Sommerpause kaum welche. Wenn ich zurück bin, müssen wir intensiv am neuen Business-Plan arbeiten. Habe mit Peter für das laufende Geschäftsjahr eine Reduzierung des Umsatz-Forecasts auf achtzehn Millionen Mark vorgenommen. Das bedeutet, wir liegen mit den Plankosten deutlich zu hoch. Ob die jetzt verabschiedeten Kostenreduzierungen ausreichen, muß sich zeigen. Frau Zimmermann ist skeptisch. Meine Vertriebsmannschaft hat die Sparmaßnahmen ziemlich geknickt aufgenommen. Gerade die Leute, die sich zur Verbesserung der Lage am meisten reinhängen! Aber ich kann hier keine Ausnahme machen. Morgen nachmittag will ich die Reorga-Gruppe für September aufsetzen, damit auch das vorangeht.

Peter hat sich mit van Rosen außergerichtlich geeinigt. Er erhält als Abfindung fünfundzwanzigtausend Mark. Jede Mark ist zuviel für diesen Burschen!

23 Donnerstag

Juli

Der heutige Tag stand ganz im Zeichen des Briefings für Stefan Schütz. Er kam gleich morgens, war gut vorbereitet und natürlich hightech-mäßig organisiert. Alle Erkenntnisse aus unserem Betriebsrundgang hackte er live in einen Palmtop-Organizer, seinen Laptop hatte er auch dabei, um mit mir gleich erste Charts zu gestalten. Ich habe ihm vor allem die Struktur für die Ausarbeitung vorgegeben. Die Fragen, die Schütz gestellt hat, waren intelligent, er zeigte eigene Ideen, konnte unsere Fertigungsabläufe und Datenströme hervorragend nachvollziehen. Schlicht, das alles wirkte sehr überzeugend. Trotzdem habe ich irgendwo ein ungutes Gefühl ... er hat alle unsere Internas und hinzu noch einen aus Sicht der Gesellschafter illegalen Auftrag. Ich habe aber absolut keinen Hinweis gefunden, der auf irgendwelche unsauberen Ambitionen hindeuten könnte. Vielleicht höre ich inzwischen schon das Gras wachsen.

24 Freitag

Juli

Der Urlaub ist die ideale Bewährungsprobe für den Stellvertreter.

Es ist vollbracht. Ein Streß-Tag! Aber das ist man ja alles bereit zu akzeptieren, wenn der heiß ersehnte Urlaub bevorsteht. Bin mit Aubach nochmals alles durchgegangen, bin sicher, er wird ein guter Stellvertreter sein. Mußte noch etliche Kundentelefonate und leider auch Reklamationsgespräche führen. Die Schnellschüsse fordern ihren Tribut. Wir haben die Fertigungsprozesse für so ausgedehnte Nacht-Sessions einfach nicht optimal im Griff. Mir wird immer klarer: Wir müssen den Betrieb für die Messeaktion mit einem Speed-Faktor fahren, der letztlich vom Kunden überhaupt nicht bezahlt werden kann. Wir verdienen nicht dabei!

Bin dann heute abend noch sehr persönlich und freundlich verabschiedet worden. Mit meinem Team habe ich eine Runde Eis gegessen und Peter bat mich noch zu einem Bierchen, bei dem wir noch etwas über USA geplaudert haben. Zum Schluß hat er mir nochmals ganz persönlich für die Zusammenarbeit gedankt. Er meint (und heute kann ich mich darüber nur freuen), mit mir zu arbeiten, sei ein richtiges Abenteuer, und er habe noch nie so wenig Lust verspürt, abzutreten.

Wenn ich hier weiterschreibe, ist schon Ende August. Bin gespannt, wie sich meine Beziehung zu Ingrid im Urlaub entwickelt. Freue mich schon auf unsere gemeinsamen Ferien!

Vier gemeinsame Wochen – Familienwochen – liegen hinter uns. Es war eine gute Zeit, wenngleich es mir auch noch nie so schwer gefallen ist, Abstand zu finden. Mehr als eine Woche brauchte ich, um Klinger Druck und alles Drumherum wirklich weglegen zu können. Letztlich hat aber die amerikanische Welt – und Melanie – dann aber doch gesiegt, und ich war wirklich im Urlaub. Auch unsere kleine Familie brauchte ganz schön lange, um wieder zusammenzuwachsen. Mein Zusammenbruch im Juli hat mich mehr beschäftigt, als ich mir anfangs eingestehen wollte. Und noch etwas habe ich gelernt: Es sind noch eine ganze Menge Gefühle zwischen Ingrid und mir lebendig. Der Grundsatzbeschluß vom Coaching steht: Wir probieren das neue Konzept aus Wochenarbeit und Familien-Wochenende. Das bedeutet konkret, nächsten Freitag abend werden wir drei uns schon wiedersehen ...

Erster Arbeitstag nach vier Wochen Abwesenheit. Es hat eigentlich ganz gut begonnen, wobei die Finanzsituation bei Klinger Druck schon prekär ist. Peter hat mich gleich in Beschlag genommen, bevor Aubach überhaupt dazu kam, mir seine Erlebnisse als Stellvertreter zu berichten. Nach dem neuen Business-Plan, den Peter mit Frau Zimmermann aufgestellt hat, laufen wir auf einen Jahresverlust von einer halben Million zu, nach hunderttausend Mark plus im Vorjahr. Das wird den Gesellschaftern nicht schmecken! Grund dafür ist natürlich der von uns reduzierte Umsatzplan von achtzehn Millionen und die dafür zu hohe Personal- und Kostendecke. Auch die vor dem Urlaub gefaßten Krisenmaßnahmen ändern daran nichts, ohne diese unpopulären Beschlüsse wäre der Verlust noch deutlich höher ausgefallen. Das sind die Fakten, und sie sind nicht erfreulich. Sarkastisch gesagt: Willkommen im Club, Klinger Druck. Jetzt geht es uns endlich auch so wie vielen anderen Druckereien in Deutschland – wir schreiben Verluste.

// Dramatisch! Hier hilft nur noch eine grundlegende Restrukturierung.
→ Methodik-Modul 1

Mein Leben geht genauso hektisch weiter, wie es vor meinem Urlaub aufgehört hat. Aubach hat während der vier Wochen insgesamt einen ganz guten Job gemacht. Er war als Leiter akzeptiert, das hörte ich unisono. Bei einigen größeren Entscheidungen ist er „geschwommen", aber er gibt es von sich aus zu, und dann ist es für mich völlig O.K. Die Konflikte zwischen Gabi Brenner und Peter Stempfer sind auch immer wieder aufgelodert. Hier muß ich bald eine grundlegende Entscheidung fällen.

Ganz überraschend hat sich Jürgen Steurer von Peter ein Zwischenzeugnis geben lassen. Er ist gefrustet über seine belastende Doppelfunktion zwischen BR-Vorsitz und Leiter der Vorstufe. Irgendwo verstehe ich ihn, im Betriebsrat kann er zur Zeit keine Blumen gewinnen, und in der Technik, vor allem in seinem Bereich, planen wir massive Veränderungen. Steurer ist seit fünfzehn Jahren im Unternehmen und wird 49 Jahre alt. Für ihn ist absolut letzte Eisenbahn, wenn er sich zum Wechsel entschließt. Peter, Joachim und ich wollen ihn aber halten, sein Wissen in der Vorstufen-Technik ist äußerst wichtig. Nur leider versteht er von den digitalen Medien zu wenig.

Ja, und dann war heute der Tag von Stefan Schütz. Er hatte sich bei mir heute einen halben Tag Zeit erbeten, um seine bisherigen Erkenntnisse und Ergebnisse darzulegen. Wir haben gerade noch einen Monat Zeit bis zur entscheidenden Gesellschafterversammlung. Und was er in den vier Wochen entwickelt hat, ist durchaus beeindruckend. Im ersten Schritt faßte er alle bisherigen Erkenntnisse aus den Arbeitsgruppen und dem Round-table zusammen und kam zu dem für mich nicht mehr neuen Schluß, daß Klinger Druck in der derzeitigen Struktur im zu erwartenden Markt der Zukunft keine Chance hat. Es gibt seiner Meinung nach für unser Unternehmen nur die Option, neue Leistungsfelder zu erschließen, um der Erosion und Substitution im Stammgeschäft zu begegnen. Das ist aus seiner Sicht als Technologie-Profi natürlich richtig, verengt aber den Blickwinkel ganz erheblich, denn unternehmerisch betrachtet

hätten wir noch ganz andere Möglichkeiten. Wir könnten bewußt in unserem Marktsegment bleiben und den gesamten Betrieb radikal auf Kostenführerschaft trimmen. Wir könnten aber auch fusionieren, mit einer anderen großen Druckerei, einem Verlag, einer Agentur oder einem Digital-Provider. Strategische Varianten gäbe es viele, aber wie finden wir die genau für Klinger Druck passende und richtige? Schütz arbeitet weiterhin an möglichen Szenarien für den Einstieg in den Digital-Markt und wird sich wöchentlich mit mir abstimmen. Ich habe ihn besonders auf den Weg über eine Unternehmens-Neugründung angesetzt, weil ich mir nach wie vor nur sehr schwer vorstellen kann, den recht schwerfälligen „Dampfer" Klinger Druck in der gebotenen Zeit auf den neuen Kurs zu bringen. Morgen will ich die Reorga-Gruppe ins Leben rufen. Das ganze Projekt liegt mir schwer im Magen. Die Gesellschafter erwarten bereits in vier Wochen Erfolgsmeldungen, aber wir haben noch nicht einmal ein Konzept.

Völlig unrealistisch mit einer Gruppe.

Diese verdammte Kündigung von Wössner! Wir haben jetzt klare Hinweise darauf, daß er bei mehreren unserer Key Accounts erfolgreich gegen uns gekämpft hat. Inzwischen wissen wir auch, wo er untergekommen ist. Sein neuer Arbeitgeber ist eine völlig veraltete Druckerei bei Vaihingen, die in der ganzen Region für ihre Dumping-Preise bekannt ist. Die haben ihre alten Maschinen wahrscheinlich abgeschrieben, bieten keinerlei Service und kalkulieren interessante Aufträge so lange herunter, bis sie am Schluß den Zuschlag erhalten, manchmal unserer Erkenntnis nach nur noch knapp über Materialkosten! Was soll man da tun, das ist nicht unser Weg und auch nicht unser Niveau, aber wir haben schöne, früher ertragbringende Großaufträge bereits an sie verloren. Wössner paßt genau zu denen, denn wirklich verkaufen, also mit einem guten Preis abschließen, konnte der noch nie. Und ich sehe ihn vor mir, wie er sich diebisch freut, uns wieder einmal einen Kunden abgejagt zu haben.

Heute war ein gnadenlos heißer Sommertag, in der Fertigung haben alle nur noch gestöhnt. Peter und ich haben nachmittags eine Runde Eis für alle organisiert. Ich hatte die Idee, eine dieser Kinoboxen zu besorgen, mit denen die Platzanweiserinnen vor Beginn das Eis verkaufen. Damit sind Peter und ich durch die gesamte Fertigung getigert und haben das Eis verteilt. Toll, wie die Mitarbeiter reagiert haben. Es gab nebenbei eine Fülle von kurzen, aber sehr wichtigen Gesprächen, und plötzlich herrschte eine fröhliche, positive Stimmung. Peter war hinterher ganz aus dem Häuschen und freute sich wie ein kleines Kind über die gelungene Aktion.

Schönes Kultur-Ritual!
→ Methodik-Modul B

Der Start der Reorga-Gruppe wurde inzwischen auf den Freitag verschoben. Wir haben einfach mal wieder nicht alle Teilnehmer zusammenbekommen. Bei der Konstituierung müssen aber unbedingt alle dabei sein. Plane, zu Beginn ganz bewußt eine persönliche Vision für die zukünftige Organisation einzubringen. Wir arbeiten in diesem pragmatischem, schwäbischen Unternehmen viel zu wenig mit Visionen!

Jetzt freue ich mich auf das Gläschen Whisky. Im Urlaub funktionierte die Beschränkung auf das eine Gläschen hervorragend. Wir waren alle abgelenkt und entspannt. Aber jetzt, im Business-Kontext, wird mein Verlangen wieder größer. Zu dumm, habe mein Sportprogramm heute wieder nicht geschafft.

28 Freitag
August

War das ein zäher, kräftezehrender Tag! Ich fühle mich total leer und ausgebrannt. Sitze gerade in einem Autobahn-Restaurant, mußte nach zwei Stunden Fahrt eine Pause einlegen, so müde und unkonzentriert wie ich war. Bin um sieben direkt vom Betrieb aus Richtung Koblenz gestartet. Offengestanden wäre ich eigentlich lieber schön essen gegangen und dann in meinem Appartement in Stuttgart geblieben, aber ich kann Ingrid und Melanie nicht gleich beim Start der neuen Wochenend-Regelung enttäuschen! Während ich nun in diesem rauchigen Gastraum sitze und draußen der Verkehr vorbeibraust, lasse ich die Arbeitsgruppe Reorga nochmals Revue passieren. Bin wieder mal mit meiner Leitung nicht so ganz zufrieden, wobei – ganz anders als damals bei meinem Fiasko – die Teilnehmer ganz O.K. rausgegangen sind. Ich werde einfach das Gefühl nicht los, daß die Gruppe überhaupt noch nicht verstanden hat, worum es bei dieser Reorganisation eigentlich geht. Aber das Einladungsschreiben macht es doch deutlich.

Wir saßen alle um den großen ovalen Tisch im Besprechungsraum, denn ich wollte diesmal bewußt einen neuen Akzent setzen und von Anfang an jeden Vergleich zur früheren Zukunfts-AG rausnehmen. Ich startete mit den üblichen Konstituierungsthemen wie Regeln, Erwartungen, Zielsetzung, Timing, Protokoll und so weiter. Die Gruppenzusammensetzung war gewagt und ungewöhnlich. Peter nicht dabei, ich als Leiter, Joachim als Stellvertreter und dann so unterschiedliche Menschen wie die überkorrekte und spröde Zimmermann und der kreative, immer lockere

Wichtig: Genügend Zeit für eine saubere Konstituierung nehmen, das erspart später viel Mühe.

Markus Tanner, dazu die technischen Führungskräfte und
vom Verkauf mein Stellvertreter und die hochdynamische
Gabi Brenner. Anfangs war die ganze Gruppe erschreckend
passiv und ich mußte ganz schön darum kämpfen, bis erste
Wortmeldungen und Statements von den Teilnehmern
kamen. Mein fachlicher Start kam gut an und als ich meine
Organisations-Vision vorstellte war plötzlich Stimmung im
Raum! Meine Idee von „echter" Teamarbeit, von radikaler
Reduzierung der Schnittstellen, von mehr Verantworungs-
übernahme und Entscheidungskompetenz bei den Mitarbeitern polarisierte ganz offensichtlich. Jetzt kam endlich
eine sehr intensive, teils auch emotionelle Diskussion auf,
die nach kurzer Zeit bereits beim Thema Firmenkultur

landete. Die Debatte spitzte sich auf die Fragestellung zu, ob meine Gedanken und Konzepte überhaupt in die gewachsene Klinger-Kultur hineinpassen, die über die Jahrzehnte ganz auf eine Person und deren Charisma ausgerichtet sei. Ganz kontrovers wurde es dann, als ich meine Idee der Verschmelzung von Verkauf und Vorstufe vorstellte. Hier gab es massiven Widerstand und auch Unverständnis, denn die Vorstufe gehörte doch schon immer zur Technik … Aber immerhin haben wir einen ersten Schritt getan und alle Teilnehmer wissen, daß ich wirkliche Veränderungen und keine Kosmetik will. – So, diese Stunde Tagebuchschreiben war gut, jetzt kann ich etwas entspannter weiterfahren und den Tag erst mal „weglegen".

30 Sonntag
August

23.30 Uhr: Habe wieder getrunken, zwar nur drei Gläser, aber zwei zuviel. Verflucht. Eigentlich müßte ich jetzt mein mir selbst gegebenes Versprechen wahrmachen …

31 Montag
August

Fühle mich völlig beschissen wegen des Rückfalls gestern nacht. Irgendwie war ich in schlechter Stimmung aus Koblenz zurückgekommen. Dieser ganze Aufwand mit dem Hin- und Herfahren dafür, daß wir dann herumsitzen und Spiele machen, wo bei mir die Arbeit total brennt. Das machte mich ganz verrückt. Und meine beiden haben natürlich auch gemerkt, daß ich eigentlich nicht so richtig da war. Ingrid hat aber kein Wort gesagt, vermutlich, um nicht schon im Anfang die neue Idee zu zerstören. Und als ich dann gestern nacht zurückkam, wollte ich eigentlich nur ein Glas. Leider bin ich dann irgendwie abgesackt.

1 Dienstag
September

Habe gestern und heute ausschließlich Mitarbeiter-Gespräche geführt. Das war nun meine zweite Runde, da sind die Gespräche erfahrungsgemäß wesentlich leichter, weil man bereits auf vereinbarte Maßnahmen aufbauen kann. Solche Gesprächstage empfinde ich als extrem anstrengend aber auch sehr motivierend und nützlich. Allein schon die ersten Minuten, wo allgemeine Erfahrungen und Stimmungen, Smalltalk ausgetauscht werden, sind ungemein wertvoll. Und wenn es dann an die Vereinbarung von Zielen geht, wenn gegenseitiges Feedback läuft, dann wird es schon sehr spannend. Nicht selten weichen die Ziele, die sich die Mitarbeiter stecken, von den Zielen des Unternehmens ab, und dort ist dann Krativität und Verhandlungsgeschick erforderlich, um einen Konsens zu finden. Allein schon die Erkenntnis, daß der Mitarbeiter an diesem bestimmten Punkt ein eigenes Ziel hat, ist Gold wert. Ob und wie ich diese Intensität in der Gesprächsführung beibehalten kann, wenn ich erst mal Alleingeschäftsführer bin, weiß ich heute wirklich noch nicht.

Erschreckende Erkenntnis am Rande: Wie wenig unternehmerisch denken doch die allermeisten Mitarbeiter! Viele kennen nicht einmal den Unterschied zwischen Umsatz und Ertrag, geschweige denn den Zusammenhang von Kosten, Abschreibungen und Cashflow. Hier müßte in der Ausbildung unbedingt mehr getan werden.

Was wird für Qualifizierung getan?

Ein weiterer Nutzen der Gespräche: Mir ist gerade in der Anfangszeit bei Klinger Druck extrem wichtig, zu erfahren, wie ich von meinen Mitarbeitern gesehen werde, und hier einige, vielleicht auch unangenehme Wahrheiten zu hören, ist für mich bereits ein großer Erfolg der Gespräche. Zum anderen gibt mir der persönliche, vertrauliche Rahmen die Möglichkeit, das Fordern und Fördern sichtbar für die Mitarbeiter zu praktizieren. Kurz – solche Mitarbeitergespräche sind extrem gut investierte Zeit.

Reiner Routinetag – auch mal schön. Keine Strategien, keine Führungsgespräche, sondern nur Vertriebsroutine: Telefon, Schriftverkehr, eigene Organisation, Vorbereitung von zwei Akquise-Meetings fur morgen. Und nach Arbeitsende in einer Kneipe einige Bierchen mit Guido Aubach und Gabi Brenner. War ganz spontan zustandegekommen. Diese kleinen halbprivaten Treffen sind so wichtig! Da kommen Dinge zur Sprache, die tagsüber verdeckt sind. Zum Bcispiel, wie stark Peter Stempfer inzwischen im gesamten Team isoliert ist. Oder wie stark Petras Weggang immer noch auf den Gemütern lastet.

Mittwoch 2

September

Und alle im Team fragen sich, was das auch nach außen dokumentierte starke Verständnis zwischen dem Chef und mir bedeutet. Dahinter steht die Frage, bin ich nun Nachfolger oder Co-Geschäftsführer. Wenn ich das heute selbst schon wüßte!

Das ist noch ein völlig offener Punkt.

141

Heute gab es zwei Akquise-Meetings, zu denen ich nach dem gestrigen Abendgespräch spontan Peter Stempfer mitgenommen habe. Die Erlebnisse dieses Tages haben meine Antipathie ihm gegenüber nicht verringert, nun verstehe ich auch die Probleme seiner Kollegen mit ihm besser. Habe versucht, heute Vormittag einigermaßen neutral zu starten. Habe ihn in die Ausgangslage beider Kunden eingewiesen und dann unsere Rollenverteilung für die Gespräche geklärt. Er war völlig verwundert und überrascht, daß ich mit ihm und nicht mit Aubach gehen wollte. Aber nach einigen Schrecksekunden siegte bei ihm wohl so eine Art trotziges Selbstbewußtsein. „Wenn Sie meinen, mich mal prüfen zu müssen", war seine patzige Antwort. Wir waren übereingekommen, daß ich die Gespräche beginne, stärker den unternehmerischen Rahmen aufbaue und Stempfer dann als „Spezialist" die Führung übernimmt. Das klang im Auto auf dem Parkplatz noch ganz gut, in der Realität aber versagte Stempfer so total, daß man den Kunden schon körpersprachlich die Ablehnung seiner Person anmerken konnte. Auf der Heimfahrt mußte ich Stempfer mein Feedback geben. Er ging sofort in Rechtfertigung, griff mich an und beschuldigte mich, der ganze Tag sei eine einzige Farce gewesen, die nur dazu dienen sollte, ihn fertigzumachen. Ich kochte vor Wut, hielt mich aber erst mal zurück, bis ich an einem Autobahnparkplatz anhalten konnte. Bin nicht ganz sicher, ob ich ihn nicht doch zu sehr verletzt habe. Aber Stempfer ist deutlich geworden, daß ich der Meinung bin, daß er seinen Job im Augenblick verdammt schlecht macht und ich mir von ihm mehr Kritikfähigkeit wünsche. Wir fuhren schweigend in die Firma, wo er grußlos in seinem Büro verschwand. Das Thema ist sicher noch nicht abgeschlossen. Ich muß nachdenken, wir können nicht nochmals einen Vertriebsmann ohne Ersatz raussetzen! Wie gerne würde ich noch einen Profi von außen holen, der im Team nochmals ein Leistungsvorbild gibt. Aber bei der Finanzlage ...

In solchen Fällen hilft die Frage: „Kann er nicht?" oder „Will er nicht?"

Stefan Schütz taucht immer mal wieder auf, kontaktiert meist mich und Markus Tanner, den auch er als den technisch versiertesten der Vorstufen-Truppe identifiziert hat. Das führt natürlich zu ständigem Getuschel unter dessen Kollegen, obwohl wir offen die Aufgaben des Consultants kommuniziert haben. Insgesamt glaube ich, daß wir in diesem Projekt zeitlich gut unterwegs sind. Dagegen macht mir das Reorga-Projekt mehr Sorge. Mir geht es ähnlich wie damals bei der Zukunfts-AG: Ich habe viele Lösungen und Ideen schon im Kopf und die Gruppe hinkt in viel zu geringem Tempo hinterher. Erkenntnis: Vielleicht sollte ich grundsätzlich davon abgehen, die Gruppe die Lösungen erarbeiten zu lassen, sondern lieber selbst konkrete Vorschläge einbringen und nur noch diskutieren und gegebenenfalls optimieren lassen? Wäre möglicherweise ehrlicher. Jedenfalls möchte ich morgen meinen Wunsch nach einer wirklich modernen Organisation ganz klar formulieren.

BS denkt zuviel voraus und vertraut der Kraft des Teams weniger als sich selbst.

Die Messeaktion läuft wieder auf Hochtouren, die Herbstsaison beginnt und während im August wirklich nichts los war, kommt unser Konzept jetzt wieder hervorragend an. Das ist das verrückte in dieser verdammten Branche: Der Betrieb kann vor Aufträgen ächzen und stöhnen, aber es bleibt nichts hängen, die erzielbaren Preise reichen kaum aus, die Abschreibungen zu verdienen. Von Gewinnen ganz zu schweigen. Das deprimiert unternehmerisch total!

Sorge: Soll ich das mühsam ersparte Kapital von Ingrid und mir wirklich in diesem Unternehmen anlegen, wo ich sogar als Festgeld bei der Bank im Augenblick eine bessere Verzinsung bekomme? Wenn meine langfristige unternehmerische Hoffnung nicht wäre ... Wenn die Gesellschafterversammlung das Zukunftsprojekt kippt, werde ich mich kapitalmäßig nicht bei Klinger Druck engagieren!

Freitag **4**

September

Das zweite Meeting der Reorga-Gruppe liegt soeben hinter mir. Soeben heißt: zehn Uhr abends, geplantes Ende war sieben Uhr. Wir haben seit dem Beginn um zwei am Nachmittag nur über Organisations-Philosophien geredet, gestritten und gekämpft. Worauf habe ich mich da eingelassen! Irgendwie hatte ich wohl gehofft oder gar unterstellt, daß die Teilnehmer an einer Arbeitsgruppe für Reorganisation sich wenigstens ein wenig mit aktuellen, modernen Organisationskonzepten auseinandersetzen. Aber ich mußte schon nach einer halben Stunde erkennen, wie betriebsblind eigentlich alle Teilnehmer der Runde, einschließlich Aubach und ganz besonders Joachim, sind. Und wenn Peter bei der Klausur dabeigewesen wäre, hätte ich vermutlich noch ein weiteres Sorgenkind mehr gehabt. Ich kann's einfach nicht

Der einzige, der in diesem Unternehmen ein Problem mit der Organisation hat, ist BS. Und das ist eindeutig zu wenig.

glauben, daß die ganzen Trends, Themen, Konzepte der neunziger Jahre an denen so vorbeigegangen sind. Lean Management, Kai-Zen, Qualitätszirkel, autarke Teams, Prozeßdenken, Wertschöpfungsketten - das sind alles Fremdwörter hier bei Klinger Druck! Und wieder habe ich in der Gruppe falsch gehandelt, das wird mir jetzt völlig klar. Anstatt den Wissensstand zu erkennen und als Ausgangslage zu akzeptieren, legte ich mich aus meiner Enttäuschung und aus einem völlig überzogenen Sendungsbewußtsein mit der gesamten Gruppe an. Das habe ich wohl voll drauf: Mich innerhalb weniger Minuten durch ein paar geniale Interventionen gründlich zu isolieren. Nur im Gegensatz zu damals habe ich es dieses Mal gemerkt und konnte mit einem kurzen Break und einer emotionellen Aufarbeitung der Situation noch einmal die Kurve kriegen. Trotzdem: Am Ende war auf der einen Seite die Gruppe und auf der anderen ich mit meinen „verrückten" Ideen.

Was habe ich falsch gemacht? War ich zu schnell, habe ich zuviel vorausgesetzt? War ich zu dogmatisch? Morgen vormittag – ja, ich bleibe extra noch Samstag morgen in Stuttgart – hole ich mir Feedback von Aubach.

<figure>
Handschriftliche Randnotiz: Richtig! Die anderen abholen, ist die Devise!
</figure>

5 Samstag
September

Nach dem Frühstück: Nein, Ingrid hat es nicht verstanden und sie hat es auch überhaupt nicht gut gefunden, von mir so kurzfristig gestern abend informiert zu werden. Sie hatte sich für heute morgen ein besonderes Frühstück ausgedacht und Melanie hatte sich auch schon sehr darauf gefreut. Außerdem wollte sie mir wohl eine wichtige Neuigkeiten sagen. Aber dazu ist es gar nicht mehr gekommen. Wir haben uns am Telefon so heftig gestritten, daß ich aus Ärger und Trotz am Schluß aufgelegt habe und in Stuttgart geblieben bin. Verdammt, das war nicht richtig von mir! Zugegeben, ich hatte mit Ingrid fest vereinbart, daß ich ab dem Urlaubsende grundsätzlich am Wochenende zuhause bin. Aber das Reorga-Thema hat mich so sehr beschäftigt und auch belastet, daß ich dieses Feedback von Aubach einfach brauchte!

<figure>
Handschriftliche Randnotiz: Dieser Rollenkonflikt belastet viele Manager, wird aber oft tabuisiert.
→ Methodik-Modul H
</figure>

// Ach wie schwer ist es, ein guter Manager, ein guter Ehemann und ein guter Vater zugleich zu sein! Manchmal beneide ich die Kollegen, die alleine leben und diesen ständigen Druck nicht aushalten müssen!

10.00 Uhr: Ich bin selbst stolz auf mich, so etwas Verrücktes zu tun und am Montag morgen in Koblenz zu sitzen und mit Ingrid zu plaudern. Habe mich Samstag nacht doch noch entschieden, nach Koblenz zu fahren, da ich mein schlechtes Gewissen alleine in Stuttgart einfach nicht mehr ausgehalten habe, besorgte am Bahnhof einen riesigen Rosenstrauß und kurvte nach Koblenz. Dort kam ich erst weit nach Mitternacht an und mußte Ingrid erst mal rausklingeln. Ziemlich mißmutig stand sie dann im Morgenmantel am Eingang und schien gar nicht besonders begeistert zu sein. Doch als sie mein reumütiges Gesicht und dann auch den riesigen Blumenstrauß sah, war sie doch in Vergebungslaune. Am anderen Morgen war Melanie völlig perplex, als sie zur Mama kuscheln wollte und den Papa vorfand. Das sind Momente, für die sich die Mühe und Kraftanstrengung lohnen.

Wir haben dann das ausgefallene Samstags-Frühstück nachgeholt, und Ingrid eröffnete mir, daß sie sich zu einem Teilzeitjob in einer Anwaltskanzlei entschlossen und auch schon eine Stelle angeboten bekommen hat. Sie ist stolz, nach vielen Jahren Kinderpause diesen Schritt zu tun, das Kind loszulassen und sich selbst den Wiedereinstieg zuzutrauen. Grundsätzlich finde ich Ingrids Idee prima, wenngleich damit das Verbleiben von ihr und Melanie in Koblenz zementiert wird. Das hat mich dann auch etwas heruntergezogen. Aber je länger wir redeten, umso klarer wurde mir, daß es für sie der richtige Weg ist. Ingrid wird also ab Januar mit ihrer Arbeit loslegen.

Am Sonntag abend, als ich eigentlich schon wieder Abschied nehmen sollte, hatte ich dann spontan die Idee, den beiden zu zeigen, daß ich durchaus auch mal etwas Besonderes für die Familie tun kann – und bin kurzerhand geblieben. Erst haben es beide nicht geglaubt, daß ich mir wirklich den Montag einfach so freinehmen würde, dann aber waren beide begeistert.

Also, zu Hause ist wieder alles in Ordnung, und heute abend will ich nochmals meine Gedanken für diese Woche, die jetzt eben einen Tag kürzer geworden ist, sortieren.

6.00 Uhr: Habe heute nacht die Idee bekommen, wie ich den Knoten in der Reorga-Gruppe durchschlagen könnte. Aubach hatte mir ja am Samstag noch wertvolle Feedbacks zu der letzten Gruppensitzung gegeben. Ich habe wohl die Gruppe von meiner Idee einer Prozeß-Organisation überzeugen, besser noch überreden wollen, war aber offensichtlich nicht in der Lage gewesen, mit Geduld und Didaktik überhaupt zu erklären, wie diese neue Organisation genau funktioniert. Meine Idee: Werde für das nächste Treffen am Freitag als Überraschung einen „Ausflug" organisieren, und zwar zu Color-Team, einer zweihundert Mitarbeiter großen Rollenoffset-Druckerei in Böblingen, die ich schon lange kenne und die bereits seit Jahren mit autarken Teams und Prozeßdenken arbeitet. Wir fahren gemeinsam im Bus dorthin, auf der Fahrt werde ich als „Reiseleiter" eine Einführung in die Thematik geben und vor Ort kann sich die Reorga-Gruppe im Gespräch einen persönlichen Eindruck machen. Bin sicher, so eine Aktion wird für Goodwill und Motivation sorgen. Werde heute alles in die Wege leiten. Ich hoffe, daß der GF dieser Druckerei, Gernod Großmann, auch Zeit für uns hat ...

23.00 Uhr: Heute gab es ordentlich Krach mit Joachim. Ausgelöst wurde alles durch deutliche Alarmzeichen meiner Mannschaft beim Montagskreis, der wegen meines Koblenz-Aufenthalts ausnahmsweise erst heute stattgefunden hat. Wir alle stehen trotz der reduzierten Jahresplanung von achtzehn Millionen kräftig unter Strom und hinken ständig hinter den Monatsplänen her. Das August-Ergebnis war besonders mies, noch schlechter als saisonal sowieso schon budgetiert. Wir stehen derzeit bei knapp elf Millionen Umsatz nach acht Monaten, budgetiert waren aufgelaufen 11.75 Millionen. Das ist an sich schon schlimm genug, aber es kam noch dicker. Wir haben bei jedem zweiten Auftrag in der Nachkalkulation rote Zahlen geschrieben!

Als mir meine Mitarbeiter das berichteten, unterbrach ich das Meeting sofort und ging mit den DV-Ausdrucken zu Peter. Der war eigentlich in gemütlicher Plauderlaune, sah aber, wie aufgebracht ich war. Als ich ihm die Zahlen präsentierte, war seine gute Laune schlagartig weg. Die Aufträge waren preislich im Rahmen der vereinbarten Margen abgeschlossen, die letzte Preisuntergrenze war nirgends unterschritten. Das Material war wie kalkuliert eingekauft worden, also wo war das Kostenleck? Natürlich in der Produktion! Jeder zweite Auftrag in den roten Zahlen! Wenn die Tendenz so weitergeht, werden wir den „geplanten" Verlust von fünfhunderttausend Mark weit überschreiten – und dann wird's langsam eng. Wir haben sofort Joachim hinzugerufen, um mit ihm die Zahlen durchzugehen.Der rastete zum ersten Mal, seit ich ihn kenne, so richtig aus und beschimpfte uns, im speziellen mich, daß die Fertigung immer den Schwarzen Peter bekäme, daß nur diese verrückten Nachtaktionen schuld dran seien und daß man den Betrieb so überhaupt nicht mehr führen könne. Wir beide merkten, daß Joachim nervlich absolut am Anschlag war, und gaben ihm den Auftrag, bis morgen nachmittag eine erste Analyse zu machen, was eigentlich los ist. Ich saß mit Peter noch bis in den späten Abend zusammen. Wir haben den Laden derzeit finanziell nicht im Griff. Wir müssen här-// tere Maßnahmen ergreifen. Denkbar wären Kurzarbeit und – wenn es ganz hart kommt – die große Schere und eine Sanierung mit Sozialplan. Aber das wollen wir unter allen Umständen vermeiden. Am Abend beim Rausgehen kam Joachim auf dem Parkplatz auf mich zu und streckte mir die Hand entgegen, um sich zu entschuldigen. Ist O.K., auch ich habe mal einen schlechten Tag.

Joachims Analyse kam bereits am Vormittag. Er brachte seine beiden Abteilungsleiter Steurer und Michel mit und alle drei mußten kleinlaut zugeben, daß die Qualität seit Monaten nicht mehr stimmt. Die Kunden bekämen dies nur deshalb nicht mit, weil intern vieles nachgebessert würde. Probleme bei der Datenkonvertierung, Platten sind unbrauchbar und vieles wird doppelt gedruckt. Die Schlüsselfrage ist: Warum erfahren wir das erst heute? Joachim beteuert, er selbst sei erst durch unsere Zahlen draufgekommen, aber mit diesem Argument hat er sich keinen Gefallen getan, denn das ist ja noch schlimmer, wenn der Betriebsleiter erst vom Verkauf darauf gebracht werden muß, daß in seiner Fertigung was nicht stimmt. Und Peters Rüge fiel mir viel zu „nett" aus. Die bereits vergeigten Aufträge können wir nachträglich nicht mehr reparieren, hier werden wir in den nächsten Monatsabschlüssen unsere Quittung bekommen. Aber in unserem generellen Kosten-Management haben wir noch nicht alle Möglichkeiten ausgeschöpft.

Die Problematik ist, wie lange soll man warten. Reagiert der Unternehmer zu früh, verhindert er mögliche Selbstheilungskräfte. Reagiert er zu spät, geht er ein existentielles Risiko ein.

Mittwoch **9**

September

Joachim wird von PK nicht geführt!

147

Jeder von uns beiden will bis morgen früh nachdenken, welche Beschlüsse Sinn machen. Meine Ideen:

- Außerordentliche Betriebsversammlung nur zum Thema Sparprogramm
- Auflösung des Fuhrparks durch Outsourcing an externe Spediteure. Damit können wir zwei Stellen abbauen.
- Forcierung des Reorga-Projekts und dadruch Abbau von zwei bis drei Stellen noch im Herbst
- Investitionsstop für alle Projekte über tausend Mark
- Ideen-Wettbewerb für Einsparungspotentiale

10 Donnerstag

September

Die beiden GFs bräuchten professionelle Hilfe von außen.

Nur noch Krisen-Meetings zur Finanzlage. Das zieht einen richtig runter. Anstatt sich als GF visionär, strategisch und kreativ zu beschäftigen, muß man den ganzen Tag kleine Brände löschen. Und abends fragt man sich, was man eigentlich den ganzen Tag gemacht hat. Ich merke, daß die Tristesse der Gesamtsituation auch bereits meine Tatkraft und Power für das Digital-Projekt nimmt. Bin auch ich schon Gefangener des Systems?

Habe gemeinsam mit Peter die Krisenmaßnahmen zweiter Teil beschlossen und mit dem Betriebsrat verabschiedet. Was mich wundert: Es kam keine Gegenwehr, nicht mal mehr bei den Entlassungen. Ist Steurer etwa schon auf dem Absprung? Ihn möchte ich wirklich nicht verlieren. Man kann auch „krankschrumpfen". Wir dürfen nicht noch mehr qualifiziertes Personal verlieren! Habe ihn deshalb nächste Woche zum Abendessen eingeladen. Er war verblüfft, sagte aber mit etwas Stolz in der Stimme zu. Also, jetzt drehen wir den Kostenhahn bei Klinger Druck nochmals zu. Viel lieber wäre uns allen, stattdessen den Umsatzhahn aufzudrehen. Aber mit der dezimierten Mannschaft und dem völlig übersättigten, preisverdorbenen Markt sehe ich dazu im Augenblick überhaupt keine Chance.

Kosten runter oder Umsatz hochfahren?

Die beste Nachricht des Tages: Konnte Peter überzeugen, daß wir trotz der Einsparungskampagne einen weiteren Top-Verkäufer zur Forcierung des Vertriebs brauchen. Die größte Gefahr ist, daß sich am Markt langsam rumspricht, daß wir in ernsten Problemen stecken. Die Lieferanten wissen was, die Mitarbeiter haben heute in der Betriebsversammlung Klartext gehört und einige Großkunden müssen wir auch einweihen. Wenn das mal gutgeht ...

Negativ-Paukenschlag gleich heute vormittag: Joachim präsentierte uns bleich und übernächtigt (der kaut auch ganz schön an den Problemen) gleich zwei Kündigungen von Spitzenkräften aus der Fertigung: von Ernst Wallner, einem hervorragenden „ersten" Drucker, gerade von uns auf der neuen Sechsfarbenmaschine eingeschult, und auch von Markus Tanner, dem DTP-Profi. Ausgerechnet der, mit dem hatte ich im Zusammenhang mit dem neuen Unternehmen noch soviel vor. Wir haben für beide natürlich erst mal keinen Ersatz, und die kurzfristige Kostenersparnis tröstet uns nur schwach über den Verlust von zwei guten Mitarbeitern hinweg. Peter meinte, wir müssen aufpassen, daß das in der Belegschaft keine Kettenreaktion auslöst.

stimmt!
Vor allem die
Leistungsträger
müssen unbedingt
gehalten werden.

Was mir nicht gefällt: Wir in der Geschäftsführung werden im Augenblick immer reaktiver. Jeden Tag kommen von „außen" irgendwelche neuen Probleme auf uns zu, auf die wir, so gut wir können, zu reagieren versuchen. Aber haben wir wirklich noch das Heft in der Hand? Wir müssen auch vor den Mitarbeitern wieder mehr in die Offensive gehen, nicht nur durch Sparprogramme.

Das Positiv-Erlebnis des Tages: Habe meine Idee des Ausflugs zu Color-Team trotz der Turbulenzen im Unternehmen durchgezogen. Die Leute kamen routinemäßig in den Besprechungsraum und waren anfangs eher unmotiviert in Erwartung einer wiederum nervenden Grundsatzdiskussion. Dann eröffnete ich Ihnen, daß draußen ein Bus warte, um sie zur Begutachtung eines Unternehmens zu bringen, in dem meine Organisationsidee lebt und umgesetzt ist. Zuerst ungläubiges Staunen und Verblüffung, dann stiegen alle ob meines unerwarteten Coups ein, und ich spielte die Rolle des Reiseleiters. Dieses Mal war ich auf die Gruppe besser eingestellt, holte weit aus und führte sie langsam an die neuen Denkansätze der Organisation heran. In Böblingen angekommen, konnten sich die Arbeitsgruppen-Mitglieder diese von mir theoretisch gebrachten Gedanken in der Praxis anschauen, konnten mit Führungskräften und Mitarbeitern von Color-Team reden. Vor allem die Diskussionen über das „Vorher/ Nacher", über die Bilanz der organisatorischen Veränderungen und die praktischen Schwierigkeiten und Erfolge bei der Einführung hat viele abgeholt. Insgesamt hat die Aktion toll gewirkt. Das nenne ich jetzt „Management by Surprise".

Menschen lassen
sich durch Rituale
unglaublich beein-
drucken.

Ingrid bekommt durch unsere neue Wochenendregelung am Freitag abend einen total ausgepumpten Mann, der nach einer langen Woche, einem langen Tag und einer langen Autobahnfahrt meist erst kurz vor Mitternacht ankommt und viel zu verspannt zum Schlafen ist. Tagebuchschreiben ist dann genau das Richtige. Ob unsere Familien-Wochenendlösung wirklich die richtige Idee ist? Ich empfinde es im Augenblick nur als Streß!

14 Montag

September

Heute war der Tag der Mitarbeiter-Meetings, Peter in der Technik, ich im Vertrieb. Peter hatte eindeutig den schwierigeren Part, denn der Weggang der beiden Mitarbeiter aus der Technik hat Wellen geschlagen. Bei der anschließenden Diskussion wurde deutlich Unmut geäußert über „die da oben", die den Mitarbeitern immer mehr Opfer abverlangten. Es könne doch wohl nicht sein, daß die Arbeiter in drei Schichten rotierten und am Schluß an den Aufträgen nichts hängenbleibe. Der Vertrieb müsse eben bessere Preise holen. Joachim hat hier gut reagiert und Selbstkritik gefordert, denn „auch bei uns in der Technik lief in den letzten Wochen nichts richtig zusammen". Das Sparprogramm wurde zur Kenntnis genommen, zu dem Thema „Fahrer" haben wir bewußt noch nichts gesagt, so lange Joachim das Outsourcing-Konzept noch nicht klar hat. Peter war nach dem Meeting deprimiert, er hatte das Gefühl, von den eigenen Leuten nicht verstanden zu werden. Es ist schwer, betriebswirtschaftlichen Laien zu erklären, warum ein Betrieb Sonderschichten fahren und trotzdem in Konkurs gehen kann!

Auch in diesem Unternehmen herrscht viel zu starke Fokussierung auf den Umsatz.

Mein Meeting in der Verwaltung war von wesentlich mehr Kampfgeist geprägt. Ich glaube, daß ich angesichts der Lage noch ziemlich viel Optimismus gezeigt und eine kämpferische Rede gehalten habe. Unser Umsatzziel von achtzehn Millionen ist Ehrensache, und – das war mir entscheidend wichtig – eigentlich geht es nicht primär um Umsatz, sondern um Ertrag. Hoher Service-Anteil und viel Vorstufen-Wertschöpfung ist die Devise, denn in diesen Bereichen verdienen wir gemäß Nachkalkulation viel mehr Geld als im Druck. Mein Team hält zusammen, da ist noch viel Entwicklungspotential drin. Habe am Schluß noch angekündigt, einen weiteren Top-Außendienstmann zu suchen, was ein unterschiedliches Echo ausgelöst hat. Aubach war – für mich völlig überraschend – total verunsichert. Er hat wohl Sorge, daß seine Kronprinzen-Rolle in Gefahr geraten könnte. Aber diesen Wettbewerb muß er aushalten. Habe ihn nach Abschluß des Meetings kurz zur Seite genommen und mit ihm geredet. Er hätte sich gewünscht, von dieser Entscheidung vor den anderen zu erfahren. Stimmt, das wäre besser gewesen.

Großer Fehler von BS!

Dienstag **15** September

Bin irgendwie deprimiert. Was habe ich aus Sicht der Mitarbeiter bis heute wirklich geschafft? Wenn ich das Unternehmen jetzt verlassen würde, wer würde mich vermissen? Solche Fragen stellen sich mir angesichts des täglichen Kampfes und der bisher nicht zu erkennenden echten Erfolge. Umsatzziel: nicht erreicht. Ertragsziel: völlig verfehlt. Kulturwandel: kleine Erfolge. Zukunftsausrichtung: noch nicht klar genug. Sichere Basis für meine eigene Karriere: noch nicht erreicht. Ich fühle mich wie ein Bergsteiger, der seit Tagen in der Wand hängt und, egal was er macht, riesige Kräfte braucht, um entweder hoch oder runter zu kommen. Und ich spüre, daß mir viele Mitarbeiter die Kette von Kündigungen, zu denen jetzt bald noch zwei weitere hinzukommen, als kühl kalkulierte Strategie unterstellen: van Rosen, Frank Wössner, Petra Schaffner, Markus Tanner, Ernst Wallner. Hoffentlich nicht bald auch noch Steurer! – Vielleicht hat Klinger Druck nur ein Problem, und das bin ICH!

Diese Tiefpunkte kennt und erlebt jeder Unternehmer ab und zu. Hier trennt sich die Spreu vom Weizen.

Donnerstag **17** September

18.00 Uhr: Wir kämpfen an vielen Fronten in der Hoffnung, daß alles zusammen unsere Lage bis Ende des Jahres stabilisieren wird. Habe es geschafft, zwei Großkunden zum Abruf von Lagerware zu bewegen. Peter hat seine „Hausaufgaben" noch nicht gemacht. Ich habe das Gefühl, er weicht den Gesprächen mit Lieferanten aus. Ich bin sicher, es ist ihm einfach peinlich. – So, jetzt geht es zum Abendessen mit Steurer. Meine Strategie ist klar: Peter und ich wollen ihn halten, sowohl als Vorstufen-Spezialist als auch als Betriebsrat.

23.00 Uhr: Donnerwetter, das Gespräch mit Steurer ging tief. Dieser Mann hat einen unerwarteten philosophischen und religiösen Hintergrund. Für Steurer hat seine Konfession erhebliche Bedeutung für sein Selbstverständnis als

Mensch, als Führungskraft und als Betriebsrat. Nur aus dieser Motivation heraus, aus dem christlichen Dienst an der Gemeinschaft, hat sich Steurer zu dieser Doppelfunktion entschlossen. Und jetzt muß er mit uns Beschlüsse fassen, die zu schwierigen Einzelschicksalen führen. Zwischen uns beiden entwickelte sich ein sehr intensiver Dialog über menschliche, christliche und unternehmerische Verantwortung, bei dem wir beide hinzugelernt haben. Er hat gemerkt, daß auch ich mich in hohem Maß verantwortlich fühle, als Unternehmer aber im Zweifelsfall immer für das Ganze entscheiden muß. Und da wiegt das Schicksal zweier Fahrer dann einfach geringer als das des gesamten Unternehmens. Steurer dagegen kann mit diesen Enscheidungen ganz schlecht umgehen, weil er immer das Einzelschicksal sieht. Er schafft es auch nicht, für sich eine Logik zwischen seiner Führungsaufgabe in der Vorstufe und seiner BR-Funktion zu finden. Der Mann leidet wirklich, und es ehrt ihn sehr, daß er an seine Kollegen viel mehr denkt als an sich selbst! Zumindest – und das war dann auch sein Statement am Ende – hat Steurer an diesem Abend erkannt, daß er uns beiden Geschäftsführern vertrauen kann (bei Peter war das für ihn sowieso klar) und daß kein „mieses Spiel" im Hintergrund läuft. Er hat versprochen, sich und uns einen Versuch zu geben und „vorläufig" im Spiel zu bleiben.

18 Freitag
September

6.00 Uhr: Wieder packe ich unwillig meine Koffer für meine Fahrt am Abend. Ich spüre einen immer größeren Widerstand, alle paar Tage nach Koblenz fahren zu müssen. Das überfordert mich!

19 Samstag
September

Gleich beim Frühstück hat es heute morgen gekracht. Ingrid hatte bereits gestern nacht gemerkt, daß ich unzufrieden und gefrustet heimgekommen bin. Sie versuchte, mich einfach zu lassen und lieb und nett zu sein. Aber beim Frühstück sind mir die belanglosen Alltagsthemen in der Familie so auf den Geist gegangen, daß ich irgendwann so desinteressiert und abweisend wurde, bis Melanie mich fragte: „Papa, du bist nicht gerne bei uns, nicht wahr?" So einfach und undiplomatisch hat es noch keiner gesagt, aber in der Sekunde hat es eindeutig gestimmt.

Ja, ich wäre lieber in Stuttgart geblieben, hätte Ruhe und Zeit gehabt zum Nachdenken und zum Schlafen und müßte niemandem Rechenschaft über meinen Seelenzustand geben. Als das dann heute morgen raus war, herrschte Funkstille und ich fühlte mich ziemlich mies und schuldig. Ingrid weinte, Melanie weinte, und ich kam mit meinen Gefühlen überhaupt nicht mehr klar und ging erst mal an die frische Luft. In der später unabdingbaren Auseinandersetzung mit Ingrid ging es wieder um die alten Themen. Sie äußerte die Sorge, daß sie und Melanie immer weniger an mich rankämen. Und da hat sie recht. Wir sind übereingekommen, daß ich mich nicht mehr zwinge, nach Koblenz zu fahren, sondern nur, wenn ich das ehrliche Bedürfnis habe. Mit diesem Scheiß-Gefühl bin ich jetzt nach Stuttgart zurückgefahren, wo ganz bestimmt auch keine erfreulichen Themen auf mich warten.

Zwangsmodelle helfen hier nicht weiter. Es geht darum, die Lebens-Prioritäten zu ordnen und den Mut zu haben, dazu mit allen Konsequenzen zu stehen.

Konnte natürlich mit meinem „gewonnenen" Freiraum heute morgen in Stuttgart überhaupt nichts anfangen, saß nur wie gelähmt herum und machte mir Gewissensbisse. Tausendmal spiele ich den Tag gestern gedanklich durch und zermarterte mir das Gehirn, wie ich die beiden mit ihren Themen so abwerten konnte. Ich verstehe mich selbst nicht, das ist das Schlimme!

```
E-mail
Thema: Sorry!
von:   Bernd_Schwaiger@inet.com
an:    Ingrid_Schwaiger@dnet.de
Datum: 20.09.98 09:32:01
```

Liebe Ingrid,
kannst Du/könnt Ihr mir nochmal verzeihen? Ich weiß selbst nicht, was mit mir los ist. Ich wollte Euch nicht verletzen, aber ich habe es getan. Es war nicht O.K. von mir, Eure Themen als so unwichtig abzutun. Ich verstehe selbst nicht, warum ich mich in meine Mitarbeiter so gut einfühlen kann und zu Hause die einfachsten Dinge nicht geregelt bekomme. Vielleicht finde ich aber auch nur den richtigen Schalter nicht, um zwischen Management und Familie umzuswitchen. Bitte laßt mich nicht fallen und helft mir, wieder zu Euch zu finden. Ich brauche Euch!
Bernd

Abends: Habe aus einer spontanen Eingebung heraus Peter angerufen. Obwohl er Verwandtenbesuch hatte, nahm er sich die Zeit und kam sogar zu mir in meine Wohnung. Er gab mir im Gespräch das Feedback, daß er sich vom ersten Tag an über meinen zeitlichen Einsatz gewundert habe und meint, daß ich im Betrieb teilweise überziehe und viel zu schnell verändern will. Ich bin massiv unzufrieden, wie langsam alles vorangeht, für ihn ist mein Tempo eher zu hoch, das ist unser genereller Unterschied, aber ich kann nicht anders. Eine Verringerung des Tempos, jetzt, wo es um's Ganze geht – undenkbar! Wie auch immer – Peter ist ein toller Freund und Partner. Dieser Abend hat noch mehr zusammengeführt.

super, wenn das zwischen Geschäftspartnern möglich ist!

21 Montag
September

Ich muß nochmal das dritte Meeting der Reorga-Gruppe vom letzten Freitag rekapitulieren. Es lief nach dem immer noch nachwirkenden Eindruck des Ausflugs einfach toll. Endlich war in der Gruppe eine gemeinsame konzeptionelle Plattform entstanden. Noch kein echtes Umsetzungs-konzept, noch keine konkreten Maßnahmen, aber immerhin ein von allen getragenes Zielmodell. Dieses wurde auf einigen Charts beschrieben, die wir dann schon mal den Gesellschaftern vorstellen können. Verdammt, nur noch wenige Tage bis zur entscheidenden Gesellschafterver-sammlung! Diese Woche muß sowohl der Bericht von Schütz als auch das Reorga-Konzept fertig werden. Und der Kalender ist voll mit Vertriebsaktivitäten. Wann wohl eine Antwort von Ingrid kommt?

22 Dienstag
September

1.00 Uhr früh: Bin viel zu aufgekratzt, um zu schlafen. Vielleicht hilft mir das Schreiben, um zur Ruhe zu kommen. Der gestrige Tag verlief ziemlich gut und erfolgreich, wenn ich von der massiven Störung mit Stempfer absehe. Der ist nach dem mißlungenen Fronteinsatz nun endgültig einge-brochen und seit heute krankgemeldet. Muß mit Aubach dringend besprechen, wie wir hier verfahren. Für mich muß er raus aus dem Team, obwohl natürlich eine weitere Ver-ringerung des Verkaufs überhaupt nicht in die Landschaft paßt. Aber Stempfer würde uns ohnehin nicht allzusehr fehlen. Am Abend präsentierte mir Schütz seine Gedanken und die bis jetzt entwickelten Charts. Er scheint in seiner

Aufgabe aufzugehen und ist ganz begeistert von seiner neuen Rolle als Consultant, zumal er sich damit ja sein zukünftiges Aufgabenfeld selbst definieren kann. So schön möchte ich es auch mal haben, ich darf als GF des Stammunternehmens den ganzen Schrott der letzten Jahrzehnte verwalten. Das Resultat von Schütz' Recherchen und Überlegungen: Der neue Geschäftsbereich soll sich hochspezialisiert auf zwei Beine stellen. Zum einen die Konzeption, Gestaltung und Herstellung interaktiver CD-ROMs als Ergänzung für Geschäftsberichte. Schütz hat hier eine Fülle von Ideen, wie man die „trockene" Materie Geschäftsbericht mit dynamischen Elementen aufwerten kann. Zum anderen empfiehlt Schütz, ein neues Produkt, eine Bilddatenbank, anzubieten, um vor allem unseren Agentur-Partnern und den Großkunden, also allen Unternehmen mit extrem hohen Bildbeständen, einen neuen Service zu bieten.

Wenn er seine Rolle bei Klinger Druck so sieht, kann er nur scheitern.

Klingt für mich alles ziemlich überzeugend, wenngleich ich mich an den Gedanken einer so starken Spezialisierung im Digitalbereich erst noch gewöhnen muß. Ich hatte ursprünglich ein breit gefächertes „Studio" gesehen. Schütz will sich für Freitag bereithalten, falls in der Gesellschafterversammlung vertiefter Diskussionsbedarf zu seinen Ausarbeitungen besteht. Ob wir ihn wirklich als Gast hereinnehmen, müssen wir angesichts unserer raffinierten Taktik noch überlegen. Das Highlight zum Schluß: Als wir dann den ernsthaften Teil hinter uns hatten und beim Kneipenbesuch am Rumspinnen waren, kam uns eine Superidee: Schütz wird als Consultant versuchen, Markus Tanner wieder „einzufangen". Habe über Umwege gehört, daß der sich auf dem Gebiet der neuen Medien umschaut. Den würde ich gerne bei uns halten.

22.00 Uhr: Stempfer hat die Grippe, das meint wenigstens sein Arzt. Wer's glaubt ... Wenn der zurückkommt, werden Aubach und ich mit ihm reden. Stempfer ist seit fünfzehn Jahren im Unternehmen und mit 49 Jahren gerade noch in der Lage, sich am Markt neu zu verkaufen. Wir sollten versuchen, eine Trennung im gegenseitigen Einvernehmen zu schaffen. Peter läßt mir in dieser Sache freie Hand, wünscht sich nur, daß es möglichst billig wird. Umso wichtiger wird es, einen neuen Top-AD zu finden. Auch Aubach hat sich inzwischen auch an den Gedanken gewöhnt und sieht ein, daß wir nach den vielen Abgängen dringend Verstärkung brauchen. Noch lieber wären mir zwei Neue statt einem. Bin mit einem Headhunter in Kontakt, der seine Fühler ausstrecken will. Eine Sperrliste wichtiger Kunden und einige Wunschkandidaten von Wettbewerbern habe ich ihm bereits übergeben. Morgen geht es mit Aubach nach Frankfurt. Drei neue Agenturen stehen auf unserer Liste. Die Maschinen brauchen „Futter"...

Ingrid hat sich noch nicht gemeldet. Was habe ich da angerichtet?

24 Donnerstag

September

Woran messen die externen Gesellschafter eigentlich den Erfolg der GFs?

Hatte heute mit Peter mehrere Stunden Vorbereitung in Sachen Gesellschafterversammlung. Er ist stolz, morgen bereits eine ansehnlich lange Liste mit bereits verabschiedeten Krisenmaßnahmen vorzustellen, deren Auswirkungen den Gesellschaftern innerhalb des nächsten halben Jahres versprochen werden. Mit diesem Bonbon möchte Peter die Hiobsbotschaft von einer halben Million Mark Verlust in '98 etwas abschwächen. Trotzdem wird diese Nachricht einschlagen wie eine Bombe und Ederer, der uns wohl nach wie vor nicht wohlgesonnen sein wird, bekommt damit zusätzliche Munition. Aber was will er tun? Die Geschäftsführer in dieser Situation abschießen, wo einer davon mit ansehnlichem Kapitaleinsatz einsteigen will und der andere der Gründersohn und frühere Alleininhaber ist?

Morgen kommt es darauf an, von den Gesellschaftern grünes Licht für das Digital-Unternehmen zu bekommen. Für mich ganz persönlich ist dies die Schlüsselfrage, die letztlich auch über meine Zukunft in diesem Unternehmen entscheidet, denn mir ist völlig klar, daß Klinger Druck mit Krisenmanagement und Restrukturierung allein nicht überleben wird. Und meine persönliche Vision als Manager ist nicht, ein zukunftsunfähiges Unternehmen in seinen „letzten Jahren" einigermaßen erfolgreich über die Runden zu bringen, sondern mit Power und Dynamik ein Erfolgsunternehmen aufzubauen.

Deshalb werde ich morgen den Gesellschaftern nochmals ganz klar sagen, daß eine Kapitalbeteiligung meinerseits mit der Gesellschafter-Entscheidung für diesen Weg gekoppelt ist. Peter hat zwar versucht, mich hier zu beschwichtigen. Ich bin von der Richtigkeit meiner Argumente aber überzeugt.

Gemeinsam sind wir alle Details unserer Präsentationen durchgegangen. In Sachen Reorga-Projekt haben wir zwar für Klinger Druck wichtige Fortschritte im Denken der Arbeitsgruppe gemacht, sind aber bezogen auf die Erwartungen von Ederer ziemlich dünn unterwegs. Dagegen ist das Schütz-Konzept sehr fundiert und praktisch beschlußreif. Als Peter mich am Ende, schon halb draußen fragte: „Was gibt's Neues zu Hause" schossen mir Tränen in die Augen. Peter kam einfach auf mich zu und klopfte mir väterlich auf die Schultern.

Hatte gerade ein langes Telefongespräch mit meinem Coach Günter. Er hat jetzt so spät am Abend noch angerufen, weil er wiederum einen Hilferuf von Ingrid bekommen hatte, die auch ganz verunsichert und verzweifelt ist. Mein E-mail hat sie zwar erhalten, es konnte ihre Verletzung und Sorge aber nur wenig verringern. Meine spontane verfrühte Abreise am Samstag war für sie und Melanie irgendwo ein Signal des Abschieds, des wirklichen Abschieds. Für mich ist die Tragweite dieser Erkenntnis absolut erschreckend, und Günter mußte mich wieder aufrichten, so fertig macht mich das alles. Er rät mir zu einem Gespräch mit Ingrid in seiner Praxis, aber ohne Melanie, und er wird versuchen, Samstag, den 3. Oktober, freizuschaufeln. Und ICH soll mit Ingrid darüber reden, da läßt mich Günter nicht aus der Verantwortung.

BS setzt nach wie vor seine absolute Priorität auf der geschäftlichen Seite. Ob er die Folgen tragen kann?

22.00 Uhr: Das war heftig heute. Peter und ich haben gekämpft wie die Löwen. Und wir haben gewonnen!!! Aber erst mal der Reihe nach.

Komme gerade von einem Abendessen mit Peter und Ederer (!) zurück. Es war die Überraschung des Tages, daß Ederer dieses Mal nicht als „Rächer" für Petra auftrat, sondern gleich noch am Parkplatz begütigend auf uns zuging und sagte: „Wir haben letztes Mal wohl alle etwas emotionell überzogen. Tut mir leid, wenn auch ich die Sache mit Petra etwas überbewertet habe." Ich fand das ein beachtliches Eingeständnis. Zu diesem Zeitpunkt kannte Ederer die schlechten Nachrichten natürlich noch nicht (oder doch?), und wir konnten zumindest mit einem atmosphärisch angenehmen Einstieg erst mal starten. Nach den üblichen Routine-Themen aus dem Protokoll berichteten Peter und ich über die Lage des Unternehmens. Die Facts waren nicht schön, aber wir waren gut präpariert. Wir haben mehr als eine Stunde präsentiert, das Gespräch mit den Banken erwähnt, den Deal mit dem Betriebsrat, die inzwischen bereits ausgesprochenen bzw. vorliegenden Kündigungen, die Reorga-Ziele etc. Ganz am Ende kam die von Peter und mir abgesprochene zentrale Intervention. Wir fragten die Mehrheitsgesellschafter, ob sie weiterhin Vertrauen in beide GFs haben. Da konnten Ederer und Altmann nicht anders und gaben ihr Vertrauen zu Protokoll, wohlwissend, daß Klinger Druck in '98 keine Gewinne auszuschütten hatte und das Jahr '99 bei den vorgesehenen Restrukturierungen und der Investition in ein neues Geschäftsfeld bestenfalls ausgeglichen abschließen wird. Ederer hielt eine kleine Rede, lobte unsere umsichtige Führung in der schwierigen Lage und zeigte sich enttäuscht vom Stand der Restrukturierung. Ich wartete eigentlich die ganze Zeit auf den großen Knall, aber er kam nicht. Aus irgendwelchen Gründen, die wir nicht erkennen, hat Ederer für diesen Tag seine Konfrontationsstrategie weggepackt.

Und dann kam mein Thema Digital-Unternehmen. Ederer mußte verwundert erkennen, wieviel Arbeit und Gedanken in der Ausarbeitung von Stefan Schütz steckten. „Den will ich mal kennenlernen", sagte Ederer einfach. Der Auftritt von Schütz nach der Mittagspause war überzeugend, wenngleich ihm eine gewisse Nervosität schon anzumerken war. Vor allem bei der Frage nach seinem Background als Consultant kam er etwas ins Schwimmen, aber er rettete sich letztlich ganz gut über diese Hürde und konnte umso mehr mit seinen Markt- und Technologiekenntnissen glänzen. Sein abschließender Rat für Klinger Druck war klar: wenn einsteigen, dann sofort.

Die Diskussion kreiste dann lange um die Frage, ob das neue Leistungsfeld innerhalb des Stammhauses oder in einem dafür gegründeten neuen Unternehmen aufgemacht wird. „Wozu für jede neue Idee eine eigene Firma gründen?" meinte Ederer. Aber Schütz argumentierte verbissen für die neue Firma – sicher auch nicht ganz uneigennützig, denn bei Klinger Druck hätten wir ihn nicht so einfach integrieren können. Am Ende war das Entscheidungs-Szenario klar: Entweder jetzt einsteigen und dann mit einem neuem Unternehmen oder die Finger von den neuen Medien lassen, das

Geschickte Taktik! So nimmt man den anderen gezielt den Wind aus den Segeln.

Unternehmen radikal zu verschlanken und, solange es noch geht, Gewinne rauszuziehen. Zu meinem Entsetzen war hier plötzlich die ganze Sache am Kippen, denn Ederer fand an dem von uns eigentlich nur rhetorisch gemeinten Szenario „Verschlanken" großen Gefallen. Ohne groß nachzudenken, griff ich zu meinem letzten Mittel und setzte meinen Punkt: „Bei letzterem Szenario bleibe ich selbstverständlich nicht an Bord" – und erntete von Peter einen entsetzten, völlig fassungslosen Blick. Ederer hatte sofort begriffen und murmelte was von Erpressung. Er wünschte eine Abstimmungspause und verschwand mit Altmann zu einem Spaziergang nach draußen, während ich mit Peter im Konferenzraum zurückblieb. Peter war entrüstet über mein Vorgehen. Ich machte ihm deutlich, daß mir diese Entscheidung zwar wirklich extrem wichtig ist, ich aber bewußt pokerte ...

// Auch das ist eine legitime, wenngleich auch kurzsichtige Strategie.

... mit Erfolg, denn die beiden kamen zurück und Ederer sagte: „Herr Schwaiger, wir möchten Sie unbedingt weiterhin als Nachfolger im Unternehmen halten. Ihre Argumente sind nachvollziehbar und werden durch das neutrale Urteil von Herrn Schütz gedeckt. Wir geben unsere Bedenken gegen die Gründung einer neuen Gesellschaft auf." Die Unternehmung soll noch im November gegründet werden, ich werde die Geschäftsführung übernehmen. Ob Peter auch in die Geschäftsführung geht, ist noch unklar. Ich werde neuer Gesellschafter in beiden Unternehmen, wobei noch um die Anteilsverteilung gerungen werden muß. Ederer und Altmann wollen ihre beherrschende Stellung bei Klinger Druck nicht gerne aufgeben, wissen aber, daß es einen Passus im Gesellschaftsvertrag gibt, nach dem auch sie Anteile an mich verkaufen müssen. Sie wollen einfach noch etwas verhandeln. Das wird in den nächsten Wochen mit dem Notar noch geregelt. Ich bin beauftragt, alle notwendigen Vorbereitungen zu treffen. – Wenn das kein Grund zum Feiern ist!

Habe das Wochenende hier in Stuttgart verbracht und ausschließlich Sport getrieben. Das hat mir echt gut getan. Und wenn das schlechte Gewissen gegenüber der Familie nicht wäre, ginge es mir eigentlich top. Die Rückendeckung von den Gesellschafter tut gut, und ich spüre, mit dem neuen Unternehmen bekomme auch ich neuen Schwung. Da kann ich endlich mal gestalten.

Mit Ingrid hatte ich ein sehr kurzes, fast förmliches Telefongespräch. Sie denkt wirklich über Trennung nach, zumindest setzt sie sich mit dieser Option auseinander! Aber sie will unserer Beziehung noch eine Chance geben und willigt in das neuerliche Coaching mit Günter ein.

Ist Günter der richtige Coach für das Familienthema?

28 Montag
September

Heute kam Stempfer „aus der Krankheit" zurück und wurde von den Kollegen eisig und abweisend empfangen. Soll er ruhig fühlen, wie das Team zu ihm steht. Aubach und ich wollten ihn bewußt etwas weichkochen, deshalb nahmen wir ihn uns erst nach der Mittagspause vor. Ich eröffnete das Gespräch mit meinem Eindruck, daß die Vertrauensbasis sowohl vom Team zu ihm als auch von ihm zu mir irreparabel geschädigt sei. Er wiederum wollte sofort mit Vorwürfen in Rundumschlag-Manier kommen, wurde aber von mir gestoppt. Stempfer scheint ein völlig negatives Weltbild zu haben, steht weder zu sich noch zu anderen, also der klassische „ich bin nicht O.K. - du bist nicht O.K.-Typ", der hat sich selbst schon lange aufgegeben – und das mit neunundvierzig Jahren! Aubach war sehr betroffen von dem Gespräch. Aber wie entscheiden? Lassen wir Stempfer im Team, ist er völlig isoliert und setzt auch ein permanentes Signal von Fehlleistung, das wir zum Bau eines dynamischen Teams überhaupt nicht gebrauchen können. Werfen wir ihn raus, ruinieren wir ihn vielleicht existentiell. Aubach war sehr betroffen von dem Gespräch, meint aber auch, daß Stempfer bei dieser Denkhaltung und seinem Auftreten im harten Markt unserer Branche kaum noch einen neuen Job finden wird.

siehe „Mentales Leitbild"
→ Methodik-Modul F

29 Dienstag
September

Der Headhunter Jacques Urwyler, ein Schweizer mit Büros in Bern, Zürich, Frankfurt und Hamburg, hat zwei Kandidaten für den Top-Verkäufer gefunden. Er will sie uns am Montag präsentieren. Bin schon sehr gespannt.

Joachim hat heute mit Peter ein langes, intensives Gespräch geführt. Er kämpft darum, in der Fertigung mehr Prozeßsicherheit zu schaffen, aber der Schlüssel dazu wäre eine andere Führung, die stärker auf Eigenverantwortung und Teamarbeit setzt. Beides hat er definitiv nicht drauf, erkennt es aber wenigstens und sucht Hilfe. Das brachte mich auf die Idee, kurzfristig ein internes Führungstraining mit einem externen Profi zu veranstalten. Sogar Peter war von der Idee spontan begeistert, und Joachim ist sicher nicht die einzige Führungskraft, die davon profitieren kann. Termin steht schon: 23./24. Oktober. Ich werde den Trainer genau aussuchen und intensiv briefen. Verspreche mir gerade in Verbindung mit der Umstrukturierung eine Menge davon!

Das Sparprogramm greift langsam. Joachim hat die Gespräche mit Spediteuren abgeschlossen, wir sind vertragsreif, und damit kommen zwei Entlassungen auf uns zu. Peter wird die Kündigungsgespräche mit Joachim gemeinsam führen. Immerhin haben wir erreicht, daß unser zukünftiger Spediteur die Einstellung der beiden Fahrer in seinem Unternehmen prüft. Mehr war nicht zu machen, aber wenigstens haben die beiden eine Chance. Sie haben ihren Job immer ordentlich gemacht, und wir helfen ihnen für ihre Neurorientierung, so gut wir können.

Löblicher Versuch von Outsourcing

Durch den beschlossenen Investitionsstop ruhen nun einige wichtige Projekte. In der Vorstufe können keine neuen Rechner angeschafft werden, in der Weiterverarbeitung sollte ein Zusatzaggregat gekauft werden und im Vertrieb wollte ich eigentlich Aubach und mich mit einem Computer-Heimarbeitsplatz ausstatten. Der normalerweise im Herbst geplante Betriebsausflug ist abgesagt, in der Fertigung wird penetrant auf Qualität geachtet und jede kleine Makulatur kritisch geprüft. Also es geht doch! Warum brauchen die Menschen immer erst eine existentielle Krise, bis sie aufwachen? Heute abend war zum krönenden Abschluß des Tages das zweite Gespräch mit Stempfer. Er hat selbst erkannt, daß es so nicht mehr geht, und wollte nun so viel Geld wie möglich rausschlagen. Wir haben eine Abfindung von fünfzigtausend Mark vorgeschlagen, was deutlich weniger wäre, als die Rechtsprechung vorsieht. Vielleicht geht es ja gut.

Irgendwie kreisen meine Gedanken ständig um das ungelöste Problem mit Ingrid. Wir sind festgefahren in unserer Beziehung, daran besteht kein Zweifel. Sie will keinesfalls nach Stuttgart, ich nicht zurück nach Koblenz, so einfach könnte man die Sache sehen, aber in Wirklichkeit ist alles weitaus komplizierter.

Vielleicht findet Günter einen Weg aus der Sackgasse. Morgen abend ist das Coaching-Gespräch mit Günter – dieses Mal in unserem Koblenzer Haus.

3 Samstag
Oktober

Gestern haben sich die Ereignisse überschlagen. Gleich morgens gab es ein Krisenmeeting in der Fertigung. Es ging um einen kapitalen Fehler in der großen Auflage eines Geschäftsberichts, den wir während des Drucks zufälligerweise bemerkt hatten. Auf einem der entscheidenden Charts, auf dem die Geschäftsentwicklung der letzten Jahre dargestellt ist, waren die Jahreszahlen alle falsch. Den ganzen Morgen haben Joachim und Steurer nach der Ursache des Fehlers gesucht, dann kam die erlösende Nachricht: Bereits die vom Kunden erhaltenen Digitaldaten waren falsch. Aber wie genau beweisen nach Datenkonvertierung und teilweiser Datenübermittlung per Modem? Es läuft sicher wieder auf eine Kulanzregelung hinaus – und wir zahlen drauf!

Dann bat Stempfer um ein Gespräch und eröffnete mir: Sein Anwalt, den er nun doch hinzugezogen hätte, sei der Meinung, die von uns angebotene Abfindung sei viel zu gering. Wir hätten die Chance nachzubessern, oder er geht vor Gericht. Dieser verdammte Halsabschneider! Hat die ganzen letzten Jahre wenig geleistet und monatlich das Geld eingeschoben – und will jetzt noch eine Belohnung. Das ärgert mich zutiefst. Werde mit Peter reden, ob wir ihn nicht doch irgendwohin „strafversetzen" anstatt ihn zu entlassen. Mir stinkt diese Abfindungsroutine der Anwälte und Gerichte!

Ist das der richtige Partner, wenn er so sprunghaft handelt?

Nächster Punkt war Stefan Schütz. Der wollte sich heimlich, still und leise aus dem Staub machen. Rief mich an und sagte so nebenbei, er hätte ein Angebot eines der großen Digital-Studios in Berlin. Mich hat es erst einmal gesetzt, seit Wochen arbeiten wir Hand in Hand an der neuen Firma und jetzt, kurz vor dem Start ... Habe mich sofort ins Auto gesetzt und bin zu Schütz nach Hause gefahren. Zwei Stunden habe ich ihn bearbeitet und dann noch in seiner Wohnung den Arbeitsvertrag klargemacht. Er lautet noch auf Klinger Druck, weil das neue Unternehmen noch nicht gegründet ist, aber das werden wir schon schaukeln. Bin heilfroh, daß ich Schütz noch umbiegen konnte. Aber ein Stück Vertrauen zu Schütz ist in mir schon beschädigt.

Raus bei Schütz, rein ins Auto, nichts zu Mittag gegessen und in die Firma gerast, um die Reorga-Gruppe zu leiten. Das Leben eines Geschäftsführers! Wenn ich das von der Gewerkschaft Druck und Medien kolportierte Unternehmerbild dagegenhalte, ist das echt zum Lachen. Die stellen sich den fetten, nur Kohle absahnenden Unternehmer vor, der nachmittags auf dem Golfplatz steht und seine Mitarbeiter als moderne Sklaven hält. Habe jetzt keine Lust, noch die Detailergebnisse der Reorga-Sitzung niederzuschreiben. War aber ein gutes Meeting. Jetzt ist es kurz vor 11.00 Uhr, und ich muß bald losfahren. Habe ein ungutes Gefühl vor dem Coaching heute abend. Frage mich, ob ich Ingrid einen Blumenstrauß mitbringen soll?

22.30 Uhr: Woher nehme ich die Kraft, dieses ständige Hin und Her in meiner Partnerschaft auszuhalten? Früher sind die Frauen einfach mit dem Mann mitgegangen, egal, was der gemacht hat. Macho sein ist einfach. Aber in der heutigen Zeit, wo wir es mit selbstbewußten Partnerinnen zu tun haben, ist alles so kompliziert. Die Sache mit Ingrid wächst mir über den Kopf. Wie soll ich bei Klinger Druck Motor sein und Zuversicht ausstrahlen, wenn ich selbst in der Scheiße stecke. Hatte immer gemeint, ich sei eine Führernatur. Ich kann zwar einen Bereich, auch ein Unternehmen führen, aber in der Führung unserer Familie bin ich kläglich gescheitert. Und das Coaching hat alles nur schlimmer gemacht. Trennung! Das ist die kreativste Lösung, die uns noch eingefallen ist. Aber ich möchte wenigstens eine Sache wirklich gut machen – und das ist im Augenblick mein Job Da habe ich auch größere Erfolgsaussichten als beim Job des Familienvaters. Immerhin haben wir erst mal nur eine Trennung auf Zeit beschlossen. Denn Gefühle sind zwischen uns durchaus noch da, sonst würden wir beide nicht so leiden. Wir bekommen einfach unser gemeinsames Leben praktisch nicht in den Griff. Und wenn ich ehrlich bin, ist sogar Erleichterung in mir, diese zwanghaften Freitagabend-Fahrten nach Koblenz erst mal los zu sein. Vielleicht schafft die Entfernung zwischen Ingrid und mir neue Nähe, so absurd sich das anhört. Ab morgen werde ich wieder richtig ranklotzen. Ich brauche unbedingt wieder Erfolgserlebnisse im Verkauf. Ach wie ich mich jetzt nach Whisky sehne. Aber im Augenblick halte ich gut die Balance ...

BS versucht, seine geschäftlichen Mechanismen auf die Familie zu übertragen. Das kann nicht funktionieren!

9 Freitag

Oktober

So läuft man vor seinen Problemen davon ...

Habe die ganze Woche keinen Tagebucheintrag gemacht, hatte mich vollständig in die Arbeit vergraben, am Anfang verbissen, dann aber zunehmend lustvoll. Ich habe in dieser Woche nicht weniger als zwölf Kundenbesuche gemacht. Ich weiß nicht genau, wie das geht, aber ich war ganz der dynamische Vertriebsleiter und konnte meine private Story wirklich mal vergessen. Sogar abends hatte ich meist noch Essenstermine mit Mitarbeitern oder Kunden, um möglichst nicht zuviel allein in meinem Appartement und düsteren Gedanken herumzuhängen.

Normalerweise wäre ich jetzt unterwegs nach Koblenz ...

12 Montag

Oktober

Habe heute das Führungstraining aufgesetzt. Konnte den mir von meinen Jahren beim Rhein-Verlag bekannten Klaus Hellmer verpflichten. Der ist zwar teuer, hat aber exakt die richtige Mischung aus Sensibilität und Härte, um bei den Menschen etwas zu bewegen. Trainiert wird die gesamte mittlere Führungsebene in Technik und Verwaltung/Verkauf. Ob wir beiden GFs dabei sind oder die Leute bewußt mal allein lassen, wird im Vorgespräch mit Hellmer noch geklärt. Der wird viel zu tun haben mit der Mannschaft, da bin ich überzeugt!

Am Nachmittag präsentierte der Headhunter die beiden Bewerber. Urwyler, eine Empfehlung von einem Kollegenbetrieb, war mir unsympathisch. Er versuchte die ganze Zeit angestrengt, einen bewußt kompetenten und seriösen Eindruck zu vermitteln, war outfit-mäßig für mich fast overstylt und wirkte eher aufgesetzt und arrogant. Vielleicht strahlte meine Abneigung ihm gegenüber negativ auf die beiden Kandidaten aus, jedenfalls kamen beide aus unterschiedlichen Gründen für uns nicht in Frage. Der eine war Außendienstler bei einem Maschinen-Zulieferer gewesen, wirkte aber saft- und kraftlos und fiel schon allein durch seine schwache Sprachbegabung durch. Der andere war ein echter Key account-Profi. Der ist Abschlüsse in Millionenhöhe gewohnt. Wir fürchten, daß der sich nicht die Hacken nach einen Druckauftrag von fünfzigtausend Mark abläuft. Außerdem verdiente er deutlich mehr, als ein GF bei Klinger Druck, was unser gesamtes Gefüge gesprengt hätte. Das war's dann erstmal. Aufgrund meiner Abneigung gegen Urwyler habe ich es bei dieser ersten Runde gelassen.

Vielleicht ergeben sich in den nächsten Wochen noch ganz andere Wege.

Stempfer wollen wir intern versetzen. Weder Peter noch ich sind bereit, für seinen gnädigen vorzeitigen Abschied schätzungsweise siebzig- bis achtzigtausend Mark zu zahlen. Wir werden ihm deshalb eine betriebsbedingte Versetzung in die Vorstufe vorschlagen, wo es für ihn nur die Möglichkeit gibt, DTP-Satz zu machen. Das wird ihm natürlich nicht schmecken. Und hinzu kommt, daß wir versuchen wollen, ihn auch noch finanziell zurückzustufen, wenn wir rechtlich durchkommen. Steurer hat als BR deutliche Signale gegeben, daß er für Stempfer nicht mehr als seine Pflicht tun wird. Mal sehen, wie das ausgeht.

// Das wird problematisch werden.

Gute Nachrichten von der Buchhaltung: Die September-Zahlen zeigen uns im Vertrieb erstmals über dem Plansoll. Unsere Entschlossenheit und Hartnäckigkeit hat sich also ausgezahlt. Habe diese Motivationsspritze sofort an die Mannschaft weitergegeben. Aubach hatte die spontane Idee, daß wir alle heute abend Pizzaessen gehen. Finde ich super. Das tut der Gruppe gut und stärkt unseren Teamgeist. Um Sekt für alle werde ich nicht herumkommen. Peter findet solche Aktivitäten immer toll, schafft es in seinem Bereich aber nicht, diese Spontanität zu zeigen. Das sind eben meine Stärken.

Gutes Signal!

Kurz vor Mitternacht: Beim Pizza-Abend mit meiner Truppe herrschte eine tolle Stimmung. Das Team nimmt mich wirklich an, auch wenn ich nicht nur Respekt, sondern zum Teil auch ein bißchen Angst mir gegenüber spüre. Aber das ist O.K. Ich bin für meine Leute ja nicht nur der Vertriebsleiter, sondern der Nachfolger des Chefs. Und Entlassungen habe ich auch schon geschafft, das Image des Sanierers habe ich bereits. Mißstimmung gab es, als nach dem Essen mitten im Erzählen von Anekdoten aus dem Betrieb plötzlich Stempfer auftauchte. Der hatte sich aus verständlichen Gründen für den Abend gleich gar nicht erst eingetragen. Es war frappierend zu beobachten, wie die Stimmung in der gesamten Gruppe innerhalb weniger Sekunden kippte. Ich mußte sogar eingreifen, damit man am vorher schon zu engen Tisch zusammenrückte und für ihn Platz machte. Und dann saß er da, eingekeilt zwischen „Feinden", selbst

völlig unkommunikativ, und alle schauten zu mir. Ich entschied mich intuitiv dafür, gar nicht zu reagieren und setzte mit einer neuen Anekdote auf, und einige aus der Gruppe, die schon befürchtet hatten, es käme der große Knall, atmeten hörbar auf. Ob die Mitarbeiter gemerkt haben, daß ich heute abend zu viel getrunken habe?

15 Donnerstag
Oktober

Das waren zwei gute Vertriebstage. Habe mein Büro überhaupt nicht gesehen, war nur unterwegs bei Kunden. Von solchen Tagen bringe ich natürlich immer viel Schriftverkehr mit, den gebe ich aber schon länger nicht mehr an Gabi Brenner, sondern mache es zum großen Teil selbst (die einsamen Abende verführen zur Arbeit am PC). Ach ja, Gabi Brenner. Die Zeit ist reif, diese tolle Kraft endlich zu befördern. Werde morgen in die Wege leiten. Von einem Parfumhersteller habe ich einen Auftrag mitgebracht, der über eine große Agentur ging und für uns ein Novum ist: Duftlack auf einer Broschüre, die nach der neuesten Parfumkreation riechen soll. Joachim traut sich die Sache zu, auch wenn wir erst noch experimentieren müssen. Vom Parfumhersteller bekommen wir die Essenzen zur Verfügung gestellt. Ist nur die Frage, ob wir mit der Duftlack-Technik klarkommen. Bei allem Risiko solcher Projekte suche ich bewußt Aufträge, die kompliziert sind. Was jeder kann, wird nur schlecht bezahlt ...

Mit Ingrid ist seit unserem Trennungsbeschluß absolute Funkstille. Und auch Günter hat sich nach dem unglücklichen Coaching-Tag in Koblenz nicht mehr gemeldet. Ob der ein schlechtes Gewissen hat?

```
E-Mail
Thema: Wie geht's Dir?
von:   Bernd_Schwaiger@inet.com
an:    Ingrid_Schwaiger@dnet.de
Datum: 15.10.98 23:09:06
```

Liebe Ingrid,
wir machen wirklich eine sehr schwierige Phase in unserer Beziehung durch. Du wirst Dich vielleicht wundern, aber ich bin trotz des Trennungsbeschlusses eigentlich ganz beruhigt nach Hause gefahren. Es ist nichts wirklich zerstört zwischen uns, das spüre ich, vielmehr haben wir jetzt die

Chance, aus dem zeitweiligen Abstand heraus später einen Neuanfang zu probieren. Mit mir geht es langsam wieder aufwärts. Wir hatten ganz gute September-Zahlen und ich habe das Gefühl, unsere Sparmaßnahmen wirken langsam. Bald gründen wir „mein" Digital-Unternehmen. Bin schon so gespannt, wie uns das alles gelingt ...

Dir und Melanie wünsche ich eine gute Zeit. Bernd

6.30 Uhr: Heute ist wieder ein Treffen der Reorga-Gruppe. Ich möchte Ende Oktober das Konzept so weit stehen haben, daß wir konkrete Maßnahmen aufsetzen können. Fühle mich wieder kraftvoll wie in alten Tagen. – Warum vermisse ich Ingrid und Melanie nicht stärker?

21.30 Uhr: Bin ziemlich fertig. Die Moderation oder vielmehr die Leitung von Meetings ist nicht unbedingt meine Stärke. Ich glaube, da ist Aubach wirklich besser. Eigenartig, so leicht es mir fällt, Mitarbeiter und Teams zu führen, so schwer ist es für mich, Meetings mit offenen Prozessen zu leiten. Vielleicht bin ich direktiver in der Führung, als ich es mir selbst eingestehe. Immerhin, wir haben uns in der Reorga-Gruppe auf knackige Basis-Ziele für Organisationsentwicklung bei Klinger Druck verständigt:

Warum läßt BS dann nicht konsequent andere moderieren?
→ Methodik-Modul N

- Schnellere Durchlaufzeit der Aufträge durch das Unternehmen
- Deutlich weniger Schnittstellen im Gesamtprozeß
- Deutlich mehr Vorstufenwissen im Vertrieb
- Höhere Auftragstransparenz
- Deutlich weniger Hierarchie in der Fertigung, deutlich mehr Eigenverantwortung und Selbststeuerung der Mitarbeiter
- Höhere Prozeßsicherheit in der Fertigung
- Grundlagen und Strukturen schaffen für eine spätere Zertifizierung
- Basis schaffen für wirklich autarke Teams im Verkauf

Die Ziele sind klar, aber die Umsetzung?

Diese Ziele sind vermutlich weitreichender, als manche ahnen. Die Gruppe hat mir das eigentlich viel zu schnell abgehakt, aber da sie voll meinen Intentionen entsprechen, wollte ich keine schlafenden Hunde wecken und habe es einfach absegnen lassen. Bei den konkreten Umsetzungs-Szenarien, über die wir heute Stunden gerungen haben, läuft es darauf hinaus, daß die gesamte Führung in der Technik umgebaut werden muß. Joachim soll der Fertigungsmanager werden und nur noch zwei bzw. drei Schichtleiter führen, die vor Ort wirklich operativ leiten. Die Jobs der jetzigen Abteilungsleiter Druck und Vorstufe könnten dann ersatzlos gestrichen werden, wenn das Zusammenspiel von Joachim und den Schichtleitern tatsächlich gut funktioniert und möglichst viele Einzelentscheidungen dort getroffen werden. Um Vertrieb und Vorstufe zu verschmelzen, müssen die derzeitigen Prozesse noch analysiert werden. Dazu treffen sich einige Mitglieder der Reorga-Gruppe in der kommenden Woche, um für das nächste Meeting vorzuarbeiten. Das geht ganz gut voran. Immerhin war das Schlußfeedback der heutigen Runde sehr positiv. Die Teilnehmer spüren, daß wir den Problemen auf der Spur sind. Allerdings äußerten sich am Ende Joachim und Steurer sehr verhalten. Ich glaube, die erkennen erst so nach und nach, was in der Reorga eigentlich abgeht ...

Trägt Joachim das wirklich mit? Es müßte ihn stärker konfrontieren!

Mir fällt immer wieder auf, daß ich von allen am stärksten auf schnelle Umsetzung dränge. Für die anderen Teilnehmer wäre es auch völlig in Ordnung, wenn wir die notwendigen Maßnahmen erst in einigen Monaten in Angriff nehmen würden. Mir aber geht es um jeden Tag. Termin für das nächste Reorga-Treffen: Freitag, 30. Oktober, wegen dem Führungstraining fällt der kommende Freitag aus.

19 Montag
Oktober

Endlich sind die Blockaden offengelegt.

Heute überschlugen sich die Ereignisse. Völlig überraschend versuchte Joachim heute morgen die Vollbremsung im Reorga-Projekt. Er kam damit bewußt nicht zu mir, sondern weinte sich erst mal bei Peter aus. Der hat ihn wohl mehr als zwei Stunden angehört, fand aber einige von Joachims Sorgen selbst auch bedenkenswert und hatte nicht genügend Munition, um Joachim wieder auf den richtigen Weg zu bringen. So landete das Thema am späten Vormittag bei mir. Das war mir gar nicht recht, da der heutige Tag fast minutiös durchgeplant war. Aber Peter machte die Sache sehr wichtig, und als er Joachims Argumente brachte, spürte ich sofort, daß sie zum Teil auch seine eigenen Sorgen sind. Er berichtete mit so viel Verständnis und mit so wenig Ärger über den plötzlichen Widerstand von Joachim, daß in mir Zorn hochkam. Ich fragte Peter ganz offen, wie er zu den

Veränderungsplänen stehe. Erst druckste er ein wenig herum, und gab dann aber zu, daß auch er Bedenken hat, ob das nicht zuviel Revolution und zu wenig Evolution sei. Ich war so überrascht von der plötzlichen Wendung der Lage, daß ich ziemlich ruppig reagiert habe, irgendwie in einer Mischung aus Trotz, Enttäuschung und Verbitterung. Peter hat natürlich sofort gespürt, daß da etwas falsch lief, aber ich ließ ihn dann ziemlich barsch stehen und sagte, ich müsse darüber erst mal nachdenken. Damit war der Tag für mich gelaufen. Ich konnte den ganzen Nachmittag an nichts anderes mehr denken, legte jede Arbeit nach wenigen Minuten wieder zur Seite und entschloß mich gegen drei, nach Hause zu gehen. Ich wußte, daß Peter mindestens bis 16.00 Uhr durch Gespräche blockiert war, und ich wollte ihm durchaus ein Signal für meine Enttäuschung und Verärgerung geben.

Warum nur konnte ich heute nicht mehr um meine Ideen kämpfen. Ich war einfach nur beleidigt, aber kein Visionär!

5.00 Uhr. Habe mich stundenlang im Bett gewälzt und bin nun aufgestanden, um meine Gedanken für heute zu ordnen. Inzwischen ärgere ich mich über mein Verhalten. Es muß für mich als Change-Manager doch klar sein, daß bei so weitgehenden Veränderungen, wie wir sie hier planen, der Widerstand von denen kommt, die den heutigen Zustand über Jahre herbeigeführt haben. Eher hätte mich verwundern müssen, daß es bis jetzt scheinbar so mühelos ging. Außerdem kamen von Joachim in den letzten Wochen immer stärkere Signale des Unbehagens. Gut, es wäre für uns alle besser gewesen, wir hätten die jetzige Diskussion bereits damals im Viererkreis gehabt. Aber ich muß den Beteiligten schon zugestehen, daß auch sie eine gewisse Zeit brauchen, bis sie die Dimension des Projekts wirklich begreifen.

20.30 Uhr: Leider konnte ich heute nicht wie von mir geplant ein spontanes Meeting mit Peter und Joachim durchziehen. Peter hatte einen schon länger geplanten Besuch bei einem Kollegenbetrieb in Mainz, war also den ganzen Tag unterwegs. Mit Joachim wollte ich alleine nicht reden, so daß das Thema Reorga unfertig im Raum hängt. Dafür habe ich heute einige andere Themen vorangebracht.

Richtig! Diese Signale haben PK und BS einfach übersehen.

Stefan Schütz, mit dem ich intensiv die Gründung für unser neues Unternehmen vorbereite, die in vier Wochen über die Bühne gehen soll, hat Markus Tanner kontaktiert, der bis heute die Nase von der „Ignoranz bei Klinger Druck gegenüber der gesamten Digitaltechnik" (wie er sich scheinbar ausdrückte) voll hat. Daß wir nun, wo er weg ist, gerade das tun, was er sich seit Jahren gewünscht hat, bringt ihn in einen massiven Interessenskonflikt. Er gab Schütz gegenüber zu, daß er noch nicht anderweitig unterschrieben hat, aber in ernsthaften Gesprächen mit einigen Firmen ist. Schütz meint, er hätte den Stachel in Tanner gesetzt und der könne überhaupt nicht anders, als zu unserer neuen Company zu kommen. Manchmal ist mir Schütz schon zu siegessicher. Aber schön wäre es natürlich, mit Schütz und Tanner im Doppelpack zu starten. Bin gespannt. Aubach berichtete mir, daß die Duftdruck-Experimente für den Großauftrag gut geklappt hätten. Am Donnerstag kommt der Marketing-Manager des Parfum-Herstellers mit dem Produktioner von der Agentur zur Abnahme der Muster und letzten technischen Besprechung. Aufgrund des Neuheitsgrads der Dufttechnologie für uns wird der eigentliche Auftrag erst danach erteilt. Ich hoffe, wir haben dann die Sache in trockenen Tüchern. Die Messeaktion läuft zum Leidwesen der Produktion auf Hochtour. Inzwischen hat sich bei vielen Unternehmen in ganz Deutschland herumgesprochen, daß in Stuttgart eine Druckerei sitzt, die auch scheinbar unmögliche Termine hält. Joachim und Peter freuen sich zwar über die hervorragende Auslastung, haben aber gleichzeitig auch große Probleme, die Mitarbeiter zu motivieren und die Qualität zu sichern. In den letzten Tagen hatten wir allerdings wirklich keinerlei Beschwerden, die Bemühungen scheinen zu greifen.

Dann war noch am Nachmittag das Vorgespräch mit Klaus Hellmer. Hier ging es um das Briefing für das Führungstraining am Wochenende. Habe mir fast zwei Stunden Zeit genommen, um den Trainer in die spezifischen Klinger-Kultur und die anstehenden Veränderungen einzuführen. Wir haben das zukünftige Anforderungsprofil an Führungskräfte bei Klinger Druck herausgearbeitet:

- Gesunder, individueller Mix aus Fachkompetenz, Führungskompetenz und sozialer Kompetenz
- Fähigkeit, wirklich kooperativ führen zu können

Wichtige Voraussetzung für optimale Trainingsergebnisse
→ Methodik-Modul K

- Bereitschaft und Fähigkeit, Veränderungsprozesse im Unternehmen durchzuziehen und Menschen dafür zu gewinnen
- Bereitschaft zur ständigen Weiterbildung
- Offenheit, Fairneß und Toleranz
- Kommunikationsfähigkeit
- Feedback geben und nehmen können
- Konfliktfähigkeit
- Strategisches, unternehmerisches Denken

Wenn wir dieses Soll-Profil als Zielmarke nehmen, dann hat Hellmer genug zu tun, denn diese Hürde ist für jeden der Teilnehmer – auch für uns GFs – ganz schön hoch. In dem Gespräch wurde mir auch klar, daß es sinnvoller ist, die mittlere Ebene im Training erst mal unter sich zu lassen. Klaus Hellmer ist der Meinung, der Emanzipationsprozeß im mittleren Bereich werde positiv unterstützt, wenn diese Mitarbeiter zwei Tage allein mit ihm trainieren und sich vielleicht sogar gruppendynamisch entwickeln. Habe nach dem Treffen aber ein sehr gutes Gefühl. Hellmer kann sich gut reinfühlen und stellt so lange penetrant seine Fragen, bis wirklich alles klar ist. Hier haben wir einen guten Partner gefunden. Bin gespannt, was Aubach und Joachim über das Training berichten.

// Die GFs sind die ersten, die dieses Leitbild vorleben müssen.

Mittwoch **21**

Oktober

```
E-Mail
Thema: Unsere Partnerschaft
von:   Ingrid_Schwaiger@dnet.de
an:    Bernd_Schwaiger@inet.com
Datum: 21.10.98 14:32:52
```

Lieber Bernd, unsere Seelenlage ist schon sehr verschieden. Es hat mich sehr geschmerzt, daß Du in Deinem E-mail so lapidar geschrieben hast, wie ruhig Du nach unserem Trennungsbeschluß zurückgefahren bist. Hast Du eigentlich gemerkt, daß Du geschrieben hast: „nach Hause" gefahren? Was meinst Du, was das in mir auslöst? Dein Zuhause habe ich bisher trotz allem bei uns, in der Familie, gesehen. Aber ich glaube, Du gräbst Dich im Job so ein, daß Du alles andere vergißt. Paß nur auf, daß wir dann, wenn Du uns in Deinen Plänen mal wieder brauchst, auch noch für Dich da sind. Ich kann dir nicht versprechen, ewig auf Dich zu warten. Ich bräuchte dich jetzt!
Deine Ingrid

Verdammt! Das sitzt. Die Bemerkung mit dem „nach Hause fahren" trifft mich. Wo ist eigentlich mein Zuhause? Bei Klinger Druck, meine Wohnung am Killesberg – oder Koblenz? Hat Ingrid wirklich recht? Brauche ich die Familie noch? Ich glaube, ich lasse alle Gefühle ihr und Melanie gegenüber derzeit überhaupt nicht zu. Ich weiß nur eines: Ich kann und will jetzt nicht aus meiner Verantwortung bei Klinger Druck gehen. Das Unternehmen ist zur Zeit mein Leben. Ich bin kein Sachbearbeiter, der abends berechenbar nach Hause kommt und in Familie macht. Ingrid müßte das doch wissen!

22.30 Uhr: War mit Peter und Joachim beim Abendessen, das einen Tag abgeschlossen hat, der für mich überhaupt nicht gut war. Die letzten Nächte lag ich mehr wach als daß ich geschlafen habe, saß heute früh um fünf bereits auf einer Parkbank hier am Killesberg, und als ich gegen halb acht in die Firma kam, fühlte ich mich, als hätte ich bereits einen kompletten Arbeitstag hinter mir. Dabei ging es doch erst los. Das Gespräch mit Peter und Joachim war überfällig, und durch die Vielzahl der Baustellen, auf denen ich zur Zeit arbeite, fühlte ich mich leer und ausgepumpt. Gabi Brenner muß es mir angesehen haben, jedenfalls fragte sie gleich, ob sie mir einen Kaffee bringen solle.

Als Peter dann seine Morgenpost durchgearbeitet hatte (habe inzwischen gelernt, ihn bei diesem Ritual besser nicht zu stören), sprach ich ihn an. Mir war wichtig, ihn für meine Veränderungen zu gewinnen. Er war freundschaftlich wie immer, fragte mich, wie ich unsere Unterhaltung vom Montag aufgenommen und verarbeitet hätte, und ich gab ihm wohl gemäß meiner Seelenlage einen nicht allzu verbindlichen Kommentar. Jedenfalls schloß Peter hinter uns die Tür und fragte in seiner unnachahmlichen Art: „Bernd, was ist los? Bringt Dich unsere Unsicherheit in puncto Organisation so durcheinander? Gib DU uns die Sicherheit, daß DEIN Weg der richtige ist!" Er gab mir geradezu auf dem Silbertablett die Chance, um meine Vorstellungen zu ringen und zu werben. Ich machte ihm klar, daß die Organisationsveränderungen für mich kein Nebenthema, sondern ganz zentraler Punkt meines Zukunftsweges für Klinger Druck sind. Als Peter erkannte, welche Dimension diese Sache für mich hat, schlug er ein Meeting mit Joachim am Abend vor, was ich dankbar annahm.

Nach dem gemeinsamen Abendessen ging es endlich in die Thematik Reorganisation. Ich war nach der langen Vorbereitung nun viel besser und kraftvoller drauf und begann die Diskussion mit einem kleinen Rückblick meinerseits. Ich versuchte nochmals herauszuarbeiten, warum wir das Thema Reorganisation bei Klinger Druck überhaupt auf der Tagesordnung haben. Hier gab es volle Zustimmung, auch Peter und Joachim wollen eine Veränderung in der Organisation. Ich fragte sie dann, ob sie nur ein paar Abläufe optimieren oder wirklich die Klinger-Kultur verändern wollen. Dies führte zu einer tiefen Diskussion, in der sich endlich die Differenzierungen zwischen Peter und dem Betriebsleiter herausstellten. Insgesamt bin ich darüber sehr erleichtert, da so die „Front" mir gegenüber etwas aufgebrochen wird.

Peters Standpunkt: Er will eine Organisationsveränderung, weil er überzeugt ist, daß unsere Ertragsprobleme und auch die fehlende Prozeßsicherheit letztlich hier ihre Ursache haben. Für ihn soll die Reorga an die Wurzel des Übels gehen und nicht in „kleinen, kosmetischen Korrekturen" enden. Aber für ihn ist ganz entscheidend, daß wir die Mitarbeiter auf diesem Weg wirklich mitnehmen, daß die Veränderungen nicht „gegen" sie aufgesetzt werden. Wenn deshalb der Prozeß länger dauert, ist es für ihn in Ordnung. Eine schnelle Organisationsveränderung um den Preis einer Gegnerschaft der Mitarbeiter (oder gar seines Betriebsleiters?) lehnt Peter eindeutig ab.

Joachims Standpunkt: Auch er sieht, daß sich organisatorisch etwas ändern muß, denn er leidet schon sehr unter der fehlenden Verantwortungsbereitschaft in der Technik und der problematischen Schnittstelle zum Verkauf. Aber für ihn sind meine Ansätze viel zu revolutionär. Die Streichung der beiden Abteilungsleiterstellen kann er nach längerem Nachdenken nun doch nicht mittragen. Nicht aus Mitleid mit den beiden Abteilungsleitern Steurer und Michel, sondern weil er sich einfach nicht vorstellen kann, wie der Betrieb allein nur mit den Schichtführern laufen soll. Auch gegen die Teilung der Vorstufe in einen kundenorientierten und einen fertigungsorientierten Bereich sperrt sich Joachim total, denn er möchte einfach nicht die Verantwortung und Kompetenz für diesen „zentralen Fertigungsbereich", wie er sagt, abgeben.

Jetzt herrscht also Klarheit. Peter ist mehr bei mir, will nur keine „Top-down"-Vorgehensweise, und Joachim fällt weit hinter seine Statements im Viererkreis zurück. An diesem Punkt war es schon recht spät am Abend, und wir alle hatten das Bedürfnis, die Erkenntnisse des Tages sich setzen zu lassen. Ich muß mir bis zum nächsten Meeting am Freitag klarwerden, wie ich angesichts des nun deutlich gewordenen Meinungsbilds in der Führung die Reorganisation weiter vorantreibe.

Mutige Interven-
tion von PK.

Beim Rausgehen nahm mich Peter beiseite und lud mich und Ingrid für Mittwoch der kommenden Woche abends zu einem festlichen Abendessen anläßlich seines Geburtstags bei sich zu Hause ein (verdammt, den hätte ich völlig vergessen!) In der Art, wie er das sagte, war soviel Freundschaft, Lebensweisheit und Hilfsbereitschaft zu spüren, daß ich völlig überwältigt war. Ich spüre, er versucht uns in unseren Beziehungsproblemen auf seine Weise zu helfen.

22 Donnerstag
Oktober

Habe heute abend kurz mit Ingrid gesprochen. Es war eine eisige Atmosphäre am Telefon. Wir beide konnten und wollten nicht über unsere wirklichen Gefühle reden und blieben auf einer geschäftsmäßigen Ebene, die aber völlig unauthentisch war. Ich hasse solche Situationen. Aber immerhin: Ingrid kommt zu der Einladung von Peter. Ob sie den wirklichen Hintergrund riecht? Immerhin muß sie Melanie bei einer Freundin unterbringen, da das Meeting ja mitten in der Woche liegt und am nächsten Morgen Schule ist. Ich vermute, Ingrid hätte solche organisatorischen Verrenkungen nicht gemacht, wenn sie nicht die Wichtigkeit eines Treffens auf „neutralem Boden" erkennen würde. Vielleicht spürt sie, daß mein Partner versucht, uns eine Brücke zu bauen.

25 Sonntag
Oktober

Habe wie an den letzten Wochenenden beide Tage wieder für intensives Sportprogramm genutzt. Das tut mir einfach gut. Vorhin rief mich Aubach an, um über das Führungstraining zu berichten. Er war immer noch tief beeindruckt von den beiden Tagen, lobte den Trainer als absoluten Profi. Er berichtete, daß das eigentliche Training so richtig erst am zweiten Tag beginnen konnte, weil es bei einigen Teilnehmern aus der Technik erhebliche Irritationen über den zukünftigen Kurs des Unternehmens gegeben habe und daß deren Frust und die Sorge um das Unternehmen erst mal raus mußten, bevor die Basis für ein gemeinsames Lernen überhaupt geschaffen war. Es wäre also doch besser gewesen, wenn ich und Peter teilgenommen hätten! Dann hätten die Führungskräfte von uns aus erster Hand nochmals informiert und motiviert werden können. Aber Aubach meinte, auf der anderen Seite wäre es auch wieder gut gewesen, daß wir nicht dabei waren, sonst wäre der Frust nicht so offen geäußert worden. Da mußte ich erst mal schlucken, denn das heißt ja nicht weniger als … „Ja, einige Führungkräfte haben erhebliche Ressentiments Ihnen gegenüber", sagte Aubach. Da war es also raus, auf diesem Umweg bekomme ich es zu hören. Das Nachgespräch mit Hellmer wird jetzt besonders wichtig.

Oft steht bei solchen Trainings am Anfang die Aufarbeitung von Störungen und Sorgen. Das ist ganz normal!

Montag **26**
Oktober

Wenn ich alles so zusammennehme, bläst mir der Wind ganz schön ins Gesicht. Hätte nicht gedacht, daß die Veränderung dieses doch recht kleinen Unternehmens so viel Kraft kostet. Wieviel lieber würde ich mich ganz auf die Neugründung der Digital Company konzentrieren. Aber es gab heute auch positive Momente: Der Duftdruckauftrag ist erteilt, immerhin ein Volumen von über hunderttausend Mark. Mein Vertriebsteam ist weiterhin erfolgreich, wir werden im Oktober wieder über dem Plansoll liegen und vor allem – es wird immer deutlicher, daß sich die früheren Innendienstleiter mehr und mehr als Verkäufer sehen.

Großer Erfolg für BS.

Schütz arbeitet wie verrückt am Konzept für die neue Firma, braucht mich aber vor allem als Controller, denn er hat keinen Funken betriebswirtschaftlichen Denkens drauf. Der würde das schönste und teuerste Equipment einkaufen und am Jahresende merken, daß kein Geld in der Kasse ist! Mit Stempfer gibt es immer noch Ärger. Er denkt überhaupt nicht daran, freiwillig in die Vorstufe zu gehen, er ließe sich nicht einfach abschieben, nur „weil dem Schwaiger meine Nase nicht paßt". Aber Peter und ich bleiben hart und versuchen die Zermürbungstour. In Sachen Führungstraining habe ich lange mit Peter gesprochen. Unser Problem ist eindeutig das Dreigestirn in der Technik. Wir haben beschlossen, mit denen nochmals in Klausur zu gehen, um über ihre Sorgen ganz offen zu reden. Vorher möchten wir aber aus erster Hand Hellmers Eindrücke hören.

Nein, das ist PKs Problem. Er hat die klare Führungsverantwortung in der Technik.

Schon wieder ein neues Kultur-signal.

Habe Gabi Brenner gleich morgens zum Gespräch gebeten. Sie wirkte nervös und angespannt, vermutete wohl eher schwierige Themen. Umso erfreuter war sie, als ich ihr mein Feedback zu ihrer bisherigen Entwicklung gegeben habe. Sie strahlte wie eine Schneekönigin und sagte, so eine persönliche Wertschätzung hätte sie noch nie bekommen, seit sie im Unternehmen sei. Als ich ihr dann noch die Beförderung zu einer Außendienstlerin und den damit verbundenen finanziellen Anreizen (gleiches Grundgehalt aber hohe Provision, Firmenwagen, freiere Arbeitszeit) anbot, war sie ergriffen. Mit Aubach hatte ich diesen Schritt vorher natürlich abgesprochen. Das Echo im Team war jedoch deutlich verhaltener als damals bei Aubachs Beförderung. Im Gegenteil, es wurde getuschelt. Plötzlich macht eine Frau Karriere. Das führte zu ein paar zynischen Bemerkungen, die mir überhaupt nicht gefielen. Wenn ich mich nicht verhört habe, dann war sogar von „besonderen Beziehungen" die Rede. Warum muß man einer Frau, die nachweislich seit Jahren einen Top-Job macht, unterstellen, daß ihre Beförderung mit privaten Kisten zu tun haben könnte? Das ist eine echte Schweinerei.

Habe dann noch ein Bewerbergespräch in Sachen neuer AD geführt. Otmar Langhammer hatte sich zum Mittagessen mit mir getroffen. Ich habe ihn in einem Telefonat direkt bei seinem derzeitigen Arbeitgeber, einem Wettbewerber in Vaihingen angerufen, weil ich über meine Kanäle wußte, daß er als AD bei dieser kleinen Druckerei mit dreißig Mitarbeitern einen super Job machte, aber aufgrund der Größe des Betriebs limitiert war. Langhammer ist 35 Jahre alt, groß, wirkt sportlich, hager, fast asketisch und machte in den ersten Minuten auf mich nicht den gewinnenden Eindruck. Irgendein Lebensproblem hat dieser Mensch, das habe ich gleich gespürt. Aber Langhammer gewann dann mit jeder Minute und wurde beim Essen und den dann etwas privateren Themen endlich locker. Fachlich hat er schwer was drauf, kennt die Technik aus dem FF und ist auch in den digitalen Medien beschlagen. Der hat echt zu unserem Gespräch seinen Laptop rausgezogen – so weit sind meine Leute aus einem Hundert-Mann-Unternehmen noch nicht!

An Selbstbewußtsein mangelt es Langhammer nicht, und die von ihm so nebenbei aufgezählten Connections zu möglichen Kunden klingen zumindest so, als ob er einiges

an Auftragspotential mitbringt. Mit vier Außendienstleu-
ten und unserem Innendienst sollten wir in der Lage sein,
den Umsatz von achtzehn auf zweiundzwanzig bis vier-
undzwanzig Millionen hochzuziehen. Wir werden sehen.
Zum zweiten Vorstellungsgespräch werde ich Peter und
Aubach hinzuziehen.

Verbesserung des Umsatzes vielleicht, aber den Deckungs-beitrag?

Bin heute ganz schön früh müde. Ich merke langsam die
Belastung der letzten Wochen. Mir bangt vor Peters Essens-
einladung morgen abend, Ingrid kommt tatsächlich. Ich
habe wirklich keine Ahnung, was dann abgeht. Hoffentlich
vermiesen wir Peter nicht seinen Geburtstag.

17.00 Uhr: War den ganzen Tag angespannt wegen heute
abend. Nachmittags gab es durch das Gespräch mit Claus
Hellmer eine gute Ablenkung. Er berichtete mir und Peter
vom Führungstraining und wir waren natürlich begierig,
aus erster Hand zu erfahren, wie er unsere Führungs-Crew
einschätzt. Zuerst hob Hellmer die recht problematische
Grundstimmung hervor, in der das Seminar begonnen
hatte. Er habe schon lange nicht mehr so eine latent
besorgte, frustrierte Stimmung in einer Gruppe erlebt,
wobei er gleich einschränkte, daß das in erster Linie für die
Leute aus der Technik galt – also wie wir vermutet hatten.
Sehr positiv hob Hellmer die Haltung und den Input von
Aubach hervor. Hier erntete ich einen anerkennenden Blick
von Peter. Aber insgesamt sind für Hellmer die Führungskräfte bei weitem nicht genügend im Boot für die von uns
geplanten Veränderungen. Da half auch unsere Rechtfertigung, wir hätten doch so viel informiert, kommuniziert
und diskutiert nichts, Hellmer machte deutlich, daß der
„Durchbruch", der „Quantensprung", noch nicht passiert
sei. Auch vermißt er bei den Führungskräften den nötigen
Leidensdruck, damit überhaupt eine Akzeptanz für einschneidende Maßnahmen entstehen kann. Das hat mich
sehr geärgert und ich erzählte Hellmer, wie massiv unsere
Banken bei uns reinschauen und wie wir Stunden mit dem
Betriebsrat um das Sparprogramm gerungen haben – und
die Führungskräfte haben keinen Leidensdruck!

Ärgern hilft nicht. Hier muß noch mehr kom-muniziert werden?

Es ergab sich dann noch eine lange, für Peter und mich
hochinteressante Diskussion über den heutigen und zukünftigen Führungsstil bei Klinger Druck. Ganz offensichtlich

177

sieht die Führungsmannschaft zwischen mir und Peter deutliche Unterschiede. Peter ordnen sie zwischen laissez-faire und charismatisch ein, mich dagegen zwischen kooperativ und autoritär. Ob diese beiden Stile und Kulturen überhaupt zusammenpassen und wie die Zukunft sein wird, wollen Peter und ich zu einem späteren Zeitpunkt bereden. Nach dem Gespräch waren wir eigentlich ganz aufgeräumt und zufrieden. Der Hellmer ist ein klarer Gewinn für uns und hat sicher nicht zum letzten Mal eine Gruppe bei uns moderiert.

Wird Zeit, mich in Schale werfen. Ingrid kommt um sieben Uhr mit der Bahn an.

29 Donnerstag
Oktober

9.45 Uhr: Sitze mit meinem Tagebuch in einem Bistro am Bahnhof, um meine Gedanken zu sortieren. Ingrid ist gerade wieder losgefahren. Was ist seit gestern abend nicht alles zwischen uns passiert? Irgendwann in ein paar Jahren werden wir auf diese stürmischen Zeiten zurückblicken und vielleicht gemeinsam lachen oder weinen ...

Hatte Ingrid direkt am Bahnsteig abgeholt. Sie hatte Tränen in den Augen, als sie auf mich zukam. Nach einer eher hilflosen Umarmung gingen wir die ersten Meter schweigend Richtung Parkhaus. Ich fühlte mich beklommen und wäre lieber aus dieser Situation geflüchtet. Worauf hatte ich mich nur eingelassen? Erst bei ihrer Ankunft wurde mir die Tragweite der Idee klar, in einer zerrütteten Partnerschaftsphase gemeinsam auf die Geburtstagsfeier meines Kompagnons zu gehen, um unter diesem Vorwand irgendwelche Klärungsprozesse zu versuchen. Das war verrückt! Und Ingrid sagte dann: „Bernd, es geht nicht nur um den Geburtstag von Peter Klinger, mir geht es auch darum, mit dir wieder ins Gespräch zu kommen."

Nach dem Abendessen, als wir in gemütlicher Runde am Kamin saßen, kam Peter zu Sache. Er sagte ernst, daß er sehr besorgt sei, wie sich meine private Situation entwickle und gab Ingrid eine Rückmeldung, wie sehr ich seiner Meinung nach unter der Situation leide. Sie schien überrascht, hatte wohl gemeint, daß ich alles locker wegstecke und verdränge. Peter sagte mutig: „Laßt uns doch offen sein, vielleicht können wir euch helfen, einen Weg zu finden. Bernd, ich möchte dich nicht verlieren. Aber ich spüre, daß ich dich nicht halten kann, wenn Ihr keine Lösung für Euren Konflikt findet." Ingrid war verblüfft, wie geradlinig Peter die Sache anging. Auch Peters Frau Margit meldete sich zu Wort und betonte, wie wichtig ich für ihren Mann geworden bin, daß sich seit meinem Eintritt seine ganze Einstellung zum Betrieb und sogar seine Lebensplanung geändert hätten. Aber sie beide seien betroffen, wie unsere Beziehung an Klinger Druck zerbräche.

PK hat in dieser Situation die bessere Übersicht als BS!

Die Offenheit der beiden wirkte befreiend auf Ingrid und mich. Plötzlich waren wir in der Lage, loszulassen und über unsere Gefühle vor Peter und Margit zu sprechen. Wir beide brauchten einige Tempo-Taschentücher an diesem Abend. Und unsere Gastgeber waren sensible Geburtshelfer für das gemeinsame Commitment, auf jeden Fall zusammenzubleiben und das Auseinanderbrechen unserer Familie zu verhindern. Wie das allerdings gehen sollte, wissen wir noch nicht. Später brachte Ingrid noch ein schönes Kompliment ein, indem sie sagte: „Langsam begreife ich, warum Bernd unter allen Umständen an diesem Unternehmen festhält. Partner wie euch gibt es nicht oft." Peter klopfte mir fast väterlich auf die Schultern. Ingrid und ich fanden zwar keine konkrete Lösung, aber emotionell wieder zueinander und das war für Peter das schönste Geburtstagsgeschenk, wie er mir weit nach Mitternacht beim Abschied sagte.

Beim Frühstück heute morgen herrschte eine unglaublich sensible, fast vibrierende Stimmung zwischen uns. Wir haben wenig gesprochen, keiner wollte kurz vor dem Abschied durch eine unbedachte Bemerkung den dünnen Faden zerreißen, den wir wieder zwischen uns geknüpft hatten. Ingrid sagte dann mehr zu sich selbst als zu mir einen Satz, der unsere gesamte Situation öffnet: „Vielleicht ist es dieses besondere Unternehmen doch wert, in Stuttgart zu wohnen." Ich war viel zu überrascht, um darauf einzugehen. Jetzt ist sie weg und ich fasse langsam wieder Mut, daß wir vielleicht doch noch eine Win/Win-Lösung für unsere Familie finden!

Der Tag gestern im Büro ging ganz gut, verblüffend gut nach meiner seelischen Achterbahnfahrt. Peter strahlte mich an, denn er meinte eine neue Qualität zwischen uns gespürt zu haben. Es gab dann viel Routine, einige Kundengespräche

Freitag **30**

Oktober

und ein sehr nachdenklich stimmendes kurzes Gespräch mit Aubach, der mir berichtete, daß im Team gegen Gabi Brenners Beförderung intrigiert wird. Habe mit Aubach besprochen, daß wir uns das Spiel noch wenige Tage anschauen und dann intervenieren. Toll, wie stark Aubach inzwischen Verantwortung für „sein" Team übernimmt! Wird Zeit, in den Betrieb zu gehen. Für 14.00 Uhr ist die nächste Reorga-Sitzung anberaumt und mir steht danach, heute den Knoten in dieser Sache zu durchschlagen.

23.00 Uhr: Ingrid hat am Abend angerufen. Das Klima zwischen uns ist völlig verändert, sie holte sogar Melanie ans Telefon, etwas, was sie seit Monaten nicht mehr von sich aus gemacht hat.

Bei Klinger Druck habe ICH heute den Lauf der Dinge bestimmt und die Akzente gesetzt. Gleich morgens bat ich Peter und Joachim um ein Gespräch. Meine Absicht war, vor dem Hintergrund der unterschiedlichen Meinungen im Dreierkreis eine gemeinsame Zielrichtung für den Org-Prozeß zu finden. Dabei war meine Strategie, den Schulterschluß mit Peter zu schaffen und damit für Joachim, dessen Position am weitesten von meiner entfernt ist und der inzwischen vermutlich am liebsten alles beim alten belassen möchte, vollendete Tatsachen zu schaffen. Das klappte gut, denn ich kam Peter in seiner Hauptsorge, dem knappen Timing, entgegen und gestand ihm zu, auf das eigentliche „Durchpeitschen" des Projekts in den nächsten Wochen zu verzichten und die neue Organisation zum 1.1. einzuführen. Bis dahin sollen die Mitarbeiter Stück für Stück herangeführt werden. Peter war begeistert und dann auch bereit, wirklich tiefgreifend an die Organisationsveränderung heranzugehen. Joachim blieb am Ende nichts mehr übrig, als seine Sorgen und Vorbehalte nochmals zu Protokoll zu geben. Wir konnten ihm aber eine klare Loyalitätsadresse abringen. Er wird das Projekt in der entschärften Form mittragen – ich hoffe aber sehr, auch über die ersten Widerstände und Anlaufprobleme hinweg! Wir haben dann beschlossen, das heutige Meeting der Reorga-Gruppe gleich für die Aufarbeitung der beim Führungstraining geäußerten Zweifel und Bedenken zu nutzen. Und so kam zur Überraschung der Teilnehmer ihr „Chef" mit in den Besprechungsraum und wir begannen abseits von jeder Routine, indem wir unsere Betroffenheit über die beim

Reicht das, daß // Joachim als Motor die Reorga vorantreibt?

180

Führungstraining geäußerten Bedenken bekundeten. Es entstand eine tiefe, im Verlauf immer offenere Diskussion über Sinn und Notwendigkeit der Veränderungen. Gottlob haben wir es geschafft, uns nicht an irgendwelchen Details festzudiskutieren, sondern den großen Zusammenhang zu sehen. Meine Frage „Wenn wir so weitermachen wie bisher ...“ wirkte hervorragend. Es ist ja nicht so, daß wir in dem Kreis bei Null beginnen, der Denkprozeß über die notwendigen Reformen bei Klinger Druck läuft schon monatelang - mir bereits viel zu lange, Peter viel zu kurz. Also, es geht um die Frage, ob wir uns bei Klinger Druck endlich trauen, einen großen Schritt in Richtung prozeßorientierte Organisation zu wagen: mehr Eigenverantwortung, kürzere Führungswege, weniger Hierarchie, mehr Leistungsorientierung. Die Ziele sind klar und auch vom Gremium getragen, das hat die Diskussion gezeigt. Aber der Mut zur Umsetzung fehlt noch, der Mut, jetzt wirklich Teams zu gründen, die AL-Funktion in der Fertigung zu streichen und Verkauf und Vorstufe zusammenzulegen. Fazit der Diskussion: Der Kopf sagt „ja“, der Bauch hat Muffe ... Ich werde mein Zugeständnis, bis Jahresende noch zu ringen und zu reden, durchziehen. Wenn bis dahin der Zug nicht in Bewegung ist, kann ich immer noch meine harte Tour fahren.

// Eine sehr wertvolle Frage, die den Leidensdruck in Veränderungsprozessen erhöht ...

Heute nachmittag bin ich einmal richtig deutlich geworden, als Steurer und Michel aus durchschaubaren Gründen zum zigten Mal sagten, die Streichung der AL-Stellen könne unmöglich funktionieren. Ich hatte sie dann etwas unwirsch angefahren, ich wolle nun nicht mehr hören, was NICHT geht, sondern WIE es geht. Ich blieb hartnäckig, bis ich Steurer und Michel soweit hatte, daß sie gemeinsam mit Joachim ein Konzept „wie es gehen kann“ erarbeiten. Dieser kleine Sieg ist für mich das Highlight des Tages!

Die Präsentation der Mini-Arbeitsgruppe, die ihre Analyse der Ist-Ablauforganisation vorlegte, war zusätzlich Wasser auf meine Mühlen, denn der Gruppensprecher mußte zugeben, daß die täglich gelebte Organisation „etwas schwierig darzustellen“ sei. Es gebe je nach den handelnden Personen unterschiedliche Abläufe, so daß das Flow-Chart, das die Gruppe eigentlich erstellen sollte, nicht zustandegekommen ist. Genüßlich konnte ich diesen Punkt verbuchen: Wir sind derzeit nicht in der Lage, unsere Organisation überhaupt einheitlich darzustellen.

// Hier müssen erst einmal klare Strukturen geschaffen werden!

Peter war über diese Erkenntnis entsetzt. Es ist ein Wunder, daß wir überhaupt so schnell fertigen und manchmal sogar ganz gute Produkte aus dieser Organisation rausbringen ...

2 Montag
November

6.30 Uhr: War gestern morgen überraschend in Koblenz aufgetaucht. Ich wollte bewußt ein Signal setzen, und das ist voll gelungen. Ingrid und Melanie waren völlig perplex, empfingen mich aber überschwenglich und wir verbrachten einen entspannten, fast schon ausgelassenen Tag, ohne über Klinger Druck und unsere Partnerschaftsdinge zu reden. Mal sehen, ob Peter recht hat, daß zuerst das gegenseitige Vertrauen wieder wachsen muß und die Lösung dann von ganz alleine kommt ...

Mein heutiger Kalender ist wieder randvoll: Das zweite Gespräch mit Langhammer in Sachen AD, zwei Kunden-Termine, zu denen ich Gabi Brenner mitnehme, um sie in die rauhe AD-Welt einzuarbeiten, abends ein weiteres Meeting mit Stefan Schütz. Dieser Veränderungsprozeß bei Klinger Druck kostet enorm Kraft!

23.45 Uhr: Dieser Tag ist völlig anders gelaufen als geplant. Er wurde eine Lehrstunde für Konfliktbearbeitung im Team, und ich bin stolz auf die letzten Stunden.

Gleich am Morgen saß eine völlig aufgebrachte Gabi Brenner, kurz nachdem ich gekommen war, bei mir im Zimmer. Ich brauchte sie nicht besonders zum Sprechen animieren, aus ihr sprudelte es nur so heraus. Sie fühle sich gemobbt, seit ihrer Beförderung aus dem Team ausgegrenzt und hinter ihrem Rücken werde ständig getuschelt. Und dann eröffnete sie mir, daß sie sich am Wochenende entschlossen hätte zu kündigen. Meine beste Nachwuchskraft wollte das Handtuch werfen! Da war ich gefordert und holte sofort Aubach hinzu. Gabi Brenner wurde immer kleinlauter, als sie merkte, welche Kreise das zog und daß ich nicht gewillt war, ihre Kündigung zu akzeptieren. Für mich ging diese Sache weit über ihr Bleiben oder Gehen hinaus. Es war eine Verletzung meiner Grundwerte und von daher eine gute Vorlage, einem Team, mit dem ich bisher zufrieden war, deutlich die Grenzen zu zeigen. Ich ließ Aubach alle meine Termine für den Vormittag canceln und berief das gesamte Team in den Konferenzraum. Gabi Brenner

Richtig! Die Führung muß das Mobbing offenlegen.

hatte mich zwar nochmals inständig gebeten, ihr Problem nicht derart aufzublasen, aber da war ich schon in Fahrt. Aubach unterstützte meine Aktion. Es hatte früher praktisch nie solch eine kurfristige „Vollversammlung" des gesamten Vertriebs gegeben und entsprechend aufgeregt und gespannt waren die Mitarbeiter. Hatte mich für ein taktisches Vorgehen entschieden. Ich wollte die Vorwürfe erst einmal neutral ins Team hineingeben und mit dem Statement kommentieren, daß ich einfach nicht glauben kann, daß es in dieser tollen Gruppe solche Intrigen gäbe. Dann wollten wir uns die Leute anschauen und nachbohren. Die Hauptbetroffene machte uns einen Strich durch die Rechnung. Sie wollte flüchten und nach Hause gehen. Ich machte ihr nochmals deutlich, daß ich und Aubach fest zu ihr halten werden. Eine Kündigung käme überhaupt nicht in Frage, wir würden die Sache heute bereinigen. Als sie dann immer noch störrisch war, mußte ich mein letztes Mittel einsetzen und sagte ihr, daß ihr Wunsch nach Flucht in einer schwierigen Situation zwar verständlich sei, aber letztlich ihren Kollegen und auch mir zeigen würde, daß sie nicht das Standing für eine toughe Außendienstlerin hätte. Ich ermunterte sie: „Frau Brenner, da gehen wir jetzt gemeinsam durch."

Als wir zu dritt (Aubach, Gabi Brenner und ich) im Besprechungsraum ankamen, saßen schon alle erwartungsvoll da und schauten uns dann entgeistert an. Das Ritual, gleich mit Gabi Brenner reinzukommen, war mir kurz vorher noch spontan gekommen. So wußten alle schon, worum es ging. Ich hatte die Tische aus dem Raum räumen lassen, so daß wir erstmals an diesem Ort in einem großen Stuhlkreis saßen. Gabi Brenner kämpfte mit den Tränen, und auch Aubach schaute ziemlich finster drein. Das Setting war schon recht dramatisch.

Ich fragte gleich zu Beginn, ob die Gruppe eine Ahnung hätte, warum wir so spontan zusammengekommen wären. Keine Antwort, völlige Stille, man hätte eine Stecknadel fallen hören. Dann begann ich, erst einmal von Gerüchten zu sprechen, die mir und Aubach zu Ohren gekommen seien – kein Kommentar aus der Gruppe. Dann berichtete ich, daß Gabi Brenner ihre Kündigung eingereicht hätte, weil sie sich seit ihrer Beförderung aus dem Team ausgeschlossen, ja geradezu gemobbt fühle. Noch war ich in neutraler Funktion.

// BS nutzt die Situation bewußt, um ein Führungs-Exempel zu setzen. Vorsicht: Gefahr, die Mitarbeiterin dafür zu „mißbrauchen"...

Guter Prozeßablauf

Ich ging dann den vorgedachten Weg und sagte. „Ich habe euch alle, das ganze Team, in den letzten Monaten wirklich schätzen gelernt. Wir arbeiten super zusammen. Ich kann einfach nicht glauben, was ich da höre." Absolute Stille. Es dauerte Sekunden, Minuten. Gabi Brenner ertrug es dann nicht mehr und platzte heraus: „Nun habt doch endlich den Mut und sagt, was seit letzter Woche los ist! Woher kommen diese Gerüchte, warum wird getuschelt, ich sei nur befördert worden, weil ich ein Verhältnis mit Herrn Schwaiger hätte? Warum werde ich von allen geschnitten?" Da konnte sich auch Aubach nicht länger zurückhalten und forderte absolute Offenheit und Klarheit, sonst könne er in diesem Team keinen Tag länger arbeiten. Erste kleinlaute Kommentare, man hätte es doch nur humorvoll gemeint, das wären harmlose Scherze gewesen, „man" müsse sich eben erst noch an starke Frauen bei Klinger Druck gewöhnen, das Ganze würde jetzt nur aufgebauscht. Da griff ich ein und sagte, wer eine hervorragende Kraft demontieren wolle, die ich soeben befördert habe, der meine in Wirklichkeit mich und solle jetzt und hier die Auseinandersetzung mit mir suchen. Stille. Ich fragte dann noch, ob irgend jemand etwas zu Gabi Brenner zu sagen hätte. Wieder Stille. Dann setzte ich meine letzte Intervention und forderte die Gruppe auf, allein ihr Verhalten und das weitere Vorgehen zu diskutieren.

Als wir draußen waren, brach Gabi Brenner weinend zusammen, es war zuviel für sie gewesen. Ich sagte ihr, wenn die Gruppe sie jetzt nicht mit einer großen Entschuldigung wieder aufnehme, dann müßten wir uns wirklich einen neuen Arbeitsplatz für sie suchen. Denn ich hatte bewußt den Ball ins Team gespielt und meine ganze Autorität mit in die Waagschale geworfen. Wenn die sich jetzt verweigerten und auf stur schalteten, dann hatte ICH das Problem!

Guido Aubach, Gabi Brenner und ich saßen dann ziemlich verloren in meinem Büro, während im Besprechungsraum vernehmlich laut diskutiert wurde. Wir hatten einige Tassen Kaffee hinter uns, als Klaus Endres als Abgesandter der Gruppe auftauchte und Gabi Brenner bat mitzukommen. Später baten sie auch mich und Aubach hinzu. Die Spannung der uns nicht bekannten, aber spürbaren Diskussionen der letzten Stunden lagen in der Luft. Aber Gabi Brenners Blick signalisierte Entwarnung, die Gruppe entrollte ein Flipchart-Blatt, auf dem alle zusammen eine Entschuldigung

Manchmal ist das bewußte Herausgehen aus dem Prozeß der beste Weg, um drin zu bleiben.

unterschrieben hatten. Ich wollte noch etwas tiefer einsteigen, spürte aber ihren unausgesprochenen Wunsch, die Sache nicht nochmals aufzurollen. Alle gingen auseinander und Gabi Brenners Kündigung war vom Tisch.

Aubach und ich hoffen, daß jetzt Ruhe herrscht und die Wunden im Team verheilen können. Ich glaube, nun brauche ich niemandem in meinem Team mehr zu sagen, daß der nächste, den ich bei einer Intrige erwische, sofort seinen Koffer nehmen kann. Abends habe ich Gabi Brenner nochmal kurz zu mir gerufen, um von ihr zu erfahren, wie es ihr nun geht. Sie war schon wieder ganz gefaßt und erzählte, daß nachmittags im Kollegenkreis noch einige wichtige Gespräche gelaufen seien und die Sache jetzt wirklich begraben sei.

Die letzten zwei Tage konnte ich mich endlich wieder mal um die Sachthemen in meinem Bereich kümmern. Habe heute keine Lust, riesige Tagebuch-Romane zu schreiben. Also nur kurz im Telegramm-Stil:

Zweites Bewerbungsgespräch mit Langhammer war ein Flop, dieses Mal fiel er wirklich durch, und ich muß einen anderen suchen, wobei Peter geraten hat, doch erst mal abzuwarten, wie sich Gabi Brenner entwickelt. Die hat das richtige Gespür für die Kunden, das zeigte sich deutlich in den beiden Gesprächen, die wir zusammen geführt hatten. Die kann ich alleine im Außendienst laufen lassen. Was sie jetzt braucht, sind ein paar erste Erfolge, damit sie „Appetit" bekommt.

Das Thema Stempfer ist nach wie vor nicht vom Tisch und der Duftdruck-Auftrag fordert die Technik ganz schön. Habe das Gefühl, mein Vertriebsteam will bei mir nach der Krise am Montag wieder Punkte sammeln, und auch Gabi Brenner spürt, daß sich die Kollegen auf einmal sehr zuvorkommend ihr gegenüber verhalten.

Peter zeigt sich sehr zufrieden mit dem letzten Reorga-Tag, er macht sich aber auch Sorgen, ob Joachim mit seinen beiden Abteilungsleitern wirklich auf der Schiene ist.

Und – von Ingrid und Melanie war Post gekommen. So richtig altmodisch per Hand geschrieben, mit einem Bild , auf dem Melanie unsere Familie gemalt hat. Rührend!

6.30 Uhr: Gestern abend ist es wieder ganz schön spät geworden. Immer, wenn ich mit Stefan Schütz beim Abendessen bin, versacken wir am Ende bei ein paar Bierchen. Muß aufpassen, nicht zu eng freundschaftlich mit ihm zu verkehren, denn später muß ich ihn als GF führen. Die Strukturen für die neue Company werden langsam klar. Ich werde mir mit Schütz die Geschäftsführung teilen, er wird das operative Geschäft machen, ich den strategischen Teil, wobei ich als Mehrheitsgesellschafter sowieso das letzte Wort habe. Ich will Schütz mit seinem Knowhow aber eng an das Unternehmen binden. Ederer und Altmann wollen wir natürlich als Gesellschafter draußen lassen!

Die Abhängigkeit // von einzelnen Schlüsselpersonen ist für ein Unternehmen gefährlich.

Als weiterer Spezialisten haben wir Markus Tanner gewonnen und alle DTP-Leistungen kaufen wir ja ohnehin bei Klinger Druck ein. Schlüsselprodukte werden die Software für Kunden-Bilddatenbanken und spezielle CD-ROMs für Geschäftsberichte sein. Um als Unternehmen eigenständig agieren zu können, brauchen wir noch eine Assistentin/Sekretärin und einen Vertriebsmitarbeiter, der sich ausschließlich um die Vermarktung kümmert. Das könnte am Anfang auch Markus Tanner sein, da denkt er noch darüber nach. Damit werden wir das Unternehmen mit nicht mehr als drei bis fünf Mitarbeitern starten, denn ich möchte die Kosten zu Beginn so gering wie möglich halten. Beim Firmensitz wäre ich für Pragmatismus und würde bei Klinger Druck Platz schaffen, während Schütz verständlicherweise argumentiert, daß für Kunden, die Digital-Dienstleistungen einkaufen wollen, die altmodischen Räume der Druckerei nicht gerade imagewirksam sind.

Bis zum Gründungstermin/KW 49 ist zu erledigen:

- Namen für das „Baby" finden
- Marketingplan für die Startaktivitäten
- Business-Plan für das erste Jahr
- Gesellschafterverhältnisse klären
- Firmenräume finden
- Notarverträge vorbereiten

Am stärksten kämpfen muß ich mit Schütz im Bereich der technologischen Ausstattung. Der möchte natürlich alles, was gut und teuer ist. Versuche hier zu bremsen, habe aber selbst nicht genügend Sachverstand, um Schütz wirklich gegenhalten zu können. In diesem neuen digitalen Markt ist es unglaublich schwierig, die richtige Dosis an Investition zu finden.

Peter läßt uns in allen Fragen bezüglich des neuen Unternehmens völlig freie Hand. Unglaublich, wie dieser Mensch Vertrauen geben kann! Aber über die Gesellschafteranteile muß ich dringend mit ihm reden!

Habe mir heute abend beim Sport eine Zerrung zugezogen. Immer wenn ich etwas erzwingen will, bekomme ich einen entscheidenden Dämpfer, dieses Muster zieht sich durch mein ganzes Leben.

Heute war wieder Reorga-Kreis: Joachim mußte zugeben, daß er mit Steurer und Michel noch nicht weitergekommen ist. Als Ausrede brachte er den „gewaltigen Aufwand, den dieser neue Duftdruck-Auftrag in der Technik macht". Da wir also auf diesem Gebiet keinerlei Fortschritte verzeichnen können, haben wir intensiv über die Zusammenlegung der Vorstufe mit dem Vertrieb diskutiert. Es wird immer klarer, daß wir die Vorstufe, in der zur Zeit zehn Mitarbeiter unter Steurers Leitung arbeiten, teilen müssen. Denn ein Teil des Prozesses in diesem Bereich ist auf die Kunden, die Daten, die Inhalte ausgerichtet. Ein anderer Teil fokussiert die Fertigung und ist rein produktionsorientiert. Von daher bietet sich an, den kundenorientierten Teil mit dem Verkauf zu verschmelzen und den technologieorientierten Teil dem Druck zuzuordnen.

Steurer ist gegen diese „Zerschlagung", wie er es nennt. Klar, er will einfach sein Königreich nicht opfern. Aber das wird er so oder so müssen, denn seine Abteilungsleiter-Funktion wird es nächstes Jahr nicht mehr geben, und er täte gut daran, mit mir und Peter in einen Dialog zu treten, wo er in Zukunft seinen Platz haben wird und welchen Nutzen er dann stiftet. Stattdessen ist er bisher nur Bedenkenträger und Anwalt der Bewahrer!

Vermutlich ist PK der Schlüssel, um die Blockade zu überwinden. Er hat in der Technik die größte Autorität.

187

Wir haben den Zeitplan der Reorga für das restliche Jahr beschlossen:

Wie soll das gehen bei den gewaltigen Widerständen?

- KW 47– Klarheit über die zukünftige Führungsstruktur in der Technik
- KW 49 – Definition der Soll-Prozesse und der wichtigsten Schnittstellen
- KW 51: Umsetzungsplan für '99 steht
- 11.1.99: Stichtag für die Einführung der neuen Organisation

Womit ich gar nicht zufrieden bin, sind die Ergebnisse der Klein-Arbeitsgruppen. Die kommen mit ihren Hausaufgaben einfach nicht klar. Vielleicht sollte ich Guido Aubach als Moderator in diese Gruppen schicken.

Am Sonntag will Peter mit mir einen längeren Spaziergang machen. Er sagte nur, er wolle in Ruhe mit mir reden. Bin gespannt, was seine Themen sein werden.

8 Sonntag

November

19.00 Uhr: Es war neblig und kühl heute beim Spaziergang mit Peter, aber wir hatten viel zu bereden und waren so auf unsere Themen konzentriert, daß wir kaum merkten, wo wir überhaupt gingen. Peter wollte einige Dinge loswerden, die ihn beschäftigen. Er ist sich in seiner eigenen Lebensplanung im Augenblick völlig unklar. Vor einem Jahr noch wollte er einen Nachfolger sauber einarbeiten und dann nach maximal zwei Jahren aus dem Unternehmen ausscheiden. Jetzt, durch die Arbeit mit mir, hat er wieder Spaß an der Geschäftsführung gefunden. Doch auch er wird nicht jünger, und wir haben überlegt, daß eine Art Beirat interessant wäre. Er könnte von dort noch eingreifen und wir hätten für beide Unternehmen eine Management-Plattform. Hier sind uns aber noch die derzeitigen Gesellschafteranteile von Ederer und Altmann im Weg. Er sagte, er hätte da so eine Idee, könne dazu aber noch nicht mehr sagen und bat mich noch um etwas Geduld in dieser Sache. Mehr war ihm zu diesem Thema nicht zu entlocken. Was er wohl vorhat?

Peter brachte dann das Gespräch auf seine größte Sorge, die Entwicklung in der Technik. „Bernd", sagte er und schaute mich in seiner unnachahmlich entwaffenden Weise an, „ich habe Angst, Joachim zu verlieren. Und Steurer vielleicht hinzu."

Ich wollte schon beschwichtigen, aber er fuhr fort: „Ich spüre doch genau, worauf das alles hinausläuft. Joachim begreift deine Ansätze nicht und er ist auch nicht der Manager, der eine Fertigung so leiten kann, wie du es dir vorstellst." Wir gingen eine Weile schweigend nebeneinander und ich versicherte ihm dann, daß eine Trennung von den beiden in keinster Weise meine Absicht sei. Aber liegt das überhaupt in der Luft? O.K., Joachim hat massive Zweifel und Bedenken gegen unseren Weg im Org-Projekt. Aber muß man denn deshalb gleich kündigen? Darüber diskutierte ich auch lange mit Peter.

Warum ringen die Leute nicht stärker mit uns, warum erlebe ich soviele Bedenkenträger und so wenig konstruktive Argumente. Mag sein, daß meine Ideen für Klinger Druck nicht passen. Aber dann muß man sich doch mit mir auseinandersetzen, statt einfach das Handtuch zu werfen. Ich habe weder von Joachim noch von Steurer und Michel in den letzten Wochen auch nur einen konstruktiven Gegenvorschlag gehört, der anders oder besser als mein Weg zu den von uns definierten Zielen führen würde. Das konnte Peter nur unterstreichen. Trotzdem fragte er: „Gehen wir den richtigen Weg für unser Unternehmen, wenn wir dabei immer mehr Schlüsselpersonen und Leistungsträger verlieren? Machen wir dann unseren Veränderungs-Job richtig, Bernd?" Diese Frage klingt jetzt noch in mir nach, und sie hat Gewicht ...

Aber welche Optionen haben wir denn? Peter und ich sind nicht allein, wir sind den anderen beiden Gesellschaftern gegenüber im Wort, Klinger Druck wieder ertragsfähig zu machen. Wir sind auch den Banken gegenüber im Obligo. Und ich meine, wir sind es letztlich auch den Mitarbeitern schuldig, die Zukunft von Klinger Druck zu sichern, auch wenn sie die Zusammenhänge nicht durchschauen können und ihnen deshalb manche Handlungen von uns unverständlich oder überzogen erscheinen.

Aber eines ist mir beim Spaziergang mit Peter ganz klar geworden: Einen Weggang von Joachim und Steurer verkraftet das System nicht mehr! Also: Ich muß anders und offensiver als bisher mit Joachim und Steurer ringen und das, obwohl sie offiziell von Peter geführt werden. Ach, wie ist das alles kompliziert!

In so sensiblen Phasen des Veränderungsprojektes ist es unabdingbar, daß beide GFs am selben Strang ziehen. Das ist hier nicht so!

Falsch! PK müßte die Technik klarer führen.

189

9 Montag

November

Den Vertrieb hat BS gut im Griff.

Hatte heute einen wirklich positiven Tag und ein hervorragendes Abendessen. Ich habe intensiv an meinen vielen Projekten gearbeitet. Komme im Augenblick kaum zu normalen Vertriebsaufgaben, aber Guido Aubach und Gabi Brenner geben mir das Gefühl, draußen genügend Dampf zu machen, so daß ich mich die nächsten Tage voll auf meine GF-Aufgaben konzentrieren kann. Habe heute folgendes eingefädelt:

- Guido Aubach unterstützt die Mini-Gruppe von Joachim, Steurer und Michel bei ihrer Arbeit am Führungskonzept der Fertigung. Ergebnis soll am 20.11. beim nächsten Reorga-Meeting vorgestellt werden.

- Zur Diskussion und Konzipierung aller offenen Punkte in Sachen Digital-Unternehmen habe ich einen Klausurtag mit Schütz, Tanner, Steurer und Peter angesetzt. Termin: 16.11. Die Einbindung von Steurer ist ein Experiment und entstand heute morgen als Idee und Konsequenz der gestrigen Erkenntnisse. Mal sehen, welche Beiträge der ewige Kritiker Steurer einbringt.

- Habe mit Peter über die Ausschreibung eines Ideenwettbewerbs gesprochen. Ich bin fest überzeugt, daß die Mitarbeiter in ihrem Arbeitsumfeld eine Fülle von Verbesserungspotentialen sehen, die zur Zeit völlig brachliegen. Peter nimmt diese Sache in die Hand.

- Abendessen-Termin mit Joachim vereinbart, um auch auf diesem Topf weiterzukochen. Er war sehr verblüfft über meinen Vorstoß!

Und nebenbei habe ich noch die Montagsrunde geleitet, die keine besonderen Ereignisse zeigte, außer, daß das Team sich nochmals demonstrativ hinter Gabi Brenner gestellt hat. Die sind „geheilt"!

10 Dienstag

November

Endlich haben wir Stempfer weichgekocht. Er stimmt nach vielen Tagen Überlegung und Unsicherheit der Versetzung in die Vorstufe zu und kommt jetzt zu Steurer. Ob der glücklich mit ihm wird, ist allerdings sehr fraglich. Aber hier im Verkaufsteam war für ihn einfach kein Platz mehr, das hat er täglich aufs Neue gespürt. Teams sind in ihrer Gruppen-dynamik manchmal viel grausamer als ihre Chefs. Wenn die merken, daß es einen Fremdkörper in der Gruppe gibt, dann wird dieser systematisch und penetrant ausgegrenzt. Bin ich froh, daß wir Stempfer nicht auch noch Geld hinterhergeworfen haben. Peter bereitet gerade die Änderungskündigung vor, Steurer hat als Betriebsrat erwartungsgemäß zugestimmt, auch wenn er sich als Führungskraft nicht gerade begeistert zeigt.

In solchen Fällen müssen die Führungskräfte für Fairneß sorgen.

Gute Nachricht: Jetzt, nach drei Monaten werden erste Erfolge des Sparprogramms erkennbar. Gewirkt hat die Kürzung des Urlaubsgeldes, und die längere Regelarbeitszeit hat sich finanziell auch schnell bemerkbar gemacht. Ebenfalls bereits ertragswirksam sind die Aktivitäten des Verkaufs, Halbfertigerzeugnisse und eingelagerte Teilaufträge zu „liquidieren". Noch nicht spürbar sind die Entlassungen der beiden Fahrer und die Abgänge im Vertrieb. Schließlich war noch die Abfindung an van Rosen zu verdauen. In '99 wird sich dann aber auch hier eine deutliche Kostenreduzierung bemerkbar machen. Wir können den Banken also immerhin erste konkrete Signale des Aufschwungs geben. Das wird Peter gleich morgen an die beiden Kreditinstitute kommunizieren.

```
E-Mail
Thema: Mir geht's prima :-)
von:   Bernd_Schwaiger@inet.com
an:    Ingrid_Schwaiger@dnet.de
Datum: 11.11.98 23:35:01
```

Liebe Ingrid,
zum Glück ist diese verkrampfte, giftige Stimmung zwischen uns weg. Peters Geburtstag war für mich auch ein bißchen „Geburtstag" für uns beide. Bei Klinger Druck geht es finanziell in etwas ruhigere Gewässer. Unsere Notmaßnahmen beginnen zu greifen und die Banken spüren, daß wir etwas tun. Auf der anderen Seite ist es für mich so schwierig wie in noch keinem anderen Unternehmen, das richtige Tempo, die richtige Dosis zu finden. Ich dachte bisher immer, je schneller, je tiefgreifender, je professioneller, umso besser. Aber Klinger Druck ist eine eingefleischte „Mafia". Ist doch klar, daß da gegen mich gemauert wird. Peter hat mir in einem sehr offenen, langen Gespräch seine Sorge mitgeteilt, daß auch der Betriebsleiter und der Abteilungsleiter der Vorstufe möglicherweise das Handtuch werfen. Ich glaube, das würde er mir

nicht verzeihen. Das Ausscheiden seiner Sekretärin war für ihn schon schlimm genug. Aber was soll ich tun? Ich provoziere oder betreibe deren Weggang wirklich nicht. Aber wenn sie die notwendigen Veränderungen blockieren? Es gehört soviel Feingefühl dazu, Klinger Druck auf den Weg in die Zukunft zu bringen. Ich hoffe, ich kann das leisten.

Wie geht es Dir? Was macht Melanie in der Schule? Halte bitte auch du Kontakt mit mir. Wir werden wieder zusammenwachsen, ich bin sicher.

Dein jetzt wirklich müder Bernd

11 Mittwoch
November

Peter hat mir heute gesagt, daß er sich am Wochende mit Altmann, dem „stillen" Gesellschafter, zu einer privaten Ausflugsfahrt trifft. Klang so, als hätte er etwas vor ...

Guido Aubach übernimmt immer stärker die operative Leitung des Vertriebs. Wenn Kollegen etwas brauchen, wissen wollen oder auch Entscheidungen benötigen, gehen sie zu ihm und er kümmert sich darum. Brauche ihn kaum führen, wir setzen uns pro Tag eine halbe Stunde zusammen, und meist hat er schon im Vorfeld abgecheckt, welche Themen für mich wichtig sind und welche nicht. Zwischen uns ist großes Vertrauen gewachsen.

War heute abend mit Joachim beim verabredeten Abendessen. Bin mir auch nach diesem langen, menschlich und atmosphärisch sehr positiven Gespräch noch nicht klar, wo dieser Mensch steht. Auf der einen Seite zeigt er durch viele Gedanken und Beiträge viel Loyalität zum Unternehmen und zu uns GFs. Auf der anderen Seite kommen dann manchmal Bemerkungen, wo ich Joachim unglaublich rückwärtsgerichtet erlebe, wo er bekennt, daß die „früheren Zeiten" besser gewesen seien, als man für das Rüsten der Maschinen noch Zeit hatte, als nicht alles so schnell und effizient sein mußte, als der Mensch bei Klinger Druck noch zählte. In diesen Augenblicken meine ich bei ihm eine innere Resignation festzustellen. Natürlich hat er erkannt, daß die Zeiten sich geändert haben. Aber nach sechsundzwanzig Jahren im selben Unternehmen und nach einer Fokussierung auf die klassische Druck- und Fertigungstechnik fällt es Joachim extrem schwer, die radikalen Veränderungen des Marktes und seiner Spielregeln zu begreifen. Ich war erschrocken, auf Nachfragen von ihm zu

Es ist immer wieder dieselbe schwierige Frage: Wieviel Lernpotential hat dieser Mitarbeiter?

erfahren, daß er noch nie einen Rechner bedient hat, daß er höchstens mal seinen beiden Söhnen beim Internet-Surfen über die Schulter schaut. Er hat diese ganze Entwicklung der digitalen Kommunikation einfach ignoriert bis auf die Randgebiete, die er als Fertigungsleiter kennen mußte. Joachim hat mir klar zugegeben, wie es ihn schmerzt, daß die Fertigung, auf die alle mal stolz waren, zum Kostenfaktor, zum Problemfall geworden ist. „Die Fertigung reorganisieren – das wird nicht so leicht sein, wie Sie vielleicht glauben. Was meinen Sie, was ich die letzten Jahre schon alles getan und versucht habe, mehr Ordnung in die Abläufe zu bekommen." Da war sie wieder, diese Rechtfertigungshaltung, diese Traurigkeit, daß durch das jetzige Org-Projekt quasi seine Lebensleistung für das Unternehmen negiert wird. Dabei geht es mir doch nur darum, Klinger Druck zu einem wettbewerbsfähigen Unternehmen zu machen. Ich kann doch auf die Melancholie eines Fertigungsleiters, der an alten Zeiten hängt, keine Rücksicht nehmen! Ich habe Joachim dann sehr freundschaftlich, aber auch klar gesagt, daß ich ihn unbedingt an Bord haben und halten will, daß ich aber von ihm nicht nur erwarte, daß er die notwendigen Veränderungen mitträgt, // Richtig! Offen die Erwartungen kommunizieren.
sondern daß er mitgestaltet.

Wir plauderten dann noch ein wenig aus unserem unterschiedlichen Leben, es war trotz der Meinungsunterschiede eine offene und ehrliche Atmosphäre zwischen uns, und Joachim verabschiedete sich von mir mit einem herzlichem beidseitigen Händedruck, der seine Gefühlsregung zeigte.

Freitag **13** November

Peter hatte heute Erfolgsnachrichten zu bieten. Er hat einen neuen Drucker für die Sechsfarbenmaschine gefunden, so daß die Position von Ernst Wallner endlich wieder besetzt werden kann. Wir sind hier so unter Druck, daß wir dem neuen Mitarbeiter sogar eine Sonderprämie bieten, wenn er versucht, sich bei seinem jetzigen Arbeitgeber schneller zu verabschieden. In der Druckerei herrschte nach dieser Nachricht große Erleichterung.

Bin schon sehr gespannt auf das Klausurmeeting am Montag zum Thema Digital-Konzept. Schütz wollte schon eine Fülle von Inputs und Charts vorbereiten, habe ihn aber gebremst. Er ist mir hier aus verständlicher Begeisterung heraus zu dominant. Ich möchte, daß sich die Gruppe selbst einmal klar wird, wie das neue Unternehmen aussehen soll. Eigentlich haben wir weder für Klinger Druck noch für das neue Unternehmen bisher eine wirkliche Vision! Das ist ein klares Defizit, über das ich dringend mit Peter sprechen muß. Auch ich war hier bisher viel zu pragmatisch unterwegs!

Draußen stürmt und regnet es, und ich bin nun schon fast ein Jahr bei Klinger Druck. Auf meine Jahresbilanz bin ich gespannt. Die nächsten Wochen werden entscheidend sein, aber ich spüre, irgendetwas liegt in der Luft.

Richtig! Bis jetzt fehlt dem Unternehmen eine wirkliche Vision, die der Veränderung einen Sinn gibt.

16 Montag
November

18.30 Uhr: Ich hätte so viel aufzuschreiben, aber mir schwirrt der Kopf. Mein Digital-Projekt ist akut gefährdet! Gemeinsam mit Schütz hatte ich beschlossen, die Klausur nicht im Hause Klinger Druck, sondern an einem innovativen Ort abzuhalten. Wir haben uns dazu im Wintergarten eines Hightech-Software-Hauses eingemietet, das Schütz kennt. Die Atmosphäre war anregend und ungewöhnlich, oben auf dem Gebäude der Wintergarten mit weitem Blick über das Land, ein Raum mit Hightech-Ambiente und allen denkbaren Kommunikationseinrichtungen – so stelle ich mir in ein paar Jahren unser neues Unternehmen vor. Die Gruppe war gut aufgelegt, diskussionsfreudig und motiviert. Aber alles das konnte letztlich nicht das Zerwürfnis zwischen mir und Schütz verhindern. Wir sind heute abend mit einem ziemlich weit entwickelten Firmenkonzept, aber mit größter Wahrscheinlichkeit ohne unseren Schlüssel-Manager auseinandergegangen. Nun ist das ganze Projekt fraglich und ich fühle mich immer noch wie vor den Kopf gestoßen.

Habe soeben Aubach angerufen. Der spürte gleich, daß ich Probleme habe und nimmt sich spontan Zeit für ein gemeinsames Essen. Vielleicht sehe ich danach klarer.

24.00 Uhr: Jetzt habe ich etwas mehr Überblick über den verworrenen Tag, wenngleich die Erkenntnisse alles andere als beruhigend sind. Habe mit Aubach, der von dem Digital-Projekt bisher nur am Rande gehört hat, den Ablauf des ganzen Tages und die Schlüsselszene zwischen Schütz und mir analysiert. Aubach meint, ich sei zu dominant reingegangen und hätte dem „Künstler" Schütz zuwenig Spielraum gelassen. Ich sperre mich gegen diese Deutung, denn, verdammt nochmal, der Schütz ist einfach realitätsfremd! Ich

Bs ist jedenfalls deutlich dominanter als er selbst glaubt.

→ *Methodik-Modul F*

kann doch nicht bei der Gründung eines Unternehmens einfach so mehrere Millionen in Technologie investieren, ohne auch nur im geringsten zu wissen, wie schnell und mit wem ich diese Technik dann zu Geld mache. Da hilft mir auch nicht das Argument, diese Investition sei quasi das „Eintrittsgeld" für den digitalen Markt des nächsten Jahrtausends!

Unser Zerwürfnis kam nachmittags, nachdem wir bis dahin wirklich kreativ und effizient gearbeitet hatten. Als es dann um die technische Gesamtkonzeption, also letztlich um die schwierige Positionierung unserer Marktleistungen ging, gerieten Schütz und ich immer stärker aneinander. Zuerst hatte ich die aus meiner Sicht völlig überzogenen Ideen meines Partners humorvoll abzuschmettern versucht, aber Schütz ließ nicht locker. Dann versuchte ich es betriebswirtschaftlich und appellierte an sein unternehmerisches Denken, aber Schütz sagte nur, das sei „mein" Ding, er könne als technischer Leiter nur sagen, was er brauche. Zuletzt kam der Vertriebsansatz, als ich ihn bat, mir dann wenigstens aufzuzeigen, auf welcher Zeitachse ich den Return of investment ansetzen könne – müdes Lächeln und die zynische Frage, ob ich eigentlich überhaupt wisse, auf welches Business ich mich da einlassen wolle ... Da bin ich explodiert und es kam zu einem dramatischen Wortwechsel vor den beiden anderen, die ich während des ganzen Prozesses völlig vergessen und in keiner Weise für eine Lösungsfindung oder gar Moderation genutzt hatte. Schütz und ich schaukelten uns immer höher, bis ich mit einem letzten Rest an Überblick eine Pause ausrief und mit Schütz vor das Gebäude ging.

immer wieder dasselbe Muster. Wenn es eng wird, vergißt BS die Gruppe und wird Einzelkämpfer.

Schütz war wirklich außer sich, rauchte eine Zigarette nach der anderen und ging während unseres Disputs ständig eine viereckige Figur auf dem Fliesenbelag des Eingangsbereiches nach, als wenn er damit den Raum markieren wollte, den er für sich reklamiert. Ich habe in dieser Phase versucht, die Wogen zu glätten, da ich ahnte, daß wir an einem Knackpunkt angelangt waren, an dem unsere Allianz zerbrechen könnte. Aber Schütz war so in Rage, machte mir massive Vorwürfe, er sei von mir getäuscht worden, er hätte aus meinen früheren begeisterten Statements doch schließen müssen, daß ich bereit sei, die Basisinvestitionen zu finanzieren, die dieses Business benötige und so weiter.

Am Ende konnte ich nur noch die Notbremse ziehen, mit ihm eine Denkpause von einer Woche vereinbaren, während der wir beide eine genaue Investitionsplanung für das Unternehmen machen und mit dieser Erkenntnis zurück in die Gruppe gehen. Steurer und Tanner zeigten sich absolut entsetzt, sie spürten genau, wie tief plötzlich der Riß zwischen den beiden zukünftigen GFs war. Tanner war besonders betroffen, er saß danach ganz bleich und niedergeschlagen da und mußte von mir erst wieder aufgebaut werden. Steurer hatte ohnehin nicht allzuviel beigetragen, aber, wie er sagte, einiges gelernt. Während Schütz noch bei meinen Schlußworten seinen Koffer zuknallte und wegging, blieb ich, von der Dynamik der Situation etwas konsterniert, mit den anderen beiden noch eine Weile sitzen. Steurer und Tanner haben mich in diesen Minuten nicht sehr souverän erlebt, aber wir drei haben uns dann danach bei einem Glas Bier Mut gemacht, daß Stefan Schütz schon wieder auf den Boden käme.

Aubachs Feedback war auf der einen Seite verständnisvoll. Er kann sehr gut nachvollziehen, daß ich als Geldgeber keine ungedeckten Schecks unterschreiben wollte. Auf der anderen Seite hinterfragte er natürlich, wie es kommen könne, daß sich erst kurz vor der geplanten Firmengründung eine solche Kluft zwischen meinen Vorstellungen und denen meines Partners auftut. Da hat er völlig recht, das erschreckt mich auch. Ich habe einfach unterstellt, daß ich mit Schütz ganz locker auf ein pragmatisches Konzept komme. Sicher, das Thema technische Investitionen hatten wir schon früher immer wieder, aber ich habe wohl überhört, wie zentral dieses Thema für ihn ist.

Hier schaltete sich Aubach nochmals ein, druckste erst ein wenig herum, hatte dann aber nicht den Mut, weiterzureden. Erst als ich ihn nochmals direkt um seine Beobachtungen bat, rückte er heraus, daß er dieses Verhaltensraster bei mir schon öfters bemerkt habe: daß ich von manchen Themen so überzeugt bin, daß ich andere Meinungen überhaupt nicht wahrnehme. Ich sagte dann mehr zum Spaß: „Vielleicht bin ich autoritärer, als ich glaube." Aber anstelle eines Widerspruchs kam ein ganz ernstes Nicken von Aubach. Trotzdem ist es für mich toll, wie offen wir miteinander reden können. Fazit aus Aubachs Sicht: Ich habe wieder mal die Gruppe nicht optimal geführt, den Konflikt

BS muß aufpassen, daß er nicht auch noch Tanner verliert.

mit Schütz trotz vorhandener Signale nicht kommen gesehen und in der Situation zu wenig integrierend agiert. Na toll, super Führungs-Feedback!

5.15 Uhr: Habe die ganze Nacht kein Auge zugemacht! Bin unruhig, weil mir immer wieder die Dinge entgleiten. Letzte Woche noch hatte ich das gute Gefühl, es geht voran und nun dieser Rückschlag. Ich weiß nicht, ob und wie ich mit Schütz noch zu einem sinnvollen Konsens kommen kann. Muß heute morgen gleich mit Peter reden. Steurer und Tanner halten dicht, mit denen habe ich absolute Vertraulichkeit vereinbart.

20.00 Uhr: Heute morgen habe ich Peter mit meiner Hiobsbotschaft seine super Nachricht vermasselt. Der kam gleich um acht Uhr freudestrahlend zu mir ins Büro und sagte: „Rate mal, was ich am Wochenende mit Altmann beschlossen habe." Dabei grinste er übers ganze Gesicht, erkannte aber sofort, daß ich genau in der umgekehrten Verfassung war. Trotzdem ließ ich erst mal ihn seine Neuigkeit loswerden, und die hatte es ja auch in sich: Altmann ist bereit, mir seine Anteile komplett zu verkaufen, wenn wir ihm einen guten Preis bieten! Normalerweise hätte ich einen Freudensprung gemacht, denn die Abmachung mit Altmann bedeutet ja nichts anderes als das Auseinanderbrechen der Allianz Ederer/Altmann und unsere einmalige Chance, eine komfortable Mehrheit in der GmbH zu bekommen. Peter berichtete, Altmann habe persönliche Sorgen und brauche das Geld dringender als ein gutes Verhältnis zu Ederer. Der wird toben, wenn er das hört!

Aber meine Stimmung war leider nur gedampft, denn ich hatte Peter über die (Nicht-)Ergebnisse der Digital-Klausur zu informieren. Er sagte, er hätte an meiner Stelle genauso gehandelt, als Unternehmer könne man ja wohl nicht Harakiri spielen. Außerdem gab er heute erstmalig zu, daß der Schütz ihm immer etwas unheimlich und undurchschaubar gewesen sei, so daß er gar nicht so unfroh über die entstandene Situation ist. Er tat schon so, als wäre der Abschied von Schütz beschlossene Sache, aber ich werde nochmals massiv um und mit Schütz kämpfen. Wenn wir ihn verlieren, weiß ich noch gar nicht, wie wir das neue Unternehmen aufbauen sollen.

Es spricht für sich, daß Peter gar nicht besonders alarmiert ist, der würde auch jetzt noch zu gerne den Kopf in den Sand stecken und bei seinem Klinger Druck bleiben! Aber das mit Altmann ist absolute Spitze. Wir haben endlich freie Bahn.

18 Mittwoch
November

Habe heute wieder mal viel am Schreibtisch gearbeitet. Es ist wirklich schön zu sehen, wie sich mein Vertriebsteam in den letzten Monaten entwickelt hat. Plötzlich habe ich zwei ganz aktive ADler, die enormen Druck machen und mit positiver Power unterwegs sind. Und, was vielleicht noch mehr zu würdigen ist: Auch bei den früheren „Innendienstlern" ist viel verkäuferisches und unternehmerisches Denken eingekehrt. Der Vertrieb ist wirklich auf gutem Weg und unsere Erfolge sprechen für sich: Die letzten zwei Monate sind wir besser wie Plan und damit auf dem Weg, unser 18 Millionen-Ziel doch noch zu erreichen. Aber das ist auch das Minimum, das wir brauchen, um dann immer noch einen kräftigen Verlust einzufahren. Deprimierend!

Stempfer hat am Montag bei Steurer angefangen. Da der aber mit mir in der Digital-Klausur war, konnte er sich erst heute um seinen neuen Mann kümmern und ist frustriert, da er schnell erkannt hat, daß Stemper in der Vorstufe erst mal keine große Hilfe sein wird. Vielleicht schafft es Steurer mit seinem ausgeprägten Glauben an die Menschheit ja sogar, einen Stempfer zu erreichen ... Erst mal muß der jetzt aber auf Schulung.

Ich weiß nicht, was ich mit Schütz machen soll. Habe die letzten Tage ständig versucht, ihn telefonisch zu erreichen. Der läßt mich völlig auflaufen. Irgendwas stimmt nicht. Vielleicht hätte mir die damalige „Kündigung" von ihm doch eine Lehre sein sollen, daß Schütz nicht zu fassen ist. Der kann total begeistert in einer Sache unterwegs sein und dann auch tolle Leistungen bringen. Und dann führt er mit irgendeinem Typen ein Gespräch, entdeckt neue Aspekte oder Herausforderungen und wirft alles, was besprochen war, einfach weg.

Unstet könnte man es nennen, vielleicht auch kreativ/naiv oder sogar unseriös. Wie soll ich mit einem solchen Partner erfolgreich zusammenarbeiten? Aber wenn nicht mit Schütz, mit wem dann?

So oder so ist Schütz jetzt nicht mehr der Partner.

Heute ist es passiert. Ein kurzer, lapidarer Brief von Stefan Schütz war in meiner Post. In wenigen Zeilen führt er aus, daß er bei unserem letzten Meeting erkannt hätte, daß es in zentralen Punkten „nicht zu überbrückende Meinungsverschiedenheiten" gäbe, die ihm eine gemeinsame Firmengründung nicht ratsam erscheinen ließen. Und er bemerkte noch im Nachsatz, daß er sich nun doch für den anderen Weg entschieden hätte, in einem Weltkonzern als Produktmanager zu arbeiten! Das stinkt doch gewaltig! Der hat sich in den letzten Wochen bereits neu entschieden und den Streit mit mir bewußt provoziert, um einen Anlaß zu finden, ohne Gesichtsverlust bei uns rauszukommen. Ich bin wirklich stinkesauer.

Habe soeben längeres Gespräch mit Ingrid gehabt und mich erst mal ausgeweint. Sie hat gemerkt, daß ich zuviel Alkohol hatte, wollte mich auch schon mahnen, hat dann aber doch erkannt, daß ich echte Probleme habe. Natürlich konnte sie mir keine Lösung bieten, außer ihrer verrückten Idee, daß ich mich aus Klinger Druck ganz zurückziehe und die neue Company alleine hochziehe. Nicht genug mit diesem ungelösten Problem, nun ist morgen auch noch der entscheidende Tag im Reorga-Projekt. Und Aubachs kurze Rückmeldung über große Probleme mit der Mini-Gruppe lassen nichts Gutes ahnen. Es reicht langsam!

Wo ist die tragende Kraft der Vision? Jetzt wäre sie wichtig!

Ich hänge echt im Schlamassel. Die Reorga-Sitzung war schrecklich. Im Augenblick gehen wir rückwärts statt vorwärts. Bin total gefrustet.

```
E-Mail
Thema: Ich stecke in der Klemme
von:   Bernd_Schwaiger@inet.com
an:    Günter_Schwab@blueline.de
Datum: 20.11.98 22:10:46
```

Lieber Günter,
wir haben uns seit dem total verkorksten Coaching-Wochenende nicht mehr gesprochen. Ich weiß nicht, warum Du Dich nicht mehr gemeldet hast, aber ich muß zugeben, daß auch ich etwas sauer auf Dich war. Es gab zwei Schlüsselszenen an diesem Samstag, wo ich mir von Dir mehr Unterstützung und Verständnis gewünscht hätte - aber das ist Schnee von

gestern. Möchte Dir eigentlich heute etwas ganz anderes schreiben. Ich stecke bei Klinger Druck nämlich echt in der Klemme.

Nach ganz guten Wochen im Herbst läuft gegen Ende des ersten Jahrs jetzt wirklich alles aus dem Ruder. Nein, stimmt eigentlich nicht, es gibt viele Bereiche, die ich gut aufgebaut habe. Der Vertrieb ist eindeutig besser strukturiert und motiviert als vor meinem Eintritt. Auch auf vielen anderen Baustellen konnte ich meine Akzente setzen. Aber in den beiden zentralen Veränderungsprojekten, der Reorganisation von Klinger Druck und der Gründung des neuen Digital-Unternehmens stehe ich vor gewaltigen Problemen. Die Gründung des Digital-Unternehmens ist im Augenblick fraglich geworden, weil der zentrale Knowhow-Träger, ein gewisser Stefan Schütz, wenige Tage vor dem Notartermin das Handtuch geworfen hat. Und die Reorganisation steckt seit dem gestrigen Tag, an dem mir eine wichtige Arbeitsgruppensitzung zu diesem Thema entglitten ist und ich die entscheidenden Führungskräfte nicht habe gewinnen können auch fest. Ich weiß nicht, was ich tun kann. So sehr ich mich auch reinhänge, die Beharrungskräfte in diesem Unternehmen sind wahnsinnig groß. Wenn ich nicht so einen tollen Kontakt zum Inhaber hätte, wäre ich vielleicht schon weg. Ich hatte von Anfang an einen härteren Weg bei der Reorganisation gehen wollen, Peter Klinger hat mich aber beschworen, die Mitarbeiter mit ins Boot zu nehmen. Was haben wir nun davon? Wir haben Monate verloren und stehen jetzt doch vor der Entscheidung, als GF gegen den Willen vieler Schlüsselpersonen zu entscheiden. Woran kann ich mich in dieser Lage festhalten, woran orientieren?
Viele Grüße. Bernd
(Gute Nachricht am Schluß: Habe das Alkoholthema trotz allem ganz gut im Griff.)

Langsam erst wird mein Kopf wieder klar. Habe gestern abend wirklich alles nur noch negativ gesehen. Was hat sich denn verändert seit der positiven vorletzten Woche? O.K. ich habe in beiden zentralen Change-Projekten einen herben Rückschlag einstecken müssen. Aber Rückschläge hatte ich schon oft und irgendwie ging es aber immer wieder weiter.

Vielleicht bohrt im Hintergrund doch mein privates Thema stärker in mir, als ich glaube. Noch ist ja keinerlei Lösung für unsere Familie in Sicht, aber irgendwo tief in mir spüre ich, daß ich bald die Weichen stellen muß, um so oder so wieder mehr Zeit für mein privates Leben zur Verfügung zu haben. Es ist ja nicht nur die Familie, die zu kurz kommt, auch ich komme zu wenig zu sportlicher Betätigung, pflege keine Freundschaften und vernachlässige alles Kulturelle. Seit Monaten investiere ich alle meine Kraft in meinen Job. Und so wie es jetzt aussieht, werde ich noch deutlich mehr Kraft als gedacht einbringen müssen. Das neue Unternehmen muß ohne den dafür vorgesehen Technik-Manager gestartet werden. Und parallel dazu ist Klinger Druck gegen alle Beharrungskräfte (und die kommen erst so langsam zutage) zu reformieren. Diese Gesamtsituation ist einfach irrsinnig schwierig und ich habe bis heute kein persönliches Konzept, wie ich das meistere.

Fest steht, daß meine persönliche Zeitachse völlig daneben lag. Ich war davon ausgegangen, in den ersten hundert Tagen die entscheidenden Impulse zu setzen, so daß ich innerhalb eines Jahres die wichtigsten Veränderungen durch habe und dann meine Kraft wieder auf Normalbetrieb runterfahren kann. Die Realität zeigt sich ganz anders. In den ersten hundert Tagen habe ich nur Baustellen aufgemacht und jetzt – gegen Ende des ersten Jahres – bin ich wirklich an den Schmerzpunkten dran. Ich brauche sicher noch ein zusätzliches Jahr intensivster Aufbauarbeit, um den Point-of-no-return zu schaffen und ein bis zwei weitere Jahre, bis zwei funktionsfähige, schlagkräftige Unternehmen entstanden sind. Und bis dahin – da bin ich ganz sicher – bricht meine Familie auseinander. Das ist die Realität. Aber immerhin: Ich gewinne langsam an Klarheit!

Nachher um elf Uhr kommen Peter und Joachim zu einem „Krisen-Gipfel" bei mir zusammen, der spontan am Ende des gestrigen Meetings aufgesetzt wurde. Das gibt mir noch etwas Zeit, über das Reorga-Projekt nachzudenken. Woran lag es, daß das gestrige Meeting so festgefahren ist? Eine Schlüsselszene war die Präsentation der Mini-Gruppe, bei der die Hauptgegner der Reorganisation darstellen sollten wie es gehen könnte. Aubach hatte versucht, die drei Akteure hinter den Kulissen zu moderieren, war aber letztlich auch an der Aufgabe gescheitert. Schon als Joachim,

Würde sich BS diese Fragen auch stellen, wenn er Erfolg hätte?

BS muß sich entscheiden.

Steurer und Michel begannen, war ihnen die Ablehnung des gesamten Wegs förmlich ins Gesicht geschrieben. Sie hatten auch kein sinnvolles Papier zustandegebracht und mühten sich mit tausend Wenn's und Aber's, bis sie schließlich bei der Forderung stehenblieben, ein externer Berater sollte bei der Umstrukturierung helfen. Letztlich dokumentierten sie dadurch nur ihr eigenes Unvermögen, den notwendigen Schritt zu tun und sich auf organisatorisches Neuland zu wagen. Ich bin ja wirklich kein Gegner von Beratern, aber wir hatten vor einigen Monaten Gründe gefunden, diesen Veränderungsprozeß aus eigener Kraft voranzutreiben. Wir haben in dieser Gruppe alle wichtigen Grundlagen gelegt, wir haben Ziele verabschiedet und jetzt – an dem Punkt, wo einfach die Beschlüsse fallen müßten, scheuen die Pferde. Mich wundert das alles nicht, denn ich hatte ja schon mehrmals mit Peter die Diskussion, daß in solchen Prozessen die GF irgendwann die Grausamkeit begehen und Entscheidungen treffen muß. Nach vielen Bedenken meines Partners habe ich mich dann darauf eingelassen, zu versuchen, die Mitarbeiter selbst entscheiden zu lassen. Und jetzt sind wir bei der Gretchenfrage, ob wir den klar artikulierten Bedenken nachgeben oder als GF das lange überfällige Machtwort sprechen. Ich bin für letzteres, denn auch Joachim zeigte spätestens gestern, daß er überfordert ist. Der braucht endlich klare Führung durch uns und wird sich letztlich fügen, da bin ich sicher.

Entscheidungen von dieser Tragweite können die Mitarbeiter nicht fällen!

22 Sonntag
November

21.00 Uhr: Den ganzen Tag denke ich über meine Situation nach. Der Krisen-Frühschoppen gestern hat die Gräben zwischen Joachim und mir nochmals verdeutlicht, trotz aller gegenseitigen Wertschätzung, die wir nach wie vor für einander empfinden. Peter steht hilflos zwischen unseren Fronten und versucht zu vermitteln. Aber ich sehe nicht, wo der Kompromiß liegen soll. Wir können die zu fällenden Entscheidungen noch eine Weile liegen lassen, aber sie werden in der Zeit nicht reifen, sondern eher verwelken. Die Sache ist jetzt heiß, die Geschäftsführung muß Flagge zeigen. Aber in dieser zentralen Frage sind Peter und ich uneins. So waren wir gestern unverrichteter Dinge auseinandergegangen. Jeder will nochmals nachdenken, und bis zum nächsten Meeting der Reorga-Gruppe muß so oder so Klarheit herrschen.

Vielleicht sollte ich jetzt Flagge zeigen und mein Verbleiben im Unternehmen von der Entscheidung für das Veränderungskonzept abhängig machen. Aber Peter erpressen? Wir schätzen uns nach wie vor ungemein ...

23.30 Uhr: Nach einem mehr als zweistündigen Telefonat mit meinem Coach Günter spitzen sich die Dinge aus meiner Sicht ungemein zu. Ich habe mit ihm herausgearbeitet, daß ich am Scheideweg stehe. Die Reorganisation von Klinger Druck plus der Aufbau des neuen Unternehmens kostet mich zuviel Kraft und torpediert alle Chancen, privat wieder Fuß zu fassen. Ich will auch in diesem Tempo nicht noch zwei bis drei Jahre durchackern, ich würde es vermutlich schaffen, aber um welchen Preis?

Die „Ressource Coach" ist in einer so schwierigen Situation extrem wertvoll.

Hinzu kommen die deutlichen massiven Widerstände gegen meinen Weg. Solange ich die Mitarbeiter irgendwie motivieren und begeistern konnte, ist Peter mit mir mitgegangen. Aber jetzt, wo wir erstmals gegen den ausgesprochenen Willen einiger Schlüsselpersonen handeln müßten, knickt er ein. Peter hat nicht die Härte und Durchsetzungskraft für diesen Weg, das wird mir immer klarer. Lieber verzichtet er auf Gewinn und Wachstum in seinem Unternehmen, als mit harter Hand unpopuläre Beschlüsse zu fassen. Also, es wird keine Neuorganisation in der Technik geben, keine Zusammenlegung von Vorstufe und Vertrieb, keine Verschlankung der Prozesse. Das hat Peter zwar noch nicht so dezidiert gesagt, aber so wird es kommen.

Und ich werde aus den aufgezeigten privaten Gründen nicht die Gretchenfrage stellen. Peter würde mich vermutlich schweren Herzens gewähren lassen, wenn ich ihm die Pistole auf die Brust setzen würde, aber vermutlich um den Preis seines schnellen Ausstiegs. Dann läge alle Verantwortung und die Beweislast der Funktionsfähigkeit meines Konzepts ganz allein bei mir. Nein, das ist nicht mein Weg. So auf keinen Fall!

Endlich betrachtet BS seine Situation ganz deutlich.

Fazit nach dem Gespräch mit Günter: Entweder ich steige ganz aus bei Klinger Druck oder aber ich konzentriere mich ausschließlich auf den Neuaufbau des Digital-Unternehmens und überlasse Peter oder einem anderen Manager die Leitung und Konsolidierung des Stammhauses.

Das ist eine schwere Entscheidung! Muß darüber jetzt erst mal schlafen.

24 Dienstag
November

Bin gestern zu keinen großen Überlegungen gekommen. Kundentermine, Abstimmungsmeetings und Routinearbeit. Habe Peter den ganzen Tag nicht gesehen, nur Joachim lief mir öfters über den Weg. Die Luft ist geladen zwischen uns. Wir haben aber kein Wort über die zu fällenden Entscheidungen gesprochen. Heute abend treffe ich mich mit Aubach privat. Ich brauche ihn als Gesprächspartner.

Ach ja, dann hat heute noch dieser Schütz ganz locker und harmlos angerufen, als ob nichts gewesen wäre zwischen uns, fragte, wie es so geht und was wir jetzt mit der Firmengründung vorhätten. Er könnte ja vielleicht als freier Mitarbeiter für uns wirken, so lange er noch nicht in festen Händen sei. Der ist ganz schön unverfroren. Raus ist raus, und wer mich so hängen läßt, bekommt es dann auch von mir zu spüren. Habe auch mit Markus Tanner lange gesprochen und versucht, ihn zu motivieren. Ich verstehe ja, daß auch er schnellstens wissen möchte, wie es für ihn weitergehen wird. Aber ein paar Tage wird er auf jeden Fall noch warten müssen.

26 Donnerstag
November

6.00 Uhr: Das wird ein denkwürdiger Tag werden. Werde Peter heute morgen meinen Abschied von Klinger Druck eröffnen! Alle Erkenntnisse der letzten Tage, das Telefonat mit Günter, das Gespräch mit Aubach und ein intensives Telefonat mit Ingrid haben in mir den Entschluß reifen lassen, daß ich mich so schnell wie möglich nur noch auf den Aufbau des neuen Unternehmens konzentriere und mich aus Klinger Druck vollständig zurückziehe.

Ich weiß noch nicht, ob dies ein Eingeständnis des Scheiterns oder eine Dokumentation der Stärke ist. Irgendwie ist es für mich schon ein Stück Mißerfolg, unverrichteter Dinge aus dem Unternehmen auszuscheiden, dem in den letzten Monaten alle meine Kraft gegolten hat. Aber ich habe auch immer stärker die Erkenntnis gewonnen, daß ich im Zweifelsfall lieber ein neues Unternehmen aufbaue, als meine gesamte Kraft in die Veränderung eines verkrusteten Betriebs und seines Geschäftsführers zu stecken. Beides zusammen geht für mich definitiv nicht! Wie ich das meinen Mitarbeitern im Vertrieb klarmache, weiß ich jetzt noch nicht. Und die Gesellschafter – werden sie mein Ausscheiden bei Klinger Druck und meine Alleingeschäftsführung in dem neuen Digital-Unternehmen überhaupt akzeptieren? Was bedeutet mein Schritt für Peter? Es gibt viele Fragen und hoffentlich bald auch einige Antworten ...

23.45 Uhr: Bin zu müde und alkoholisiert, um noch was zu schreiben. War mit Peter einen trinken ...

6.00 Uhr: Werde heute abend nach Koblenz fahren, muß unbedingt mit Ingrid und Melanie alle Konsequenzen aus den gestrigen Entwicklungen und Beschlüssen besprechen.

Peter war gestern morgen ziemlich entsetzt, als ich ihm meinen Entschluß mitteilte. Er konnte es anfangs gar nicht glauben, hat aber dann meine Ernsthaftigkeit und große Entschlossenheit gespürt. „Solche wichtigen Themen besprechen Partner nicht im Büro", sagte er und war schon am Zusammenpacken. Wir sagten beide alle unsere Termine für diesen Tag ab. Auf der Fahrt zu ihm nach Hause haben wir kaum gesprochen, keiner von uns wollte den Anfang machen und Peter hat die Zeit offensichtlich auch zum Nachdenken gebraucht. Als wir dann gemeinsam am Tisch saßen, bekannte Peter mit Tränen in den Augen: „Das habe ich nicht gewollt." Er suchte die Schuld an meinem Schritt in erster Linie bei sich und seiner Ablehnung meiner harten Linie.

Ich versuchte Peter nochmals umfassend meine Situationseinschätzung klar zu machen und sparte auch die privaten Einflüsse nicht aus. Peter hat so starken Anteil an meiner neuen Annäherung zu Ingrid, daß ich ihm diese Offenheit einfach schuldig bin. Als ich ihm meine Sichtweise deutlich gemacht hatte, herrschte erst mal eine Weile Schweigen, dann fragte er: „Bernd, und wenn wir Joachim doch rausnehmen und durch einen modernen Fertigungsleiter ersetzen, der auf deiner Linie ist?" Ich war wirklich gerührt von so viel Entgegenkommen, sagte Peter aber, daß ich dieses Zugeständnis von ihm nicht wolle und daß ich glaube, es würde ihn fertigmachen, Joachim nach den vielen Jahren rauszusetzen. Peter nickte und war so gesehen dankbar, daß ihm dieser Schritt erspart blieb. Ich hätte nicht gedacht, daß Peter so stark an mir hängt, ich weiß aber, daß es diesen geradlinigen Menschen zerreißt, wenn ich ihm meinen Weg aufzwinge. Und im Reorga-Projekt habe ich mich so stark aus dem Fenster gelehnt, daß es jetzt nur eine

jetzt trägt die gegenseitige Wertschätzung – auch in einer solchen Situation kann dann noch gemeinsam gehandelt werden.

205

Ja- oder Nein-Entscheidung geben kann. Ein zeitlicher Aufschub bringt auch nichts und verzögert nur alle notwendigen Schritte. Peter und ich erwogen dann noch andere Möglichkeiten, mich bei Klinger Druck zu halten. Er diskutierte mit mir auch sein sofortiges Rausgehen. Damit hätte ich zwar freie Bahn bekommen, letztlich aber trotzdem den Doppeljob gehabt, von dem ich mich innerlich inzwischen verabschiedet habe. Es sei denn, wir hätten für das Digital-Unternehmen einen neuen Manager gefunden, der dort wirklich komplett in die Verantwortung geht. Aber da habe ich in mir Widerstand gespürt. Wenn ich ehrlich bin, dann reizt mich diese Aufgabe deutlich mehr, als Klinger Druck fit zu machen. Als wir beide das erkannten, war mein Beschluß besiegelt. Peter zeigte sich froh, daß er mich nicht ganz verlor, sondern als GF des neuen Unternehmens und damit als seinen Partner behielt.

*Das ist konsequent. //
Jetzt wird endlich
das private Leben
in Entscheidungen
einbezogen.*

Doch an diesem Punkt angelangt, tauchten neue Fragen auf: Wenn nicht ICH Klinger Druck restrukturiere, wer dann? Kann nach meinem abrupten Abschied bei Klinger Druck überhaupt ein anderer an meine Veränderungen anknüpfen? Kommt Peter dann früher oder später wieder an denselben Punkt und muß eine schmerzhafte Reorga durchziehen, deren Konsequenzen er nicht mittragen will? Wie werden die Gesellschafter auf mein Ausscheiden reagieren? Die Diskussion über diese Punkte dauerte lange und war auch für Peter äußerst schwierig. Denn man kann es drehen und wenden wie man will, Klinger Druck muß reformiert werden. In der jetzigen Struktur ist das Unternehmen auf Dauer nicht überlebensfähig, das steht fest. Peter spürt genau, daß an diesem Punkt er das Problem hat, weil er die Härte für die notwendigen Entscheidungen nicht aufbringt. Und er wird gut beraten sein, den Mitarbeitern deutlich zu machen, daß mein Austritt nichts mit dem Org-Projekt zu tun hat, sondern nur eine Konsequenz der Neugründung des Digital-Unternehmens ist. Nur so bleibt der Druck auf dem Veränderungsprojekt, und ein anderer kann dann an meine Stelle treten.

*Äußerst wichtig,
es wird auch so
noch schwer ge-
nug, den roten
Faden im perso-
nellen Übergang
zu halten.*

Dann war noch zu klären, wie es in meinem eigenen Bereich weitergeht. Aubach ist zwar ein guter Stellvertreter, aber nicht unbedingt der strategisch und konzeptionell denkende Vertriebsleiter. Und Peter machte mir nochmals deutlich, wie sehr meine Mannschaft an mir hängt. „Wenn Du jetzt gehst, kehrt im gesamten Vertrieb Frust ein. So einen wie dich finden die doch so schnell nicht wieder." Das tat echt gut! Lange Rede kurzer Sinn – Peter, der alte Fuchs, rang mir tatsächlich etwas ab, was ich eigentlich überhaupt nicht wollte: Ich erklärte mich bereit, noch das ganze Jahr '99 Vertriebsleiter bei Klinger Druck zu bleiben, allerdings wirklich nur noch in der Leitungsfunktion und nicht mehr aktiv draußen an der Front. Ich stelle mir vor, daß ich das Vertriebsmanagement an einem Tag in der Woche leisten kann und bin eigentlich auch ganz glücklich, mich nicht so sang- und klanglos aus „meinem" Reich verabschieden zu müssen. Peter und ich haben also folgende Beschlüsse gefaßt:

1. Ich werde ab 1.12. bei Klinger Druck nur noch Vertriebs-leiter sein und ziehe mich aus allen Zukunftsprojekten von Klinger Druck, vor allem aus dem Reorga-Projekt, sofort zurück.
2. Ich übernehme als Alleingeschäftsführer den gesamten Aufbau des Digital-Unternehmens. Schütz wird nur in Form eines neuen Digital-Spezialisten, aber nicht in seiner GF-Funktion ersetzt.
3. Peter wird dann als GF bei Klinger Druck ausscheiden, wenn ein neuer Manager gefunden und eingeführt ist, der die Firma übernimmt. Peter will von einer Art Beirat aus auf beide Unternehmen einwirken. Dieser Beirat muß neu gegründet werden, auch ich werde als Digital-GF in diesem Gremium sitzen, wobei wir uns noch weitere, neutrale Mitglieder wünschen.
4. Ich werde nur im neu zu gründenden Unternehmen kapitalmäßig einsteigen, nicht aber bei Klinger Druck.
5. Sobald alle konzeptionellen Vorarbeiten für Klinger Digi-tal abgeschlossen sind, werden wir eine Gesellschafter versammlung einberufen, um über alles zu informieren.
6. Nachdem ich nun nicht bei Klinger Druck einsteige, wird Peter vorübergehend die Anteile Altmanns kau-fen, um später dem neuen GF eine Mehrheitsbeteiligung an Klinger Druck anbieten zu können.

Hinter diesen Beschlüssen steht eine super GF-Arbeit in dieser schwierigen Phase!

Das war der Stand, an dem wir gestern nacht auseinander gegangen waren. Wir hatten zum Abschluß mit einem besonders edlen Cognac aus Peters Bar angestoßen, uns erleichtert angeschaut und dann in den Arm genommen. Wir beide werden weiterhin Partner bleiben. Und sogar sehr gute!

29
November
Sonntag

Plötzlich kommt Bewegung in die festgefahrenen Fronten.

22.30 Uhr: Komme soeben von einem ganz besonderen Wochenende in Koblenz nach Hause. Endlich bekommt mein Leben wieder eine Perspektive. Meine Nachricht hat bei Ingrid wie eine Bombe eingeschlagen. Sie konnte es trotz unserer mehrmaligen Kontakte in den letzten Tagen einfach nicht glauben, daß ich den Schritt nun tatsächlich wage und bei Klinger Druck herausgehe. Sie hat meinen Beschluß, mich auf ein Unternehmen zu konzentrieren und dadurch mehr privaten Freiraum zu schaffen, als deutliches Zeichen für die Familie gewertet und war tief gerührt und betroffen. Trotzdem hinterfragte sie nochmals meine Beweggründe, denn sie war sich anfangs noch gar nicht sicher, ob ich mit diesem Abschied wirklich glücklich werde, ob ich auch tatsächlich loslassen kann, ob meine Partnerschaft zu Peter nicht doch Schaden nimmt. Aber alle Abwägung brachte keine neuen Erkenntnisse außer, es ist das Richtige. Für mich, für Ingrid, für die Familie und letztlich auch für Peter. Und dann, als Ingrid spürte, wie ernst ich es meinte, kam ihr Commitment: Sie tritt ihren neuen Job als Juristin in Koblenz nicht an, sondern zieht mit Melanie gleich zu Beginn des neuen Jahres zu mir nach Stuttgart. Ich kann gar nicht sagen, wie erleichtert und begeistert ich bin. Wir haben den Knoten, der uns monatelang gequält und blockiert hat, durchschlagen. Das war ein glücklicher erster Advent, auch für Melanie.

1
Dezember
Dienstag

Heute hatten wir die nach unseren Beschlüssen sofort anberaumte außerordentliche Betriebsversammlung. Peter und ich waren äußerst aufgeregt, denn was wir zu verkünden hatten, war schon heftig! Der neue „Hoffnungsträger" von Klinger Druck verläßt nach nur knapp einem Jahr das Unternehmen, um sich ganz dem Aufbau von Klinger Digital zu widmen. Keiner der Mitarbeiter (bis auf Aubach, der etwas geahnt hatte und Steurer, den wir als Betriebsrat vorinformiert hatten) war darauf vorbereitet. Ungläubiges Schweigen herrschte der Bekanntgabe, danach ergab sich ein Gewirr von Stimmen und Fragen. Manche Mitarbeiter waren konfus, versuchten herauszufinden, was das jetzt für sie bedeutet. Wir kommunizierten ganz offen, daß die von mir angestoßenen, intern umstrittenen Veränderungsprojekte auf Eis liegen, aber sofort nach Einstellung eines neuen Managers, den wir sofort suchen, wieder aufgenommen werden. Peter und mir war es wichtig, an diesem Punkt keinerlei Zweifel aufkommen zu lassen: Es wird Veränderungen bei Klinger Druck geben und der neue Manager, wird sofort bei seinem Eintritt das von mir begonnene Werk wieder aufgreifen und fortführen. Das ist eine große Herausforderung an den neuen GF, denn die Zeit drängt, und er kann sich nicht die Einarbeitungszeit nehmen, die mir zur Verfügung stand. Das Echo auf diese Ankündigungen sprach für mich. Viele Mitarbeiter zeigten sich in ihren Wortmeldungen entsetzt, manche enttäuscht von meiner Demission. Natürlich kamen auch Fragen in Sachen Reorga-Projekt, sicher wird in den nächsten Tagen hinter den Kulissen doch spekuliert werden, daß ich mich mit meinen weitreichenden Ideen nicht durchsetzen konnte und deshalb das Handtuch geworfen habe. Aber damit müssen wir leben. Offiziell ist die Begründung mit dem kurzfristigen Ausscheiden von Schütz im Digital-Projekt durchaus wasserdicht. Mit großer Erleichterung wurde von meiner eigenen Mannschaft dann noch die Ankündigung aufgenommen, daß ich ihr als Vertriebsleiter auf jeden Fall das ganze nächste Jahr erhalten bleiben werde.

Was mir heute erst in diesem Zusammenhang in den Sinn kam: Ich werde in dieser Funktion bald von einem mir heute noch völlig unbekannten Manager geführt werden! Eigenartiges Gefühl ...

Den ganzen Nachmittag über gab es nach der Betriebsversammlung noch Gesprächsbedarf. In meinem offenen Büro gab einer dem anderen die Klinke in die Hand. Aubach, Brenner und andere Teammitglieder bedauerten mein Ausscheiden mit wirklicher Anteilnahme. Noch nie seit meinem Eintritt habe ich so viel positives Feedback erhalten. Fast schon bin ich wieder verunsichert in meinem Entschluß. Mir war überhaupt nicht klar, daß ich so viel Zustimmung und Anerkennung im Unternehmen genieße. Vorher noch, kurz bevor ich den Tag beendete, kam Joachim zu mir. Er machte einen äußerst geknickten, betroffenen Eindruck und fragte mich offen, ob die Meinungsverschiedenheiten im Reorga-Projekt nicht der eigentliche Grund wären. Ich war offen zu ihm und gab ihm einen kleinen Einblick in einige, wenn auch nicht alle meiner Beweggründe. Joachim weiß genau, daß er mit meinem Abschied das Thema „Neuorganisation der Fertigung" nicht vom Tisch hat. Jemand

[Randnotiz:] Offene Kommunikation ist in dieser Situation ganz entscheidend.

[Randnotiz:] Das Resultat von unklarer GF-Strategie: Der Fertigungsleiter bleibt und ein GF geht!

209

anderer wird hier bald die Akzente setzen, und Joachim muß befürchten, daß es eher noch schwerer für ihn wird. Bis dahin verrinnt wieder wertvolle Zeit, die Klinger Druck im Wettbewerb am Markt fehlen wird. Aber da kann ich nun wirklich nichts mehr machen. Ich habe schließlich alles versucht!

2 Mittwoch
Dezember

Hatte heute endlich mal wieder einen Routine-Tag. Gleich morgens gab es eine nette kleine Überraschung. Auf meinem Tisch stand ein großer Blumenstrauß, mit dem mein ganzes Team ein Zeichen setzen wollte. Hat mich riesig gefreut. Dann folgten einzelne Mitarbeitergespräche, Telefonaktionen und heute nachmittag eine Hausführung mit einer neuen Werbeagentur. Die Duftdruck-Muster aus unserem Parfum-Auftrag haben besonderen Eindruck gemacht.

Peter begegnet mir mit noch mehr Freundlichkeit und auch Respekt als früher. Irgendwie ist unser Verhältnis jetzt anders geworden. Kann noch nicht mehr dazu sagen, aber wenn ich mich in Peter hineindenke, dann ist auch für ihn das Hin und Her beträchtlich. Anfangs war er ganz auf baldigen Abschied vom Unternehmen eingestellt, dann hat es ihm mit mir plötzlich wieder neuen Spaß gemacht, und jetzt muß er mit einer neuen Personalsuche nochmals von vorn anfangen und einen Nachfolger für Klinger Druck suchen. Die Rahmenbedingungen haben sich allerdings zur Situation vor einem Jahr deutlich verändert. Wir kennen unseren Weg, wir bekommen bald klare Verhältnisse in der Gesellschafterversammlung, es entsteht ein Beirat, in dem Peter dann regieren wird. Wenn wir die augenblicklichen Turbulenzen mal beiseite lassen, so entsteht in den nächsten zwei Jahren ja vielleicht doch die für das Unternehmen ideale Struktur. Meine Zukunftsaufgabe bleibt groß genug: Ich muß das Digital-Unternehmen aufbauen. Habe für Freitag einen neuen Termin mit Tanner gemacht. Der weiß noch gar nicht, was eigentlich Sache ist. Sobald ich in der Firmenkonzeption unter den neuen Umständen klar bin, wollen wir die Gesellschafterversammlung einberufen und die notarielle Abwicklung machen. Das muß auf jeden Fall noch vor Weihnachten sein.

23.30 Uhr: Hatte wieder langes Telefongespräch mit Ingrid. Toll, wie sie jetzt zu mir steht. Sie hat tatsächlich ihren

Für die Neugründung sollte eine Projektplanung gemacht werden.
→ Methodik-Modul M

schon unterschriebenen Arbeitsvertrag gecancelt und ist bereits dabei, sich im Immobilienmarkt Stuttgarts umzuschauen. Ich werde sie ermuntern, hier einen beruflichen Wiedereinstieg nach der Kinderpause zu versuchen. Das würde ihr helfen, sich schneller zu akklimatisieren. Unklar ist noch, wann und wie wir Melanie schulmäßig verpflanzen sollen. Dann müssen wir noch unser Koblenzer Haus verkaufen und vieles mehr ... aber wir sind jetzt endlich gemeinsam unterwegs!

Das war ein super Tag heute. Wir sind im Vertrieb inzwischen wirklich gut drauf. Wenn ich überlege, wie niedrig früher die Erfolgsquote von Angeboten war und wie es dagegen heute läuft ... da wird inzwischen mit einem ganz anderen Nachdruck agiert. Und die betriebswirtschaftliche Denkweise ist viel stärker ausgeprägt, was sich bei der intensiven Auswertung der Nachkalkulationen zeigt. Wir werden unser Umsatz-Soll von achtzehn Millionen erreichen, vielleicht sogar etwas überschreiten. Und was noch wichtiger ist: Wir erwirtschaften endlich einen besseren Deckungsbeitrag, weil wir preislich selbstbewußter verkaufen und die Auftragsstruktur so verändert haben, daß wir eine bessere Wertschöpfung erzielen. Das alles ist ein Stück Vermächtnis von mir, das ich im kommenden Jahr als „nebenberuflicher" Vertriebsleiter weiterpflegen werde. Gottseidank ist auch unsere Liquiditätskrise überwunden, so daß sich die Banken im Augenblick zufrieden geben. Wie die wohl auf meinen Austritt bei Klinger Druck reagieren werden?

Je genauer der Vertrieb weiß, welche Prozeßschritte Ertrag bringen, desto klarer kann agiert werden.

Trotz aller Erkenntnis der Richtigkeit meines neuen Weges bohrt mein Abschied von Klinger Druck schon noch gewaltig in mir. Woran bin ich im Reorga-Projekt eigentlich gescheitert? Wäre ich allein in der Führung gewesen, hätte ich an irgendeinem Punkt die Sache entschieden und durchgedrückt. So aber, mit Peter an meiner Seite, war ich auf Überzeugen und Gewinnen der Schlüsselpersonen angewiesen. Und Joachim habe ich definitiv nicht gewonnen. So gesehen ist er der Schlüssel. Ich frage mich, habe ich bei ihm wirklich alles versucht? Habe ich ihn wirklich abgeholt? Vielleicht war ich viel zu sehr bei mir, bei meinen Zielen und nicht bei ihm, bei seinen Sorgen, bei seinen Denkstrukturen?

Nicht Joachim ist der Schlüssel, sondern das unterschiedliche Führungsverständnis der GFs.

211

Es ist konzeptionell für das neue Unternehmen noch ziemlich dünn unterwegs ...

6.30 Uhr: Habe heute vor, endlich die Firmengründung so weit vorzubereiten, daß wir den Gesellschaftern ein klares Konzept präsentieren können. Mir geht es vor allem darum, nach dem damaligen Streit mit Schütz endlich die Leistungsfelder exakt zu definieren und den Investitionsbedarf zu ermitteln. Ob und wieweit mir Tanner in dieser Sache weiterhelfen kann, wird sich zeigen. Ich bin aber überzeugt, daß ich noch einen zusätzlichen Experten brauchen werde. Auch für die Gesellschafter wäre es vertrauenserweckender, nach dem Abgang von Schütz gleich einen neuen Leistungsträger präsentiert zu bekommen. Nur woher auf die Schnelle nehmen?

22.00 Uhr: Der heutige Tag stand ganz unter der Überschrift „neues Unternehmen". Habe mich mit Tanner bei mir zu Hause zurückgezogen. Der war erst mal fertig, als er vom definitiven Ausstieg von Schütz gehört hat. Aber er hatte nach dem Streit beim letzten Meeting natürlich irgendwo schon seine Befürchtungen. Auf der anderern Seite freut er sich jetzt riesig, daß ich mich Fulltime um das Projekt kümmere, denn damit hat er eine klare Bezugsperson und weiß, daß auch Professionalität und Druck dahinterstehen. Wir haben den ganzen Tag versucht, aus den bisherigen Mosaiksteinen, die wir großteils mit Schütz entwickelt hatten, ein fertiges Konzept aufzubauen. Aber wir mußten schmerzhaft erkennen, wie stark uns der nun fehlt. Gut, wir haben heute viele Fragen geklärt.

Wir werden unser Unternehmen, das KLINGER DIGITAL SERVICES heißen soll, primär bei den Klinger-Stammkunden als Dienstleister positionieren: 1. für kreative Geschäftsberichte auf CD-ROM und 2. für Bilddatenbanken bei Unternehmen mit hohem Bildbestand. Uns ist nun auch klar, wie wir marketingmäßig vorgehen. Wir haben Ideen für unser Corporate Design und den Ansatz für eine pfiffige Werbekampagne entwickelt. Aber uns fehlt der technische Kopf, der wie Schütz unsere Produktideen in verkaufbare Produkte umsetzt und die dafür notwendige technische Infrastruktur definieren und unterhalten kann. Dieser Mitarbeiter (es könnte ja auch eine Frau sein) fehlt uns dramatisch, und ich bin mir heute klar geworden, daß ich mich ohne eine glaubhafte Neubesetzung hier überhaupt nicht vor die Gesellschafter stellen brauche. Ich will das unbedingt im Dezember noch über die Bühne bringen. Auch Peter ist an

Richtig! In dieser Branche ist das technologische Knowhow der Leistungsträger entscheidend.

//

einer baldigen Gesellschafterversammlung interessiert. Wer weiß, ob es sich Altmann nicht nochmal anders überlegt, wenn er zuviel Zeit zum Nachdenken hat. Tanner hat mir heute abend am Ende unserer Besprechung eine Einladung zu einem Kongreß „Die Medienlandschaft im nächsten Jahrtausend" in die Hand gedrückt, der nächste Woche in Frankfurt stattfinden wird. Wir wollen beide teilnehmen. – Jetzt am Wochenende habe ich allerdings erst noch einen anderen Job: Häuser in Stuttgart und der Umgebung anschauen ...

Heute habe ich einen tollen Coup gelandet. Ich war mit Tanner bei diesem Multimedia-Kongreß in Frankfurt und habe dort noch am selben Tag einen Vorvertrag mit einem neuen Digital-Profi gemacht. Er heißt Marco Henning, ist erst 29 Jahre alt, hat aber ein absolut profundes Wissen im Multimedia-Bereich, war früher Mitglied eines bekannten Hacker-Clubs, der mit kreativen Aktivitäten große Öffentlichkeitswirkung erzielt hatte. Henning hatte bereits mit achtzehn Jahren ein kleines Software-Unternehmen gegründet und – was sonst in diesem Alter – verrückte Computerspiele erfunden. Heute ist er im gesamten Multimedia-Bereich zu Hause und hielt auf dem Kongreß einen Vortrag zum Thema „Neue Wege des Publishing im nächsten Jahrtausend". Dabei hat er eine Fülle von Ideen eingebracht und Themen angesprochen, die für unsere neue Company von zentraler Bedeutung sind. Bin dann mit Tanner gleich nach seinem Vortrag zu ihm nach vorn gegangen und wir haben uns zum Kongreßende in einem Bistro verabredet, wo wir innerhalb von zwei Stunden alles klargemacht haben. Henning wird ab Januar als „fester Freier" für uns den Aufbau des neuen Geschäfts begleiten. Er wird dies in unserer Region und bei unseren Zielbranchen exklusiv für uns tun und steht auch für eine erste Vorstellung bei den Gesellschaftern zur Verfügung. Nächste Woche konnte ich bei ihm den Dienstag freischaufeln, damit er mit uns die Produkt- und Investitionsplanung fertigstellt. Die Tatsache, daß er so bereitwillig schon vor Vertragsbeginn in unsere Themen mit einsteigt, zeigt mir sein großes Interesse und seine Begeisterungsfähigkeit. Henning reizt an unserem Projekt die Schnittstelle zum klassischen Druck-Workflow. Er meint, genau an diesem Punkt könne man noch innovative

// schon wieder eine rein intuitive Entscheidung. Es sollte daneben auch klassische Auswahlverfahren einsetzen.

Zeichen setzen ... Auch Tanner hat einen hervorragenden Eindruck von Henning. Für ihn ist der zwar ein „Spinner", aber ein interessanter! Dadurch, daß ich ihn nur als Freien einbinde, ergibt sich auch von Anfang an keine Rivalität zwischen den beiden. Ich hoffe nur, ich war mit der ganzen Aktion nicht zu voreilig. Schließe einfach einen Vertrag mit einem Burschen, von dem ich weder die Zeugnisse noch seine Referenzen kenne. Aber die Zeit drängt, und uns beide hat er einfach überzeugt. In diesem Business muß schnell gehandelt werden. Bin jedenfalls gespannt, was Peter dazu sagt.

<table>
<tr><td>

9   Mittwoch

Dezember

</td><td>

Peter hat heute morgen nur den Kopf geschüttelt, als ich ihm die Story mit Marco Henning verkauft habe. „Bernd", sagte er lächelnd, „woher nimmst du deine Energie? Ich kann mich immer wieder nur wundern, wie du die Dinge vorantreibst". Also, das war ein Lob und ein O.K. zu meinem Vorgehen. Ohne daß er den Mann überhaupt kennengelernt hat, gibt er erst mal Vertrauen in meine Entscheidung. Das ist das Schöne an der Arbeit mit Peter.

</td></tr>
</table>

Wir haben dann gleich den Termin für die Gesellschafterversammlung gemacht: 21.12., also knapp vor Weihnachten. Das ist nach dem Gesetz zwar eine viel zu kurzfristige Einladungsfrist, aber wo kein Kläger ... Wir sind beide der Meinung, daß es so wichtige Informationen für Ederer und Altmann gibt, daß wir nicht bis ins neue Jahr warten dürfen. Ob die beiden wohl schon von meinem Ausscheiden gehört haben? Petra hat doch sicher noch Kontakte ins Unternehmen hinein.

Heute kam ein gebeutelter Steurer zu mir und bat um ein Gespräch. Der Grund war – natürlich – Stempfer! Steurer und seine Leute in der Vorstufe haben massive Probleme mit ihm. Der fügt sich nicht ein, sitzt den ganzen Tag nur herum und verströmt schlechte Stimmung. Er stellt keine Fragen, geht nicht auf die neuen Kollegen zu, sondern igelt sich einfach ein. Aufgaben, die Steurer ihm gibt, erledigt er so nachlässig und lieblos, daß man ihn eigentlich sofort rauswerfen sollte. Natürlich habe ich schon ein schlechtes Gewissen Steurer gegenüber, denn letztlich wollten wir Stempfer im Vertrieb loswerden, auf der anderen Seite aber nicht zu horrenden Summen abfinden.

Letztlich ist die Trennung der klarere, bessere Weg!

214

Jetzt hat Steurer das Problem und weiß nicht, wie er es lösen soll. Habe mit ihm herausgearbeitet, daß Stempfer vermutlich bewußt solange stört, bis wir ihn dann letztlich doch nur noch rauswerfen können und er genau das erreicht hat, was er will. Doch so einfach geht es nicht. Werde mit Peter reden, daß wir jetzt systematisch mit Abmahnungen beginnen. Vielleicht ist Stempfer dumm genug, uns doch noch Gründe für eine fristlose Kündigung zu liefern. Habe Steurer gesagt, daß meiner Meinung nach Peter als höchste Autorität in der Technik Stempfer endlich mal den Kopf waschen muß!

Freitag **11**
Dezember

Peter ist irgendwie verändert. Er wirkt seit meiner Entscheidung bedrückt. Habe ihn darauf angesprochen. Er meinte lakonisch, daß es ihm nach wie vor extrem schwer fiele, sich an den Gedanken zu gewöhnen, auf mich bei Klinger Druck zu verzichten und stattdessen einen neuen Manager suchen und dann auch noch einarbeiten zu müssen. Peter sagte auch, er habe einen großen Fehler gemacht, mir nicht von Anfang an auch die Verantwortung in der Technik zu geben. „Dann wäre der ganze Schlamassel nicht passiert", sagte er. Aber das ist jetzt Schnee von gestern. Wir müssen nach vorne schauen, wobei ich Peters Frust schon verstehen kann.

// PK sollte lieber sein eigenes Führungsdefizit reflektieren.

Seit meiner „Kündigung" bei Klinger Druck gehe ich kaum mehr in die Technik. Irgendwie ist bei mir, jetzt wo ich meinen Weg neu ausgerichtet habe, keinerlei Motivation mehr, um diese Menschen zu ringen, die so ganz anders sind wie ich. Bei aller Wertschätzung ist das Verhältnis zu Joachim nach wie vor emotionell angespannt. Habe es heute morgen gemerkt, als es nur darum ging, gemeinsam mit ihm zwei Großaufträge terminlich einzutakten. Innerhalb weniger Sekunden schaukelten wir uns gegenseitig so richtig giftig hoch, merkten dann aber beide, daß wir in Ton und Form daneben waren und entschuldigten uns. Trotzdem, das hätte es noch vor zwei Wochen so nicht gegeben.

Sonntag **13**
Dezember

Heute ist der dritte Advent. Ingrid backt gerade mit Melanie Weihnachtsplätzchen. Langsam erst beginne ich zu begreifen, daß das alles bald anders sein wird. Wir stehen uns wieder nah, unsere Wege führen zusammen, und sehr bald schon werden wir in Stuttgart gemeinsam wohnen und leben. Es wird sicher nicht ganz einfach für Melanie sein, kurz nach der Einschulung, kaum daß sie sich an ihren Schulalltag gewöhnt hat, umziehen zu müssen. Das war ursprünglich ja auch ganz anders geplant. Andererseits wird ihr ein (hoffentlich) intaktes Familienleben über den Verlust der Freunde hinweghelfen. Hoffe sehr, die richtige Balance zu finden, obwohl ein leiser Zweifel in mir nagt, ob ich beruflich auf ein familienverträgliches Maß zurückstecken kann. Schaffen das andere Manger besser als ich? Es ist so verdammt schwer, die Prioritäten richtig zu setzen. Auf jeden Fall suchen wir unter Hochdruck ein neues Zuhause. Gestern waren die beiden hier und wir haben uns zusammen einige schöne Häuser angeschaut. Unangenehmer Nebeneffekt, wir werden hier deutlich teurer kaufen oder mieten als in Koblenz. Stuttgart ist, aus welchen Gründen auch immer, eine der Immobilien-Hochburgen, was den Preis betrifft. Dabei hatten wir es in Koblenz so schön.

Nächste Woche möchte ich mich ganz auf die Gesellschafterversammlung konzentrieren, denn im Verkauf haben wir die wichtigen Aufträge für dieses Jahr im Kasten. Bei den Kunden braucht man so kurz vor Weihnachten kaum mehr auftauchen, außer zum Übergeben von Präsenten. Aber der eigentliche Umsatz-Job ist so gut wie abgeschlossen. Und wir können heute schon sagen, wir haben die achtzehn Millionen Umsatzsoll erreicht. Aber meine Freude darüber hält sich in Grenzen. Zwar ist es eine gigantische Leistung von uns allen, mit dem Personalstand und dem massiven Preiswettbewerb dieses Ziel zu schaffen, aber für den Betrieb ist es das absolute Minimum. Die Buchhalterin meint, wir werden trotzdem irgendwo zwischen vierhundert und fünfhunderttausend Mark Verlust landen. Gut, das wußten wir natürlich, das macht die Sache aber auch nicht besser.

Trotzdem ist das // eine gute Zeit, um die menschlichen Bindungen zu den Kunden zu pflegen.

15 Dienstag

Dezember

Heute abend haben wir gefeiert. Irgendwie war mir nach dem tollen Tag danach, mit meinen beiden neuen Partnern Tannert und Henning wirklich edel essen zu gehen. Wäre doch gelacht, wenn mir in der neuen Firma nicht das gelänge, was ich im damals völlig verkrusteten Vertriebsteam bei Klinger auch geschafft habe – ein verschworenes Team aufzubauen. Die beiden sind jedenfalls mit dabei und es war mir eine Freude zu sehen, wieviel pragmatischer

Henning an die Investitionsplanung herangegangen ist. Natürlich wird es auch so teuer genug, ich muß mich immerhin auf Investitionen von einer halben bis eine Million einstellen, wenn wir Technologie, Infrastruktur, Raumausstattung und Marketingplan zusammennehmen. Aber anders als Schütz kann Henning seine Vorstellungen vertrieblich und kaufmännisch begründen. Und so haben wir heute in nur acht Stunden unsere Leistungsfelder definiert, die Marktpositionierung festgezurrt, einen Business-Plan für die ersten zwei Jahre erstellt und die Anforderungsprofile für die notwendigen personellen Einstellungen entwickelt. Ich bin begeistert! Henning scheint ein Glücksgriff zu sein. Er hat nicht nur Wissen, sondern auch eine unglaublich positive Ausstrahlung. Das ist absolut entscheidend, denn so entsteht der Aufbruchsgeist, so entsteht die Unwiderstehlichkeit, mit der ich am Markt agieren möchte. Ich habe wirklich ein gutes Gefühl.

Entscheidend ist, ob BS die Banken überzeugen kann.

```
E-Mail
Thema:  Im Umbruch
von:    Bernd_Schwaiger@inet.com
an:     Günter_Schwab@blueline.de
Datum:  17.12.98 22:10:46
```

Lieber Günter,
Du kannst Dir nicht vorstellen, was sich in den letzten Tagen alles bewegt hat. Nach unserem ausführlichen Telefongespräch (Danke nochmals, Dein Coaching hat mir wirklich geholfen!) habe ich mich auch nochmals mit Ingrid beraten und dann die Entscheidung gefällt: Ich gehe bei Klinger Druck raus und konzentriere mich nur noch auf den Aufbau des neuen Geschäftsfelds. Auf eine besondere Bitte von Peter Klinger bleibe ich noch im Jahr '99 als Vertriebsleiter für das Unternehmen tätig. Ansonsten aber bin ich jetzt bereits aus allen Veränderungsprojekten ausgestiegen. Und das Tollste ist: Im Zuge der ganzen Veränderungen hat Ingrid beschlossen, mit Melanie zu mir nach Stuttgart zu ziehen. Wir besichtigen bereits Häuser! Ingrid hat meinen Schritt als klares Commitment für die Familie gewertet, was ja auch stimmt.

Woran ich im Augenblick noch knabbere, ist, die richtige innere Haltung zu meinem Ausstieg zu finden. Es fällt mir sehr schwer, darin nicht doch irgendwie ein Scheitern zu sehen, auch wenn ich natürlich auf der anderen Seite einfach ganz klare Prioritäten gesetzt habe. Kannst Du mir einen Rat geben, wie ich damit umgehen soll?

Ich hoffe, wir sehen uns bald mal wieder persönlich. Ab nächstes Jahr kümmere ich mich nur noch um den Aufbau des neuen Geschäfts. Darauf freue ich mich riesig. Die Anfänge sind bereits gemacht, nächste Woche habe ich noch die Gesellschafter zu überzeugen — und dann geht's los.

Alles Gute aus Stuttgart. Bernd

19 Samstag
Dezember

16.30 Uhr: Komme soeben von einer intensiven Abstimmungsrunde mit Peter zurück. Die Gesellschafterversammlung am Montag ist sowohl für ihn als auch für mich von entscheidender Bedeutung. Interessanterweise setzen wir aufgrund der geschaffenen Realitäten aber unterschiedliche Prioritäten für das Meeting. Peters Fokus: Ihm geht es zum einen darum, den zwischen ihm und Altmann besprochenen Verkauf von Gesellschaftsanteilen festzuklopfen. Er möchte möglichst schnell den Notarvertrag unter Dach und Fach haben, weil er befürchtet, daß Altmann von Ederer noch „bearbeitet" wird. Zum anderen braucht Peter grünes Licht für die nochmalige Suche seines Nachfolgers bei Klinger Druck. Das Thema Beirat will Peter erst dann angehen, wenn er wieder im Besitz der Mehrheit ist.

Für die Gesellschafter von Klinger Druck ist es wichtig, die Synergie-Chance auch für das Stammhaus zu erkennen.

Für mich ist von entscheidender Bedeutung, die Gesellschafter von der Sinnhaftigkeit und Notwendigkeit meines Schrittes zu überzeugen und grünes Licht für mein neues Firmenkonzept zu bekommen. Ich habe dazu noch das Druckmittel „Kapitaleinsatz" zur Verfügung, möchte diese Karte aber nur zur Not ausspielen. Mein Ziel ist, daß die Beschlüsse so klar sind, daß ich die Verträge vorbereiten und zu Beginn des neuen Jahres die neue GmbH gründen kann.

21 Montag
Dezember

Mit diesem Tag geht ein Jahr harter Arbeit bei Klinger Druck zu Ende, ein Jahr voller Überraschungen, voller Widersprüche, voller Hochs und Tiefs. Ich habe jetzt noch zu wenig Abstand, eine Bilanz dieses Jahrs zu formulieren, aber ich kann heute abend schon sagen, daß Klinger Druck meine bisher schwerste Prüfung als Change-Manager war.

Und nicht in allen Momenten sah ich so gut aus, wie ich es mir gewünscht hätte. Mit den heutigen Gesellschafterbeschlüssen ist Klarheit geschaffen, wenn auch eine überraschende Klarheit. Denn nicht nur wir hatten mit meinem Abschied von Klinger Druck eine „Bombe" gelegt, auch Ederer hat uns mit seiner Ankündigung, alle seine Anteile verkaufen zu wollen, völlig unerwartet getroffen. Nun stehen mit Altmanns Anteilen insgesamt zweiundfünfzig Prozent von Klinger Druck zum Verkauf, und die große Frage ist, welcher Unternehmenswert der Transaktion zugrundegelegt wird. Peter hatte sich darauf eingestellt, die Anteile von Altmann vorübergehend zu übernehmen, aber keinesfalls auch noch Ederers Beteiligung. Ich wiederum wollte mein Geld ganz in das neue Unternehmen stecken, werde jetzt aber Peter zu Hilfe kommen und auch Gesellschaftsanteile bei Klinger Druck übernehmen müssen. Der neue Manager, den wir suchen, sollte dann ebenfalls schnell finanziell einspringen – ein Faktum, das die Suche sehr einengt und damit erschwert. Wer beteiligt sich heute schon finanziell an einer noch nicht optimal zukunftsgerichteten Druckerei? Vermutlich nur ein Unternehmer, der Synergiepotentiale sieht und eine Art von Fusion oder zumindest eine strategische Allianz anstrebt. Und damit gehen unsere Gedanken für Klinger Druck vermutlich in ganz neue Richtungen.

Können BS und PK diese Transaktion finanziell verkraften? Es muß schnell ein weiterer Kapitalgeber gefunden werden.

Das alles ist jetzt noch zu frisch, und fairerweise hat uns Ederer mit seinem Verkauf auch ein halbes Jahr Zeit gegeben. Peter und ich müssen intensiv darüber nachdenken, wie wir alle diese Veränderungen in den Griff bekommen. Sicher stecken auch neue Chancen in dieser überraschenden Entwicklung. Einfluß und Macht fremder Gesellschafter werden endlich beseitigt. Und meine Partnerschaft zu Peter wird noch fester und intensiver werden als bisher.

Das ist vielleicht das größte Wunder, das ich in diesem verblüffenden Unternehmen erleben durfte: welches menschliche Potential in Peter Klinger steckt, den ich so vorschnell als „Auslaufmodell" abgeschrieben hatte. Aus unserer Kooperation, aus dem Potential unserer Unterschiede hat sich das Spannungsfeld entwickelt, mit dem wir in den letzten Monaten sachte aber bestimmt gearbeitet haben. Nur an einem Punkt hat diese Allianz versagt, und an diesem Punkt haben sich dann auch letztlich unsere Wege getrennt: bei der Umsetzung und Durchsetzung des Reorganisations-Projekts. Aber das ist in unserer schnellebigen Zeit schon lange her.

Jetzt lenken wir lieber den Blick auf unsere Vision einer Firmengruppe mit dem Stammhaus Klinger Druck und dem neu zu gründenden Unternehmen Klinger Digital Services. Die Gesellschafter haben, noch halb unter dem Schock meines Ausstiegs bei Klinger Druck, dem Gründungskonzept voll zugestimmt. Das war für Ederer und Altmann umso leichter, als sie ja beide ihr Engagement für die Druckerei aufgeben und von daher keinen Grund mehr haben, uns in irgendeiner Weise zu blockieren. Warum auch Ederer letztlich verkauft, hat er mit keiner Silbe begründet. Vielleicht hat ihn ja Petra mit ihrer skeptischen Beurteilung der Firmensituation angesteckt. Aber uns soll's recht sein, wenn wir es nur irgendwie finanzieren können.

Hoffentlich mit einem klaren Anforderungsprofil.

Peter und ich werden nun sofort einen neuen Manager suchen, der als dritte Kraft in unserer Gruppe die notwendigen Veränderungen bei Klinger Druck anstoßen wird. Und wenn wir klug sind, wenn wir wirklich klug sind, lassen wir ihn erst mal gewähren. Wenn's nicht funktioniert, können wir immer noch eingreifen.

Geschäftsführer/Gesellschafter
Druckereibetrieb (100 Mitarbeiter)

Wir sind eine dynamische Unternehmensgruppe an der Schnittstelle zwischen klassischer Drucktechnologie und digitalen Dienstleistungen. In diesem dynamischen Markt wollen wir mit einer technologisch führenden Druckerei (100 Mitarbeiter) und einem neu gegründeten Dienstleistungsunternehmen (5 Mitarbeiter) neue Akzente setzen. Sitz beider Unternehmen, die mit hohen Synergiepotentialen zusammenarbeiten sollen, ist eine attraktive süddeutsche Großstadt. Für das Stammhaus, die Druckerei, suchen wir den dynamischen Geschäftsführer, der idealerweise auch an einer Kapitalbeteiligung interessiert ist und das Unternehmen nach bereits getroffenen Weichenstellungen jetzt energisch und konsequent in die Zukunft führt.

Gesellschafter und Beirat suchen einen unternehmerisch denkenden und handelnden Motor, der Menschen begeistern und führen kann, aber auch die Härte und Konsequenz mitbringt, eingefahrene Wege zu verlassen und das Unternehmen organisatorisch neu auszurichten. Hierzu braucht der zukünftige Geschäftsführer eine fundierte kaufmännische und vertriebliche Ausbildung, nachgewiesene Management- und Führungserfahrung und besondere Durchsetzungsstärke. Technologische Kenntnisse im Bereich Druck- und Vorstufe sind hilfreich, aber nicht Voraussetzung. Da die Druckerei mit dem Digitalunternehmen eng vernetzt arbeiten soll, wären Kenntnisse im Digital Publishing sehr hilfreich.

Wenn Sie die Aufgabe reizt, in einer Unternehmensgruppe mitzuarbeiten, in der strategisch gedacht und gearbeitet wird, in der Mitarbeiterorientierung groß geschrieben und Partnerschaft gelebt wird, wenn Sie als Vorbild Ihr Team zu Höchstleistungen motivieren können, dann würden wir Sie gerne bald kennenlernen. Absolute Vertraulichkeit und auf Wunsch auch die Einhaltung von Sperrvermerken wird garantiert.

Antworten Sie bitte unter Chiffre Nr. 2.7745.21

Methodik-Module

Methodik-Modul 100-Tage-Konzept

Die 100-Tage-Regel ist so alt, wie es Menschen gibt, die neu in verantwortungsvolle Ämter kommen. Unzählige Manager, Politiker und Funktionäre machen immer wieder dieselbe Erfahrung: Was innerhalb von ca. 100 Tagen nicht aufgebrochen, umgebaut, umgesetzt wird, läßt sich später nur noch mit massivem Zeit- und Kraftaufwand nachholen. Der Grund dafür liegt in der Natur der Menschen, alles Neue kritisch, aber auch interessiert zu betrachten. Jede kleine Handlung eines neuen Managers wird in den ersten Tagen genauestens begutachtet, erhoffen sich doch die Mitarbeiter aus ersten kleinen Anzeichen einen Rückschluß auf den neuen Stil, auf neue Akzente, die kommen werden.

Wie Führungs-
kräfte in den
ersten Wochen
die Weichen
für Erfolg
stellen

In den ersten Monaten genießt der/die Neue noch Neutralität und wird mit den vorhandenen Problemen und Belastungen des Unternehmens noch nicht identifiziert. Und die Mitarbeiter sind eigenartigerweise meistens bereit, ja erwarten sogar neue Wege, „verrückte" Ideen, unbequeme Beschlüsse, auch wenn sie es manchmal so offen nicht zugeben. So gesehen sind die ersten hundert Tage die bedeutendste Ressource der neuen Führung. Sie kann und muß in dieser Zeit erste für die Mitarbeiter erkennbare Akzente setzen.

Akzente setzen

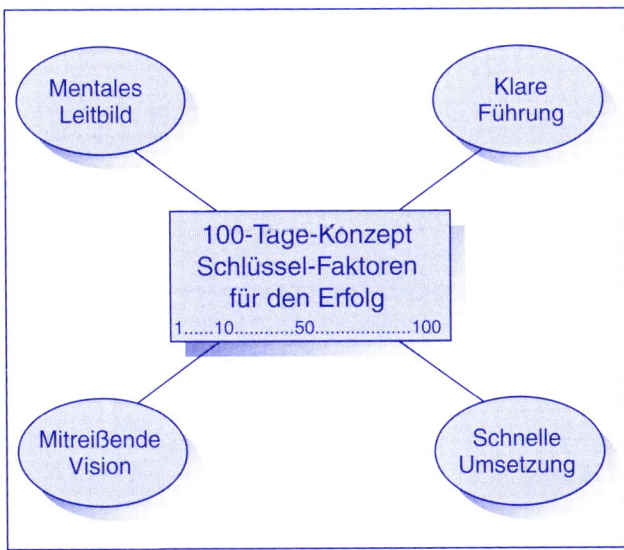

Schlüsselfaktoren für schnellen Erfolg

Aber diese Bewährungszeit ist kurz und sie läuft unerbittlich ab. Vergeudet der/die Neue diese wertvolle Chance durch zu lange und intensive Analyse, durch zu lange „Einarbeitung", durch zuviel Diskussion und bescheidene Zurückhaltung, wird es danach umso schwerer.

Mut zur Offenheit

„Die Grausamkeiten am Anfang" ist ein Leitsatz, der mich als Berater in schwierigen Veränderungsprojekten immer getragen hat. Die Mitarbeiter sollten als Partner ernstgenommen und so schnell und umfassend wie möglich in die gesamte Dimension der notwendigen Veränderungen eingeweiht werden. Die oft stattdessen angewendete „Sandwich-Methode", also die Strategie, bereits bekannte große Veränderungen in kleinen Scheibchen einzuführen und dadurch die eigentliche Dimension des Projekts zu verschleiern, unterschätzt meist die Kooperationsbereitschaft und Intelligenz der Mitarbeiter und hat außerdem den Nachteil, daß der rote Faden, der große Entwurf der Veränderung verlorengeht.

Stattdessen bietet die schnelle, konsequente Handlungsweise den Vorteil, daß die Mitarbeiter wissen:

- Jetzt wird gehandelt.
- Das sind die Maßnahmen.
- Das ist unser Beitrag/Opfer.
- Das ist das dahinterliegende Ziel.
- Das ist der zeitliche Rahmen.

Erfolgs- aussichten abschätzen

Der 100 Tage-Ansatz liegt auch im egoistischen Interesse der neuen Führungskraft. Denn zum einen wird sich der Manager bzw. die Managerin selbst in ungefähr diesem Zeitraum klar werden wollen, ob die Aufgabe und das Unternehmen zu ihm passen. Oft stehen private Entscheidungen wie beispielsweise das Verpflanzen der Familie dahinter, wie unser Fallbeispiel Klinger Druck ja gezeigt hat. Viele Manager warten mit solchen einschneidenden Maßnahmen, bis sie ihre Erfolgschancen einigermaßen abschätzen können. Zum anderen wird auch der oder die „Neue" innerhalb von maximal drei Monaten bewertet werden, wird zeigen müssen, daß er die Kultur und Mechanismen des Unternehmens begreift und nach kurzer Analyse mit seinen neuen Mitarbeitern erste sinnvolle Schritte geht.

Zuhören, analysieren, planen und ... schnell umsetzen - so funktioniert das 100-Tage-Konzept

Standort-Bestimmung

In den ersten 2-3 Wochen wird der neue Manager sich erst im Unternehmen zurechtfinden müssen. Er wird seinen Arbeitsplatz einrichten, die Struktur des Unternehmens zu erfassen versuchen und vor allem intuitiv identifizieren, wer die wirklich wichtigen Personen sind. Nach meiner Erfahrung hilft das Organigramm (sofern es eines gibt) bei dieser Aufgabe nur begrenzt, denn die wirklichen Machtverhältnisse, die Strukturen und Prozesse sind meist völlig anders als offiziell dokumentiert. Deshalb ist es eine „Überlebensfrage" für neue Manager, die grauen Eminenzen und geheimen Schlüsselpersonen herauszufinden und die machtorientierten Exemplare der Spezies Manager werden dies in beeindruckender Geschwindigkeit und Klarheit schaffen.

graue Eminenzen

Es folgt nach dieser ersten Orientierungsphase meist die „Zuhör-Phase", in der die Führungskraft eine Vielzahl von Gesprächen mit den direkten Mitarbeitern und allen als wichtig erkannten Schlüsselpersonen führt. Aus der Art der Gesprächsführung, aus der Art der Fragen, aus den Schwerpunkten, die der Neue hier zeigt, erhalten die Mitarbeiter bereits viele Rückschlüsse über seinen Stil, seine Gedanken und Absichten. Am Ende jedes Schlüssel-Gespräches sollte von der neuen Führungskraft ein kurzes Feedback an den Gesprächspartner stehen, in dem sie den Gesprächsverlauf kurz zusammenfaßt und einen ersten Eindruck von ihrem Gesprächspartner zurückspiegelt. Zugegeben – viele Führungskräfte schrecken vor solch praktizierter Offenheit zurück. Für das Öffnen der Menschen und das Aufbrechen von Verkrustungen sind solche Signale aber von unschätzbarer Bedeutung.

Aktiv zuhören

Der nächste Schritt in der Standortbestimmung ist nun die stärker thematisch und sachlich orientierte Basisanalyse der Unternehmenssituation. Verlassen Sie sich nie auf bereits vorhandene strategische Papiere in den Unternehmen! Sie wissen nie, wie diese Konzepte zustandegekommen und welche Macht- und Interessenströmungen eingeflossen sind. Deshalb ist es besser, mit einem kleinen, gut zusammengesetzen Arbeitskreis eine kompakte Ist-Analyse zu erstellen. Sie erhalten so Informationen aus erster Hand, erleben die Mitarbeiter

Ist-Analyse

gleich auch in einer Teamsituation und können so neben den
sachlichen Ergebnissen auch die Kommunikations- und Teamkultur analysieren. Ob die Moderation des Kreises von Ihnen
persönlich oder von einem neutralen Moderator (evtl. auch von
einem Externen) übernommen wird, hängt davon ab, wie neutral Sie bleiben wollen. Wenn es Ihnen darum geht, auch bereits
erste „knackige" Sachbeiträge einzubringen, sollten Sie auf keinen Fall selbst moderieren, da Sie – wie Bernd Schwaiger in
unserem Beispiel – in erhebliche Rollenkonflikte kommen können und an Authentizität verlieren.

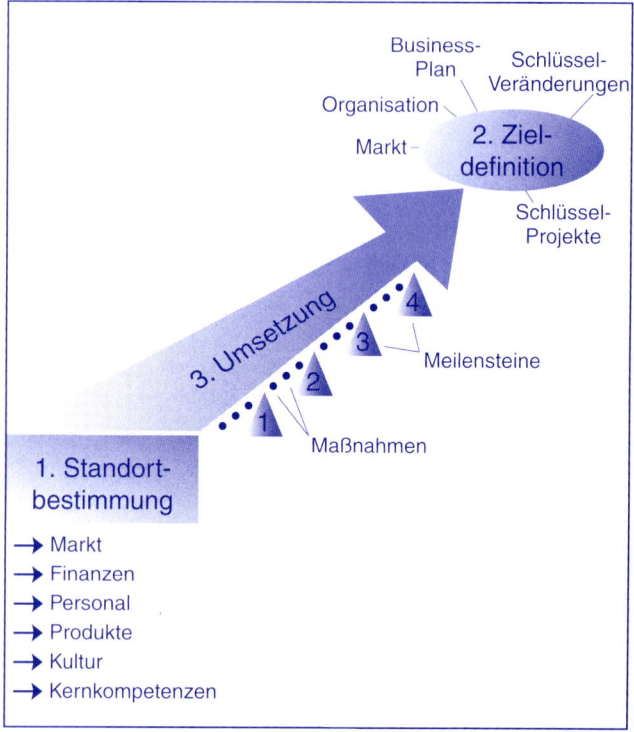

Die wichtigsten Projektschritte beim 100-Tage-Konzept

Nach meiner Erfahrung braucht man für die klassischen
Grundfragen der Analyse mindestens zwei Workshops à zwei
Tage. Deren Erkenntnisse müssen detailliert protokolliert und
allen Gruppenmitgliedern ausgehändigt werden. Hilfreich in
dieser Phase ist auf jeden Fall, parallel eine schriftliche
Kundenbefragung durchzuführen. Auf diese Weise bekommt
das Unternehmen noch einen wichtigen Spiegel von außen,

der mit der eigenen Einschätzung abgeglichen werden kann. Und – glauben Sie nie den Vertriebsleuten, daß diese sowieso schon wissen, was die Kunden denken!

Im Laufe der Ist-Analyse werden Sie mit großer Wahrscheinlichkeit auf einzelne Mißstände stoßen, die unabhängig von der noch zu findenden Zielsetzung und Strategie so oder so abgestellt werden müssen. Setzen Sie diese Einzelprobleme sofort in Maßnahmen um – das hat den großen Vorteil, daß die Mitarbeiter erkennen, daß nicht nur geredet, sondern auch gehandelt wird. Diese kleinen Signale der Ernsthaftigkeit sind wichtiger, als viele glauben.

Wir müssen uns immer wieder in die Perspektive der Mitarbeiter hineinversetzen. Diese beurteilen die Glaubwürdigkeit der Führung (und darum geht es am Anfang) nicht aufgrund ihrer strategischen Genialität, sondern wollen ganz einfach konkrete Zeichen sehen. Wenn also beispielsweise die Toiletten und Umkleideräume schmutzig und veraltet sind, brauchen wir nicht sechs Monate zu warten, bis Unternehmensziele und Strategien entwickelt sind und endlich Umsetzungspläne erstellt werden, sondern können kurzfristig in den nächsten zwei Wochen ein Zeichen setzen! Mit einer solchen Doppelstrategie aus Analyse und schnellen kleinen Aktionen können Sie Vertrauen und Akzeptanz aufbauen, ohne die große Linie zu verlassen.

Zielsetzung

Nach der ersten Analyse geht es beim 100-Tage-Konzept darum, kurzfristige Unternehmensziele (1 - 2 Jahre) zu erarbeiten, deren Umsetzung noch innerhalb der 100-Tage-Frist beginnen kann. Hier geht es also nicht um einen langfristigen, strategischen Prozeß, der natürlich genauso erforderlich ist. Sie werden aber in den entscheidenden ersten hundert Tagen nicht die Zeit und auch noch nicht die Insider-Kenntnisse haben, eine große neue Vision und Strategie für das Unternehmen zu entwickeln. Das erwartet auch kein Mitarbeiter, kein Gesellschafter und keine Geschäftsleitung. Nein, beim 100-Tage-Konzept geht es darum, schnell zu einer ersten Situationseinschätzung und zu den ersten pragmatischen Umsetzungsmaßnahmen zu kommen. Diese verbauen, wenn sie richtig dimensioniert und aufgesetzt sind, nicht eine später noch zu findende Generallinie, für die sich ein kluger Manager sicher mehr Zeit läßt als drei Monate.

Die Ziele sollten klar und verständlich formuliert und auch meßbar sein. Viele Manager setzen aber das Prinzip der Meßbarkeit sofort gleich mit quantitativen Zielen. Ich vertrete hier eine völlig andere Meinung, denn wenn wir nur quantitative Ziele setzen, reduzieren wir die Steuerung des Unternehmens auf den Zahlenbereich und können zu zentralen Erfolgsfaktoren wie der Mitarbeiter-Motivation, der Kultur-Veränderung, dem Führungsstil, der Begeisterung der Verkäufer, der Attraktivität der Produkte etc. dann keinerlei Aussage machen. Auch diese weichen Faktoren sind meßbar, nur eben anders. Hier ist unsere Phantasie und konzeptionelle Kraft gefragt!

Zielvereinbarungen

Ein wichtiges Güte-Kriterium für Zieldefinitionen ist die Ableitbarkeit von konkreten Maßnahmen. Mitarbeiter müssen in der Lage sein, aus Unternehmenszielen für sich selbst die notwendigen Schlußfolgerungen zu ziehen, sonst sind die Ziele nicht klar und konkret genug. Die Führungskräfte wiederum sollten die für die Mitarbeiter wesentlichen Ziele nicht nur durch Autorität setzen, sondern wo immer möglich vereinbaren. Solche Zielvereinbarungsgespräche sind ein entscheidender Baustein des kooperativen Führungsstils und derzeit in den meisten modernen Unternehmen der Standard.

Umsetzung

Es ist nicht entscheidend, daß innerhalb der 100-Tage-Frist alle notwendigen Maßnahmen bereits umgesetzt sind, das ist sicher nicht zu leisten. Was jedoch für Mitarbeiter und Management erkennbar sein sollte, ist die neue Linie der neuen Führungskraft – und dazu gehören eben nicht nur Grundsatz-Statements, sondern auch bereits ein Maßnahmenplan, der innerhalb der ersten drei Monate entsteht und dessen Umsetzung deutlich sichtbar beginnt. Natürlich richtet sich der Druck, der hinter dem 100-Tage-Programm letztlich steht, ganz nach der **Krisenmaßnahmen** individuellen Unternehmenssituation. In einer akuten Krisensituation werden während der hundert Tage vielleicht bereits ein Sozialplan erstellt und erste Kündigungen vorgenommen. Dagegen wird sich der neue Manager in einem erfolgreichen Unternehmen vielleicht eher im Bereich des „Finetuning" aufhalten. Entscheidend ist, daß die einmalige Erlaubnis, die ein Manager in den ersten hundert Tagen hat, für die richtigen Interventionen genutzt werden.

Checklist

● Inszenieren Sie ihren eigenen **Führungsstil.** Sie sollten für Ihre Mitarbeiter vom ersten Tag an einschätzbar und unverwechselbar sein.

● Verändern Sie mit **Power** die Dinge, die veränderbar sind, und lassen Sie die großen Themen in Ruhe reifen.

● Haben Sie den **Mut,** nach einer kurzen Orientierungsphase wirklich eigene Akzente zu setzen. Der Versuch, vorhandene Vorbilder oder gar Vorgänger zu kopieren, endet meist mit klaren Mißerfolgen.

● Nehmen Sie sich die **Zeit,** wirklich zuzuhören. Der Schlüssel zur Lösung vieler Unternehmensprobleme liegt oft bereits fertig in den Köpfen und Herzen der Mitarbeiter.

● Kommen Sie mit Ihrer Analyse schnell auf den Punkt und behalten Sie trotz **Informationsflut** und Aktenbergen die Initiative und den Überblick.

● Beherzigen Sie die 80/20-Regel. Warten Sie nicht bis zur hundertprozentigen Perfektion, sondern setzen Sie schnell erste Maßnahmen um und korrigieren lieber später. Das 80/20-Prinzip (Pareto-Regel) hilft Ihnen, begrenzte Ressourcen optimal einzusetzen.

● Führen Sie nicht nur bilaterale Gespräche, sondern diskutieren Sie die wesentlichen Themen in einem kleinen **Arbeitskreis**, der vielfältig und spannend zusammengesetzt ist. So setzen Sie bereits Signale für eine Teamkultur und schaffen gleichzeitig wertvolle Multiplikatoren für die spätere Umsetzung.

● Bedenken Sie, daß **schnelle kleine Erfolge** eminent wichtig für die Akzeptanz Ihrer Arbeit sind. Wo immer möglich sollten sie Sofortmaßnahmen starten.

● Definieren Sie **klare Unternehmensziele** und Umsetzungsmaßnahmen. Lassen Sie die Bereichs- und Abteilungsverantwortlichen selbst ihre Maßnahmen formulieren und controllen.

● Richten Sie ihre Aufmerksamkeit nicht nur darauf, **was** in den ersten hundert Tagen getan wird, sondern auch darauf, **wie** es getan wird.

Methodik-Modul Unternehmenskultur

**Unterneh-
menskulturen
sensibel
analysieren,
pflegen und
verändern**

Unternehmenskultur ist ein eigenartiges Phänomen. Sie ist überall spürbar, wird aber selten kommuniziert, sie greift massiv in alle Prozesse des Unternehmens ein, entzieht sich aber jeder direkten Steuerung, sie beeinflußt erheblich das Denken und Handeln der Akteure, wird aber oft überhaupt nicht wahrgenommen. Unternehmenskultur ist der Kontext, das Klima, die „Summe aller Selbstverständlichkeiten in einem Unternehmen". Damit ist Unternehmenskultur ein ganz zentraler Erfolgsfaktor, denn sie prägt das Verhalten der Menschen, sie ist Motor und Barriere zugleich und sträubt sich gegen alle schnellen Manipulationsversuche. Vor allem Change-Manager wissen um die Macht von gewachsenen Kulturen, nicht wenige sind in ihren großen Vorhaben letztlich an diesem Punkt gescheitert. Change-Manager kennen die Schwierigkeit,

solche Kulturen verändern zu müssen, und leiden unter der Langfristigkeit dieser Vorhaben. Viele Unternehmer-Nachfolger, viele Fusionen, viele Unternehmenskäufe sind an Kultur-Unverträglichkeiten letztlich gescheitert. Auf der anderen Seite ist die Firmenkultur in den Top-Unternehmen immer ein zentraler Erfolgsfaktor, erzeugt die Einzigartigkeit, das Feeling, das diese Unternehmen so eindrucksvoll von anderen unterscheidet.

Vielfältige Ausprägungen der Unternehmenskultur

Im Wahrnehmen und im professionellen Umgang mit Firmen-kulturen lassen sich mehrere Manager-Typologien unterschei-den. Die **Manipulateure** erkennen intuitiv die Kultur-Mecha-nismen und sind in der Lage, diese raffiniert für ihre Zwecke und Vorhaben einzusetzen. Die **Kultur-Veränderer** stecken dagegen viel Liebe, Zeit und Kraft in die systematische Verän-derung von Kulturen, scheitern aber oft an der „Entdeckung der Langsamkeit". Die **Gärtner** sehen ihre Aufgabe vor allem in der Bewahrung und Pflege der vorhandenen Kultur, während die **Provokateure** das System durch gezielten Schock „verstören" wollen, um Verkrustungen gezielt aufzubrechen. Bleibt noch das Lager der **Ignoranten**, die sich lieber an harte Fakten halten und Kulturprägungen schlicht nicht wahr-nehmen, bis sie früher oder später an ihre Grenzen stoßen. In jedem Fall ist die Wahrnehmung und Einbettung der Unter-nehmenskultur in alle strategischen Vorhaben nach meiner Erfahrung für Manager von absolut zentraler Bedeutung.

Kultur-Typologien

Kultur-Analyse

Bei der Kultur-Analyse geht es darum, „zwischen den Zeilen" lesen zu können. Denn die Mitarbeiter können auf die Frage, wie denn die Kultur ihres Unternehmens beschaffen ist, spontan oft erstaunlich wenig beitragen. Vor allem die lang-jährigen Mitarbeiter haben sich an viele Kultur-Mechanismen schon so gewöhnt, daß sie sich überhaupt nichts anderes mehr vorstellen können. Dagegen fallen dem neutralen, externen Beobachter, der einen Blick für die Ausprägung von verschie-denen Kulturen hat, innerhalb weniger Minuten bereits ent-scheidende Faktoren auf.

Machen wir uns die Wirkungsweise und Analyse von Kulturen an einem praktischen Beispiel etwas konkreter. Begeben wir uns als Besucher auf einen fiktiven Betriebsrundgang durch ein uns bisher nicht bekanntes Unternehmen. Und schärfen wir unsere Antennen für die Vielzahl der kleinen und großen Kul-tur-Signale, die uns Aufschluß geben über die wesentlichen Prägungen und Werte des Unternehmens ...

Bereits auf dem Weg zum Eingang nehmen wir wahr, daß die „wert-
vollen" Parkplätze direkt vor dem Hauptportal reserviert sind für die
Geschäftsleitung (sie hätten alternativ auch reserviert sein können für
Kunden oder für Behinderte). Im Eingangsbereich angekommen, fällt
sofort der „Glaskasten" mit Schiebefenster auf, dahinter eine mehr oder
weniger mürrisch schauende Dame, die uns nach Aufforderung einen

Aus vielen
Details ...

233

Besucherschein herausschiebt (es hätte auch eine offene Rezeption mit Blick auf eine Bürolandschaft und ein elektronisch codierter Badge sein können). Wir bewundern die im Foyer ausgestellte Büste des Firmengründers und antike Produkt-Ausstellungsstücke und werden vom Geschäftsführer, der klassisch elegant im blauen Anzug gekleidet ist, empfangen. Der Weg zu seinem Büro führt durch sein mit Mobiliar der fünfziger Jahre eingerichtetes Vorzimmer. Der Chef erzählt, daß er heute noch jeden Morgen die gesamte Post des Unternehmens öffnet und dadurch jederzeit auf dem Laufenden ist. Er zeigt uns stolz sein Zimmer mit Produktansichten aus den letzten Jahrzehnten, mit Fotos von Messeständen aus den 60er und 70er Jahren, mit einer großen Weltkarte, auf der er seine diverse Auslandsreisen mit roten Fädchen markiert hat. Wir beginnen dann den kleinen Rundgang, zuerst geht der Chef zielstrebig in die Produktentwicklung (er hätte auch mit dem Verkauf beginnen können). In jedem Büro, das wir betreten, hören die Mitarbeiter schlagartig auf zu arbeiten oder zu reden und erbieten dem Chef und uns ihre Aufmerksamkeit. Der spricht nur wenig mit seinen Leuten, bei einigen „alten Kämpfern", mit denen er offensichtlich besondere Verbindungen pflegt, bleibt er stehen und erzählt über deren Leistungen für das Unternehmen kleine Anekdoten ...

... entsteht die Kultur

Persönliche Werte

Dieses Beispiel eines traditions- und produktionsorientierten Unternehmens zeigt eines von vielen Beobachtungsinstrumenten, um Unternehmenskulturen schnell zu erfassen. Da die entscheidenden Prägungen immer von der Unternehmensspitze ausgehen, sind tiefgehende Gespräche über die Wertehaltungen des Chefs oder der Geschäftsführer von hoher Priorität. Es ist immer wieder verblüffend zu beobachten, wie die persönliche Philosophie und das Menschenbild dieser Personen (meist unbewußt) auf ihr Unternehmen übertragen wird und dort auch ohne deren Anwesenheit wirksam ist. Eine Vielzahl von Kultur-Multiplikatoren, grauen Eminenzen und Geschichten-Erzählern sorgt für die ständige Verbreitung und Festigung vorhandener Kulturen. Neue Mitarbeiter oder Führungskräfte, die andere Wertehaltungen und Kulturvorstellungen mitbringen, werden von starken Kulturen als **Feind** erkannt und (nicht selten mit Mobbing-Mechanismen) systematisch bekämpft.

Kultur analysieren

Um unterschiedliche Ausprägungen oder Soll-Zustände von Unternehmenskulturen zu erfassen, habe ich für meine Beratungsarbeit ein **Kulturspektrum** entwickelt. Es reduziert die Komplexität von Kulturen, indem es die Vielzahl von Werten auf standardisierte Grundorientierungen zurückführt. Mit diesem Werkzeug und den dahinterliegenden Checklisten kann die Ist-Kultur analysiert und abgebildet werden.

Unter Berücksichtigung der Unternehmens-Vision und der strategischen Ziele kann im selben Diagramm dann eine Soll-Kultur definiert werden, so daß die Deltas zwischen Ist und Soll erkennbar und mit Maßnahmeplänen hinterlegt werden können.

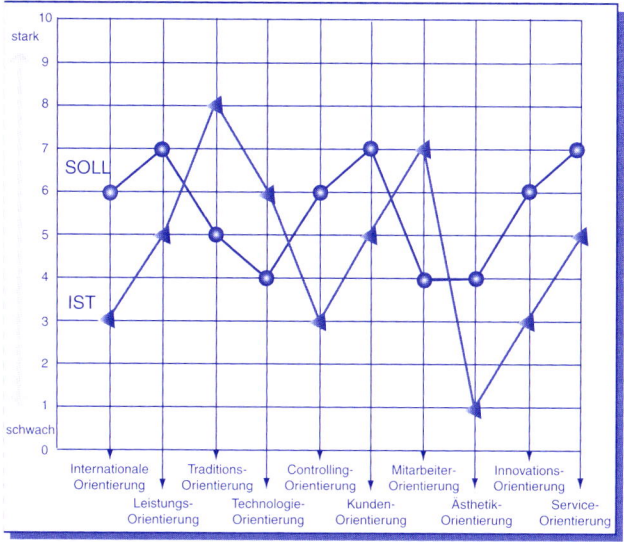

Ist- und Soll-Profil im Kultur-Diagramm

Kultur-Pflege

Firmenkultur ist kein Schicksal, das Sie einfach hinnehmen müssen, Firmenkultur wird von den Schlüsselpersonen täglich neu gestaltet und weitergepflegt. Für moderne Manager, die neben dem traditionellen direkten Eingreifen offen und sensibel sind für indirekte Führungsinterventionen, bietet das Verständnis der Kultur-Mechanismen einen gigantischen Fundus an Handlungsmöglichkeiten. Schlüsselwerkzeuge sind **Symbole und Rituale**, mit denen die Werte der Kultur dokumentiert, erneuert und gefestigt werden. Jede Führungskraft setzt täglich solche Zeichen. Wann trägt der Chef Krawatte, wann kommt er im Pullover, wer wird für welche Leistung ausgezeichnet, wer wird getadelt, welche Statussymbole werden präferiert, welche Sportarten gefördert, wie ist die Diskussionskultur in Meetings, welche Geschichten werden kolportiert, welche Feinde der Kultur werden gepflegt? Allein die Sammlung von typischen Symbolen und Ritualen eines Unternehmens

Symbole inszenieren

235

nimmt Seiten in Anspruch, und so ist es kein Wunder, daß dieser Mechanismus auf das gesamte Unternehmen eine unglaublich prägenden Einfluß hat. Da ist es tragisch, wenn viele unbewußt gesetzten Symbole und Rituale in sich widersprüchlich oder gar kontraproduktiv zu den strategischen Zielen sind. Wäre es nicht ein spannendes Vorhaben, in Zukunft Symbole und Rituale bewußt zu setzen, die Kultur also ganz gezielt zu inszenieren?

Kultur-Veränderung

Um ein mögliches Mißverständnis gleich auszuräumen: Firmenkultur ist kein klassisches Management-Tool, das mit kurzfristigen Maßnahmen beherrschbar ist. Viele Manager sind bei der Veränderung von Kulturen gescheitert – weil sie entweder die Kulturmechanismen nicht begriffen oder den Zeitbedarf der Veränderung unterschätzt haben. Trotzdem sind Kulturveränderungen möglich. Zwei entscheidende Fragen sind hierbei zu beantworten: In welche **Richtung** und mit welcher **Dosis** soll die Kultur verändert werden?

Langfristigkeit begreifen

Nach dem physikalischen Gesetz „Arbeit = Kraft x Weg" bringt die optimale Ausgestaltung jedes der beiden Faktoren das bestmögliche Ergebnis. Richtung bedeutet hier, daß vor den ersten Kultur-Interventionen im Management klar sein muß, welche Ziel-Kultur erreicht werden soll, welche Werte stärker ausgeprägt werden müssen, welcher Ballast abgeworfen werden soll.

Das System „verstören"

Wenn hierüber Klarheit herrscht, und in meiner Beratungspraxis erlebe ich dies eher selten, taucht das Problem der richtigen Dosis auf. Unser Fallbeispiel hat das ständige Ringen von Bernd Schwaiger um die richtige Dosis deutlich gemacht. Hier gibt es kein Standardrezept, sondern nur Maßarbeit. Was im einen Unternehmen bereits die totale Revolution ist, kann im anderen Betrieb den Mitarbeitern nur ein müdes Lächeln abringen. Um die richtige Dosis herauszufinden, gibt es deshalb kaum ein anderes Mittel als „trial and error". Dies erfordert natürlich von den Beteiligten den Mut, mit Interventionen auch einmal daneben zu liegen und Widerspruch hervorzurufen. Diese Widersprüche und Konflikte erlebe ich in meiner Beratungsarbeit viel häufiger weiterführend und belebend als zerstörend. Trotzdem haben so viele Manager Angst vor etwas Erschütterung des Systems! Natürlich ist auf der anderen Seite die totale Revolution zu vermeiden, die manche Unternehmen nach Generationswechseln oder Übernahmen erleben mußten. Wenn die Kultur mit der „Brechstange" umgebogen werden soll, verlieren die Mitarbeiter jede Sicherheit, verlassen die Schlüsselpersonen der alten Kultur meist das Unternehmen und sinkt die Leistung rapide. So langsam Kulturen entstehen und wachsen, so schnell und dramatisch können solche Zerstörungsprozesse sein.

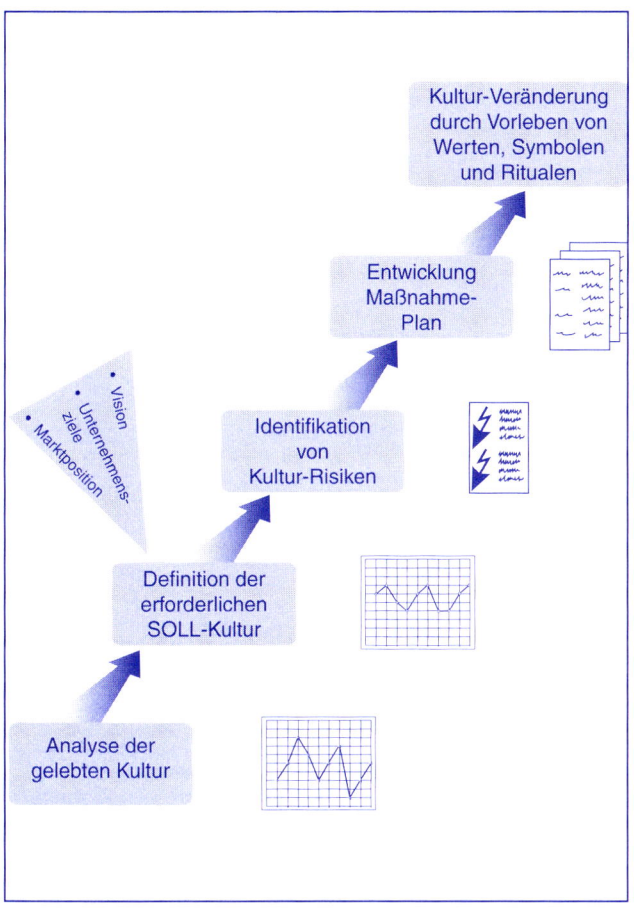

Kultur-Veränderungsprozeß

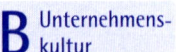

**Leitsätze der
Kultur-Arbeit**

Halten wir die wichtigsten Grundsätze und Mechanismen der Kultur-Arbeit nochmals fest:

1. **Jedes** Unternehmen hat eine spezifische Kultur. Ob diese gut oder schlecht ist, darf keine Geschmacksfrage sein, sondern resultiert einzig und allein aus der Überlegung, ob die Kultur die gewünschte Zukunftsentwicklung fördert oder blockiert.

2. Eine Firmenkultur entwickelt sich über einen langen Zeitraum und entsteht aus den **gelebten Werten** der Unternehmensspitze.

3. Kulturen werden täglich über die **Symbole und Rituale** gepflegt und gefestigt.

4. Kulturen können in langen Zeiträumen mit strategischen Unschärfen entwickelt und verändert werden.

5. Starke Firmenkulturen sind ein zentraler Erfolgsfaktor, sie machen das Unternehmen einzigartig, binden die Mitarbeiter und ziehen neue, interessante Menschen an.

6. Die bewußte Inszenierung von Symbolen und Ritualen ist ein machtvolles, indirektes Führungswerkzeug, mit dem langfristig erhebliche Veränderungen im Unternehmen erreicht werden können.

Checklist

- Optischer Eindruck Gebäude
- Kultur-Symbole im Foyer
- Büro-Ausstattung Chef/Führungskräfte/Mitarbeiter
- Status-Logik Büros (Schreibtischgröße, Besprechungs-ecke, Technisches Equipment)
- Parkplatzlogik (wer darf wo parken, welche Parkplätze sind bevorzugt?)
- Sozialräume
- Toiletten (Unterschiede zwischen den Hierarchien?)
- Schwarzes Brett
- Graffities (vor allem auf den Toiletten)
- Gesamte Corporate Identity (Übereinstimmung mit Realität?)
- Unternehmensgeschichten, Anekdoten, Mythen
- Karriere-Mechanismen
- Unternehmensleitbild
- Führungsleitsätze
- Incentives/Belohnungssysteme
- Betriebstypische Statussymbole (z.B. PKWs, Büroausstat-tung)
- Organisationssysteme
- Konferenz-Dramaturgie (Beginn, Vorsitz, Sitzordnung ...)
- Erster Tag eines neuen Mitarbeiters
- Besondere Feiern (Geburtstage, Jubiläen, Vertriebs-erfolge)
- Umgang mit Feinden
- Firmenwitze
- Weihnachtsfeier
- Verhalten gegenüber kündigenden Mitarbeitern
- Verkäufer-Stil
- Telefon-Stil

C Kurz-Check-up

Wie Sie in wenigen Tagen einen Überblick über die Unternehmens situation gewinnen

Komplexität abbilden

Methodik-Modul Kurz-Check-up

Die Zeiten, in denen Unternehmensberater Monate Zeit hatten, um eine detaillierte Analyse der Ist-Situation vorzunehmen, sind längst vorbei. Heute geht es – nicht nur für Berater, sondern auch für Manager – meist darum, in kürzester Zeit brauchbare Informationen zu erhalten, um schnell und treffsicher reagieren zu können. Dazu ist es notwendig, aus dem Datendschungel die wesentlichen Mosaiksteine zu identifizieren und zu einem stimmigen Szenario zu verdichten. Und bei aller Wertschätzung von Zahlen, Daten und Fakten sollte das Gespür, die Intuition, einen hohen Stellenwert einnehmen, denn das macht letztlich den Unternehmer aus – eine Gefahr zu „wittern" und ein Geschäft zu „riechen" ...

Der Zeitaufwand und die Analysefelder für einen Kurz-Check-up hängen von der Struktur und Komplexität des Unternehmens ab. Handelt es sich beispielsweise um ein kleineres mittelständisches Unternehmen, das mit wenigen Produkten auf wenigen Märkten agiert, lassen sich in 3 - 5 Tagen alle wesentlichen Bausteine der Ist-Situation sammeln, wenn wir einmal von einer Kundenumfrage absehen, die mehr Zeit für Vorbereitung, Durchführung und Auswertung benötigt. Ein Unternehmen, das dagegen mit mehreren Filialen, auf unterschiedlichen Märkten oder in unterschiedlichen Vertriebskanälen (z.B. Handel und Industrie) unterwegs ist, muß auch in der Analyse differenzierter betrachtet werden.

Unabhängig davon hat sich in meiner Beratungsarbeit bewährt, die Informationen nicht nur in Zweier-Gesprächen zu sammeln, sondern möglichst schnell mit ausgewählten Mitarbeitern in Analyse-Workshops zu gehen, um so auch unterschiedliche Interpretationen, Interessenlagen und Meinungen zu gewinnen. Die Sichtweise der Geschäftsführung muß nicht immer die allein seligmachende Wahrheit sein!

Die entscheidenden Analyse-Felder

Es sind trotz aller Unterschiede zwischen den Unternehmen immer wieder dieselben Analyse-Felder, die im Kurz-Check-up bearbeitet werden. Der erste Blick in einer Analyse richtet sich meist auf das magische Dreieck Finanzen-Markt/Vertrieb-Produkte/Leistungen. Es geht darum, herauszufinden, ob das Unternehmen grundsätzlich richtig eingestellt ist für sein

240

Geschäft . In einem Markt, in dem das Preisniveau dramatisch gesunken ist, müssen überlebensfähige Unternehmen eine adäquate Kostenstruktur haben, um überhaupt Investitionen verdienen und Gewinne erwirtschaften zu können. In Märkten mit extrem hohem Veränderungs- und Innovationstempo müssen Unternehmen besonders veränderungsfördernde Strukturen haben, um zu überleben. In Märkten mit hohem Konzentrationsdruck brauchen Unternehmen hohe Kapitalressourcen und ein Netz potenter strategischer Kontakte ... So hat jedes Unternehmen in seinem spezifischen Markt seine besonderen Anforderungen, die im Check-up untersucht und abgebildet werden müssen. Also: Ihr Markt gibt das Tempo, die Richtung, die Benchmarks für Ihr Unternehmen vor!

**Der Markt
setzt den
Standard.**

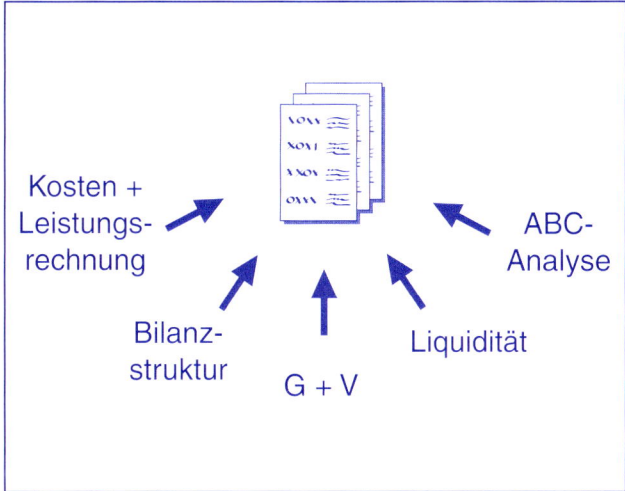

Kosten +
Leistungs-
rechnung

ABC-
Analyse

Bilanz-
struktur

Liquidität

G + V

Finanz-Check-up

Beim Finanz-Check-up geht es darum, in möglichst kurzer Zeit die wirklich wichtigen Kennzahlen (siehe Struktur) des Unternehmens herauszufiltern und zu bewerten. Hierbei fließen sowohl Daten aus Bilanz, G+V und der Kosten-/Leistungsrechnung mit ein.

Führung und Mitarbeiter haben oft sehr klare Vorstellungen von den internen Problemen, sie können einem Berater stundenlang berichten, was alles nicht funktioniert. Dagegen ist die Antwort, wie es denn besser gehen könnte, meist viel schwerer zu bekommen. Und die entscheidende Frage, warum viele

Kunden trotz aller Unzulänglichkeiten dem Unternehmen die Treue halten, warum die Mitarbeiter gerade hier arbeiten und warum der Unternehmer sein Geld ausgerechnet in dieses Geschäft investiert, führt nicht selten zu irritierten Reaktionen. Dies bedeutet: Wir schenken oft den Stärken und Ressourcen zuwenig Beachtung.

Die Stärken fokussieren

Wenn die Analyse darauf zu einseitig eingeht, führt dies dazu, daß die Mißstände, die Probleme, die Mängel zu stark fokussiert und die entscheidenden Stärken eventuell übersehen werden. Manager, die sich ständig nur auf die Ausmerzung von Schwächen konzentrieren, kommen nie dazu, die Stärken auszubauen und opfern wertvolle Ressourcen für manchmal kräftezehrende Korrekturen, anstatt den leichten, lustvollen, positiven Weg des Ausbaus der Stärken zu nehmen. Dies soll natürlich nicht bedeuten, offensichtliche Probleme nicht anzupacken, es ist aber mein persönliches Statement für eine Fokussierung auf die Stärken und die daraus entstehende emotionelle Positivspirale.

Die Menschen in den Mittelpunkt stellen

Es soll Analysen geben, in denen nur Fakten, Zahlen und Daten gesammelt werden, die unternehmerischen Ziele und Visionen und die Menschen mit ihren Potentialen und Schwächen aber nicht vorkommen. Solche Analysen sind das Papier nicht wert, auf das sie geschrieben sind. Denn die Menschen und ihre Visionen sind neben dem Kapital die entscheidende Ressource und in vielen Branchen ist Kapital heute leichter zu beschaffen als Spitzenkräfte! Dies bedeutet, in der Analyse genau zu erfassen, ob das Unternehmen die richtigen Mitarbeiter für sein Business hat oder bekommen kann, ob die Führung das in jedem Unternehmen brachliegende Potential bei den Mitarbeitern aktivieren kann und wie qualifiziert und unternehmensverbunden die Schlüsselpersonen sind.

Ressource Mensch

Ich betone dies so deutlich, weil viele Analysen ausschließlich kennzahlenorientiert durchgeführt werden. Die Unternehmenskennzahlen sind selbstverständlich ein entscheidender Indikator für die Unternehmenssituation. Aber sich auf Kennzahlen zu beschränken bedeutet, beim Fahren (mit hohem Tempo) nur in den „Rückblickspiegel" und nicht auch durch die Frontscheibe zu schauen.

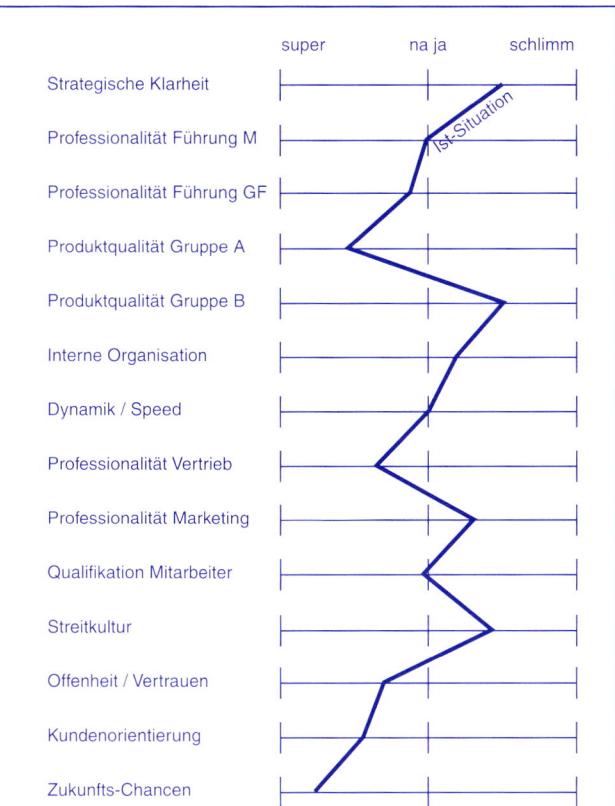

super   na ja   schlimm

Strategische Klarheit

Professionalität Führung M

Professionalität Führung GF

Produktqualität Gruppe A

Produktqualität Gruppe B

Interne Organisation

Dynamik / Speed

Professionalität Vertrieb

Professionalität Marketing

Qualifikation Mitarbeiter

Streitkultur

Offenheit / Vertrauen

Kundenorientierung

Zukunfts-Chancen

Ist-Situation

Blitzlicht der Ist-Situation

Auf den Unternehmer kommt es an

Zuletzt möchte ich den Blick noch auf den Unternehmer lenken, der – zumindest im Mittelstand – oft der zentrale Erfolgsfaktor oder eben Mißerfolgsfaktor ist. Auch dieser Aspekt wird in vielen Analysen schamhaft verschwiegen. Dabei brauchen gerade Unternehmer Feedback, denn um sie herum entsteht im Laufe der Jahre oft ein heuchlerisches, unehrliches Klima von Unterwürfigkeit und Ja-Sagern. Wie soll der Unternehmer hier lernen, wie soll er wachsen, wenn er zu wenig oder gar kein Feedback bekommt? Nein, eine glaubhafte, seriöse Analyse bezieht auch die Fähigkeiten, Potentiale und die Limitationen des Top-Managements mit ein. Wenn solche Offenheit zum Eklat führt, die faire und unbefangene Bewertung von Management-Leistungen ein Tabu ist, haben Sie bereits einen zentralen Problempunkt gefunden.

Checklist

- Gibt es eine klare Vision und davon abgeleitete Unternehmensziele?
- Mit welchen Produkten verdient das Unternehmen sein Geld?
- Welche Kernkompetenz hat das Unternehmen?
- Gibt es in den Produkten, im Service, in Zusatzleistungen eine Alleinstellung oder einen besonderen USP (einzigartiger Verkaufsvorteil)?
- Mit welchen Zielgruppen/Kunden erwirtschaftet das Unternehmen seine Umsätze?
- Mit wieviel Prozent der Schlüsselkunden macht das Unternehmen wieviel Prozent der Umsätze?
- Welchen Deckungsbeitrag erwirtschaften welche Kunden, Produkte, Dienstleistungen?
- Welche Marktstellung hat das Unternehmen heute?
- Wer sind die wichtigsten Wettbewerber, wie ist deren aktuelle Positionierung?
- Was sagen die wichtigsten Kennzahlen: Umsatz/Mitarbeiter, Rohertrag/Mitarbeiter, Cashflow/Rohertrag, Eigenkapitalquote, Personalkosten/Rohertrag, Umsatzrentabilität?
- Wie ist der Liquiditätsstatus/Liquiditätsplan?
- Welche Werte stecken im Unternehmen (z.B. Immobilien, Patente)
- Wie ist die Qualifikation/Identifikation der Mitarbeiter?
- Welche Schlüsselpersonen bestimmen das Unternehmen?
- Welche Blockaden und Limitationen behindern die Entwicklung?
- Ist die aktuelle Organisation fördernd oder limitierend?
- Welche Stärken und Schwächen prägen das Unternehmen?
- Kennt jeder Mitarbeiter seine Ziele, Aufgaben, Verantwortung und Kompetenzen?
- Wie professionell arbeitet der Vertrieb?
- Wie ist das Klima, die Offenheit und Konfliktfähigkeit unter den Mitarbeitern?
- Welche Zukunftsperspektive sehen die Mitarbeiter für sich und das Unternehmen?
- Was würden die Mitarbeiter als erstes verändern, wenn sie dürften?

Methodik-Modul Führung

Die Herausforderungen an die Führungsqualität von Managern sind in den letzten Jahren gewaltig gestiegen. Der extreme Wettbewerbsdruck auf den Märkten und ein noch nie dagewesenes Tempo der Veränderungsprozesse stehen den Beharrungskräften und der Veränderungsfeindlichkeit vieler Mitarbeiter und Organisationen entgegen. Und die neue Elite von jungen, hochqualifizierten, flexiblen Leistungsträgern ist auf ihre Weise auch schwer zu führen, denn hier herrscht oft eine egozentrische Ellbogenmentalität, die sich mit den Erfordernissen von Teamwork nur schwer zu vertragen scheint. In diesem Spannungsfeld, in der ständigen Balance von Unternehmens- und Mitarbeiterzielen, von „top down" und „bottom up" stehen die Führungskräfte – und sind dafür meist völlig unzureichend ausgebildet.

Wie Sie Ihre Mitarbeiter durch Fordern und Fördern zur Höchstleistung führen

Führen bedeutet in diesem Kontext natürlich **kooperatives Führen**, denn so funktionsfähig autoritäre Strukturen über viele Jahrzehnte waren (und auch heute in nicht wenigen Unternehmen noch sind), so ist der kooperative Führungsstil doch der einzige Weg, das Potential der Mitarbeiter wirklich auszuschöpfen und das Prinzip der Selbstverantwortung und

Potential nutzen

Kooperatives Führungssystem

der Eigendynamik im Unternehmen zu verankern. Allerdings bedeutet diese Mitarbeiterorientierung keinen Laissez faire-Stil, in dem sich die Führungskraft mit ihrer disziplinarischen Kompetenz verabschiedet. Ganz im Gegenteil muß gerade in einem kooperativen Modell der Konflikt mit all denen gesucht werden, die den definierten Freiraum egoistisch ausnutzen oder überschreiten. Für viele Führungskräfte ist diese Komponente des kooperativen Stils zuerst ungewöhnlich und auch unangenehm. Denn hier ist die Konflikt- und Kommunikationsfähigkeit gefragt, und es ist weitaus schwieriger, ein Konfliktgespräch im kooperativen Kontext als im autoritären System zu führen. Da wir aber in keiner heilen Welt leben, in der wir mit der Leistungsbereitschaft, Disziplin und Loyalität aller Mitarbeiter rechnen können, ist die Konflikt-Komponente ein wichtiger Schutzmechanismus für die Gesamtfunktion des kooperativen Systems.

Die entscheidenden Führungsfähigkeiten

Führen beginnt beim **Zuhören**. Wer als Führungskraft fähig ist, wirklich aktiv zuzuhören und bei wichtigen Gesprächen die „eigentliche Botschaft" zwischen den Zeilen lesen zu können, hat bereits den Schlüssel zur Gewinnung des Mitarbeiters in der Hand. Doch Zuhören ist nicht so einfach, es setzt Ruhe und Konzentration auf das Gegenüber voraus, vielleicht auch Interesse am anderen, ja an Menschen generell. Menschen haben ein untrügliches Gespür, ob der Gesprächspartner gerade bei ihnen oder ganz woanders ist, ob der Chef wirklich neutral hört oder geistig bereits die Gegenrede auf die gerade vernommenen Argumente entwirft.

Eine weitere Schlüsselfähigkeit ist die **Trennung von sachlicher und emotioneller Ebene**. Viele Führungskräfte haben das limitierende Weltbild, im geschäftlichen Kontext so weit wie möglich auf der Sachebene zu bleiben, um sich und die eigenen Gefühle so gut wie möglich verbergen zu können. Sie ignorieren dabei aber die Tatsache, daß überall Gefühle im Spiel sind, zumal wenn es um Veränderungen oder Konflikte geht. Werden diese Gefühle unterdrückt oder gar tabuisiert, müssen völlig sinnlose Nebenkriegsschauplätze aufgebaut werden, wird auf der Sachebene um belanglose Randthemen gerungen, ohne daß das eigentliche Grundproblem gelöst wird. Professionelle Führungskräfte haben keine Scheu vor der Gefühlsebene, können die eigenen Gefühle offen artikulieren und mit den Gefühlen anderer sensibel umgehen. Wenn über Ängste, Sorgen, gegenseitige Verletzungen offen gesprochen werden kann, wenn Gefühle anerkannt und ernstgenommen werden, entstehen die Lösungen „fast von selbst", entsteht ein menschliches, leistungsförderndes Klima.

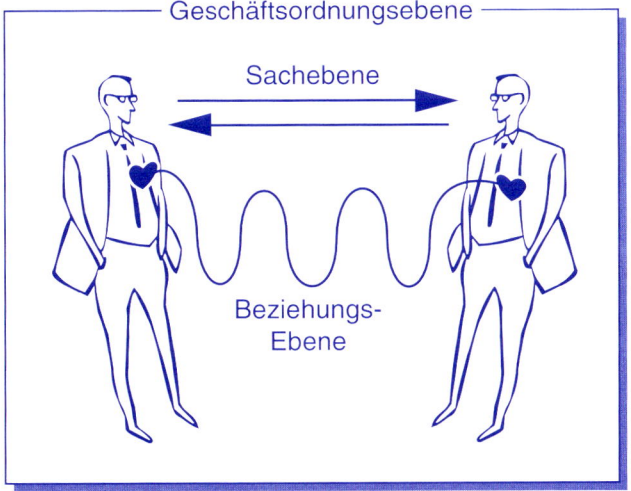

Die Ebenen der Kommunikation

Von besonderer Bedeutung in einer Vielzahl von Führungssituationen ist die Fähigkeit, **Feedback** zu geben und anzunehmen. Ich habe immer wieder erfahren, daß richtig eingesteuertes Feedback komplizierteste Führungsprobleme lösen hilft. Die von uns in Workshops und Führungstrainings verwendete Feedback-Formel

Du wirkst auf mich …
Das bewirkt in mir …
Und ich wünsche mir von dir …

Feedback geben und nehmen

ist auch im Führungsalltag und sogar im privaten Bereich absolut treffend und hilfreich, setzt aber den Mut zur Offenheit und die Bereitschaft voraus, genau wie der Mitarbeiter als Chef Feedback anzunehmen. Wichtig hierbei ist die Spielregel, daß der Feedback-Nehmer keinerlei Rechtfertigung versucht, sondern das Feeback zuerst einmal unkommentiert zur Kenntnis nimmt und für sich verarbeitet.

**Zeit zum
Führen
schaffen**

Gerade in festgefahrenen Gesprächssituationen kann ein ehrliches Feedback an Ihren Gesprächspartner die Blockaden und Verkrustungen schnell aufbrechen und die „Tür" für einen offeneren und lebendigeren Gesprächsverlauf öffnen.

Fördern durch Fordern – diese Weisheit ist uralt, hat aber an Aktualität nichts eingebüßt. Für eine kooperative Führungskraft ist es eine zentrale Aufgabe, die Entwicklung der ihm zugeteilten Mitarbeiter ständig im Auge zu haben und individuell zu fördern. Fordern bedeutet in diesem Zusammenhang, Mitarbeiter in der richtigen Dosis unter „sportlichen" Leistungsdruck zu setzen, ihnen zu helfen, bisherige eigene Grenzen zu überwinden. Da diese Grenzen absolut individuell sind, macht dieser Führungsansatz die persönliche Beschäftigung mit jedem einzelnen Mitarbeiter notwendig. Dies schreibt sich in einem Sachbuch einfach, bedeutet im hektischen Alltag aber eine hohe Herausforderung. Denn Sie müssen dazu immer wieder erkunden, wo jeder Mitarbeiter auf seinem Entwicklungsweg steht, welche Limitationen ihn behindern, ob ihre „Dosis" zu hoch war, welchen „Push" er gerade brauchen könnte etc. Sollte der Mitarbeiter Ihren Anforderungen nicht nachkommen, ist die einfache Frage „Kann er nicht" oder „Will er nicht" sehr hilfreich, da je nach Antwort und Kombination sich die notwendigen Führungsinterventionen fast von allein ergeben.

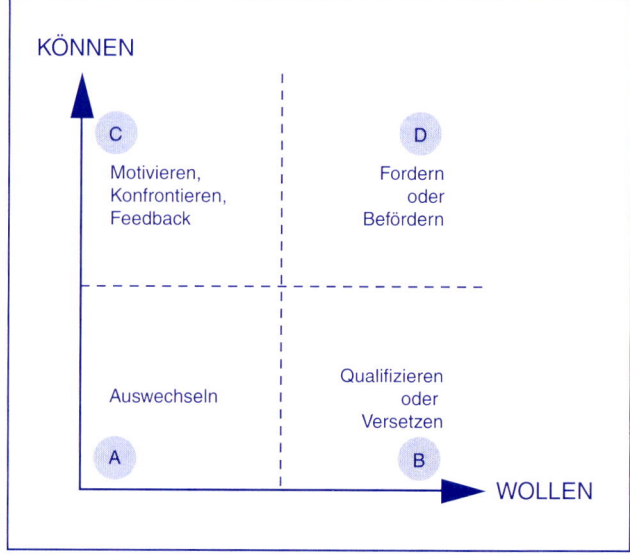

Führungsstrategien im Spannungsfeld von Können und Wollen

Dies klingt zwar zeitaufwendiger, als es ist, setzt aber trotzdem Zeit zum Führen voraus, die sich eine gute Führungskraft aber einplant, denn schließlich ist das der Mittelpunkt der Führungsaufgabe. Wichtig ist dabei natürlich, die Zahl der Mitarbeiter zu begrenzen, die direkt an Sie berichten. Nach meiner Erfahrung liegt das Maximum bei etwa zehn bis zwölf Personen. Umso außergewöhnlicher sind dann allerdings die Erfolgserlebnisse, wenn bisher unscheinbare Mitarbeiter plötzlich aufblühen und zu einer nie vermuteten Form auflaufen. Für viele Manager sind dies die schönsten und befriedigendsten Augenblicke in ihrer Führungsarbeit!

Die Balance von **Härte und Sensibilität bei der Durchsetzung von Beschlüssen** ist eine ständige Herausforderung einer Führungskraft im kooperativen System. So kann es bei großen Veränderungsprojekten notwendig sein, die Sorgen und Ängste der Mitarbeiter aufzuarbeiten, ohne aber auf der anderen Seite das Veränderungsprojekt als solches aufzugeben. Es gibt aber auch Fälle, wo die Führungskraft von der ersten Minute an mit harter Hand eine Maßnahme durchsetzen muß und dann keine abweichende Meinung oder Handlung zulassen darf, weil es sich um zentrale Rahmenmarkierungen handelt, die von der Führung gesetzt werden müssen. Hier sollte immer der Grundsatz beachtet werden, daß den Mitarbeitern gegenüber klar kommuniziert wird, was diskutabel ist und was nicht. Meiner Erfahrung nach können die Mitarbeiter mit dieser Klarheit durchaus leben, sie schätzen es nur nicht, wenn die Führung pro forma über Themen diskutieren läßt, die hinter der Kulissen schon lange entschieden sind! Dieses Gespür für die Situation, dieses Abwägen zwischen Werben und Durchsetzen, zwischen Verständnis und Druck, ist das, was den Erfolg einer Führungskraft in dynamischen Prozessen ausmacht.

Die richtige Balance finden.

Zuletzt möchte ich als ganz besondere menschliche Qualität einer Führungskraft die **Fähigkeit zur Selbstreflexion** nennen. Das eigene Verhalten kritisch hinterfragen, andere offensiv um Feedback bitten, sich selbst permanent auf den Prüfstand stellen – diese Eigenschaften zeichnen lernfähige Führungskräfte aus. Dahinter steht als Menschenbild nicht die Maske der coolen Perfektion, sondern das Eingeständnis, auch als Führungskraft ein Mensch mit Fehlern und Schwächen zu sein, der sich vor allem in zwei Punkten von seinen Mitarbeitern unterscheidet – im Maß der Verantwortung und Macht.

Lernfähigkeit der Führung

D Führung

Checklist

Wie professionell sind Sie als Führungs-kraft?

- Dokumentieren Sie Ihren Führungswillen?
- Pflegen Sie ihren eigenen, individuellen Führungsstil?
- Holen Sie sich Feedback von Ihren Mitarbeitern?
- Bekommen Ihre Mitarbeiter von Ihnen Feedback?
- Können Sie andere für Ihre Ideen begeistern und mit-reißen?
- Haben Sie eine gute Antenne für andere Menschen?
- Sind Sie ein guter, aufmerksamer Zuhörer?
- Sind Sie für Ihre Mitarbeiter berechenbar?
- Können Sie auch hart und konsequent agieren?
- Kennen Ihre Mitarbeiter den Rahmen, in dem sie sich bewegen können?
- Kennen Ihre Mitarbeiter ihre konkreten Ziele und die Zeitachse, auf der sie gemessen werden?
- Sind Sie für die Mitarbeiter ein Leistungs-Vorbild?
- Haben Sie ein positives Menschenbild?
- Organisieren Sie sich selbst effizient und zielorientiert?
- Können Sie offen und klar kommunizieren?
- Wie gut kennen Sie Ihre engsten Mitarbeiter wirklich?
- Können Sie Konflikte annehmen und fair austragen?
- Setzen Sie klare Ziele und kontrollieren deren Errei-chung?
- Können Sie Erfolge auch einmal spontan feiern?
- Ertragen Sie es, wenn Mitarbeiter delegierte Aufgaben anders lösen, als Sie es getan hätten?
- Können Sie Menschen zu verschworenen Teams zusam-menschweißen?
- Können Sie eigene Fehler vor anderen eingestehen?
- Sind Sie ein Vorbild in eigener Qualifizierung?
- Leben Sie die Prämissen der Firmenkultur?
- Grenzen Sie sich gegen Intrigen und Machtspiele ab?
- Schützen Sie die Interessen von Minderheiten in Ihrem Bereich?
- Fördern und fordern Sie Ihre Mitarbeiter individuell?

Methodik-Modul Change-Management

Turbulente Märkte, revolutionierende Technologien, veränderte Kunden, innovative Arbeitsmethoden, globaler Wettbewerb – Führungskräfte sind permanent mit Veränderung konfrontiert. Als Mittler zwischen Umfeld und Mitarbeiter müssen Sie dafür sorgen, daß sich das Unternehmen schnell und konsequent auf Veränderungen der Umwelt einstellt, daß Chancen am Markt genutzt werden und das Tempo der Kunden zum Tempo des Unternehmens wird. Das bedeutet, Führungskräfte müssen in hohem Maße Change-Manager sein, müssen ihre Mitarbeiter für Veränderungen gewinnen und die notwendigen Prozesse initiieren und durchsetzen.

Wie Sie Veränderungsprozesse überzeugend initiieren und vorantreiben

Doch nur wenige Menschen sehnen sich nach Veränderung. Stattdessen ist das Festhalten am Bewährten, die Ablehnung des Neuen, der Widerstand gegen das Umdenken die gängige Reaktion. Führungskräfte müssen sich darauf einstellen, daß große Veränderungen auf ein hohes Maß an Skepsis, bei manchen Mitarbeitern auch auf brüske Ablehnung stoßen. Das ist der normale Job von Change-Agents, wie solche Veränderungs-Manager auch treffend genannt werden – sie müssen begeistern, überzeugen, provozieren, „ver"-stören, taktieren und letztlich auch den als richtig erkannten Weg durchsetzen.

Veränderungsprozesse laufen nach bestimmten Naturgesetzen ab, die zu kennen für Führungskräfte äußerst vorteilhaft ist. Wie die Abbildungen auf der folgenden Seite zeigen, gibt es innerhalb der Veränderungsprozesse immer wiederkehrende Phasen, in denen die Führung jeweils auf eine andere Weise gefordert ist. In einer längeren **Stagnations-Phase** neigt jedes Unternehmen zur Trägheit, zur Verkrustung und sinkenden Wettbewerbsfähigkeit. Hier ist die wichtigste Management-Aufgabe, das Unternehmen und die Mitarbeiter wach und aufmerksam zu halten und auf die kommenden Veränderungen vorzubereiten. Die Führungskraft kann durch gezielte „Störungen" die Mitarbeiter immer wieder aufrütteln, kann durch gezielte Veranstaltungen, Trainings und Seminare dafür sorgen, die Organisation auf einem hohen „Standby-Level" zu halten.

Naturgesetze von Veränderungen

In der **Irritationsphase** kommen nun die erwarteten oder befürchteten Störungen auf das Unternehmen zu. „Störungen" können neue Technologien, aggressive Wettbewerber, neue Produkte, neue Gesetze, neue Marktmechanismen etc. sein,

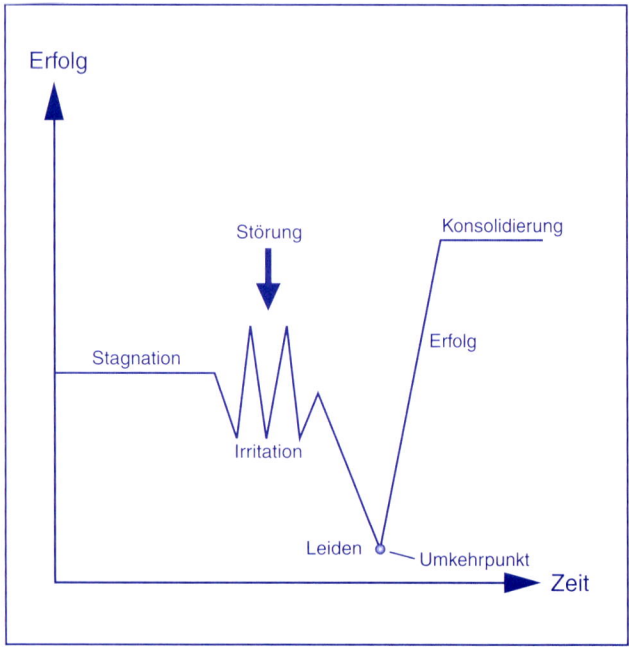

Die Schlüsselfaktoren im Veränderungsprozeß

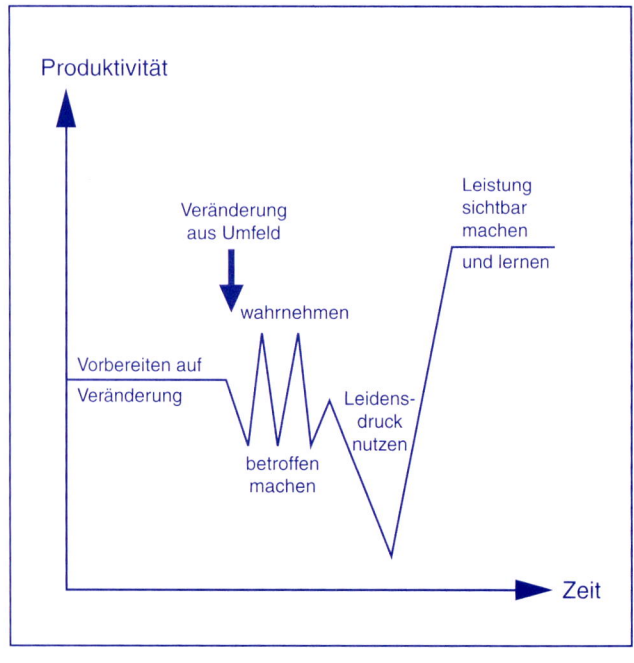

Führungsaufgaben im Veränderungsprozeß

also alles, was das wohlgeordnete Weltbild des Unternehmens und seiner Menschen in Unordnung bringt. Die entscheidende Fähigkeit der Führung liegt in dieser Phase darin, die Veränderungen im Umfeld schnell, wenn möglich schneller als der Wettbewerb wahrzunehmen. Frühwarn-Indikatoren und „ausgefahrene Antennen" helfen dabei. Wenn erste Störungen im Unternehmen wirksam werden, reagiert der „Organismus Unternehmen" meist mit Irritation, die Mitarbeiter berichten unruhig von ersten Anzeichen eines aufziehenden Unheils, erste kleine Gegenmaßnamen werden getroffen und erweisen sich bei größeren Umfeldveränderungen oft als zu halbherzig, so daß sich kurzfristige Erholungsphasen mit tieferen Einschnitten abwechseln.

In die **Phase der Krise** stürzt das Unternehmen dann, wenn die Störungen von außen zu lange negiert oder bagatellisiert wurden, wenn die Gegenmaßnahmen zu gering dosiert und die Kriegskassen nicht gut genug gefüllt waren. Spätestens jetzt kommt es darauf an, schnell und konsequent zu handeln. Je früher auf der absteigenden Achse die große Erneuerung, die zukunftsweisende Vision initiiert wird, je mutiger und grundlegender der Eingriff ist, umso schneller erreicht das Unternehmen den magischen Umkehrpunkt, an dem die Entwicklung wieder aufwärts geht. Meiner Erfahrung nach liegt hier die größte mentale Herausforderung: daß die Manager trotz ihrer aktuellen Konzentration auf das Krisenmanagement den positiven Glauben an die Wende und die Vision für „die Zeit danach" nicht aufgeben. Wer nur noch die Krise abwickelt und die visionäre Power verliert, der begibt sich in eine verhängnisvolle Negativspirale.

Zu den Naturgesetzen der Veränderung gehört das Leiden als Auslöser und Motivator großer Umbrüche ganz zentral dazu, denn durch den Leidensdruck entsteht oft die Energie und Triebkraft für die **Phase des schnellen Aufschwungs**. Dies ist die Zeit des Wachstums, des schnellen Erfolgs und in dieser Phase ist es wichtig, die Lernerfahrungen aus der Krise im Unternehmen zu verankern und daraus Selbstbewußtsein und Souveränität zu schöpfen. Unternehmen, die bereits mehrere Krisen erfolgreich überstanden haben, werden mit zukünftigen Krisen gelassener umgehen. Diese „Schutzimpfung" versetzt das Management in die Lage, schneller, gezielter und souveräner mit Krisen umzugehen.

Konsolidieren

Wie die Abbildungen auf Seite 252 zeigen, steckt in jedem Veränderungsprozeß das Potential, nach dem Leiden und den daraus entstandenen Restrukturierungen auf einem deutlich
höheren als dem Ausgangsniveau zu landen. Das ist letztlich
der Sinn hinter dem ganzen Spiel: ein ständig sich emporwin-
dender Pfad an kontinuierlicher Verbesserung und Lernerfah-
rung. Leider gelingt es in vielen Unternehmen nicht, diesen
idealen Kurvenverlauf zu realisieren. Sei es, daß die Krisen-In-
terventionen zu zaghaft waren, daß im schnellen Wachstum
das Ruder außer Kontrolle geriet und bereits die nächste Krise
einsetzt, ohne dem Unternehmen den vorigen Erfolg zu gönnen – eine zu hohe Frequenz direkt aufeinanderfolgender Kri-
sensituationen hält das System nicht aus. In gesunden Abstän-
den müssen auch Konsolidierungsphasen sein, in denen die
Mitarbeiter Luft holen können, in denen die Organisation den
neuen Erfordernissen angepaßt werden kann, in denen neue
Mitarbeiter in die Kultur integriert werden können. Und dann
beginnt – hoffentlich auf einem höheren Niveau – der Kreislauf der Veränderung aufs Neue.

**Immer kürzere
Zyklen**

Dieser ständige Wechsel zwischen Veränderung und Konsolidierung wird uns in den nächsten Jahren erhalten bleiben,
wobei die Zyklen vermutlich noch kürzer werden. In vielen
Branchen sind die Konsolidierungszeiten zwischen den Um-
brüchen inzwischen so klein geworden, daß man schon von der
ständigen Veränderung spricht. Für viele Führungskräfte ist
dies ein unerträglicher Zustand, vor allem für **die** Menschen,
die sich nach Ruhe und Gleichmaß sehnen und einen Veränderungsprozeß quasi als „Betriebsunfall" sehen. Deshalb werden wir Veränderung als Normalfall in einer turbulenten,
globalen Welt sehen müssen, in der die technologischen
Innovationen und globalen Player das Tempo vorgeben. Alle
Führungskräfte sollten Change-Management als integralen Teil
ihrer Führungsaufgabe betrachten und immer wissen, in welcher Veränderungs-Phase gerade „die Musik spielt".

Souveräner Umgang mit Barrieren und Widerständen

**Widerstände
sind normal**

Ich habe versucht deutlich zu machen, daß jede Veränderung
Widerstand auslöst, je massiver die Veränderungen sind, umso
stärker wird auch der Widerstand sein. Erste Regel, die es beim
Umgang mit Barrieren zu beachten gilt: Halten Sie genau auseinander, ob es sich um einen Widerstand gegen Sie persönlich oder gegen eine von Ihnen ausgelöste Neuerung geht.

Viele Manager verwechseln diese beiden Tatbestände und manövrieren sich dadurch unnötigerweise ganz alleine ins Abseits, weil sie bei einem vermuteten Widerstand gegen sich persönlich zu völlig anderen Reaktionsmustern kommen, als bei der anderen Variante. Mit allergrößter Wahrscheinlichkeit ist der Widerstand eher das Beharrungsmoment des ganzen Systems, das sich gegen das unbequeme Lernen sträubt. Mir hilft diese **systemische Betrachtungsweise** außerordentlich, um zu begreifen, was in Unternehmen wirklich vor sich geht. Denn oft ist der einzelne Mensch, der uns als Störer, Querulant, Gegner vorkommt, nicht das eigentliche Problem, sondern nur das Symptom. Würden wir ihn entlassen, träte ein anderer an seine Stelle und das Spiel begänne von neuem ... Allein schon dieses Auseinanderhalten von Problem und Symptom hat mir in vielen schwierigen Beratungssituationen weitergeholfen, weil es eine andere Sichtweise auf die Akteure ermöglicht und oft einen neuen, unbelasteteren Zugang zu „Gegnern" schafft.

Die systemische Sichtweise erklärt das Unternehmen als einen in sich geschlossenen, komplex verknüpften Regelkreis, der genau wie ein Organismus über so zentrale Fähigkeiten wie Wachstum, Lernfähigkeit, Fortpflanzung, Mutation, Immunabwehr und Stoffwechsel verfügt. Revolutionär ist diese Sichtweise im Management deshalb, weil der Manager Abschied vom simplen „Maschinenmodell" nehmen muß, bei dem jede Handlung isolierte und klar vorhersehbare Reaktionen hat. Stattdessen werden wir auf eine Komplexität aufmerksam gemacht, die wir in der einfachen Management-Welt von Analyse, Strategie, Ziel und Maßnahme oft nicht wahrhaben wollen, die aber vorhanden ist. Woran scheitern denn die meisten Veränderungen? Meist nicht an den Strategien und Konzepten, sondern an den Widerständen und Problemen in der Umsetzung! Die Komplexität, die wir in der Planungsphase ignoriert oder nicht genügend überschaut haben, versuchen wir dann während der Umsetzungsphase durch „trial and error" auszubügeln – mit massiven Auswirkungen auf die Qualität der Arbeitsergebnisse und die Motivation der Betroffenen.

Wie sollte man nun aber mit Blockaden im Veränderungsprozeß umgehen? Nach meiner Erfahrung hat sich folgende Strategie bewährt:

● Blockaden offen bei allen Betroffenen markieren
● gemeinsam diskutieren
● Auseinanderhalten Problem/Symptom

- das „wirkliche" Problem identifizieren und benennen
- die dahinterliegenden Gefühle offen ansprechen
- überprüfen, ob das „wirkliche" Problem im Widerspruch zu den Veränderungszielen steht
- wenn ja, muß die Veränderung trotzdem durchgesetzt werden, und die Mitarbeiter sind hierfür zu gewinnen
- wenn nein, kann das Problem zum Nutzen der Mitarbeiter behoben werden.

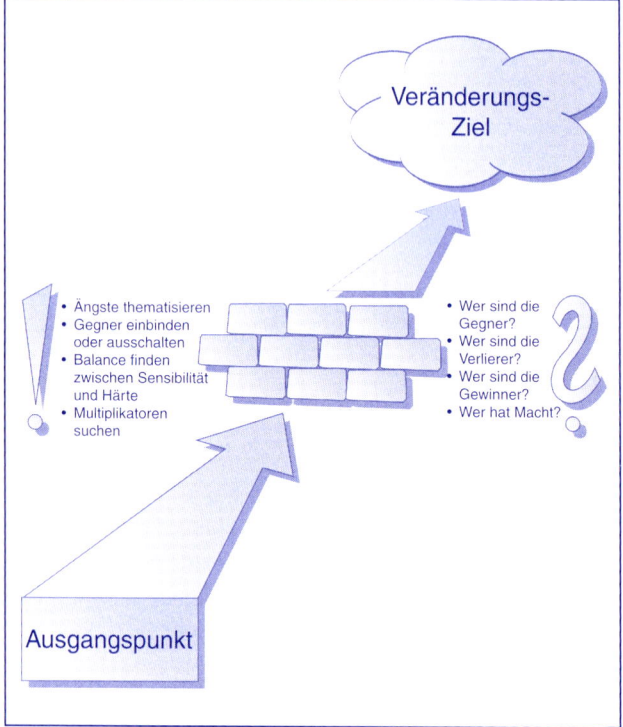

Barrieren überwinden

Blockaden kreativ überwinden

Dieser Ablauf ist natürlich die Wiedergabe eines Diskussionsprozesses in äußerst geraffter Form, er enthält aber alle wichtigen Bestandteile klugen Umgangs mit Blockaden. Allein schon das offene Markieren der Widerstände mit allen Betroffenen hat oft eine unerhörte Wirkung, weil dem Widerstand durch die offene Kommunikation die konspirative Wirkung genommen wird und so Gegner und Befürworter mit offenem Visier kämpfen müssen. Ganz entscheidende Durchbrüche habe ich auch mit der offenen Ansprache von Gefühlen gemacht. In dem Augenblick, wenn Ängste offen in der Gruppe ausgesprochen werden, wenn der Chef vielleicht auch einmal eigene Gefühle einbringt, ist der Bann oft gebrochen.

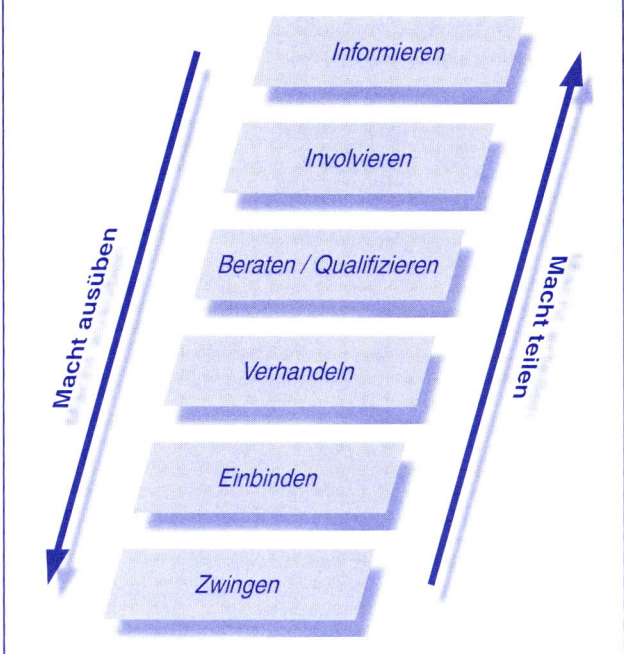

Strategie-Pyramide bei Widerständen

Bei aller Diskussionsbereitschaft kann es aber auch sein, daß Sie bald an den Punkt kommen, wo die zentralen Veränderungsziele berührt und in Frage gestellt werden. Hier muß die Führung Flagge zeigen und auf ihre Richtlinienkompetenz pochen. Es kann nicht angehen, daß zentrale Veränderungsziele wie z.B. Einführung von Teamarbeit nach Diskussion von den Mitarbeitern gekippt werden. Auch in einem kooperativen Unternehmen gibt es die Verantwortung der Kapitaleigner, und Mitarbeiter begreifen dies sehr schnell, wenn sie am entsprechenden Punkt klar in die Schranken gewiesen werden. Folglich ist das optimale Vorgehen eigentlich ganz einfach: die wesentlichen Veränderungsziele (sofern sie nach Diskussion weiterhin als richtig erkannt werden) durchsetzen, im Weg und in den peripheren Fragen weitestgehend die Mitarbeiter gestalten lassen.

Die Führung muß Flagge zeigen.

257

Checklist

Die zentralen Fragen beim Aufsetzen von Veränderungs- prozessen

- Was würde passieren, wenn Sie jetzt nicht handeln würden?

- Ist das Veränderungsziel wirklich klar? Auch Ihren Mitarbeitern?

- Wie soll der Zustand nach erfolgreicher Umsetzung aussehen?

- Wer sind mögliche Gewinner und Verlierer?

- Welche Schlüsselpersonen müssen auf jeden Fall gewonnen werden?

- Wie werden die Mitarbeiter in der Konzipierungsphase beteiligt?

- Werden Arbeitskreise gebildet? Welche? Mit welchen Aufgaben? Wer leitet sie?

- Wie kann der Nutzen für die Mitarbeiter sein?

- Welche Barrieren und Blockaden vermuten wir?

- Wie starten wir den Veränderungsprozeß?

- Wie wird die Aktion nach innen und außen kommuniziert?

- Wie wird der Betriebsrat eingebunden?

- Bis wann sollen die Veränderungsziele erreicht sein?

- Wer ist der Motor für den Gesamtprozeß?

- Wer sind mögliche Multiplikatoren?

- Wie gestalten wir das Controlling des Umsetzungsprozesses?

- Welche Frühindikatoren zeigen uns erste Erfolge?

Methodik-Modul Mentales Leitbild

Was legitimiert eine Führungskraft, Menschen zu führen? Ist es die Macht der Stellung in der Organisation? Ist es die fachliche Kompetenz, der Wissensvorsprung? Ist es die Beliebtheit und Akzeptanz bei den Mitarbeitern? Ist es der „Besitz" von Kundenbeziehungen oder technologischem Knowhow? Sicher wird je nach Situation einer dieser Faktoren am Beginn ausschlaggebend sein. Aber wirklich erfolgreiche Führung entspringt einer ethischen Legitimation, die für die Mitarbeiter spürbar wird. Denn die Position der Macht mag Anordnungen durchsetzen helfen, schafft aber keine freien, begeisterten Menschen, die sich voll einbringen. Der fachliche Vorsprung mag Anerkennung und Akzeptanz bringen, macht die Mitarbeiter aber abhängig und unselbständig. Die besondere soziale Beliebtheit mag den Zugang zu den Mitarbeitern erleichtern, erschwert aber gleichzeitig Härte und Konsequenz. Nein, die wirkliche Grundlage von Führung ist die innere Einstellung zu den anderen, das persönliche Vorbild als Mensch und als Führungskraft.

**Wie Sie durch
mentale Arbeit
Zugang zu sich
und zu ihren
Mitarbeitern
finden**

Wenn wir die wirklich erfolgreichen Menschen von den erfolglosen unterscheiden, kommen wir immer wieder zu den mentalen Grundlagen, zum Lebenskonzept eines Menschen. Andere begeistern und führen können, beginnt bei uns selbst, bei unserem eigenen Zutrauen zu uns und unseren Stärken. Je souveräner und selbstsicherer wir uns fühlen, umso mehr Vertrauen, Sicherheit und Anerkennung können wir auch anderen geben. Das ist der Schlüssel für Führung – das eigene, durch eine Vielzahl von Erfahrungen gewachsene Menschenbild.

**Ethische
Grundhaltung**

Zugang zu den eigenen Prägungen und Grundmustern bekommen

Wie bekommen Sie nun aber Zugang zu Ihren mentalen Grundmustern, die Sie prägen, vielleicht auch limitieren? Zuerst einmal ist überhaupt die persönliche Beschäftigung mit sich selbst, das Reflektieren von eigenen Handlungen und Denkmustern ein erster wichtiger Schritt. Wer sich auf diesen Weg begibt, wird bald Interesse an psychologischen Fragen bekommen, und ich wage die Behauptung: Exzellente Führungskräfte verstehen immer auch etwas von Psychologie, wenn auch oft rein intuitiv. Es gibt eine Vielzahl von Möglichkeiten,

**Lebensmuster
erkennen**

Zugang zu den eigenen Lebensmustern zu bekommen, meist geschieht das nicht allein, sondern in der Reibung und Diskussion mit anderen Menschen (siehe Methodik-Modul H: Coaching). Die **Transaktionsanalyse** bietet für Führungsfragen nach wie vor hervorragende Erklärungsmodelle und setzt keine tiefenpsychologischen Studien und Kenntnisse voraus. Machen wir einen kurzen Exkurs in ein Erklärungsmodell der Entstehung menschlicher Grundmuster:

OK-Positionen

Die Psychologen gehen davon aus, daß neben den vorgegebenen genetischen Grundlagen eines Menschen die entscheidenden Prägungen in den ersten Lebensmonaten/Lebensjahren entstehen, also in einem Lebensabschnitt, zu dem wir keinen bewußten Zugang mehr haben. Je nach der Situation unserer Familie, dem Kontakt zu den Eltern und Geschwistern, prägenden frühkindlichen Erfahrungen macht sich das Kleinkind ein erstes Bild vom Leben und seiner Umwelt. In den darauffolgenden Kindheitsjahren wird der Mensch weitere Erfahrungen sammeln und sein Lebensmuster ausprägen.

Vier OK-Zustände aus der Transaktionsanalyse

Diese Grundmuster eines Menschenbildes bezeichnet die Transaktionsanalyse als OK-Positionen, und die Kenntnis und praktische Anwendung der vier OK-Positionen ist im Führungsalltag von großem Nutzen.

Wichtig dabei ist, klar die situative Ebene von den prägenden Grundmustern zu trennen. Natürlich kann ich als Führungskraft in einem Kritikgespräch auf der Ebene „Du bist nicht ok, ich bin ok" agieren und als prägendes Grundmuster trotzdem die positive Haltung „Ich bin ok, du bist ok" haben. Entscheidend sind immer die grundlegenden Lebensmuster, die uns begleiten, in denen wir uns immer wieder entdecken. Diese Lebensmuster sind, wie gerade aufgezeigt, in der Kindheit angelegt und in einer Art von ungeschriebenem Lebensdrehbuch (Skript) festgelegt. Allein die Erkenntnis, daß es so etwas wie ein Lebensskript gibt, daß dieses Drehbuch in der Kindheit angelegt ist und uns oft unbewußt bis ins Alter begleitet, ist für viele Menschen eine fundamentale Erkenntnis, die ihr Leben verändern kann. Denn das ist die positive Botschaft der Transaktionsanalyse: Wir können unsere Grundmuster erkennen und – in gewissem Umfang – verändern.

Wir können also aus limitierenden Lebensdrehbüchern ausbrechen, wir können an uns und unserer Haltung zur Umwelt arbeiten! Doch das Ausbrechen aus lebenslang „eingeübten" Denkstrukturen und Verhaltenweisen ist mühsam, denn wir alle haben die tausendfache Erfahrung, daß unsere Lebenseinstellung einfach richtig ist. Diese „Lebenserfahrung" ist aber mit großer Vorsicht zu genießen, denn es sind stark gefilterte Erfahrungen, auf die wir uns berufen. Wenn Sie z.B. die Welt von Grund auf positiv sehen, werden Sie sich auf die Informationen, Erlebnisse, Signale konzentrieren, die diese Lebenssicht stützen und die negativen Erlebnisse, die sie natürlich genauso machen, so gut wie möglich ausblenden. Wenn Sie ein negatives Bild von Ihren Mitmenschen haben, werden Sie die negativen Schlagzeilen, die schlimmen Erlebnisse, die Enttäuschungen und Rückschläge als Argumente nehmen und die guten Erfahrungen beiseite legen. Dieser Mechanismus der **Self-fulfilling-Prophecy** funktioniert erschreckend gut und hilft uns, unsere vorgefaßten Lebensmuster ständig zu bestätigen und zu verfestigen. Wenn es in Ihrem Leben Grundmuster gibt, die Sie limitieren, die Ihren Fähigkeiten und Potentialen im Wege stehen, die es Ihnen schwer machen, vertrauensvoll und positiv auf Menschen zuzugehen, dann sollten

Lebens-Skript erkennen

Self-Fulfilling Prophecy

**Limitationen
überwinden**

Sie handeln! Die Erkenntnis, daß es Limitationen gibt, der
brennende Wunsch, besser leben, besser führen zu wollen, ist
der entscheidende erste Schritt. Coaching durch sensible,
erfahrene Spezialisten, ständiges Feedback von Ihren Vertrauten und die persönliche Arbeit an sich selbst helfen Ihnen
dann, an Ihrem mentalen Leitbild zu feilen. Oft ist der große
Durchbruch nicht möglich (manchmal auch gar nicht nötig),
sondern es genügen einige zentrale kleine Korrekturen, um
bereits deutliche Erfolge zu spüren. Wenn Sie so konkret an
Ihrer eigenen Weiterentwicklung arbeiten, werden Sie viele
kleine Erfolgserlebnisse haben, die Sie bestätigen. Vor diesem
Hintergrund fällt es dann auch leichter, zu seinen eigenen
Schwächen, zu den dunklen Seiten seiner Persönlichkeit zu
stehen, die zu jedem Menschen gehören.

Den anderen wirklich abholen

**Zugang zu
Menschen
finden**

Von entscheidender Wichtigkeit für Führungskräfte ist es,
andere Menschen und deren Prägungen einigermaßen treff-
sicher einschätzen zu können, um schnell einen tragfähigen
Kontakt aufzubauen. Sei es nun ein Bewerber-Interview, eine
Verkaufssituation oder ein Mitarbeitergespräch: Immer sind
Führungskräfte gefordert, den anderen abholen zu müssen.
Wie aber holen Sie einen Ihnen unbekannten Menschen ab?

Sicher nicht, indem Sie von sich ausgehen, von Ihren Werten und Ansichten, sondern indem Sie durch genaues Beobachten des Gegenüber und durch kluge Fragestellungen ein erstes Bild bekommen, auf das Sie dann mit maßgeschneiderten kleinen Signale reagieren. Die Art, wie Ihnen dann Ihr Partner Feedback gibt, zeigt Ihnen, ob Sie seine Sichtweise bereits etwas getroffen haben oder ob Sie weiter suchen müssen. Der Regelkreis aus Beobachten, Fragen, ersten kleinen Signalen, Beobachten, Reagieren, Lernen, etc . ist ein idealer Weg, auf den anderen einzugehen. Er erfordert natürlich die Sensibilität, die vielfältigen, auch nonverbalen Signale des Gegenübers und die Unvoreingenommenheit gegenüber dessen Ansichten und Haltungen wahrzunehmen.

Mich trägt bei diesem faszinierenden Vorgang des Abholens immer das Bild vom Schloß und dem Schlüssel. Ein neuer Mensch ist wie ein Schloß, das geöffnet werden will (sofern ich überhaupt mit der inneren Haltung unterwegs bin, Zugang

Den richtigen Schlüssel finden

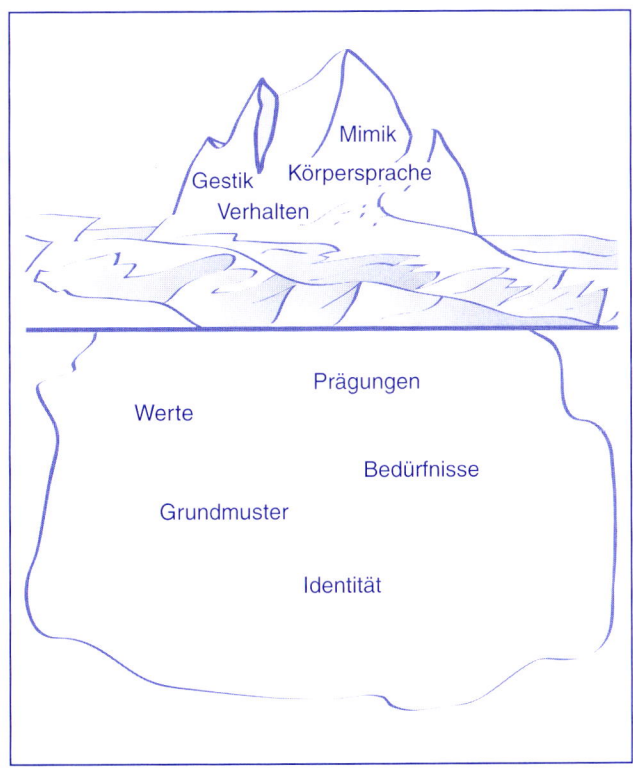

Eisberg mit Tiefgang – die Persönlichkeit des Menschen

Um den Zugang zum anderen ringen

zum anderen finden zu wollen). Zum Öffnen eines Schlosses braucht man einen Schlüssel, und wenn ich wüßte, wie das Innenleben des Schlosses aussieht, könnte ich den Schlüssel anfertigen lassen. Genau das weiß ich aber nicht und muß nun unterschiedliche Schlüssel ausprobieren. Viele Führungskräfte haben in dieser Situation nur einen Schlüssel – das sind die eigenen Lebensmodelle, der eigene Stil. Wenn dieser Schlüssel nicht paßt, sagen sie, „an den komme ich nicht heran" oder „mit dem kann ich nicht". In Wirklichkeit aber könnten sie viele andere Schlüssel ausprobieren, könnten einen ganzen Schlüsselbund in Reserve haben, also unterschiedliche Zugangsmöglichkeiten versuchen, wenn sie zu dieser Anstrengung bereit wären. Der Erfolg dieser spannenden Mühe scheint erst einmal klein. Es ist das befreiende Kopfnicken, das kleine „Ja" vom anderen, das zeigt: Der Kontakt ist hergestellt. Aber dies ist die erste Voraussetzung für den Zugang zu einem Menschen, der für Sie vielleicht noch extrem wichtig sein kann. Hier trennt sich die Spreu vom Weizen, denn diese Fähigkeit, mit unterschiedlichsten Menschen aus unterschiedlichsten Kulturen in einen partnerschaftlichen Kontakt zu treten, ist eine zentrale Säule erfolgreicher Führung. Sie können es sich in einer globalen, multikulturellen Gesellschaft als Führungskraft nicht mehr leisten, nur mit Menschen Ihres Couleur zu „können", denn Sie würden wertvolles Potential in ihrem Unternehmen und auch in ihren Teams verschenken!

Mit Visionen begeistern

Am eigenen Leitbild arbeiten

Ganz entscheidend für Ihren Erfolg ist Ihr persönliches Leitbild. Wonach streben Sie? Warum sind Sie Führungskraft oder Unternehmer geworden? Was ist Ihre Vision? Diese Fragen klingen völlig einfach und selbstverständlich, und doch können sie die wenigsten Menschen beantworten. Hier steckt der Schlüssel zum Erfolg, denn wenn Sie sich selbst die Frage nach dem Ziel, nach dem Sinn nicht beantworten können, dann wird es Ihnen auch nicht möglich sein, die Mitarbeiter zu führen. Denn „führen" bedeutet ja immer, in eine bestimmte Richtung, zu einem Ziel führen. Wenn wir das Ziel nicht kennen, werden wir auch den Weg nicht finden. Viele Unternehmer und Führungskräfte mogeln sich über diese zentrale Frage hinweg, indem sie als Ziel eine gewisse Umsatzhöhe, Gewinnmarge, Deckungsbeitragssumme bezeichnen. Das ist in meinem Kontext aber kein Ziel, das ist eine schlichte unternehmerische Notwendigkeit, um ein höheres Ziel zu erreichen. Wir brauchen Gewinne, damit der Unternehmer und das Unternehmen leben können, damit Investitionen getätigt werden können – aber wozu, was bezwecken wir mit den Investitionen, mit den Strategien? Doch nicht nur wiederum die Steigerung von Umsatz, Deckungsbeitrag und Gewinn? Nein, das ist definitiv zu wenig, um Mitarbeiter zu Höchstleistungen zu bewegen.

Ich meine, das unternehmerische Ziel muß eine Vision sein, die qualitativen Charakter hat, die Menschen mitreißen und begeistern kann, die Sinn stiftet für die Anstrengungen und Investments. Bei Ihrem persönlichen Leitbild, bei Ihrer eigenen Zukunftsvision beginnt es ...

Checklist

- Welchen persönlichen Fähigkeiten verdanken Sie es, daß Sie da stehen, wo Sie heute sind?

- Welche „geheimen" Fähigkeiten setzen Sie noch viel zu wenig ein?

- Welche besonderen positiven und negativen Erfahrungen waren in den letzten Jahren prägend für Sie?

- Welches Menschenbild prägt Ihr Denken und Handeln?

- Welche Verhaltensweisen von anderen ärgern/verletzen Sie am meisten?

- Was sind die wichtigsten Eigenschaften, die ein enger Freund/Freundin haben sollte?

- Können Sie andere Menschen gut einschätzen?

- Können Sie eigene Gefühle offen artikulieren?

- Können Sie Konflikte annehmen und fair austragen?

- Erhalten Sie Feedback von anderen?

- Gibt es Blockaden und Barrieren, die Ihre Fähigkeiten und Weiterentwicklung limitieren?

- Wozu könnten diese Barrieren bzw. Blockaden für Sie gut sein?

- Wie schaut Ihre Balance zwischen Beruf und Privatleben aus?

- Haben Sie in Ihrem privaten Bereich „Boden unter den Füßen"?

- Wo möchten Sie privat/beruflich in fünf Jahren stehen?

Methodik-Modul Marketing und Vertrieb

Früher verkauften sich gute Produkte fast von selbst, die Käufer erwarteten nur etwas Information und ordentliche Preise, und das Geschäft war abgeschlossen. Diese Zeiten gehören auf so gut wie auf allen Märkten der Vergangenheit an. Heute kämpfen die Unternehmen auf globalen Märkten mit einer oft unübersehbaren Schar von Wettbewerbern um die Gunst der Kunden. Auch für professionelle Unternehmen wird es immer schwieriger, mit dem dramatischen Tempo, unterschiedlichen Preisniveaus auf dem Weltmarkt und der durch Konzentration entstehenden Marktmacht weniger Anbieter umzugehen. Marketing und Vertrieb sind in diesem Kampf entscheidende strategische Erfolgsfaktoren.

Wie Sie Ihre Produkte und Dienstleistungen eigenständig am Markt positionieren

Für viele Unternehmen ist es auch heute noch ungewöhnlich, wirklich marktorientiert zu arbeiten. Immer noch überwiegt der klassische Weg: „Wir haben ein Produkt und suchen dafür den richtigen Markt." Dieses ganz auf das **eigene** Unternehmen, auf seine Möglichkeiten fokussierte Denken muß schnellstens überwunden werden, denn es funktioniert immer weniger, weil die Nischen so gering und der Wettbewerb so umfassend geworden sind. Wesentlich erfolgversprechender ist der radikal umgekehrte Ansatz: „Wir kennen bestimmte Zielgruppen und entwickeln dafür maßgeschneiderte Produkte/Leistungen." Dieser Weg beginnt den Marketingprozeß dort, wo die Musik spielt – bei den Kunden. Nur der Zugang zu exakt definierten Zielgruppen, die intime und detaillierte Kenntnis von deren Anforderungen, deren Problemen, deren Marktsituation bietet die Gewähr, im Wettbewerb die Nase vorn zu haben. Denn durch die besondere Kenntnis weniger Zielgruppen können **diese** Unternehmen bessere, überzeugendere Leistungen als die Wettbewerber erbringen. Und das wird von den Kunden mit Sicherheit honoriert– auch im erzielbaren Verkaufspreis.

Der Markt setzt den Maßstab.

Viele Unternehmen schrecken vor dem Postulat dieser Marketingphilosophie allerdings zurück. Ihnen scheint es sicherer, auf bewährtes Produktdenken zu setzen und das Geschäft mit vielen verschiedenen Abnehmergruppen zu machen, weil sie sich dann nicht festlegen müssen, weil sie keine Fokussierung der Strategie vorzunehmen brauchen. Es mag einige wenige Situationen und Märkte geben, in denen das geht, aber in der

Mut zur Fokussierung

überwiegenden Mehrzahl der Fälle bietet der „Gemischtwaren-laden" nicht mehr den Erfolg. Kleine und mittlere Unternehmen, die das Gros unserer Volkswirtschaft ausmachen, haben einfach nicht die Kraft, verschiedene Produkte in verschiedenen Märkten und unterschiedlichen Zielgruppen erfolgreich zu plazieren. Welcher andere strategische Ansatz als die mutige, ganz klare Konzentration auf wenige erfolgversprechende Felder und die volle Investition in diese Bereiche bietet sich denn an? Nein, ein Marketingkonzept, das keinen Mut erfordert, das keinen unternehmerischen Appeal hat, ist entweder von vielen anderen bereits entdeckt worden oder am Markt schlicht nicht durchsetzungsfähig.

Der Weg zum erfolgreichen Marketingkonzept

Von der Vision zum Markt-konzept

Es gibt zwei mögliche Wege, zu einem schlagkräftigen Marketingkonzept zu kommen. Der erste Weg basiert auf einer bereits vorhandenen, marktorientierten Vision und leitet davon Strategien, Konzepte, Ziele und Maßnahmen ab. Der Erfolg dieses Weges setzt voraus, daß die unternehmerische Vision wirklich auf dem Punkt ist und marktorientiert entwickelt wurde. In diesem Fall müssen von der Vision Unternehmens-Ziele abgeleitet werden (bei einer guten Vision ist dies leicht möglich, sie verführt geradezu zum Umsetzen), die dann in Bereichsziele heruntergebrochen werden. Diesen letzten Schritt darf keinesfalls die Geschäftsleitung selbst in die Hand nehmen. Vielmehr müssen die Bereichsleiter bzw. Abteilungsleiter selbst formulieren, was die Umsetzung der Vision in ihrem Bereich bedeutet. Für den Marketingbereich gilt dieselbe Regel. Abgeleitet aus der Vision sind die Ziele und Strategien für die Produktentwicklung, die Preispolitik, den Vertrieb und die Werbung/PR zu definieren und in konkrete Maßnahmepakete umzusetzen.

Die Zukunft erfinden

In meiner Praxis erlebe ich nicht viele Unternehmen, die auf eine aktuelle, wirklich griffige und marktorientierte Vision aufbauen können. Deshalb wird der zweite Weg für die meisten Unternehmen der richtige sein. Und der erfordert die arbeitsaufwendige Entwicklung der Marketingstrategie von Grund auf. Die wichtigsten Schlüsselfragen sind dabei natürlich ganz außenorientiert. Es geht zuerst einmal um die Frage, auf welchen Märkten das Unternehmen aktiv wird, und wie sich diese Märkte in den nächsten Jahren entwickeln werden. Viele Unternehmen schrecken vor den Brainstormings über solche

Von der Vision zum Maßnahmenplan

Zukunftstrends zurück, weil sie nicht wagen, in spekulative Bereiche vorzustoßen. Natürlich können auch die besten Forschungsinstitute nicht mit Sicherheit vorhersagen, wie sich die Zukunft entwickeln wird. Dies entbindet die Führung eines Unternehmens aber nicht von der Verantwortung, sich Gedanken über die Zukunft ihrer Märkte, Produkte und Kunden zu machen. Hierzu sollte eine Arbeitsgruppe gebildet werden, die in mehreren Klausuren das gesamte Marketinggerüst erstellt und dann im breiteren Gremium nochmals diskutiert.

**Mut zum Blick
in die Zukunft**

**Zielgruppen
und
Wettbewerb
untersuchen**

Ein entscheidender Schritt in diesem Prozeß ist der Abgleich von Zielgruppen-Bedürfnissen und Wettbewerber-Strategien. Hierbei geht es um die Schlüsselfragen, welche Wettbewerber bei den als zentral erkannten Zielgruppen aktiv sind und wie sie sich dort positionieren. Dies ist deshalb so wichtig, weil die hier gewonnen Erkenntnisse direkten Einfluß auf die eigene Marktpositionierung haben. In fast allen Unternehmen sind die ersten Diskussionsergebnisse bei diesen Fragen frustrierend, denn über keinen Bereich liegen in den Betrieben so wenig Informationen vor, wie über den Wettbewerb. Dabei ist die Aufgabe, die wichtigsten Wettbewerber zu identifizieren und deren Strategie zu recherchieren, durchaus nicht unlösbar. Die Außendienstmitarbeiter und Key Accounter haben vor Ort ohne weiteres die Möglichkeit, durch wenige gezielte Fragen, wertvollste Informationen über das Wettbewerber-Verhalten zu recherchieren. Es muß nur getan werden!

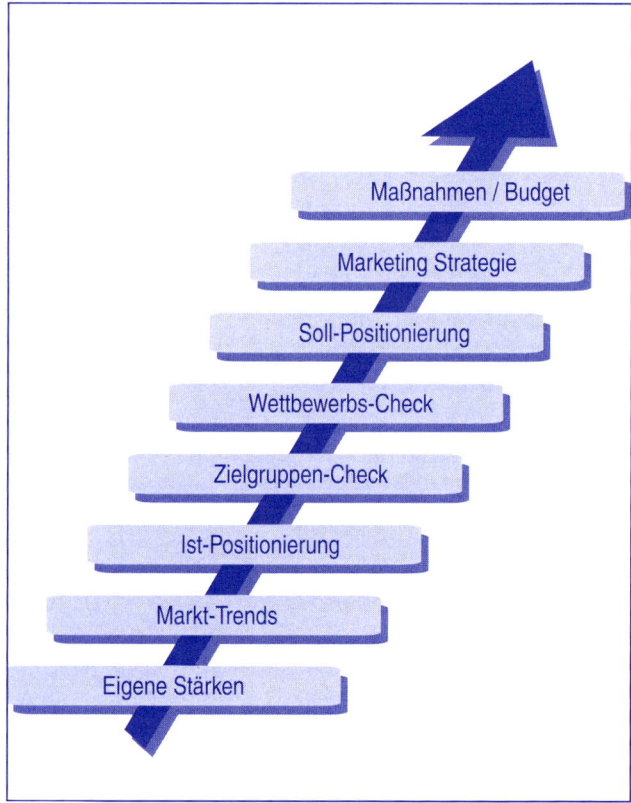

Die Schritte auf dem Weg zum Marketingkonzept

Wenn alle entscheidenden Mosaiksteine (siehe nebenstehende Grafik) gesammelt sind, kann die eigene Marktstrategie und -positionierung endlich definiert werden. Letztlich wird man dabei immer ein Feld suchen, das bei den Schlüssel-Zielgruppen vom Wettbewerb noch relativ schwach besetzt wird und in dem das Unternehmen eigene Stärken vermutet. Natürlich schafft auch dieses Vorgehen nicht die Sicherheit auf Markterfolg. Aber die strategische Betrachtungsweise und die daraus resultierende unternehmerische Entscheidung bietet eine deutlich bessere Chance als das anfangs beschriebene unternehmensfokussierte Denken.

Wenn die Strategien vollständig formuliert und beschlossen sind, ist es sinnvoll, die Details in einem kurzen Marketing-Chart zusammenzufassen. In meinen Beratungsprojekten geschieht dies am Ende auf maximal einer DIN A4-Seite pro Markt/Zielgruppe. Für die eigene Fokussierung und auch für die interne Kommunikation sollten nicht seitenweise Strategiepapiere gewälzt werden, sondern ganz wenige, entscheidende Eckpunkte definiert sein.

Aus Strategien Marktvorteile schöpfen – auf die Umsetzung kommt es an

Für den letztlichen Unternehmenserfolg gilt die Formel:

> Güte der strategischen Entscheidung
> x Konsequenz in der Umsetzung

Es dürfte auf der Hand liegen, daß strategische Papiere nicht in der Schublade verschwinden dürfen, sondern schnellstens umgesetzt werden müssen. Genau damit haben aber viele Unternehmen massive Probleme. Die Fähigkeit, eine verabschiedete Strategie auch zu realisieren, keine Ausreden zuzulassen, unterscheidet die Top-Unternehmen von den ewigen Verlierern. Natürlich erfordert es Mut, aus beschriebenen Flip-Charts und aus Strategiepapieren Realität zu machen, denn dies ist immer mit Investitionen verbunden. Aber wenn hier bereits gezögert und gezaudert wird, ist das Geschäft der Zukunft nicht zu machen. Denn eines wissen Sie mit Sicherheit: Es wird andere geben, die genau an diesem Punkt handeln, die offensiv und aggressiv Ihre Märkte bearbeiten. Und dann gehören Sie zu den Verlierern ...

Marketingkonzept Klinger Druck

Unser USP:	
Unser Produkt:	
Unser Markt:	
Unsere Ziel-gruppen:	
Unser Vertriebs-konzept:	
Unser Marketing-Budget:	

Umsetzungs-maßnahmen:	Maßnahmen	Verantwortlich	Termin

Komprimierte Marketingkonzeption auf einem Chart

Den Vertrieb systematisch und offensiv zu einem Erfolgsfaktor machen

In der Vertriebsarbeit gelten andere Gesetze als im Marketing, auch wenn der Vertrieb natürlich ein zentrales Marketing-Werkzeug ist. Aber hier muß viel schneller, viel operationaler gedacht und gehandelt werden. Die Stammkunden zu halten und auszubauen, Neukunden für das Unternehmen zu finden und zu entwickeln, das Unternehmen vor Ort gemäß der Marketing-Strategie und Firmenkultur zu positionieren und damit die geplanten Forecasts erreichen – das sind die wesentlichen Aufgaben des Vertriebs. Wie Sie sehen, ist in meinem Aufgabengerüst deutlich mehr enthalten als „nur" die Pflicht, Umsatz/DB-Forecasts zu erreichen. Denn es kann nicht angehen, daß der unbedingten Einhaltung von Planzahlen wesentliche strategische Ziele geopfert werden. Dieser Fehler hat schon viele Unternehmen Kunden, Märkte und manchmal sogar die Existenz gekostet!

Nicht nur an Umsatz denken

Für den Aufbau eines schlagkräftigen Vertriebs sind neben den übergreifenden Marketingkonzepten die Wahl der optimalen **Vertriebsstrategie** und die **Vertriebssteuerung** die entscheidenden Faktoren. Bei der Entscheidung für eine bestimmte Vertriebsstrategie spielen so viele branchen- und produktspezifische Fragestellungen eine Rolle, daß allgemeine Aussagen schwierig sind. Es geht hier jedenfalls um die ganz generelle Festlegung, wie die Kaufabschlüsse getätigt werden. Gibt es eine Außendienst-Organisation? Werden die Produkte im Direktvertrieb verkauft? Wird Telefonmarketing dem AD-Besuch vorgeschaltet? Gibt es einen Flächenvertrieb oder nur ein Key Account-Management? Wird im Business to Business oder im Verbraucher-Markt gearbeitet, gibt es freie Handelsvertreter oder angestellte Außendienstler … Je nach Marketing-Konzept wird das Unternehmen den passenden und effizienten Weg wählen müssen. Insgesamt aber läßt sich sagen, daß alle Formen des Direktvertriebs in den letzten Jahren deutlich zunehmen. Dies resultiert aus der einfachen Erkenntnis, daß der Verkäufer vor Ort die teuerste Form des Vertriebs ist und – wenn überhaupt – so effizient wie möglich eingesetzt werden muß. Dieser Ansatz wird unterstützt durch inzwischen hervorragend funktionierende Techniken des Direktmarketing, die durch Database-Unterstützung eine fast ebenso individuelle Ansprache des einzelnen Kunden ermöglichen wie beim Verkäufer-Besuch. Die Zeiten von Kalt-Akquise/„Klinkenputzen"

Die optimale Vertriebsstrategie finden

sind jedenfalls schon lange abgelaufen. Trotzdem ist natürlich der persönliche Kontakt des Kunden mit dem Verkäufer auch heute durch nichts zu ersetzen!

Vertriebsteams gründen

Ein weiterer entscheidender Trend in der Weiterentwicklung von Vertriebsorganisationen ist die Aufhebung der überholten Trennung zwischen Innen- und Außendienst. Warum sollen die Mitarbeiter im Innendienst auf „Kundenverwaltung" und Auftragsbearbeitung reduziert werden, wenn auf der anderen Seite der Telefonverkauf eine immer wichtigere Rolle spielt. Die Konsequenz aus diesem Ansatz liegt in der Bildung von Vertriebsteams, in dem alle früheren arbeitsteiligen Funktionen zusammengefaßt sind und die Mitarbeiter so weit wie möglich universell eingesetzt werden. Diese Teams werden dann gemeinschaftlich für einen Markt, eine Zielgruppe, ein Gebiet verantwortlich gemacht (die Frage des richtigen Einteilungs-Kriteriums ist von großer strategischer Bedeutung!) und erhalten für besondere Leistungen eine gemeinsame Teamprämie. Die anfangs unterschiedlichen Entlohnungssysteme- und Niveaus in diesen Teams sind immer noch eine bedeutende Barriere und müssen sensibel, aber konsequent gelöst werden.

Langfristige Kunden-bindung

Neben den verkaufsstrategischen Überlegungen steht im Vertrieb natürlich die Frage im Vordergrund: Wie können dauerhafte Kundenbeziehungen aufgebaut und erhalten werden. Die **Schaffung von langfristigen Kundenbindungen**, oft auch Clienting genannt, ist eine Schlüsselfrage für den Unternehmenserfolg geworden. Es ist wesentlich kräfteschonender, effizienter, billiger, Stammkunden dauerhaft zu binden und zu bearbeiten, als ständig Neukunden gewinnen zu müssen. Es gibt eine Vielzahl von Ansätzen, Kunden an das eigene Unternehmen zu binden. Dies beginnt bei dem rein emotionellen Konzept, zum Kunden eine persönliche Beziehung aufzubauen, ihn durch vielfältige Kontakte zum Unternehmen und seinen Menschen zu einem dauerhaften „Freund des Hauses" zu

Vernetzung mit Kunden

machen. Es versteht sich von selbst, daß hier die permanente und exklusive Information dieser VIPs eine zentrale Rolle spielt. Ein anderer Ansatz fokussiert konkrete Kundenvorteile in Form von Bonusprogrammen oder Incentives. Am faktisch stärksten entwickelt sich die Kundenbindung bei technologischen Partnerschaften, also der gemeinsamen Nutzung von Schlüsseltechnologien wie beispielsweise Warenwirtschaftsprogrammen, DV-Systemen, Web-Auftritten, Fertigungs- und Qualitätssystemen etc.

Wichtig ist bei aller Vernetzung, daß der Kunde sich jederzeit souverän und unabhängig fühlt. Das Hineinzwingen von Kunden in eine Partnerschaft ist langfristig immer kontraproduktiv.

Nirgends im Unternehmen ist ein so glasklares **Controlling** möglich wie im Verkauf. Gerade deshalb ist es dringend notwendig, mit den Verkäufern klare Zielvereinbarungen zu treffen, die auch meßbar sein müssen. Dies kann im einfachsten Fall der Umsatz, besser noch der Deckungsbeitrag sein. Es sollten aber genauso Zielgrößen für die Zahl der Kundenbesuche/Monat und die Zahl der akquirierten Neukunden vereinbart werden. Hiermit hängt auch eng das **Entlohnungssystem** zusammen. Optimalerweise sollten die Außendienst-Mitarbeiter weder vollständig fix noch vollständig variabel bezahlt werden. Die rein fixe Entlohnung erleichtert zwar den flexiblen Einsatz der Verkäufer auch für andere anfallenden Tätigkeiten. Auf der anderen Seite nimmt es den sportlichen Leistungsanreiz, der für Verkäufer einfach dazugehört. Die rein variable Entlohnung hat wiederum den Nachteil, den Verkäufer völlig einseitig für Umsätze zu belohnen. An allen darüber hinausgehenden Service-Aktivitäten (z.B. Wettbewerbsanalyse) nimmt man dadurch dem Verkäufer die Motivation. Von daher ist das Optimum eine betriebsspezifische Mischung zwischen fix und variabel. Wichtig ist hierbei auch, daß die Verträge so gestaltet werden, daß die mögliche Trennung von einem Vertriebsmitarbeiter gut abgewickelt werden kann und nicht gar die Existenz des Unternehmens gefährdet.

Vertriebs-controlling

Entlohnungs-system

Ganz entscheidend ist bei aller Wichtigkeit des Vertriebscontrollings, das „wie" nie aus den Augen zu verlieren. Die Verkäufer, egal ob am Telefon oder vor Ort, sind die wichtigsten Botschafter Ihres Unternehmens. Wenn Ihr Kunde nach einem Verkaufsgespräch Ihre Imagebroschüre zur Hand nimmt, sollte er die dort postulierten Unternehmens-Leitsätze persönlich erlebt haben ...

Checklist

**Wie Sie ein
schlagkräftiges
Marketing-
konzept
entwickeln**

● Definieren Sie die entscheidenden eigenen Stärken und
Kernkompetenzen Ihres Unternehmens.

● Analysieren Sie die derzeitige Positionierung Ihres
Unternehmens am Markt.

● Identifizieren Sie die Schlüssel-Zielgruppen, mit denen
Ihr Unternehmen
a) heute und
b) in Zukunft
seine Geschäfte machen wird.

● Untersuchen Sie, welche Erwartungen und Bedürfnisse
diese Schlüssel-Zielgruppen
a) heute und
b) in Zukunft
haben werden.

● Analysieren Sie, mit welchen Konkurrenten Sie bei den
definierten Zielgruppen im Wettbewerb stehen und wie
deren aktuelle Strategie und Positionierung ist.

● Untersuchen Sie im Abgleich der o.g. Faktoren, wo
mögliche Positionierungschancen für Ihr Unternehmen
liegen.

● Wenn Sie nicht fündig werden: Untersuchen Sie, bei
welchen anderen, neuen Zielgruppen eine einzigartige
Positionierung möglich wäre.

● Definieren Sie, aufbauend auf diesem Schritt, die Soll-
Positionierung für Ihr Unternehmen.

● Entwickeln Sie darauf den gesamten Marketingplan mit
den Schwerpunkten

  • Produktentwicklung
  • Preispolitik
  • Vertriebsstrategie
  • Distribution
  • Werbung und PR

Methodik-Modul Coaching

Immer mehr Unternehmen setzen auf Coaching. Vorgesetzte werden plötzlich zu Coachs umbenannt, Teams werden nicht mehr geleitet, sondern gecoacht, Mitarbeitergespräche werden zu persönlichen Coachings umfunktioniert … Kein Zweifel: Coaching ist in aller Munde und scheinbar ein neuer, erfolgversprechender Führungsstil. Doch nur selten wird das, was in der Praxis unter diesem Label läuft, dem hohen Anspruch gerecht. Denn Coaching ist nicht einfach ein anderer Führungsstil, sondern eine völlig andere Philosophie, mit Menschen zu arbeiten. Und die verträgt sich nicht ohne weiteres mit der Führungskultur unserer Betriebe.

Wie Sie mit Coaching sich selbst und Ihre Mitarbeiter weiterentwickeln

Coaching geht von der Grundphilosophie „Hilfe zur Selbsthilfe" aus. Dahinter steht das Menschenbild des selbstverantwortlichen, lernwilligen Souveräns, der für sich und seine persönliche Weiterentwicklung die Verantwortung und Aktivität übernimmt. In dieser Logik wird der zu Coachende der „Klient", der mit dem Coach seiner Wahl einen „Coaching-Vertrag" schließt. Darin definiert der Klient sein Anliegen und stimmt mit dem Coach den Weg und das Vorgehen ab. Der Coach nimmt in diesem Modell keinerlei direkten Einfluß auf den Klienten, er gibt vor allem niemals einen direkten Rat, sondern führt den Klienten über Fragen zur eigenen Erkenntnis und zur Umsetzung der als richtig erkannten Verhaltensweisen. Einen Zeitdruck von seiten des Coachs gibt es nicht, die Prozesse im Klienten bekommen den Raum, den sie brauchen. Der Coach als sensible Reflexionsfläche des Klienten – dieser eigentlich aus der psychologischen Kurztherapie stammende Ansatz basiert darauf, daß ein Mensch dann die höchste Motivation zur Veränderung hat (und Coachs sind meistens Geburtshelfer von Veränderungen), wenn er nicht geführt oder gar gezwungen wird, sondern wirklich aus eigenem Antrieb handelt.

Die Coaching-Philosophie

Soweit die Philosophie. Was in der Praxis in vielen Unternehmen daraus gemacht wird, widerspricht oft diametral dieser Idee. Da werden Führungskräfte von heute auf morgen zu Coachs umbenannt, weil in der Aufbauorganisation eine Führungsebene herausgeschnitten wird und die früheren Führungskräfte neue Aufgaben brauchen. Da wird der frühere Teamleiter plötzlich zum Coach erklärt, ohne daß er an seiner Leitungsfunktion auch nur das geringste ändert. Da soll eine Führungskraft den ihr disziplinarisch unterstellten Mitarbeiter

Mißbrauch in der Praxis

plötzlich nicht mehr führen, sondern coachen. Solchen Mißbrauch der Coaching-Idee erlebe ich immer wieder. Ich kann
nur davor warnen, die klassische Führung mit „ein bißchen
Coaching" anzureichern. Der entstehende Mischmasch hat ein
hohes Verwirrungspotential und richtet oft mehr Schaden an
als ein klares Bekenntnis zu einem konventionellen Führungsstil. Abgesehen davon kann ein solcher Coaching-Verschnitt
genau das nicht bewirken, worum es im „echten" Coaching
geht: den Mitarbeiter zu seinem eigenen Chef zu machen.

Coaching als flankierendes Werkzeug der Personal-entwicklung

Aus meinen Ausführungen dürfte bereits hervorgegangen sein,
daß das klientenzentrierte Weltbild des Coachings in klarem
Widerspruch zu jedem klassischen Führungsstil – auch dem
kooperativen Modell – steht. Deshalb die Idee des Coachings
im Business aber resigniert zur Seite zu legen hieße, eine
machtvolle Ressource moderner Personalentwicklung zu verlieren. Nein, Coaching muß nur seinen richtigen Platz im
Management-System eines Unternehmens bekommen. Und der
ist nicht dort, wo disziplinarische Führung gelebt wird. Denn
wie soll ein Mitarbeiter verstehen, daß dieselbe Person, die ihn
normalerweise führt, fordert, vielleicht auch maßregelt, heute
sein Coach sein will, der nur noch fragt, der ihm jeden Freiraum für die Lösung seiner Probleme läßt? Wie glaubhaft kann
eine Führungskraft im Coaching agieren, wenn der Mitarbeiter bei jeder Frage, bei jeder Intervention befürchten muß, mit
der „Technik" des Coachings manipuliert zu werden? Ich

behaupte deshalb: Es ist völlig unmöglich, in einer Person Chef
und Coach zugleich zu sein. Ich kann als moderne Führungskraft sicher einige Elemente des Coachings (wie z.B. Feedback
geben, zuhören, Fragen stellen) einsetzen, aber ich bin trotzdem nicht Coach, sondern Führungskraft. Die logische Folgerung ist klar: Coachs müssen entweder neutrale Externe sein
oder zumindest aus einem anderen Unternehmensbereich
kommen. Sie müssen für den Klient glaubhaft neutral und vor
allem verschwiegen sein. Und sie müssen sich ganz den im
„Coaching-Vertrag" definierten Zielen des Klienten unterord-
nen.

In diesem Kontext, als flankierendes Werkzeug der Personalentwicklung stiftet Coaching in Unternehmen einen extrem
hohen Nutzen. Mitarbeiter wie Führungskräfte können sich

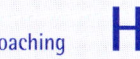

mit Hilfe der Coachs in schwierigen Veränderungsprozessen Hilfestellung holen, können durch die Fragen des Coachs sich selbst und ihr eigenes Verhalten reflektieren und neue Kraft tanken. Für den Coach bedeutet diese Arbeit eine spannende, teils auch schwierige Herausforderung. Er muß zuhören, beobachten, fragen, provozieren und verstören. Gerade das Verstören des Klienten durch unerwartete, systemisch orientierte Fragen (z.B. „Wozu ist dieses Problem für Sie gut?") kann Verkrustungen aufbrechen und dem Klienten eingefahrene Denkschablonen verdeutlichen. Dazu ist es unerläßlich, daß der Coach sensibel mit Menschen arbeiten kann, daß er wirklich offen und wertfrei ist und ein möglichst großes Instrumentarium an Fragen zur Verfügung hat.

Der „ideale" Coach

Fähigkeitsprofil des Coachs

Wichtig für den Coach ist die Grundregel: Es gibt kein Coaching ohne die Anfangsinitiative des Klienten, ohne einen „Coaching-Vertrag" und ohne gemeinsam vereinbarte Spielregeln.

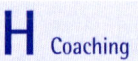

Einbettung von Coaching in das Führungssystem

Weil Coaching und Führung so unterschiedliche Zielsysteme haben, ist es wichtig, die Rolle des Instruments Coaching im Unternehmen wirklich klar zu machen. Hierbei gibt es mehrere Möglichkeiten. Die erste Variante besteht darin, Coaching ausschließlich als persönliche Ressource für Schlüsselpersonen und Leistungsträger zu sehen. Coaching ist in diesem Kontext ein Qualifizierungs-Tool, das vom Unternehmen für wichtige Menschen auf Anforderung bereitgestellt wird. Die zweite Variante ist, Coaching zum ständigen Bestandteil, quasi zum Management-Standard in bestimmten Situationen, zu machen. So kann beispielsweise festgelegt werden, daß alle Leiter von Teams und Qualitätszirkeln interne Kollegen aus anderen Bereichen als Coach nehmen, um durch ständiges Feedback ihre Teamleitung systematisch zu verbessern. Dies setzt natürlich voraus, daß diese internen Coachs in der Denk- und Arbeitsweise von Experten geschult werden. Meiner Erfahrung nach ist die Vorgehensweise von Coaching zwar jedem auf den ersten Blick verständlich und klar, die allermeisten Lernenden fallen jedoch reflektorisch in „altes" Verhalten zurück, lassen sich auf Diskussionen mit dem Klienten ein, geben eigene Ratschläge, üben Druck aus, stellen die falschen Fragen („warum haben Sie...") – kurz, können einfach nicht systemisch orientiert arbeiten. Deshalb ist es durchaus überlegenswert, nicht doch den Weg mit erfahrenen Externen zu gehen, zumal wenn der in Frage kommende Personenkreis relativ gering ist.

Coaching als persönliche Ressource

Unternehmer und Führungskräfte machen alle auf ihrem Weg in die Top-Ebene dieselbe Erfahrung – sie werden einsam. Je höher Sie in der Hierarchie des Unternehmens steigen, umso weniger ehrliches Feedback bekommen sie. Um sie herum bewegen sich Menschen, deren wirkliche Absichten oft unklar sind, Freunde sind es jedenfalls meistens nicht, und neutrale Feedbacks sind von ihnen in keinem Fall zu erwarten. Durch die extreme zeitliche Beanspruchung der Leistungsträger werden auch die sozialen, vom geschäftlichen Bereich unabhängigen Kontakte immer weniger. Es bleibt noch der Lebenspartner oder die Familie, aber es ist auch hier fraglich, ob von dieser Seite wirklich ehrliches, provokantes Feedback gegeben wird.

So begeben sich nicht wenige Manager in einen Teufelskreis von Macht und Einsamkeit, in dem externe Coaches eine unbezahlbare Ressource darstellen können. Diese sind unabhängig, sie dürfen auch die negativen Seiten des Klienten offen ansprechen, sie denken erfrischend anders, sie sind verschwiegen und haben keine eigenen Interessen mit dem Klienten. Wer sehnt sich nicht nach solchen Gesprächspartnern?

Und doch sind es gar nicht so viele Manager, die den Weg zum Coach finden. Persönliche Vorurteile gegenüber Psychologen, fehlende Lernbereitschaft und oft auch fehlendes Vertrauen einem „Fremden" gegenüber behindern für viele den Zugang zur Ressource Coaching. Dabei ist der Nutzen so eindeutig. Der Klient hat einen geduldigen Zuhörer, bekommt durch bohrende Fragen die Chance, seine Situation wirklich ganzheitlich zu betrachten und erhält wertvolles, ehrliches Feedback über sich selbst. So kann er sich als Führungskraft und als Mensch weiterentwickeln und gezielt an seinen Schwächen arbeiten.

Wege aus dem Teufelskreis

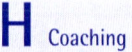

Checklist

- Am Anfang steht immer die Initiative des Klienten. Der Druck zum Beginn eines Coachings darf nicht vom Coach ausgehen.

- Zwischen Klient und Coach soll am Beginn der Zusammenarbeit ein „Coaching-Vertrag" geschlossen werden, in dem die Ziele, Erwartungen und vielleicht auch Sorgen und Grenzen vereinbart werden.

- Der Coach arbeitet immer mit den Zielen des Klienten und bringt keine eigenen geheimen Wünsche, Absichten, Ziele ein.

- Der Coach ist absolut verschwiegen. Niemand, auch nicht die übergeordnete Führungskraft, darf von ihm Informationen über das Coaching erhalten.

- Der Coach führt den Prozeß über Fragen. Er gibt keinerlei persönliche Handlungsempfehlungen – auch nicht auf Wunsch des Klienten.

- Der Coaching denkt bewußt nicht in den Bahnen des Klienten und versucht, durch ungewöhnliche Fragestellungen und Interventionen dessen Verkrustungen im Denken zu öffnen.

- Die Initiative für den gesamten Prozeß sollte möglichst immer beim Klienten liegen.

- Der Coach sollte ganzheitlich systemisch denken und alle Faktoren (natürlich auch das Privatleben) mit einbeziehen, die zur Lösungsfindung notwendig sind.

- Coach und Klient entscheiden gemeinsam darüber, wann das Coaching sinnvollerweise beendet oder unterbrochen wird.

- Der Coach pflegt einen distanzierten Kontakt zum Klienten, keinesfalls eine intime Freundschaft.

- Der Coach sucht für den Klienten, wo notwendig und sinnvoll, neue weiterführende Perspektiven.

- Der Coach reflektiert sein eigenes Verhalten und seine Coaching-Interventionen.

Methodik-Modul Krisen-Management

Eine akute Unternehmenskrise liegt dann vor, wenn das Unternehmen entweder überschuldet oder in massiven Liquiditätsschwierigkeiten ist. In beiden Fällen ist schnelles Handeln eine Überlebensfrage. Je früher sich das Management die Krise eingesteht, je tiefgreifender die Einschnitte sind, umso höher ist die Überlebenschance für das Ganze. Doch viele Unternehmer zögern zu lange, denn hinter dem Ausrufen der „Krise" steht nicht nur ein ganzer Entscheidungsbaum voller unangenehmer Konsequenzen, dahinter steht oft auch das eigene Eingeständnis von Fehlern und Versäumnissen. Doch für eine melancholische Rückwärtsbetrachtung ist in dieser Situation weder Zeit noch Raum. Stattdessen sind schnelle und harte Entscheidungen gefragt, so lange noch Entscheidungsspielräume vorhanden sind.

**Wie Sie Ihr
Unternehmen
schnell und
konsequent
aus der Krise
führen**

Nicht jeder Unternehmer oder Geschäftsführer eignet sich zum Krisen-Manager. Es gibt Menschen, die angesichts der Krise über sich hinauswachsen und in einer kämpferisch-optimistischen Haltung das Steuer herumreißen können. Sie laufen erst im Sturm zu voller Form auf und sehen in der Krise eine Herausforderung und Bewährungschance. Andere wiederum sind in dieser Situation wie gelähmt oder verfallen in eine depressiv-defensive Stimmung, die natürlich für die Motivation der Mitarbeiter, Lieferanten und Banken völlig kontraproduktiv ist. Meist ist hier der Berater von außen notwendig, der sachlich und konsequent die Lage analysiert und gemeinsam mit der Führung die Handlungsalternativen abwägt. Gerade auch aus Sicht der Banken ist die Hinzuziehung eines Beraters in der Krisensituation oft eine unabdingbare Voraussetzung.

**Der Krisen-
Manager**

Vier alternative Strategien

Grundsätzlich gibt es in einer wirklichen Krisensituation vier mögliche Grundstrategien: die Liquidation ... die Sanierung ... die Suche nach strategischen Partnern ... der Unternehmensverkauf. Je nach Ausgangslage, nach vorhandenen Ressourcen, nach Ausmaß der Krisensituation wird sich das Management für einen der vier Wege entscheiden.

Die **Liquidation** ist für die Unternehmer, die nicht den Turnaround und Neuanfang im bestehenden Unternehmen suchen, eine mögliche strategische Option, sie gelingt allerdings selten,

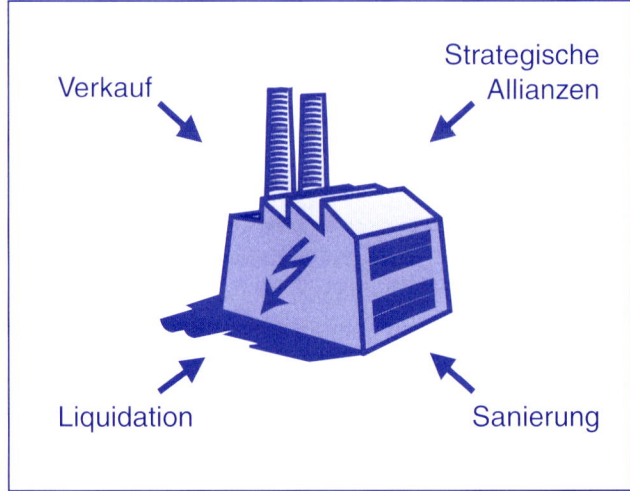

Verkauf

Strategische
Allianzen

Liquidation

Sanierung

Strategien in der Krise

da in der Krisensituation meist nicht mehr genügend Masse
da ist, um die Verbindlichkeiten (inklusive der gesamten Per-
sonalabfindungen) abzutragen. Ziel bei der Liquidation ist die
maximale Ausschöpfung der verbliebenen Werte und Ressourcen. Wichtig ist dabei ein geschicktes Vorgehen, sowohl im
steuerrechtlichen als auch im haftungsrechtlichen Bereich.

**Homöopathie
oder
Chirurgie?**

Die **Sanierung** ist für Manager, die ihr Unternehmen erhalten
und gesunden lassen wollen, die richtige Strategie. Ziel ist, wo
immer möglich, auf außergerichtliche Weise das Unternehmen so zu restrukturieren, daß es möglichst schnell wieder
handlungs- und zahlungsfähig wird und mittelfristig in die
Gewinnzone kommt. Die zentrale Rolle in dieser Situation
spielen die Banken, mit ihnen müssen alle Sanierungsschritte
und die entstehenden Business-Pläne engstens abgestimmt
werden. Auch die Lieferanten können bei der Sanierung durch
Finanzierungsangebote und Forderungsverzicht ein zentrale
Rolle spielen, sofern die Erhaltung des Unternehmens für sie
eine wichtige Priorität hat. Im Mittelpunkt der meisten Sanie-
rungskonzepte steht die radikale Kostensenkung. Je nach Ausmaß der Krise und dem damit verbundenen Leidensdruck
müssen alle gewachsenen Strukturen im Unternehmen kritisch hinterfragt und untersucht werden. Die genaue Definition der Kernkompetenz des Unternehmens ist Voraussetzung,
um bei der Restrukturierung keine „Äste" abzuschneiden, die
zur Kernleistung des Unternehmens gehören.

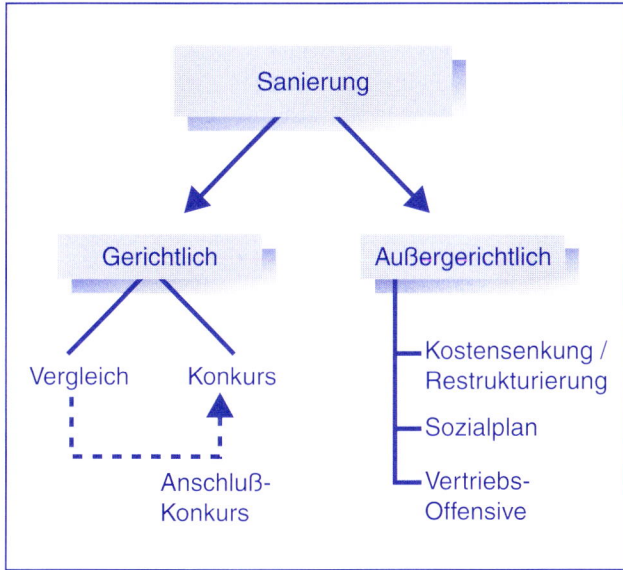

Sanierungsverfahren

Der radikale Target-Costing-Ansatz

Umsatz ./. Gewinn = Kosten

weist möglicherweise die Richtung im Sanierungskonzept. Er geht von einem zu erzielenden Basisumsatz aus, unterstellt die Erzielung eines definierten Mindestgewinns und definiert dann die Höhe des möglichen Kostenblocks. Oft führt diese Projektion jedoch zu dramatisch verringerten Kostenansätzen, die mit kleinen Eingriffen nicht mehr erreicht werden können. Das Motto muß in dieser Phase sein: Gemeinkosten senken, Betriebsleistung erhalten. Der **Sozialplan**, mit dem die dann notwendig werdenden umfangreichen Personalentlassungen abgewickelt werden, ist hier meist die notwendige Konsequenz. Eine Fülle rechtlicher Bestimmungen regelt (und limitiert) den Verlauf dieser dramatischen Einschnitte, die leider oft auch zur Trennung von Mitarbeitern führen, die als Leistungsträger für das Unternehmen wichtig wären. Dies ist die größte Herausforderung bei dynamischen Sanierungsprojekten: daß die wertvollen Ressourcen geschützt und erhalten werden und der „richtige" Ballast abgeworfen wird. Es bleibt aber immer eine schmerzhafte Abwägung zwischen den menschlichen Einzelschicksalen und dem Erhalt des Ganzen und der damit verbundenen Arbeitsplätze.

Ballast abwerfen – Ressourcen schützen

285

**Vertriebs-
offensive**

Parallel zur Kostensenkung sollte mit allen Kräften der Vertrieb forciert werden. Viel zu oft erlebe ich in Sanierungsprojekten eine völlig desorientierte, verängstigte Mannschaft, die ganz mit sich selbst beschäftigt ist, statt mit vollem Einsatz am Markt zu kämpfen. Hier werden vom Management oft die völlig falschen Prioritäten gesetzt. Die Kostenschraube zu drehen ist nur einer von zwei möglichen Ansätzen, den Umsatz zu erhöhen ist für alle Beteiligten immer die bessere Lösung – wenn es gelingt. Lassen Sie sich hier von den Vertriebs-Mitarbeitern nicht einschüchtern, auch wenn sie noch so beteuern, mehr sei auf dem Markt nicht drin. In vielen Fällen genügt schon eine professionell durchgezogene Telefonmarketing-Aktion von einer Woche, um aus dem scheinbar gesättigten Markt eine Fülle an Anfragen und Anforderungen zu holen!

Sollte die außergerichtliche Sanierung mißlingen und das Unternehmen in die gefährliche Zone absacken, hilft nur das gerichtliche Verfahren, das wiederum den Vergleich und den Konkurs kennt. Während es sich beim Konkurs um die endgültige Auflösung des Unternehmens handelt, versucht der Vergleich, durch einen massiven Forderungsverzicht der Gläubiger das Unternehmen zu retten. Beide Verfahren werden von einem gerichtlich eingesetzten Vergleichs-/Konkursverwalter vor Ort geleitet. Das Management verliert dadurch in dieser Zeit die Führungsgewalt über das Unternehmen! Konkurs und Vergleich sind die absolut letzten Mittel und schädigen natürlich das Marktimage des betroffenen Unternehmens erheblich.

**Externe
Partner
suchen**

Die Suche nach **strategischen Allianzen** ist eine weitere strategische Option, die sich aber nur für Unternehmen anbietet, die für externe Partner interessante Ressourcen bieten. Das können Technologie, Knowhow, Patente, Marktzugangsmechanismen u.ä. sein. Solange das Unternehmen noch in einer Position der Stärke ist, eine Krise aber bereits heraufziehen sieht, ist der strategische Zusammenschluß mit den daraus geschöpften Synergiepotentialen ein hochinteressanter Weg. Allerdings muß auch erwähnt werden, daß in den strategischen Planungen oft beeindruckende Synergiechancen ausgewiesen werden, die sich später bei der Zusammenführung dann als nicht oder nur teilweise realisierbar erweisen. Vor allem die Risiken der Kultur-Zusammenführung (z.B. bei der Allianz zweier unterschiedlicher Unternehmen) werden oft massiv unterschätzt.

Letzte hier anzusprechende Standard-Strategie ist der **Unternehmensverkauf.** Hier liegt es auf der Hand, daß die Chancen für ein gutes Geschäft in Zeiten der Krise erheblich eingeschränkt sind. Warum sollte ein Unternehmer einen maroden Betrieb kaufen? Sicherlich nur, wenn er darin Werte sieht oder vermutet, die ihm die Investition sinnvoll erscheinen lassen. Dies können auch marktstrategische Erwägungen sein, die nur aus der Situation des Käufers Sinn machen und von Uneingeweihten sonst kaum nachvollzogen werden können. Nicht selten werden aus der Gesamtmasse eines Krisen-Unternehmens die Betriebsteile herausgelöst und verkauft, die noch profitabel arbeiten. Übrig bleiben nach solchen Teilverkäufen dann nur noch die maroden Bestandteile, die dann vermutlich noch weniger Überlebenschancen haben und abgewickelt werden müssen.

Die Krise als besondere Chance nutzen

Bis jetzt haben wir nur beleuchtet, **was** das Management im Falle der Krise tun kann. Ganz entscheidend ist aber auch, **wie** die Dinge getan werden. Denn so schlimm und bedrohlich die Krise für alle Beteiligten auch sein mag, in ihr stecken gewaltige Chancen, die es zu nutzen gilt, soll das ganze Leiden einen Sinn haben. Die Krise bietet Chancen auf Entschlackung des gesamten Unternehmens, auf das überfällige Aufbrechen von Verkrustungen, auf die Realisierung längst notwendiger Reorganisationen, auf die Entlassung von Blockierern, auf den Neuabschluß besserer Regelungen, auf die Stillegung unrentabler Bereiche. Eigenartigerweise bekommt das Management im Augenblick des Ausrufens der Krise bisher nicht für möglich gehaltene Erlaubnisse. Plötzlich sind Arbeitszeitmodelle in der Diskussion, die bisher tabu waren, plötzlich werden öffentliche Hilfen möglich, die vorher brüsk abgelehnt wurden, plötzlich zeigt die Gewerkschaft ein Interesse am Erhalt des Unternehmens, die vorher nur gefordert hat.

Diesen Leidensdruck und die daraus entstehenden Erlaubnisse gilt es mit Augenmaß und Konsequenz zu nutzen. Dazu müssen die Verantwortlichen den Mitarbeitern den Ernst der Lage offen und transparent darlegen. Ich rate hier von allen Taktiereien ab! Nehmen Sie die Mitarbeiter und den Betriebsrat als Partner ernst, solange es geht. Ich habe als Berater die Erfahrung gemacht, daß die Sanierungsprojekte die erfolgreicheren waren, die im partnerschaftlichen Einvernehmen mit dem

287

**Partnerschaft
mit Betriebsrat**

Betriebsrat gelaufen sind. Die dagegen leider auch öfters vorkommende totale Konfrontation zwischen beiden Seiten, bei der nur noch die Anwälte miteinander kommunizieren und der gesamte normale Betrieb blockiert ist, kann für beide Seiten nur katastrophale Folgen haben. Das muß nicht sein! Partnerschaft mit den Arbeitgebern ist sicherlich in der Krise am allerschwersten zu erzielen. Es ist aber jede Anstrengung wert, faire gegenseitige Regelungen zu finden, die später, wenn die Krise überstanden ist, wieder die Chance zu einem Neubeginn schaffen. Starke, souveräne Betriebsräte, die zu ausgehandelten Beschlüssen stehen, auch wenn sie unpopulär sind, sind in dieser Lage ein Segen. Und Krisen-Manager tun wiederum gut daran, nicht nur die „coole Nummer" zu spielen, sondern ein Stück Authentizität zu wagen und die eigene Betroffenheit und Nachdenklichkeit zu zeigen.

Checklist

Bilanzstruktur

- Verhältnis Anlage-/Umlaufvermögen
- Verhältnis Eigenkapital/Fremdkapital
- Finanzierungsform
  (Bindung kurz- und langfristiger Mittel)
- Solidität der Bilanz (goldene Bilanzregel)
- Kurzfristiger Finanzstatus

Gewinn- und Verlustrechnung

- Rohertrag/Mitarbeiter
- Umsatz/Mitarbeiter
- Personalkosten/Rohertrag
- Cash flow/Rohertrag
- Bereinigte Umsatzrentabilitiät/Umsatzverlust
- Personalkosten/Mitarbeiter
- Halbfertigerzeugnisse (Bestand/Bewertung)

Liquidität

- Liquiditäts-Status
- Liquiditäts-Plan
- Schnelligkeit der Fakturierung
- Die wichtigsten Verbindlichkeiten
- Der aktuelle Kontokorrent-Rahmen
- Angelegte Finanzmittel

Kosten- und Leistungsrechnung

- Ermittelte Stundensätze (realistisch?)
- Beschäftigungs und Nutzungsgrad

ABC-Analyse

- Kunden-Portfolio
- Produktgruppen

**Die ent-
scheidenden
Controlling-
Parameter in
der Krise**

Entscheidend ist nicht die isolierte Betrachtung einzelner Kennzahlen, sondern die ganzheitliche Sichtweise in bezug auf die Unternehmensstruktur und -situation.

Methodik-Modul Teamarbeit

**Wie Führungs-
kräfte in den
ersten Wochen
die Weichen
für Erfolg
stellen**

Nur selten, wenn Menschen im Unternehmen zusammenarbeiten, verdient dieser Prozeß das Prädikat „Hochleistungsteam". Denn zu oft geben sich die Teammitglieder und leider auch die Führungskräfte mit „braven" Arbeitsergebnissen zufrieden, die jedes Teammitglied allein auch geschafft hätte. Dafür ist der finanzielle Aufwand von Teamarbeit aber zu hoch, dafür liegen in jedem Team auch zu große Potentiale brach. Aufgabe der Führung ist es also, diese Potentiale zum Nutzen des Unternehmens und jedes Teammitglieds zu wecken, wenn Hochleistungsteams entstehen sollen.

Viele Menschen haben noch nie in ihrem Leben einen Quantensprung im Team erlebt, haben diese verblüffende Fähigkeit von Teams noch nie erfahren, innerhalb kürzester Zeit zu Lösungen zu kommen, die kein einzelnes Teammitglied je erreicht hätte. Diesen Zustand nennt man Synergie.

**Synergie:
1+1 = 3**

Teamführer von Hochleistungsteams sollten einen ausgeprägten Hunger nach solchen „Sternstunden" haben, sollten die Teams anspornen, die erste schnelle Lösung nochmals wegzulegen. „Geht das noch besser?", muß die Standardfrage solcher Teams sein. Und alles, was Hochleistungen im Team behindert, muß beseitigt werden – nicht nur vom Teamchef, sondern auch von den Mitgliedern. Denn professionelle Teammitglieder von Hochleistungsteams haben ein gutes Gefühl, was in der jeweiligen Situation arbeitsfördernd oder aber störend ist.

**Meta-
kommuni-
kation**

Metakommunikation nennt sich diese Fähigkeit von Teams, kurzfristig ihre Sacharbeit zu unterbrechen und auf der „Metaebene" darüber zu reden, wie sie arbeiten. Diese Fähigkeit ist nicht hoch genug einzuschätzen, denn viele Teams arbeiten einfach blind weiter, auch wenn schon lange spürbar ist, daß nichts mehr vorangeht.

Welche Rahmenbedingungen sind zu gestalten, damit Hochleistungsteams entstehen können

1. Die Zielsetzung für die Teamarbeit muß so klar wie nur irgendmöglich formuliert sein.

2. Das Ziel muß einen hohen Herausforderungs-Charakter haben, optimalerweise knapp an der Grenze zu „unmöglich". Beispiel: „Reduzierung der Durchlaufzeit um fünfzig Prozent" statt „Reduzierung ... um zehn Prozent".

3. Die Teamzusammensetzung ist unter dem Aspekt „Vielfalt" zu gestalten. Also eine Vielfalt von fachlichen Fähigkeiten, von Mentalitäten, von Persönlichkeiten, von Meinungen und Gruppenzugehörigkeiten.

4. Querdenker sind bewußt ins Team zu integrieren.

5. Zu Beginn sind leistungsfördernde Spielregeln für die Teamarbeit zu definieren.

6. Das Team ist am Erfolg seiner Arbeit zu beteiligen, vor allem emotionell.

7. Das Team braucht eine Führung, die Raum läßt, die fordert und fördert, die anspornt, provoziert, aber auch moderiert.

Teamarbeit erfolgreich im Unternehmen verankern

Teamarbeit ist in vielen Unternehmensbereichen der Schlüssel zum Erfolg. Arbeitsteams können wesentlich besser komplexe Problemstellungen bearbeiten als Einzelkämpfer. Wenn Teams fachübergreifend, also multifunktional zusammengesetzt sind, können sie viele Aspekte einer Aufgabe erfassen und dadurch zu deutlich besseren Ergebnissen kommen. Doch worin unterscheidet sich eigentlich ein Team von einer Gruppe?

Die wichtigsten Kennzeichen „wirklicher" Teams sind:

● Teams haben ein gemeinsames Ziel.
● Teams haben ein Zusammengehörigkeitsgefühl.
● Teams sind bewußt zusammengesetzt.
● Teams haben eine klare Führung.
● Teams haben vereinbarte Spielregeln.
● Teams sind in der Aufbau-/Ablauforganisation klar definiert.

Für die Integration von Teamarbeit im Unternehmen gibt es eine Vielzahl von Formen und Konzepten, je nach der zu lösenden Aufgabe. Für die Führung ist es wichtig, sich vor Einführung von Teamarbeit über die optimale Arbeitsform und die organisatorischen und kulturellen Konsequenzen klar zu werden. Eine entscheidende Zweiteilung ergibt sich aus der Frage, ob die Teamarbeit permanent, also als dauerhafter Bestandteil der Organisation, oder ad hoc, also fallweise, eingesetzt wird. Nachfolgend die wichtigsten Arbeitsformen von Teams und ihre wichtigsten Einsatzgebiete.

**Permanente
Gruppenarbeit**

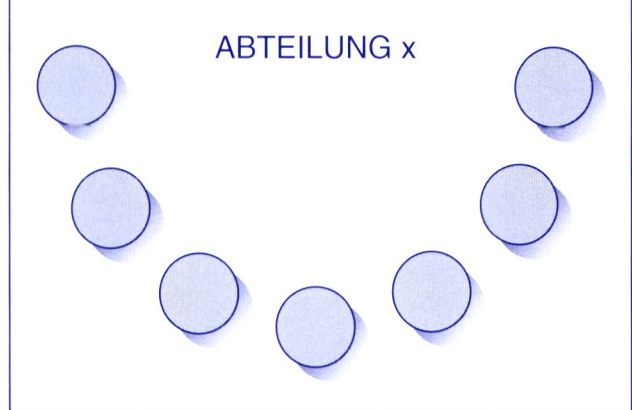

Die Form der Permanenten Gruppenarbeit ist fest in bestehende Organisationseinheiten integriert. Unterschiedlich ist dabei der Grad der Autarkie, der sich in den Entscheidungsbefugnissen des Teams zeigt. Teamarbeit als permanentes Management-Werkzeug schafft bessere Information, höhere Motivation, qualifiziertere Entscheidungen und höhere Prozeßsicherheit.

Qualitätszirkel

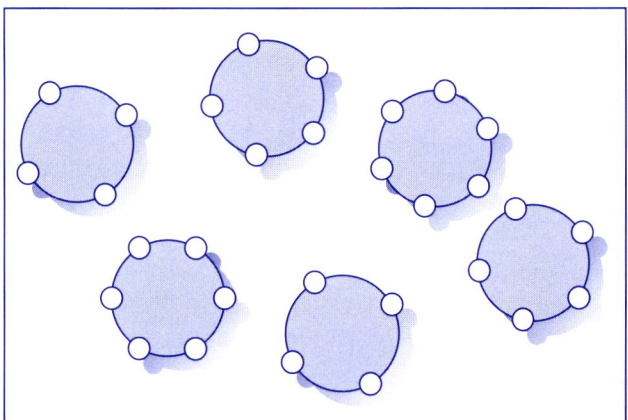

Qualitätszirkel sind meist ein permanentes Werkzeug im Rahmen von TQM-Projekten (Total Quality Management). Diese Zirkel sind in der Regel freiwillig, tagen in festen Rhythmen und sind abteilungsbezogen. Ziel der Qualitätszirkel ist die schnelle und ständige Verbesserung der Arbeitsprozesse durch Einbeziehung des Wissens von der Basis und die ständige Thematisierung der Qualität.

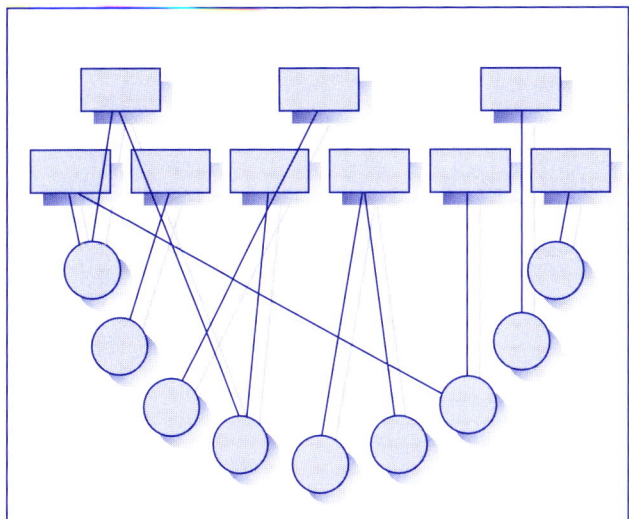

Die Projektmanagement-Teams steuern und begleiten ein definiertes Projekt. Der Projektleiter setzt die Teamziele hierarchisch übergreifend um – Matrixorganisation. Die einzelnen Teammitglieder stammen aus allen beteiligten Unternehmensbereichen. Dadurch entsteht höhere Entscheidungssicherheit, Identifikation und bessere Projektinformation.

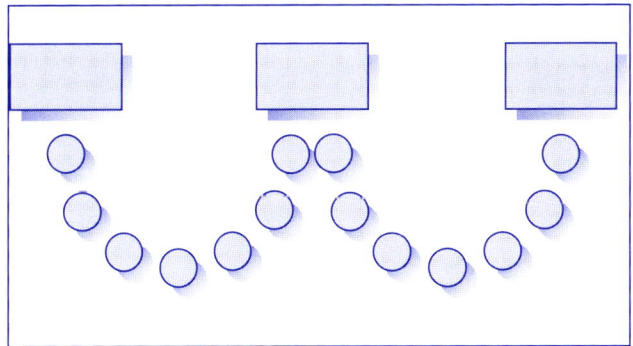

Mit dieser besonderen Teamkonzeption lassen sich Schnittstellen zwischen Abteilungen bzw. Bereichen definieren, optimieren und gegebenenfalls verringern. Die Teams bestehen jeweils aus Mitgliedern der betroffenen Organisationseinheiten. Dadurch wird das bereichsübergreifende Denken gefördert, Arbeitsprozesse werden gestrafft und die Durchlaufzeit verringert.

**Ad-hoc-
Problem-
lösungsteams**

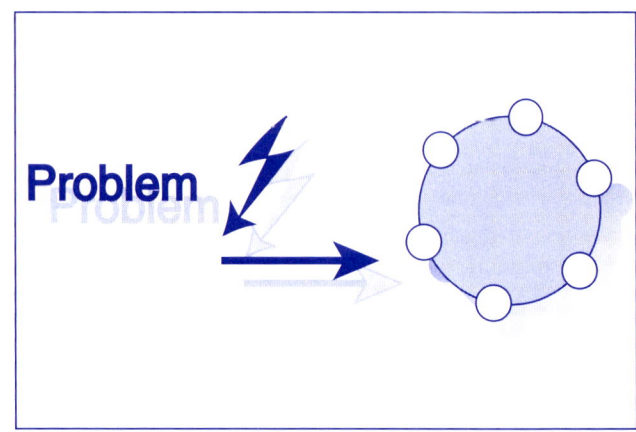

Ad-hoc-Teams werden spontan einberufen und dienen der sofortigen Lösung auftretender Störungen oder Probleme. Durch die unverzügliche Problembearbeitung entsteht eine besonders starke Signalwirkung der Dringlichkeit bei den Mitarbeitern.

**Wert-
schöpfungs-
teams**

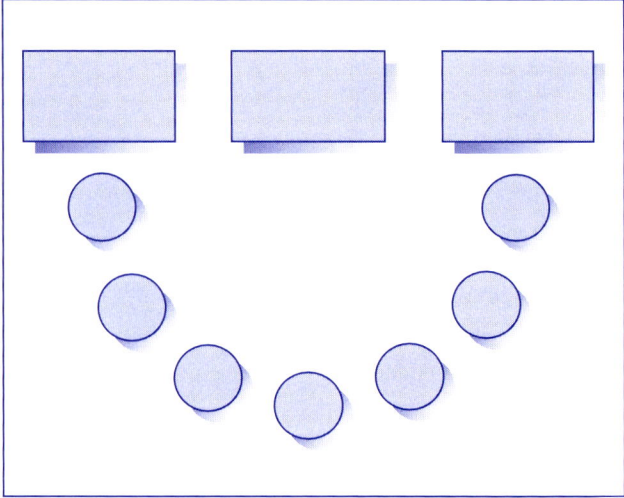

Wertschöpfungsteams überwinden die Unternehmensgrenzen, indem sie Kunden und Lieferanten zusammen mit dem Unternehmen an einen Tisch bringen. Sie werden zur Optimierung wichtiger Schlüsselprozesse (wie beispielsweise die Erstellung von Qualitätsspezifikationen) eingesetzt und schaffen bedeutende Lerneffekte bei allen Beteiligten.

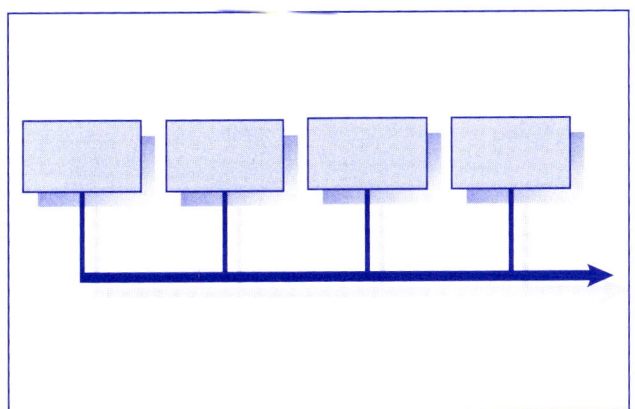

**Teams mit
durchgehender
Prozeßverant-
wortung**

Diese anspruchsvolle Form betriebsinterner Teamarbeit über-
trägt permanenten Teams die Begleitung eines Auftrags durch
alle Stationen und damit die komplette Prozeßverantwortung.
Dadurch werden alle Schnittstellenprobleme eliminiert, der
Fertigungsablauf wird gesichert und die Spezialisierung zugunsten einer Fokussierung auf den Gesamtprozeß überwunden.
Diese Form der Teamarbeit stellt aber höchste Ansprüche an
die Qualifikation der Mitarbeiter.

Checklist

1. Die Führung sollte Teamarbeit nicht nur von den Mitarbeitern abverlangen, sondern selbst vorleben. Eine partnerschaftlich auftretende und agierende Führung wirkt prägend und motivierend für die Mitarbeiter.

2. Verankern Sie Teamarbeit als zentralen Kulturwert. In einer Firmenkultur, in der Egoismus gelebt und belohnt wird, kann keine dauerhaft erfolgreiche Teamkultur entstehen. Überprüfen Sie deshalb den Firmenalltag auf schädliche Einzelkämpfer-Rituale und setzen Sie bewußt kleine Zeichen der Teamorientierung.

3. Vereinbaren Sie klare Ziele mit den Teams, denn Teamarbeit ist kein Selbstzweck, sondern immer Mittel zum Zweck. Je klarer Sie mit den Teams (nicht mit den einzelnen Mitarbeitern) die Ziele vereinbaren, umso effizienter können diese arbeiten.

4. Geben Sie den Teams das richtige Maß an Freiraum, damit sie die gesteckten Ziele ohne ständiges Nachfragen und Bitten um Unterstützung auch aus eigener Kraft erreichen können.

5. Sorgen Sie für ein optimales Arbeitsumfeld, damit die Teams auf alles Zugriff haben, was sie für ihre Arbeit brauchen (z.B. Moderationstechnik, DV-Infrastruktur etc.)

6. Ermöglichen Sie professionelle Moderation, damit die Teams effizient und kreativ arbeiten können. Überlegen Sie genau, wer sinnvollerweise jeweils in die Moderationsrolle gehen kann.

7. Zielen Sie auf möglichst schnelle Anfangserfolge. Nichts ist für die Mitarbeiter motivierender als erste schnelle Erfolge – auch wenn es sich um Kleinigkeiten handelt, sollten Sie dafür sorgen, daß erste kleine Maßnahmen bzw. Ideen umgesetzt werden.

8. Geben Sie Ermutigung in schwierigen Phasen. In jeder Teamarbeit gibt es Durchhänger und Tiefpunkte. Eine gute Führung gibt dann neuen Mut, Orientierung und positive Ermunterung.

Methodik-Modul Unternehmens-Leitbild

Früher war der autoritäre Führer eines Unternehmens der allgegenwärtige Herrscher. Seine Kultur, seine Werte prägten die Firma bis in den letzten Winkel. Auch wenn es solche Unternehmen heute noch gibt, so herrscht inzwischen doch in den meisten Betrieben ein anderer Geist. Kooperative Elemente prägen die Führung, emanzipierte Mitarbeiter bringen eigene Ideen und Gedanken ein, unterschiedliche Mitarbeiter-Nationalitäten und stärker fluktuierende Führungskräfte sorgen für ständige neue Impulse in der Kultur. Wie läßt sich in einem solchen Schmelztiegel von Interessen, Meinungen und Subkulturen ein einigermaßen einheitlicher Firmenstil sicherstellen, wie können Außenstehende das Unternehmen noch als in sich geschlossene „Persönlichkeit" erleben? Die Lösung heißt Unternehmens-Leitbild.

Anstelle des permanenten persönlichen Eingreifens eines Chefs setzt der Weg über das Unternehmens-Leitbild auf den disziplinierten, sich selbst steuernden Mitarbeiter, der innerhalb eines klar definierten Rahmens weitestgehend autark handelt. Diesen Managementansatz könnte man **Führen über Werte** nennen, denn letztlich wird im Leitbild das „Wie" verankert, also die Frage, wie geführt wird, wie zusammengearbeitet wird, wie Konflikte gelöst werden. Auf diese Weise können die zentralen Unternehmenswerte im Unternehmen verankert und Abweichungen verfolgt werden. Dies funktioniert allerdings nur, wenn das Leitbild jedem Mitarbeiter wirklich bekannt ist. Und vor allem: wenn es auch ernstgenommen wird.

Die wesentlichen Module eines Unternehmens-Leitbildes

Es gibt sehr unterschiedliche Meinungen darüber, welche Elemente zu einem aussagekräftigen Unternehmens-Leitbild gehören. In manchen Firmen sind es nur wenige zentrale Sätze, andere Unternehmen entwickeln ein ganzes Package an Informationen. Der Grundsatz „weniger ist mehr" gilt für diese Arbeit ganz sicher, denn wenige gehaltvolle Aussagen kommunizieren sich besser als ein Wust von Informationen. Auf der anderen Seite kann es sinnvoll sein, alle verhaltensprägenden Module eines Unternehmens in einem Gesamtpaket zusammenzufassen.

Bausteine eines umfassenden Unternehmens-Leitbilds

Visionen formulieren

Zentraler Bestandteil eines Unternehmens-Leitbildes sollte natürlich die **Zukunftsvision** des Unternehmens sein, denn nach diesem „Polarstern" müssen alle Aktivitäten, Investitionen, Veränderungsprojekte etc. ausgerichtet werden. Die Vision definiert einen in Zukunft zu erreichenden Zustand für das Unternehmen, der einerseits weit genug entfernt ist, um Veränderungsenergie zu wecken, auf der anderen Seite aber wiederum nah genug ist, daß er unter Aufbietung aller Kräfte auch erreicht werden kann. Eine gute Vision ist immer emotionell, also keinesfalls nur eine Aussage über zu erreichende Kennzahlen (z.B. „Umsatz: 100 Mio.").

Führung definieren

Zweites Modul des Leitbildes könnten maßgeschneiderte **Führungs-Leitsätze** sein, die allen Menschen mit Führungsverantwortung eine Meßlatte für richtiges oder falsches Führungsverhalten geben. Das Management sollte sich vor der Entwicklung solcher Leitsätze klarmachen, daß vom Tage der Vorstellung an ein öffentlicher Handlungsmaßstab gesetzt wird, der auch ausgrenzenden Charakter hat. Führungskräfte, die zu schwach oder unwillig sind, gemäß der Leitsätze zu führen, können und müssen konfrontiert und notfalls entfernt werden. Wenn die Führung diese letzte Konsequenz nicht zu ziehen bereit ist, sollte sie auf die Ausarbeitung von Führungs-Leitsätzen lieber verzichten, denn die Mitarbeiter haben einen untrüglichen Sinn für inkonsequente Regeln. Die Führungs-Leitsätze sollten klare Aussagen zum angestrebten Führungsstil, dem Umgang mit Konflikten, der Zusammenarbeit und Teamarbeit machen. Zentrale Führungswerkzeuge müssen, falls sie zukünftig eingesetzt werden sollen, in den Leitsätzen und damit für Mitarbeiter „einklagbar" verankert werden (Ein Beispiel: Mit jedem Mitarbeiter wird einmal pro Jahr ein Zielvereinbarungsgespräch geführt).

Einen anderen Schwerpunkt setzen **Unternehmens-Leitsätze**, da sie generelle Aussagen zur Unternehmenspolitik machen. Dies können Statements zu Umwelt, Gesellschaft, Wirtschaft, Organisation, Markt und natürlich zum Menschen sein. Solche Leitsätze sollen als allgemeine Verhaltensrichtlinie dienen und werden vor allem in Großunternehmen mit einer Vielzahl von Bereichen und Einzelgesellschaften eingesetzt, um bei aller Dezentralität ein Minimum an Gemeinsamkeit sicherzustellen und Führungskräften mit unterschiedlichen Herkünften und Wertvorstellungen schnell mit der Unternehmenskultur vertraut zu machen. Ob solche großen Leitlinien letztlich Beachtung finden oder nur müde belächelt werden, hängt von den konkreten Erfahrungen der Menschen im Unternehmen und vor allem von der Bereitschaft und Fähigkeit der Führung ab, wirklich als Vorbild zu agieren.

Letztes, oft vergessenes Modul eines umfassenden Unternehmens-Leitbildes ist die **Corporate Identity**. Was hat einen prägenderen Einfluß auf die Menschen im Unternehmen als die täglich erlebte Selbstdarstellung? Das beginnt bereits morgens, wenn die Mitarbeiter das Unternehmen betreten, das Firmenlogo am Gebäude sehen, vielleicht durch ein modernes (oder konservatives) Foyer gehen oder durch einen tristen Hintereingang zu ihrem Arbeitsplatz kommen. Diese und viele andere Fragen des visuellen und verbalen Stils sind im Corporate Identity-Konzept zusammengefaßt. Dazu gehören natürlich auch alle Informations- und Kommunikationsmedien, die Werbung, die Pressearbeit, aber auch die Gestaltung der Arbeitsplätze, die Firmenkleidung, der Messeauftritt, die Visitenkarten und der Stil am Telefon. Alle diese kleinen Mosaiksteine prägen in der Gesamtwirkung das Bild, das sich Mitarbeiter und Kunden vom Unternehmen machen und haben damit direkten Einfluß auf das Leitbild. Professionelle Unternehmen überlassen die Corporate Identity nicht dem Zufall, sondern entwickeln (wie bei der Führung auch) einen Gestaltungsrahmen, der die wichtigsten Parameter festlegt und so dafür sorgt, daß eine einheitliche Identity überhaupt entstehen kann. Zur Corporate Identity wird oft auch die Corporate Culture, also die Firmenkultur, hinzugerechnet (siehe Methodik-Modul B).

Klarheit über die Unternehmenspolitik

Basis für einheitliche Corporate Identity schaffen

Wenn Sie die Aussagen dieser Module zusammennehmen, entsteht ein Package mit allen stil- und kulturbildenden Bausteinen eines Unternehmens – Grundlage für die gemeinsame Identifikation der Mitarbeiter in einem offenen und dynamischen System.

Die Entwicklung von Unternehmens-Leitsätzen – auf den richtigen Arbeitskreis kommt es an

Arbeitskreis konstituieren

Eine so grundlegende, allgemeinverbindliche Arbeit wie die Erstellung von Leitsätzen kann und darf logischerweise nicht vom Geschäftsführer oder Inhaber allein gemacht werden. Dies gehört in einen eigens dafür zu gründenden Arbeitskreis, der möglichst heterogen zusammengesetzt sein sollte und idealerweise alle wichtigen Gruppen, Strömungen, Interessenlagen im Unternehmen repräsentiert.

Beispielhafte Zusammensetzung

Alle Strömungen einbinden

Es versteht sich von selbst, daß der Betriebsrat ebenso involviert wird wie junge Menschen, Schlüssel-Führungskräfte, wichtige Minderheiten-Vertreter und ggfs. externe Berater. Die Führung muß von Anfang an dafür Sorge tragen, daß die Formulierung des Leitbilds nicht mit einer „never ending story" endet, daß nichts zerredet wird und keine Nebenkriegsschauplätze aufgebaut werden. Ich weise deshalb so deutlich daraufhin, weil gerade die Konzipierung eines Leitbildes die ideale

Plattform für Grundsatzdiskussionen und Begleichung „alter Rechnungen" bietet, was naturgemäß für den Anlaß völlig kontraproduktiv ist. Trotzdem werden Sie um Grundsatzdiskussionen nicht herumkommen, die in Maßen ja durchaus für alle Beteiligten fruchtbar sein können. Größter Wert ist aber nicht auf die letzte sprachliche Feinheit in der Formulierung, sondern auf die konkrete Umsetzung zu legen. Wie viele wertvolle Leitsatz-Papiere landeten nicht bereits in der Versenkung? Wie viele Arbeitskreise mühten sich Tage um Formulierungen, die von den Mitarbeitern sowieso nur belächelt wurden? Solche tragischen Fehlleistungen zu verhindern, muß die höchste Priorität haben, und das erfordert, die Statements mit großer Konsequenz umzusetzen und bei aller Langfristigkeit der Materie möglichst schnell kleine, für die Mitarbeiter erlebbare Signale zu setzen.

Es gibt keinen Zweifel, die Konzipierung eines Unternehmens-Leitbildes ist eine spannende Arbeit am Grundgerüst des Unternehmens. Für einen offenen modernen Führungsstil, der sich auf wenige zentrale Rahmenmarkierungen konzentriert und dem Mitarbeiter darin ein großes Maß an Freiraum zugesteht, sind Leitbilder unverzichtbarer Anker der Unternehmensführung. Dem Management muß aber immer klar sein, wie entscheidend die Vorbildwirkung für die Mitarbeiter ist. Wenn die Bereitschaft zum Umdenken, zum Lernen und – wo immer notwendig – auch zur Verhaltensänderung an der Spitze des Unternehmens vorhanden ist, wird die Entwicklung und Umsetzung des Unternehmens-Leitbildes einer der Schlüssel zum Unternehmenserfolg.

Glaubwürdigkeit des Managements

Checklist

**Die
wichtigsten
Inhalte eines
umfassenden
Unternehmens-
Leitbildes**

- Stellenwert des Menschen in der Organisation
- Vision, Ziel und Zweck des Unternehmens
- Stellenwert des Kunden
- Umgang mit dem Wettbewerb
- Verhältnis zur Gesellschaft und Wirtschaft
- Stellenwert der Umwelt
- Gewünschter Führungsstil im Unternehmen
- Umgang mit Konflikten
- Schutz der Minderheiten
- Umgang untereinander
- Stellenwert von Gewinn und Investitionspolitik
- Balance von Tradition und Innovation
- Aussage zur Wachstumspoltitk
- Unternehmerische Eigenständigkeit oder strategische
  Allianzen
- Kernkompetenz des Unternehmens
- USP (Einzigartiger Verkaufsvorteil) für den Kunden
- Die wichtigsten Merkmale der Corporate Identity
- Stellenwert der Internationalität
- Stellenwert der Technologie
- Besondere Kultur-Merkmale (z.B. „Ständige Bereitschaft
  zum Lernen")

Methodik-Modul Commitment-Kultur

Im Verständnis von Führung hat sich in den letzten Jahren viel verändert. Wurde früher die Führung als ein Prozeß von oben nach unten betrachtet, in dem der wissende Chef oben saß und seine Anordnungen möglichst reibungslos und unverändert durch die Organisation an die Basis bringen wollte, wird heute wesentlich stärker ein Bottom-up-Prozeß propagiert. Die dramatische Beschleunigung des Tempos, die wesentlich höhere Emanzipation der Leistungsträger und die Forcierung von Teamarbeit lassen Top-down-Prozesse immer weniger zu und erzwingen geradezu die aktive Mitgestaltung aller Unternehmensprozesse durch die Mitarbeiter. In diesem Kontext kehrt sich im modernen Führungsstil die Pyramide um und der Chef wird mit seinen Führungskräften zum „Dienstleister" für die im

Wie Sie eine Kultur der Selbstverantwortung und Eigendynamik schaffen

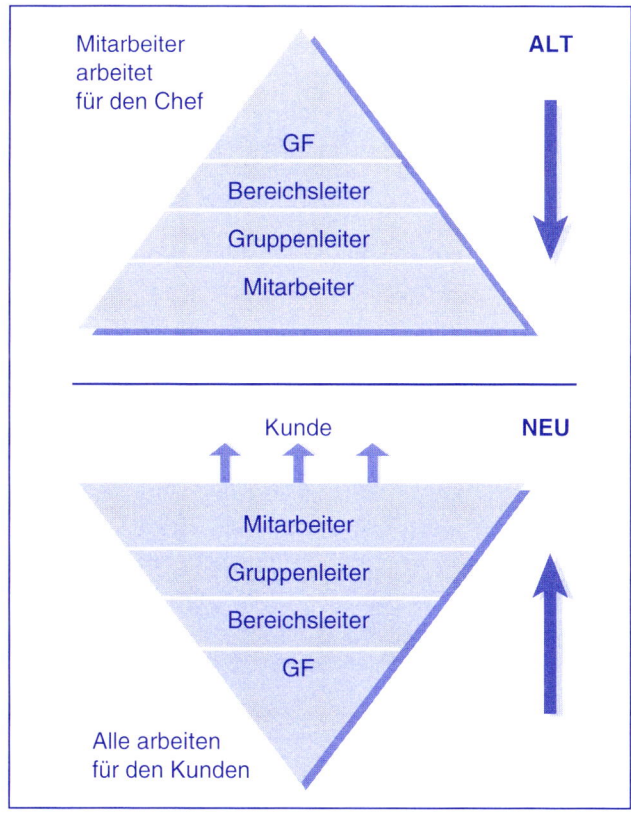

Früheres und heutiges Hierarchie-Verständnis

Rampenlicht stehenden Mitarbeiter, die wiederum den Kunden und nicht mehr den Chef als oberste Autorität sehen – ein zugegebenermaßen radikaler Ansatz. Dieses neue Führungsmodell hat natürlich erhebliche Auswirkungen, sowohl für die Führung als auch für die Mitarbeiter. Für die „Chefs" bedeutet das „Dienstleistungs-Modell" die eindeutige Betonung ihres Fokusses auf das Führen. Die scheint nur auf den ersten Blick eine banale Aussage, denn wenn wir in der Praxis betrachten, wie gering der prozentuale Anteil von wirklichen Führungstätigkeiten im Alltag der meisten Führungskräfte ist, erkennen wir erst, wie revolutionär dieser Ansatz ist. Meine eigene Statistik in einer Vielzahl von Klein- und Mittelbetrieben ergibt einen Führungsanteil von vielleicht 20 - 30 % an der Gesamtarbeitszeit, in vielen Einzelfällen auch noch deutlich weniger! Die Führungskräfte in diesen Betrieben sind mit Tagesaufgaben, ständigen „Feuerwehr-Aktionen" und der Rückdelegation so beschäftigt, daß sie meinen, kaum mehr Zeit zum Führen zu finden. Die Auswirkungen der bereits deutlich abklingenden Lean-Management-Welle mit einer massiven Vergrößerung der Führungsspanne im mittleren Management verschärfen das Dilemma. Hier hilft nur der Weg in die Teamarbeit und der gezielte Aufbau einer Commitment-Kultur.

Ein Commitment ist mehr als ein Versprechen

Was bedeutet der immer öfters gebrauchte Begriff „Commitment"? Gäbe es ein ähnlich kurzes, prägnantes Wort im Deutschen, bräuchte man keinen Anglizismus zu bemühen. Ein Commitment ist mehr als eine Zusage, es ist ein unbedingtes Versprechen, eine „heilige" Pflicht, eine persönlich vor anderen ausgesprochene Selbstverpflichtung, in der eine Person alle Aktivität und Verantwortung für eine definierte Sache wirklich übernimmt. Dies bedeutet, alle davon Betroffenen können sich absolut darauf verlassen, daß alles wie besprochen funktioniert, es sei denn, der sich commitende Mitarbeiter kommt offensiv auf Sie zu und informiert über die Probleme. So weit, so einfach, aber dieses Prinzip weicht dramatisch von der Kultur ab, die wir in den meisten Betrieben vorfinden ...

... In der Praxis werden Meetings abgehalten, deren Protokolle oft nicht einmal die definierten Maßnahmen und die dafür Verantwortlichen enthalten. Wenn solche Verantwortliche festgelegt sind, heißt das in vielen Unternehmen noch lange nicht, daß diese ihren Job auch wirklich machen. Wenn nicht von jemand nachgefragt wird, können definierte Termine ohne weiteres überschritten, definierte Maßnahmen ohne Konsequenzen liegengelassen oder durch „neue Prioritäten" ersetzt werden, ohne daß an die damals Beteiligten rückgekoppelt wird. Und wenn schon die Personen die besprochenen Maßnahmen termingerecht durchführen, heißt das wiederum noch lange nicht, daß sie es mit vollem Enthusiasmus und ihrer bestmöglichsten Leistung tun ...

Nein, Commitment-Kulturen sind auch heute noch eine Seltenheit. Und jeder Außenstehende spürt nach wenigen Minuten, wenn er in ein Unternehmen kommt, in dem dieser Geist herrscht. Die Menschen sind dort selbst ihre eigenen „Unternehmer" und identifizieren sich extrem hoch mit ihrer Arbeit. Es herrscht eine lockere, konzentrierte Arbeitsatmosphäre, es gibt ein wesentlich stärkeres Ringen um den richtigen Weg im Vorfeld und viel weniger Diskussion und Abweichen nach gemeinsamen Verabredungen. Arbeitszeiterfassung ist überflüssig, weil sich jeder die Zeit nimmt, die er braucht, um seine Commitments zu erfüllen. Und die Trennung zwischen Beruf und Privat scheint aufgehoben, denn die Mitarbeiter kommen auch mal am Wochenende oder Feiertag in die Arbeit, um eine **ihnen wichtige Sache** fertigzustellen. Ist das ein Hirngespinst eines Unternehmensberaters oder der idealistische Traum eines Unternehmers? Nein, ich kenne genug Firmen, in denen genau dieser Stil, diese Kultur herrscht, und es sind allesamt die erfolgreichsten in ihrem Markt.

Der Mitarbeiter als sein eigener Chef

Die richtigen Menschen zusammenbringen und auf ein gemeinsames Ziel einschwören

Analysiert man solch außergewöhnliche Kulturen genauer, fällt auf, daß alle Mitarbeiter ein klares gemeinsames Ziel haben, und zwar ein Ziel, an das nicht nur die Führung glaubt, sondern auch die Mitarbeiter selbst. Es herrscht meist ein „sportliches" Leistungsklima, durchaus auch ein Leistungswettbewerb und ein Stolz, den Kollegen die neuesten Arbeiten, Projekte, Produkte zu präsentieren. Die Identifikation mit dem Unternehmen, seinen Produkten oder Dienstleistungen ist hoch ausgeprägt. Gegenüber Wettbewerbern hält man zusammen. Die Mitarbeiter fühlen sich mitverantwortlich und grenzen „Störer und Feinde" ihrer Kultur konsequent aus. Wie kann die Unternehmensführung dieses besondere, leistungsbejahende Klima schaffen?

Auf die Identifikation kommt es an

Facetten der Commitment-Kultur

Wenn es ein einfaches Patenrezept gäbe, wären die geschilderten Kennzeichen heute schon Alltag in allen Betrieben, denn es gibt wohl keinen Unternehmer, der bei meinem kleinen Portrait der Commitment-Kultur nicht glänzende Augen bekommen würde. Also scheint es schwierig zu sein, die Voraussetzungen zu schaffen. Aus meiner Beratungspraxis kann ich Ihnen versichern, es ist schwierig, solch ein Führungssystem zu schaffen, aber es ist nicht unmöglich. Commitment-Kulturen sind die hohe Schule der Führung, denn Sie brauchen dazu ... die richtigen Mitarbeiter ... unbedingtes Vertrauen in diese Menschen ... eine mitreißende unternehmerische Vision ... eine Organisationsstruktur, die Freiraum und Durchlässigkeit von Ideen und Menschen gewährleistet ... ein Produkt/ eine Dienstleistung, die einen hohen Identifikationswert hat ... ein sportliches Leistungsvorbild ... und ein verschworenes Team. Dies alles entsteht nicht über Nacht, aber Sie können sich ab morgen auf den Weg machen!

Der Führungsstil in einem solchen „Mitarbeiter-Unternehmen" entscheidet sich beträchtlich von den üblichen Modellen. Er ist natürlich nicht autoritär, aber auch nicht kooperativ in der bekannten Form. Während der klassische kooperative Stil auf einen klar definierten Rahmen, auf eine Mischung von Führung und Begleitung und auf Zielvereinbarungen setzt, laufen in der Commitment-Kultur die Prozesse anders ab. Auf dem Weg zur gemeinsamen Vision (Beispiel: „Wir werden der erste Anbieter von ...") setzen sich die Mitarbeiter ihre Ziele fast selbst, die Führungskräfte sind eher in der Rolle der Koordinatoren und Berater, sind Dienstleister, wie in der Pyramiden-Abbildung auf Seite 303 gezeigt.

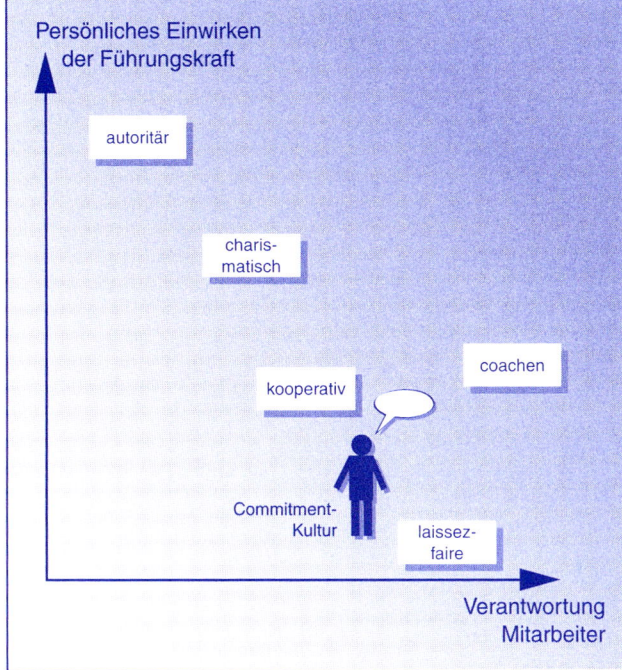

Commitment-Kultur und Führungsstil

Am ehesten noch klassisch orientiert ist die Führungsrolle, die richtigen Mitarbeiter in dieser Kultur zusammenzubringen, denn Sie werden vermutlich bereits erkannt haben: Nur ganz besondere Mitarbeiter passen in diese Kultur. Sie sollten nun aber nicht resigniert aufgeben, es muß ja nicht gleich das ganze Unternehmen umgekrempelt werden. Es kann auch eine Tochtergesellschaft sein, in der dieser neue Ansatz erprobt wird, ja vielleicht sogar ein Unternehmensbereich. Denn letztlich hängt doch wieder alles vom Leiter, seinen Visionen und Interventionen ab. Er schafft den Raum, er gibt das Vertrauen, er sammelt die Menschen, er setzt die Impulse ... und plötzlich geht es ganz von allein!

Checklist

● Schaffen Sie ein begeisterndes Ziel für Ihr Unternehmen/ Ihren Bereich, dessen Realisierung erhebliche Kraft kosten wird, aber auch möglich erscheint.

● Geben Sie ihren Produkten/Dienstleistungen/Arbeitsprozessen Eigenschaften, mit denen sich die Mitarbeiter identifizieren können.

● Leben Sie selbst eine „sportliche" Leistungsorientierung vor.

● Sammeln Sie Menschen mit den richtigen Eigenschaften in einzelnen Teams zusammen.

● Machen Sie diese Teams zu ersten Speerspitzen des neuen Stils. Damit können Sie die Zweigleisigkeit der Kulturen eine Zeitlang aufrechterhalten.

● Schaffen Sie klare Spielregeln im Sinne der Commitment-Kultur.

● Schulen Sie in jedem Fall die Teamleiter oder übernehmen Sie selbst die Leitung der ersten Versuche.

● Lassen Sie den Teams möglichst viel Spielraum und Autarkie.

● Geben Sie den Teams alle Informationen, die sie zur Selbststeuerung brauchen.

● Greifen Sie nur ein, wenn die Spielregeln verletzt werden.

● Anerkennen Sie erste Erfolge in den Teams.

● Kommunizieren Sie die Besonderheit und Arbeitsweise der neuen Teams im Unternehmen.

Methodik-Modul Projekt-Management

Wie macht man aus großen Visionen oder Strategien Realität, wie setzt man ehrgeizige Ziele um, wie plant und realisiert man Schlüssel-Investitionen? Natürlich mit einem schlagkräftigen Projekt-Management. Doch viele Unternehmen haben zwar Projekte, aber kein Projekt-Management. Berater treffen bei ihren Kunden oft auf eine unübersehbare Fülle von Projekten, deren Status schlecht bis überhaupt nicht dokumentiert ist, deren Leitung völlig in der Luft hängt und deren Fertigstellung völlig unklar ist. Wenn dieser Umgang mit Projekten Teil der gelebten Kultur ist, entsteht bei den Führungskräften und Mitarbeitern jene süffisante zynische Stimmung, die Besucher sofort spüren. Aussagen wie „wir wundern uns selbst, wie wir überhaupt über die Runden kommen" oder „bei uns weiß die Rechte nicht, was die Linke tut, daran haben wir uns schon lange gewöhnt" sind Normalität in Unternehmen mit permanenten Umsetzungsproblemen. Doch es geht auch anders.

Die Schwierigkeiten, die so viele Unternehmen mit Projekt-Management haben, beginnen bei der Frage: **„Wann ist bei uns was ein Projekt?"** Die auch in kleinen Unternehmen immer wieder zu beobachtende Projekt-Inflation ist genau der falsche Weg, mit Projekten umzugehen. Wenn jede kleine Unternehmensaktivität bereits zum Projekt erklärt wird, kann unmöglich die Fokussierung der Kräfte, die absolute Ernsthaftigkeit und Power entfaltet werden, die für professionelle Projektarbeit notwendig ist. Dies bedeutet, daß ein unternehmensspezifischer Standard zu schaffen ist, was als Projekt gilt und mit welcher Priorität, mit welchen Systemen und Werkzeugen die dann ausgesuchten Fälle bearbeitet werden. Bereits die damit induzierte Frage, ob es sich bei der jeweiligen Aktivität nun um ein Projekt in diesem Sinne handelt oder nicht, ist unglaublich wertvoll und weiterführend. In dieser Logik sollte dann als erster Schritt eine Bestandsaufnahme aller „offenen Baustellen" im Unternehmen gemacht werden, von denen vermutlich einige auf die Projekt-Ebene gehoben, andere als Routinemaßnahme abgewertet werden.

Oft erlebe ich die Führung bei dieser Projekt-Inventur ratlos und erschrocken, weil bereits die einfache Auflistung transparent macht, daß die Summe der notwendigen Aktivitäten mit den vorhandenen Kräften unmöglich umgesetzt werden kann.

Und so kommt es, daß soviele Projekte in den Unternehmen „Halbfabrikate" sind und bleiben – mit schlimmer Signalwirkung auf die Mitarbeiter, die dann irgendwann neue Projekt-Ideen von der Führung nicht mehr ernstnehmen! Die Lösung: Vor dem Aufsetzen klare Prioritäten setzen und die wenigen übrigbleibenden Schlüssel-Projekte mit voller Kraft und Konsequenz durchziehen...

Die entscheidenden Faktoren für erfolgreiches Projekt-Management

**Klare Projekt-
definition**

Gute Projektarbeit beginnt mit einer klaren **Projektbeschreibung**. Hier muß zweifelsfrei definiert werden, worum es sich bei dem Projekt handelt, was das Projekt-Ziel ist und wer der Projektleiter ist. Gerade die genaue Definition des Projekt-Ziels oder genauer gesagt des Zustands, der nach erfolgreicher Umsetzung erreicht ist, zwingt alle Beteiligten bereits im Vorfeld zu einer gemeinsamen Sichtweise. Meistens induziert diese einfache Frage nochmals entscheidende Grundsatzdiskussionen, die ansonsten während des Projektverlaufs aufgetreten wären. Auch die Festlegung des Projektleiters ist von hoher Bedeutung für den Erfolg des Vorhabens. Komplexe Projekte haben nur dann Aussicht auf Erfolg, wenn sich ein geeigneter

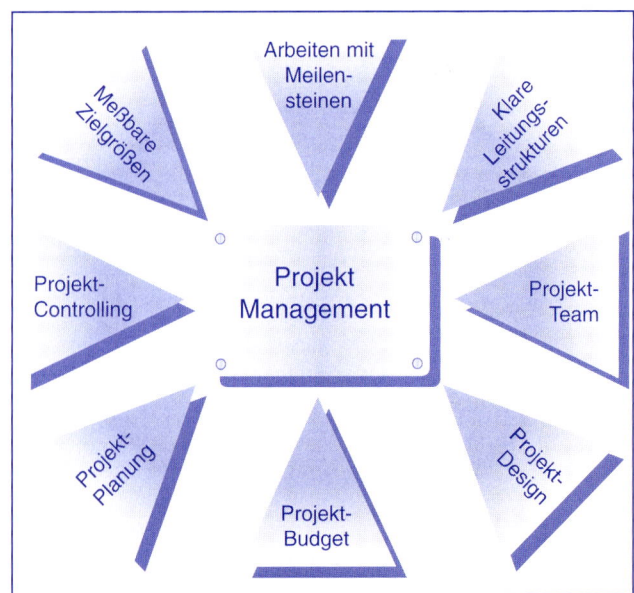

Schlüsselfaktoren Projekt-Management

Mitarbeiter mit voller Kraft zum Motor der Sache macht. Im Unternehmen müssen dessen Aufgaben und vor allem seine Kompetenzen exakt kommuniziert werden, denn er wird als Projekt-Manager ja eine Querschnitt-Funktion haben und in die verschiedensten Unternehmensbereiche eingreifen.

Der nächste Schritt ist eine möglichst genaue **Projektplanung**, wobei die hundertprozentige Perfektion nicht anzustreben ist, da sonst im Vorfeld **zuviel** geplant und dadurch die Flexibilität in der Umsetzung zu stark verringert wird. Trotzdem müssen die Rahmenfaktoren klar erfaßt sein: Wie ist das Projekt-Budget, was sind die wesentlichen Projekt-Schritte, wo liegen die kritischen Bereiche, welches Timing ist geplant, wann ist der geplante Projekt-Abschluß. Alle diese Informationen lassen sich in wenigen Zeilen (optimalerweise ein DIN A4-Blatt) komprimieren, so daß es für alle aufgesetzten Projekt einen einheitlichen Planungsrahmen gibt. Von entscheidender Bedeutung bei der Planung ist die richtige Einschätzung, wer die direkten und indirekten Betroffenen des Projekts sind (z.B.

Raum für Flexibilität lassen

Arbeitsblatt: Projektmanagement

Projekt-Bezeichnung	Reorganisation Vorstufe	
Projekt-Leiter	Bernd Schwaiger	
Stellvertreter	Peter Steurer	
Projekt-Team	Schwaiger	
	Steurer	
	Joachim	
	Klinger	
Projekt-Ziel	• Vertrieb hat relevantes Vorstufen-Wissen integriert	
	• Weniger Schnittstellen, kürzerer Workflow	
	• Rationalisierung von 2 Mitarbeitern	

Auszug aus einem beispielhaften Projektplan

M Projekt-
Management

bei der Einführung einer neuen Software) sind. Der Schlüssel zum Erfolg großer Projekte liegt zu einem wesentlichen Teil in der frühzeitigen Einbeziehung aller Betroffenen. Hierbei empfiehlt sich systemisches Denken, denn oft sind die Auswirkungen eines Projekts wesentlich umfassender als anfangs vermutet. Wenn die Dimension der Verknüpfungen und Abhängigkeiten am Beginn falsch eingeschätzt wird, kann dies verheerende Auswirkungen auf die gesamte Dimensionierung des Projekts haben. Der Projektleiter sollte also nach der goldenen Regel verfahren, „Betroffene zu Beteiligten" machen, auch wenn dadurch mehr Diskussionen, mehr Abstimmungen, mehr Widerstände kommen. Alle diese Klärungen machen in der Anfangsphase eines Projekts immer noch die wenigste Mühe, bei der späteren Einführung aber sind sie tödlich!

**Meilensteine
setzen**

In einem guten Projekt-Management wird von Anfang an mit klaren Controlling-Werkzeugen gearbeitet. Dazu gehört die Projekt-Planung, bei der die Vielzahl von Einzelaktivitäten unbedingt durch wenige zentrale **Meilensteine** gebündelt werden sollten. Diese Meilensteine geben vor allem bei längeren Projekt-Laufzeiten eine erhebliche Sicherheit, weil sie meßbare Zwischenschritte darstellen und den Projektverlauf auf der Zeitachse sinnvoll gliedern. Die Definition der Meilensteine, der Meßgrößen und Timing-Achse sollte der Projektleiter gemeinsam mit dem Projekt-Team leisten.

Hingabe und „Liebe" für ein Projekt – gibt es das?

**Begeisterung
wecken**

Ja, es gibt Hingabe und Liebe für ein Projekt – vor allem dann, wenn das Projekt-Ziel eine sportliche Anforderung für das Unternehmen darstellt und das Projekt selbst einen hohen Identifikationswert hat. Die Arbeit an einem großen Projekt kann für alle Mitglieder des Projekt-Teams eine einmalige Erfahrung sein. Nichts ist erfüllender, als in einer verschworenen Gemeinschaft an einem großen Vorhaben zu arbeiten. Aber nichts ist frustrierender, als in einem lustlosen Team eine Aufgabe zu erfüllen, deren Sinn nicht erkennbar, deren Nutzen unklar bleibt. Es ist zentrale Sache des Projektleiters, diesen Spirit zu erzeugen. Wer die Projektarbeit nur sachorientiert und controlling-focussiert angeht, greift eindeutig zu kurz. Der Projekt-Leiter selbst muß „brennen" für das angepeilte Ziel, muß eine ganz persönliche Vision des Zustands nach Ende des Projekts haben und sein Team über alle Phasen für dieses Ziel begeistern.

Checklist

● Ist das Projekt-Ziel wirklich klar?

● Welche Priorität genießt das Projekt im Unternehmen?

● Welche Bereiche werden von dem Projekt tangiert?

● Gibt es eine formulierte Beschreibung des Zustands nach erfolgreichem Projekt-Abschluß?

● Ist klar, wer der Projektleiter (= Motor des Projekts) wird und wie dessen Aufgaben, Kompetenzen und Verantwortung sind?

● Ist die Stellvertretung sauber geregelt?

● Ist das Projekt-Team definiert? Ist es richtig zusammengesetzt?

● Sind alle direkt und indirekt Betroffenen auch am Projekt beteiligt?

● Gibt es ein klar definiertes Projekt-Budget?

● Ist der Termin des Projektabschlusses klar?

● Ist das Projekt sauber durchgeplant?

● Gibt es standardisierte Arbeitswerkzeuge für das Projekt-Management?

● Sind die zentralen Meilensteine für den Umsetzungsprozeß definiert?

● Sind mögliche Engpässe, Barrieren, Problemfelder identifiziert?

● Ist das Projekt intern klar und offen genug kommuniziert?

● Gibt es klar erkennbare Gegner? Wie ist die Strategie im Umgang mit ihnen?

● Sind die ersten konkreten Projekt-Aktivitäten bereits geplant?

● Gibt es klar formulierte Meßgrößen für das Projekt-Controlling?

● Versteht es der Projektleiter, sein Team für die Aufgabe wirklich zu begeistern?

Methodik–Modul Moderation

Wie Sie mit kreativer Moderation das wirkliche Potential von Teams und Gruppen aus-schöpfen

Immer dann, wenn Menschen zusammen an einer Aufgabe arbeiten, wenn Teams oder Gruppen gebildet sind, laufen besondere Prozesse ab. Wie frustrierend und enttäuschend Gruppenarbeit sein kann, wenn sie mißlingt, haben wir alle bereits erlebt. Da wird zerredet, gestritten, intrigiert und vertagt. Gruppen haben aber das Potential zu einzigartiger Synergie, zu kreativen Höchstleistungen, zu höchster Konzentration und Effizienz. Die Herausforderung der Moderation ist es, dieses Potential freizusetzen.

Moderation gehört in vielen Unternehmen inzwischen zum Management-Standard. Sei es die Leitung von Besprechungen, von Qualitätszirkeln oder Teamsitzungen – der Nutzen von Moderation ist unbestritten.

Der ideale Moderator

Durch geschickte Moderation werden alle Teilnehmer einbezogen, alle Argumente abgewogen, alle Sichtweisen diskutiert und – idealerweise – zu einer gemeinsamen Lösung verdichtet, die besser ist als jede Einzellösung gewesen wäre. Doch was oft so einfach und mühelos wirkt, ist in Wirklichkeit ein komplexer gruppendynamischer Prozeß, der nicht einfach zu leiten und zu steuern ist.

Mehr als ein Management-Tool

Der ideale Moderator ist ein hervorragender Beobachter, der intuitiv die Strömungen und Interessenlagen in der Gruppe erkennt, der komplexe Zusammenhänge auf den Punkt bringt und hervorragend mit der Gruppe kommuniziert. Er schafft je nach Aufgabe von Anfang an eine zielführende Atmosphäre und führt die Gruppe über geschickte Fragen und, falls notwendig, über offene Feedbacks. Bei diesem Ideal-Profil ist es kein Wunder, daß diese Fähigkeit nur bei wenigen Mitarbeitern und Führungskräften zu finden ist. Immer mehr Unternehmen lassen deshalb inzwischen interne Moderatoren ausbilden, die dann in unterschiedlichsten Situationen eingesetzt werden können.

Zwei Grundphilosophien der Moderation

Bei der Schlüsselfrage „Was ist eine gute Moderation?" gibt es zwei gegensätzliche Grundphilosophien. Der **zielorientierte Ansatz** definiert Moderation als Methodik, konkrete Gruppen- oder Team-Ziele möglichst effizient zu erreichen. In diesem Kontext wird der Moderator immer dann korrigierend eingreifen, wenn der aktuelle Gruppenprozeß die Zielerreichung gefährdet. Wenn während der Arbeit aus der Gruppe andere Themen als wesentlich betrachtet werden, versucht der Moderator die Teilnehmer auf den „richtigen" Weg zurückzubringen. Seinen Hauptfokus richtet der Moderator in dieser Logik auf die Moderationstechnik, mit deren Hilfe er möglichst präzise sein Ziel ansteuert. Fazit: Das **Was** steht im Vordergrund, das **Wie** ist zweitrangig!

Zielorientierung

Ganz anders ist die Vorgehensweise bei der **prozeßorientierten Moderation**. Hier steht für den Moderator nicht die Zielerreichung sondern der Gruppenprozeß im Vordergrund, getreu dem Motto „Der Weg ist das Ziel". Der Moderator geht mit einem völlig anderen Selbstverständnis ans Werk. Er mißtraut schnellem Aktionismus in Gruppen, der zu vielen beschriebenen Charts, aber zu wenig echten Veränderungen

Prozeß-orientierung

Zielorientiert	Prozeßorientiert
Die Gruppe braucht Lenkung und Führung.	Die Gruppe kann sich selbst steuern.
Der Moderator muß permanent eingreifen.	Der Moderator hält sich weitestgehend zurück.
Zielerreichung steht im Vordergrund.	Der „Weg" ist wichtiger als das Ziel.
➡ Fokus auf: Moderationstechnik	➡ Fokus auf: Gruppenprozeß

Unterschiedliche Grundphilosophien

führt und läßt spontanen Gruppenprozessen viel Raum. Folglich ist der Fokus dieser Art von Moderation der gruppendynamischer Prozeß. Wird das ursprüngliche Ziel nicht erreicht, in der Diskussion aber dafür wesentliche Erkenntnisse aufgetaucht sind, würde der prozeßorientierte Moderator trotzdem von einem Erfolg sprechen. Fazit: Das **Was** ist sekundär, das **Wie** ist entscheidend.

Situative Strategie

Natürlich ist die Realität immer eine Mischform aus beiden Ansätzen, aber wenn Sie bereits mit unterschiedlichen Moderatoren gearbeitet haben, werden Sie immer wieder auf eine der beiden Grundhaltungen stoßen. Welche Moderationsmethode nun die richtige ist, hängt ganz von der jeweiligen Aufgabe ab. Die Moderation einer Projektgruppe, die eine Großinvestition plant, würde ich niemals in die Hände eines prozeßorientierten Moderators geben. Andererseits sollte beispielsweise bei der Entwicklung von Unternehmens-Leitsätzen oder bei Teamentwicklungsprozessen durchaus prozeßorientiert gearbeitet werden. Ein professioneller Moderator kennt zumindest beide Ansätze und deren wichtigste Tools, so daß er trotz Zugehörigkeit zu einem der beiden Lager zumindest ein wenig über den eigenen Tellerrand hinaussieht.

Die Moderationstechnik steht oft im Mittelpunkt – und ist doch manchmal allen im Weg!

Viele Moderatoren sind unglaublich stolz auf die von ihnen eingesetze Moderationstechnik. Sie bewegen Hunderte von Metaplankarten, verdichten, punkten, kleben, beschriften und sortieren. Sie sind permanent dynamisch in Aktion. Aber die Gruppe, die einzelnen Teilnehmer mit ihren Gefühlen, Sorgen, Widerständen, wird oft völlig vernachlässigt. Dieses Manko wird durch viele klassischen Moderations-Trainings unterstützt, die sich aus verständlichen Gründen zuerst meist auf die Visualisierungs-Techniken konzentrieren. Der Teilnehmer lernt, wie man ein Flipchart-Blatt sauber beschriftet, wie man einen Filzstift richtig hält, wie man Punkte klebt etc. Das sind alles sicher wichtige Methoden, aber sie dürfen den Blick nicht verstellen auf die Menschen. Moderationstechnik ist immer Mittel zum Zweck und niemals Selbstzweck. Und: Moderationstechnik ist mehr, als immer nur Metaplankarten zu bewegen. Es gibt Hunderte verschiedener Tools und viele Moderatoren wenden immer dieselben fünf Werkzeuge an! Was vonnöten ist, ist also der selbstbewußte, souveräne Moderator, der über den Einsatz und die Anwendung seiner Werkzeuge nicht mehr nachdenken braucht und seine ganze Aufmerksamkeit dort hat, wo sie hingehört: bei seiner Gruppe.

Moderationstechnik ist nur Mittel zum Zweck.

Die Phasen der Moderation

Jeder Arbeitsprozeß einer neuen Gruppe läuft in bestimmten Phasen ab, die zu erkennen für den Moderator äußerst wichtig ist. Ganz zu Anfang kommt es darauf an, für das Thema, um das es gehen soll, den richtigen Kontext zu schaffen. Dies bedeutet, daß der Moderator je nach Situation das richtige Setting wählt. Ein kreatives Brainstorming, in dem über innovative Trends oder Technologien nachgedacht werden soll, würde ich mit Sicherheit außer Haus in einem kreativen Umfeld durchführen. Dagegen würde ich die Sitzungen von Qualitätszirkeln bewußt fertigungsnah, am besten in der Produktionshalle, abhalten. Es geht also darum, daß das Ambiente einen inneren Bezug zum Thema bekommt. Außer Haus bedeutet dabei nicht automatisch, in irgend ein nichtssagendes nahegelegenes Hotel zu gehen, sondern den Mut und die Souveränität zu haben, das Ambiente wirklich individuell zu wählen. Glauben Sie nicht, daß es sich hier um Nebensächlichkeiten handelt! Ich habe in vielen hundert Moderationen

Das richtige Setting schaffen

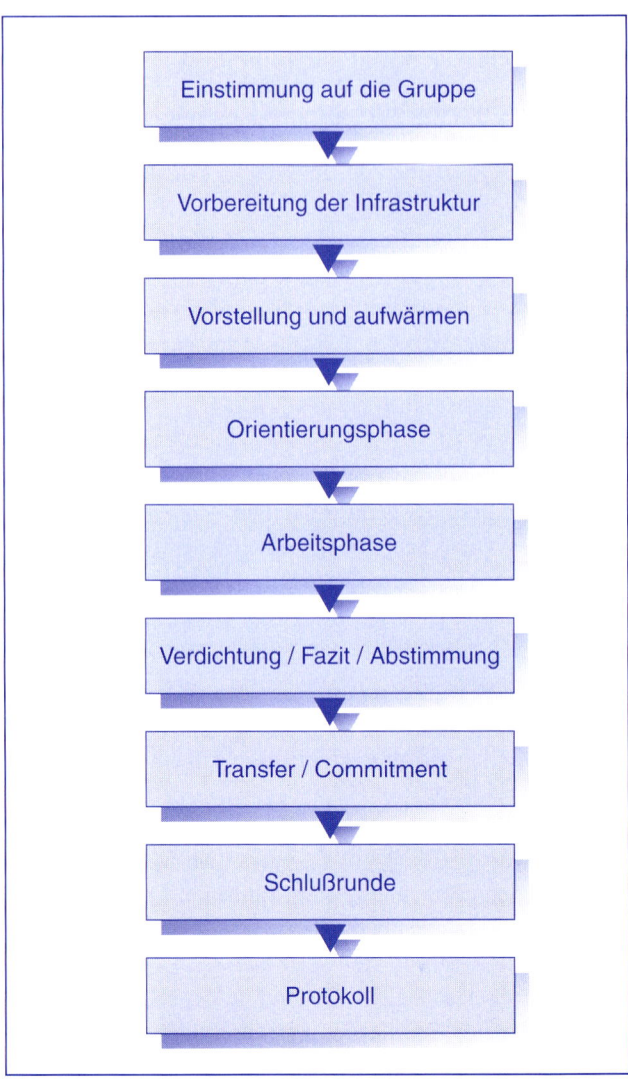

Die Phasen der Moderation

Die ersten Minuten zählen. die klare Erfahrung gewonnen, daß es einen direkten Bezug zwischen Gruppenergebnis und Ambiente gibt. Auch die Frage der **Sitzordnung** ist eine sensible Angelegenheit, in der Symbolik eine wichtige Rolle spielt. Tisch oder Stuhlkreis ist bei mir immer eine Grundsatzentscheidung. Wenn der Sachbezug bewußt herausgestellt und die prozeßhafte Atmosphäre reduziert werden soll, ist die klassische Tischanordnung genau richtig. Wenn es dagegen darum geht, daß Barrieren zwischen Teilnehmern verringert werden, daß Konflikte bearbeitet oder

Feedback gegeben werden soll, sind Tische ein völlig unpassendes Hindernis. Erfahrene Moderatoren denken in diesen Kleinigkeiten, denn sie wissen, daß in den ersten fünfzehn Minuten meist bereits die Weichen für Erfolg oder Mißerfolg gestellt werden. Oder anders ausgedrückt: Was in den ersten Minuten nicht gelingt, muß mühsam und zeitaufwendig nachgearbeitet werden.

In der Vorbereitung auf das Thema und die Gruppe wird der Moderator sich ein bestimmtes **Design** überlegen, das meist aus einer Abfolge von Interventionen, meist von Fragen, besteht. An diesem roten Faden hangelt sich der Moderator entlang, und nicht selten entpuppt sich die Vorbereitung als unpassend und es muß spontan und live mit der Gruppe gearbeitet werden. Wie auch immer, für die entscheidenden Phasen Aufwärmung ... Orientierung ... Themenarbeit ... Verdichtung ... Transfer muß der Moderator gerüstet sein.

Design festlegen

Oft wird in der Praxis eigenartigerweise der Transfer vergessen, was schwer verständlich ist, weil es sich hier letztlich um einen zentralen Erfolgsschlüssel jeder Moderation handelt. Denn Transfer meint nichts anderes, als am Ende der Gruppenarbeit durch penetrantes Bohren und Fragen sicherzustellen, wie das erarbeitete Ergebnis ab dem nächsten Tag umgesetzt wird. Immer wieder wundert mich die Verblüffung von Gruppen, wenn der Moderator einfach und klar wissen möchte, wer bis wann für welche Aktivitäten in die Verantwortung geht. Wenn hier Ausflüchte und Schutzbehauptungen kommen, ist der Moderator an einem wunden Punkt und darf keinesfalls verschämt das Thema wechseln. Meiner Erfahrung nach ist der saubere Transfer das einzige Mittel gegen die oft beklagte „Workshop-Euphorie", bei der die Teilnehmer enthusiastisch und hochgepowert das Meeting verlassen und alle großen Ideen und Ergebnisse in den darauffolgenden Wochen versacken.

Umsetzung in die Praxis sicherstellen

Von hoher Bedeutung – vor allem bei sensiblen Themen und Prozessen – ist die saubere, sachlich richtige Protokollierung. Je nach Art der Veranstaltung kann es entweder sinnvoll sein, bewußt nur das Ergebnis darzustellen oder intensiv auf die verschiedenen Prozeß-Schritte einzugehen.

Die Neutralität des Moderators

Ein heißes Thema für jede Art der Moderation ist die Neutralität des Moderators. Idealerweise sollte er keine eigenen Interessen einbringen und kein Mitglied einer beteiligten „Lobby" sein. Denn wie soll der Moderator neutral und unbefangen mit der Gruppe arbeiten, wenn er selbst eigene Ambitionen hat, wenn er im Extremfall am Beginn der Arbeit bereits für sich weiß, welches Ergebnis am Ende stehen soll? Das ist nicht Moderation, sondern Manipulation – und darauf reagieren die Teilnehmer zu Recht äußerst kritisch.

Moderieren, nicht manipulieren

Grundregel: Täuschen Sie niemals durch die Moderation einen Diskussions-Freiraum vor, der nicht vorhanden ist. Definieren Sie der Gruppe genau den Rahmen, innerhalb dessen sie Einfluß nehmen kann und soll. Und bitten Sie niemals die Gruppe um Anregungen, wenn Sie vorher schon wissen, daß sie nicht umgesetzt werden können.

Natürlich kommt es in der Praxis permanent vor, daß der Moderator nicht völlig neutral ist, daß z.B. der Abteilungsleiter sein eigenes Team moderiert. Wenn es um sachorientierte Themen geht, mag dies noch angehen, sofern die Führungskraft nicht eigene Sachbeiträge einbringen will. Wenn es aber um sensible, emotionelle Themen geht, in die der Moderator selbst auch nur am Rande verwickelt ist, kann nur dringend empfohlen werden, auf neutrale Kollegen oder Externe zurückzugreifen. Gerade die gegenseitige Moderation zwischen Bereichen oder Abteilungen bietet so viele spannende und nützliche Möglichkeiten und wird doch in der Praxis so wenig genutzt.

Checklist

- Was ist das Ziel der Moderation?

- Vor welchem Hintergrund findet die Moderation statt (Dringlichkeit des Themas, interne Interessen, Machtströmungen etc.)?

- Welche Erwartungen, Konflikte, Ängste etc. bringen die Teilnehmer mit?

- Trifft sich die Gruppe zum ersten Mal?

- Welche Themen sollen bearbeitet werden?

- Welche Machtstrukturen sind in der Gruppe vorhanden?

- Mit welchen Medien können die Themen bearbeitet werden?

- Welcher Kontext ist dem Thema angemessen?

- Wie gestaltet man die Aufwärm-Phase?

- Welche zentralen Fragen gestalten den Prozeß?

- Wie sieht das Follow up aus?

- Welcher Ort ist geeignet?

- Wie wird eingeladen?

- Wie wird der Raum gestaltet?

- Welche Technik wird benötigt?

- Wie wird die Bewirtung organisiert?

- Wie sieht der Zeitplan aus?

- Wie werden die Ergebnisse intern kommuniziert?

Die wichtigsten Schritte bei der Planung einer Moderation

Zum Autor

Gerhard Nagel, Jahrgang 1954, Betriebswirt, war Führungskraft im Bereich Marketing in der Industrie und Kundenberater einer führenden europäischen Werbeagentur. Seit 1981 ist er selbständiger Unternehmensberater mit den Schwerpunkten Unternehmensstrategie, Führung und Teamentwicklung.

Gerhard Nagel coacht und trainiert Manager und Führungskräfte in ihrer persönlichen Entwicklung und Führungsfähigkeit und ist ein gefragter Redner und Moderator im In- und Ausland. Er publizierte eine Fülle von Fachbeiträgen und mehrere Fachbücher. Privat lebt er mit seiner Familie in Schäftlarn, südlich von München.

Kontakt über E-Mail: NCMNAGEL@compuserve.com